デリダと肯定の思考

[ポイエーシス叢書]
47.

カトリーヌ・マラブー 編
高橋哲哉・増田一夫・高桑和巳 監訳

Giorgio Agamben
Maurice Blanchot
Roger Laporte
Jean-François Lyotard
Jacques Derrida
Catherine Malabou
Jean-Luc Nancy

未來社

デリダと肯定の思考■目次

■凡例

一　以下は、*Revue philosophique*, vol. 115, n° 2 («Jacques Derrida»), Paris, PUF, avril-juin 1990, pp. 129-408の日本語訳である。収録されている各テクストにはすでに、他言語のものも含め異本の存在する場合があるが、翻訳はすべて右記を底本としている。

二　諸符号の転記は慣例に従って統一をはかっている。すなわち原則的に、« »→「 」、大文字で始まる語、および成句をなす目的でハイフンで繋がれた語句→〈 〉、〔 〕は訳者付記、［ ］は原著者の付記。イタリックに関しては、本や雑誌の指示の場合は『 』、論文の指示の場合は「 」、単なる強調の場合は**太明朝**。ただしフランス語にとっての外国語を表示する目的でのイタリックは看過し、原語指示もローマン体でおこなう。なお、「 」内の「 」については、『 』とする慣例に従う。

三　原語を指示する場合は、原則として日本語訳を示し、その直後に原語を指示し、場合によっては読みをルビで付す。ただし、頻繁に現われるもの、翻訳可能性が問題になるもの、原音をそのままカナで転記したものが慣用化しているものなどに関してはそのかぎりではない。

四　ローマ字母を用いない言語（ギリシア語、ヘブライ語など）は、原語指示にあたってはローマ字母に転記する。なお、ギリシア語の転記に関しては、鋭・重・曲の強勢符号は無視する。付した符号は長母音を示すにすぎない。慣用どおり転記する。複数の慣用のあるものについては、以下の原則に従う。ξ→x; υ→y; χ→ch; φ→ph.

五　原語の読みをカナ書きする場合はなるべく原音を尊重するが、ギリシア語人名における長音を転記しない、などの慣例に従ったものもある。

六　引用されているテクストに関しては、日本語訳が存在しているものは可能なかぎり対応箇所を指示するが、訳文は必ずしも既訳を採用していない。

七　参照文献の指示の誤りなどはとくに断らずに修正した。内容に抵触するため簡単に修正できない誤りについては訳注で注意を喚起している。原著者の要請により修正を加えた箇所も稀だがある。

八　原書にはない、解題、監訳者あとがき、人名索引を付した。

デリダと肯定の思考

装幀――戸田ツトム＋岡孝治

この特集号は十六本の論文を収めている。これらはジャック・デリダの思考を讃えるとともにこれを問いに付し、それぞれの仕方でデリダの思考に賛辞を捧げている。こうした賛辞が必要だということは強調する必要もないだろう。

ここでは、執筆を依頼した人々にあてて私が書いたことを繰り返すにとどめておく――この特集号は、数ある肯定の思考のなかでも最も美しいものの一つを肯定する身振りとして構想されています。

カトリーヌ・マラブー

ジャック・デリダに関するこの特集号を指揮したのはカトリーヌ・マラブー夫人である。論文執筆を依頼し、これをまとめてくださったのは夫人である。『ルヴュ・フィロゾフィック』誌編集部は、この仕事に鑑み、夫人に全幅の感謝を捧げる。

編集部

パルデス　潜勢力のエクリチュール

ジョルジョ・アガンベン
（高桑和巳訳）

パルデス

『タルムード』の「ハギガー」篇（文字どおりには「供物」という意味）の第二章では、教えを身につけるのに適った題材と、いかなる場合も探究してはならない題材とが扱われている。章の冒頭のミシュナにはこうある。「禁じられた性的関係については、三［人の者］の前で説いてはならない。創造の秘義については二の前で説いてはならない。そして、相手が自分からこのことに通じている賢者でもなければ、〈天の車〉［メルカバー。エゼキエルの幻視に現われた〈天の車〉で、神秘的認識の象徴］については一の前でも説いてはならない。四つのものを探究する者は誰であれ、生まれてこないほうがよかった。それは、上にあるもの、下にあるもの、以前にあるもの、以後にあるものである［つまりこれらは神秘的認識の扱う対象であるが、諸事物の超自然的起源を認識しようとする形而上学の扱う対象でもある］。」ハガダー14bには以下の物語を読むことができる。この物語は、アヘル（文字どおりには〈他者〉という意味）を主人公とする短いハガダー群の第一のものである。彼はもともとはエリシャ・ベン・アブヤーという名であったが、罪を犯した後はこの名で呼ばれた。

四人のラビがパルデス Pardes に入った。ベン・アザイ、ベン・ゾーマ、アヘル、ラビ・アキバである。ラビ・アキバは言った。「あなたたちは純粋な大理石のもとに着いたら、『水！　水！』と言ってはならない。なぜなら、『偽りを語る者は私の目の前に立つことはできない』とあるからである。」ベン・アザイは一目見て死んだ。聖書は彼について「聖人たちの死は主の目には貴重である」と言っている。ベン・ゾーマは見て狂った。聖書は彼について「汝は蜜を見つけたのか？　ちょうど充分なだけ食べよ。さもなければ腹が膨れ、吐いてしまうであろう」と言っている。アヘルは若苗を切った。ラビ・アキバは無事に出てきた。

ラビ的解釈の伝統によると、パルデス〈果樹園、〈楽園〉〉とは最高認識を意味する。カバラーで、シェヒナー、つまり神の現前がトーラーのパルデス Pardes haTorah だ、と言われるのはそのためである。つまりこれはトーラーの充溢、その完成された啓示を意味する。〈楽園〉Paradis という語のこのようなグノーシス的解釈は幾多の異端思潮に共通の遺産であるが、そこにはユダヤ教の異端のみならずキリスト教の異端も含まれる。一二一〇年十一月十二日に信徒たちが薪刑に処せられたベーヌのアマルリクスは、〈楽園〉とは「真理の認識」を意味するものであり「我々は他の楽園を望んではならない」と断言していた。

したがって、パルデスに四人のラビが入るというのは、最高認識への到達を表す形象であり、このハガダーはこの到達に内在する致命的危険に関する譬喩を含んでいる。このように見た場合、ベン・アザイの死とベン・ゾーマの狂気を前にしてアヘルのおこなったという「若苗を切る」行為とは何を意味するものなのか？　我々には確かなことは何も言えないが、カバラーによると、「若苗を切る」というのは、認識の道の途上で陥りうる罪のなかでも最も重い罪と同じものだという。この重罪は「シェヒナーを切り離すこと」と定義されているものである。つまりそれは、シェヒナーを他のセフィロートから切り離し、シェヒナーが自律的な力であると理解するということである。シェヒナーとは、カバラー学者によると、全部で十あるセフィロート（神の属性ないし言葉）の最後のものであり、神の現前そのものを、つまりこの地上に神が顕現し住まうことを表す。アヘルは、若苗（他のセフィロート）を切ることで、神の認識および啓示を神性のもつ他の様相から切り離してしまった。

他のテクストで、若苗を切ることがアダムの罪と同一視されているのは偶然ではない。アダムはセフィロートを全体として考慮する代わりに、シェヒナーだけで他のセフィロートをも表すと考え、これだけを考慮することを望んだ。こうして、彼は智恵の樹を生命の樹から分離した。アヘルとアダムの類比は意味深い。「他者」アヘルはアダム同様、ここでは人間を表している。ここで言う人間とは、知を自分の運命とし、これを自分に特有の潜勢力とし、認識を他のセフィロートから切り離す者のことであるが、認識は単独では神の顕現の完全な形式ではなく、じつのところ神性は他のセフィロートにおいても顕現するのである。この「流謫」の条件下ではシェヒナーはすべての力を失い、呪わしいものになってしまう（カバラー学者たちが言うところによると、このシェヒナーは「悪の乳を吸う」ものである）。

流謫

『ゾハール』の作者とされるモーゼス・デ・レオンは、四人のラビの物語について、これとは別の解釈を伝えている。その読解によると、じつはこのハガダーは聖なるテクストに対する注釈の譬喩であるという。より正確に言えば、これはエクリチュールの四つの意味の譬喩である。パルデス Pardes の四つの子音が四つの意味のそれぞれを表す。Pはペシャト、つまり文字どおりの意味、Rはレメズ、つまり寓意的意味、Dはデラシュ、つまりタルムード的解釈、そしてSがソード、すなわち神秘的意味である。これに関連して、「ティクネ・ゾハール」では、四人のラビは一人ひとりが、解釈の各水準を具現する。パルデスに入って死んだベン・アザイは文字どおりの意味であり、ベン・ゾーマはタルムード的な意味であり、アヘルは寓意的意味であり、パルデスに入って無事に出てきたアキバは神秘的意味である。このように見ると、アヘルの罪はどのように理解できるのか？　若苗を切ることやシェヒナーを分離することには、あらゆる解釈行為に含まれる致命的危険が見て取れる。すなわち、テクストや言説と向き合うあらゆる行為に含まれる致命的危険である。この危険は、テクストや言説が神的なものか人間的なものかにかかわらずある。それはつまり、言葉が、つまりこれこれの事物の顕現、非潜在性に他ならないものが、言葉の顕わにするものから切り離されて自律的な整合性を獲得する、という危険である。『ゾハール』の他の箇所では、シェヒナーを切り離すことは言葉を声（セフィロートの一つ、ティフェレト）から切り離すことだ、という意味深い定義がなされている。そうすると、若苗を切るということは、言葉を発する声からも参照対象への志向からも言葉自体を切り離す言語活動の経験 experimentum linguæ だ、ということになる。それは、もはや声も参照対象ももたない純粋な言葉、意味の価値のなかで際限なく宙吊りにされ、言葉自体のなかに孤立した純粋な言葉だ。「他者」アヘルがパルデスにとどまるというのはそういうことである。彼が、言語の〈楽園〉で、ベン・ゾーマやベン・アザイのように意味に寄り添って死ぬこともできず、アキバのように無事にそこを脱出することもできないのはそのためである。彼はシェヒナーへの流謫という経験を終わりまで完遂する。その経験とはつまり、人間の言語活動の経験である。『タルムード』は彼についてこう言っている。「彼は裁かれることはないし、来たるべき世界に入ることもないだろう。」

用語★1

用語法は思考の境位《エレメント》そのものであり、いかなる哲学者にとっても用語 terminus はそれ自体のうちに体系の中核を含んでいる、とベンヤミンは書いたことがある。ラテン語で terminus は「限界、終わり」を意味する。これはもともとは神の名であり、古典期には依然、身体が針のように細くなって地面にぐっさり突き刺さった人間の形象で表されていた。中世の論理学は近代諸言語に、通常我々の了解している意味を伝えているが、そこでは terme という語は、用語

★1 terminus (terme) には、中世論理学では通例「名辞」の語をあてるが、ここでは「用語」に統一しておく（例外については文中にそれと明示してある）。

それ自体を意味する（物質的な代理措定 suppositio materialis）のみならず、それが意味する事物にも相当した。つまりそれは、個々の事物を指しもした（「用語は事物の代わりに代理措定する terminus supponit pro re」、「個体的代理措定 suppositio personalis」）。この構想によれば、用語を欠いた思考、すなわち外示の領域に固着するために思考が自己参照を停止するような限界を識らない思考は、哲学的思考ではない。「唯名論」と呼び慣わされている学派の主唱者であるオッカムのウィリアムが、厳密な意味での名から、活用や副詞やその他の共義的表現を排除したのはそのためである。近代哲学における用語法ではもはや、自己参照と外示とをはっきりと対立させることも、共義的な用語を排除することも可能ではない（それも、そうしたことがかつては可能だったとしてのことだが）。カントの思考の基礎的用語のいくつか（超越論的対象や物自体）について、これこれの用語は外示的だとかしかじかは自己参照的だなどと決定することはすでに不可能になっているし、用語法において共義的な表現が占める重要性は急速に増してきている。たとえばM・プーダーは、カントが思考の身振りを分節化するにあたって副詞「にもかかわらず gleichwohl」に担わせている重要性を明らかにした。またハイデガーは、一九二七年夏学期のマールブルク講義において、時間性の問題そのものの規定における副詞「すでに schon」の頻出とその重要性に注意を喚起した。このように見ると、単なる句読符号も用語としての性格をもちうることになる。たとえば『存在と時間』において、「世界－内－存在 In-der-Welt-Sein」といったような表現でハイフンが戦略的な重要性をもっているということは、カール・レーヴィットのような注意深い観察者の目を逃れることはなかった。

用語法は哲学の詩《ポエジー》である、ということが有効な仕方で言われてきた。このことが正しいとすると、思考のまさに**創出的**《ポエティック》な契機をこのようにずらしたり変形したりすることが同時代の哲学を性格づけているのは間違いない。しかしそれは、ある人々が断定してきたような、哲学的用語が哲学的用語特有の性格を失ったとか、哲学が（名指すという身振りを放棄して）文学と単に混同されるようになったとか、人間の「おしゃべり」になってしまったとかいうようなことでもない。哲学的用語はやはり依然として名である。しかし、哲学的用語の命名的性格を、意味作用に関する伝統的図式に単に依拠して理解することはもはやできない。哲学的用語の命名的性格は、言語活動の特異で決定的な経験を含んでいる。このようにして、哲学的な語はまさしく言語活動の経験 experimentum linguæ の場となる。

用語法のこの危機 crise（〔分割、という〕語源的意味でのそれ）は今日では思考の状況そのものであり、ジャック・デリダはおそらくこのことを最も根源的に意識してきた哲学者である。彼の思考は、思考の用語法的な契機（つまりまさに創出的な契機）に問いを向け、これを再検討に付す。つまり彼はその**危機** crise を露出させる。このことは現代哲学における脱構築の威信を説明するのみならず、脱構築をめぐるさまざまな論争をも説明する。事実、脱構築は哲学的な語彙の用語法的性格を宙吊りにする。そこでは、規定を失った用語が意味の大洋に果てしなく漂っているように思える。とはいえもちろんそれは、脱構築が気まぐれや見かけの乱暴さによってある種の操作を遂行しようとしている、などということではない。その反対だ。脱構築の無類の現代性を構成しているのは、哲学的用語法を撤回するというこのこと自体なのだ。

しかし、デリダの身振りを誤解する向きもある。なかでも最悪の誤解は、この身振りの意図を、哲学的な用語法を脱構築する実践としてのみ捉えるというものである。その場合、用語法は単に漂流に委ねられ、終わりのない解釈に身を任せることになる。たしかにデリダは、思考の創出的－用語法的な契機を問いなおしてはいる。が、実際には彼は、自分のもつ命名する権力を断念などしていないし、依然として名によって「呼ぶ」ということをしている（それはちょうど、スピノザが「私が自己原因ということで了解するのは per causam sui intelligo ［……］」と言うとき、またライプニッツが「ここで我々の言う〈モナド〉は la Monade, dont nous parlerons ici ［……］」と書くときと同様である）。彼にとっても、ある意味では、一つの哲学的な用語法がありはする。しかし、その立場は完全に変形されてしまっているし、それどころか、その用語法が今までつねに依拠してきた深淵も示されてしまっている。アヘル同様、彼も言語活動の楽園に入る。そこで語は限界に達する。しかし、アヘル同様、彼も「若苗を切る」。そうして彼は用語法の流謫を経験し、あらゆる一義的な外示の切り離しのなかに用語法が逆説的に残存する、という経験をするのだ。

しかしそれでは、彼の思考の用語においては何が問われているのだろうか？　これこれのものを単に指示することをもはや欲しない用語法が名づけるもの、名があるという事実をまず経験する哲学的な用語法が名づけるものは何か？　限界のない用語 terminus interminatus とは何を意味するのか？　あらゆる思考がまずもって言語のしかじかの経験を通じて定義されるのであってみれば、デリダの用語法における言語活動の経験 experimentum linguæ とはどのようなものなのか？

デリダ自身、いくつもの場で自分の用語法の立場を定義してきた。以下に挙げる三つのくだりでは、その立場は名ならざるものとして、決定不可能なものとして、痕跡として規定されている——

> 我々にとっては、差延は依然として一つの形而上学的な名であり、また、我々の言語において差延が受け取る名はいずれも、名である以上、依然として形而上学的である。[……]存在自体よりさらに「古い」こうした差延は、我々の言語においてはいかなる名ももっていない。とはいえ、差延が名づけえぬものであるとはいっても、それは、我々の言語がその**名**をまだ見いだしておらず、あるいは受け取っていないから、ないしは他の言語のなかにこれを探さなければならないから、今のところそれにあたるものがない、というようなことではない、と我々は「すでに知っている」[……]。差延が名づけられないのは、差延のためには**名**がないからである。差延の本質や存在を指すような名もないし、「差延」を指す名もない。「差延」というのも名ではない。これは純粋な名の単位などではない。それは一連の差延化的置換のなかでたえず脱臼する。[……]この名づけえぬものとは、いかなる名も近づくことのできないような、たとえば神といったような、えも言われぬもののことではない。ここで言う名づけえぬものとは、名の諸効果をあらしめ、名と呼ばれて

いる相対的に単位的・原子的な諸構造をあらしめ、名の一連の置換をあらしめる作用のことであり、たとえば、「差延」という名の効果にしても、この作用のなかに**引きずりこまれ**、連れ去られ、記入しなおされてしまっている［……］[☆1]。

だから、この隔たりをさらにはっきりと標示するには［……］、哲学史に属するテクスト**において**のみならず、「文学的」と言われるテクスト**においても**、［……］いくつかの標示を分析し、働かせなければならなかった。［……］私は**類比から**、それらの標示を「決定不可能なもの」と呼んだ。つまりそれは模像的単位であり、語や名や意味の「偽の」固有性である。これはもはや哲学的（二項）対立においては理解できないものだが、この対立のなかに住み憑き、対立に抵抗し、対立を脱組織化する。とはいえ、これが第三項を構成することは**けっしてない**［……］。全体化を中断する筋目や襞や角といったものを［……］標示しなおすことが必要だ。つまり、いかなる一連の意味価ももはや閉ざされたり集約されたりすることがありえないような、ある種の場があり、しかもその場はきちんと規定された形式を備えている、ということだ。とはいってもそれは、その連鎖が意味の汲み尽くせないほどの豊かさへ開けていたり、意味の過剰という超越性へと開かれている、ということではない。決定不可能なもののこの角や襞や折り返しを通じて、標示は標示されるものと標示とをともに標示し、場は標示から発して標示しなおされる。エクリチュールはこのときエクリチュール自体を自ずと標示しなおし（ただしそれは自己の再現前化などでは

☆1 Jacques Derrida, «La différance», in *Marges*, Paris, Minuit, 1972, p. 28.［「ラ・ディフェランス」高橋允昭訳、『理想』一九八四年十一月号、九七―九八頁］

まったくない）、もはや主題リストのなかに勘定されることはありえなくなる（エクリチュールは主題などではないし、どうあっても主題にはなりえない）。エクリチュールはそこから引かれたり（窪み）そこに足されたり（盛り上がり）するのでなければならない。☆2

［……］こうした［現前と現前を超過するものとの］関係は、いかなる読解方法によるにせよ現前という形式のもとで読解するべく与えられているものではない。それも、こうした形式のもとで**読解**すべく与えられるものがいずれ何かありうると想定しての話だ。しかし、だからといって、我々が閉域の彼方で思考しなければならないものは、単に不在なのではありえない。不在なら、それが我々に思考を課すものは何もないか、あるいはそれは依然として現前の否定的様態だということになる。したがって、この過剰の記号は、可能なあらゆる現前‐不在に対して絶対的に過剰であり、存在者一般の生産と消滅のすべてに対して絶対的に過剰でなければならず、にもかかわらず、それとともに、この記号は依然として**なんらかの仕方で**——形而上学たる形而上学には定式化できない仕方で——自らを意味するものでなければならない。形而上学に対して過剰であるには、ある痕跡が、合図をしつつも形而上学的テクストに記入されていなければならない。なおこの合図は［……］現前のまた別の形式に向けてではなく、まったく異なるテクストへと向けてなされなければならない［……］。こうした痕跡が形而上学的テクストのなかに記入される様式は思考不可能なものであり、したがって、この様式は痕跡そのものの抹消として叙述さ

☆2　J. Derrida, *Positions*, Paris, Minuit, 1972, pp. 58-63.〔『ポジシオン』高橋允昭訳、青土社、一九八一年（一九九二年）、六二―六八頁〕

れなければならない。痕跡は、そこでは痕跡自体の抹消として生産される。加えて、自らを抹消すること、自らを現前において維持してくれるかもしれないものを遠ざけること、これらは痕跡に属する。痕跡は知覚可能でも知覚不可能でもない。［……］しかしそれと同時に、痕跡のこうした抹消は、形而上学的テクストにおいてすでに自らを痕跡《あと》づけているのでもなければならない。したがって現前は、一般に信じられているように記号を意味する**もの**や痕跡が回付する先であるわけではまったくない。現前とは痕跡の痕跡、痕跡の抹消の痕跡である。[☆3]

いくつかの逆説

以上の濃密な三つのくだりで定義されている語の立場はどのようなものか？　まず、名ならざるものである「差延」は（他のすべてのデリダの用語と同様）、えも言われぬものという意味での名づけえぬものには回付されない。つまり、言語活動の彼方にあって語では言い表せない何ものか quid には回付されない。名づけえぬのは**名があるということ**（「名の諸効果を［……］あらしめる作用」）であり、それは名なしで名そのものなのである。だから、デリダの用語法に対する解釈は（アヘルに関するハガダーのカバラー的釈義によるなら、彼の用語法の「文字どおりの意味」は）、いかなる場合であれ、彼の用語法の自己参照的構造から出発しなければならない。「この過剰の記号は、可能なあらゆる現前－不在に照らして絶対的に過剰で［……］なければならず、にもかかわらず、それとともに、この記号は依然として**なんらかの仕方で**

☆3　J. Derrida, «Ousia et grammè», in *Marges* (*op. cit.*), pp. 7577.

［……］自らを意味するものでなければならない」のであり、「決定不可能なもののこの角や襞や折り返しを通じて、標示は標示されるものと標示とをともに標示」する。

外示の力を奪われ、単一の対象への一義的な参照をも失った用語は、それでも**なんらかの仕方で**用語それ自体を自ずと意味してはいる。つまりその語は自己参照的である。この意味では、デリダの言う「決定不可能なもの」も（そう呼ばれるのが「類比から」のことにすぎないとしても）、現代の論理学の危機を標示してきた自己参照をめぐる諸逆説の諸限界のなかに自ずと書きこまれる。まさにここにおいて、哲学的考察と言語学的考察とが自己参照を理解してきた仕方に含まれている不充分さが示される。これは、中世における第一志向 intentio prima と第二志向 intentio secunda との区別に由来する。中世の論理学では、第一志向とは記号や志向 intentio をではなく対象を意味する記号のことである。つまりこれは命名的用語である（「それ自体の意味の代わりに、それに宛てられた記号を代理措定する signum natum supponere pro suo significato」）。第二志向はその反対で、第一志向を意味する記号、すなわち記号を意味する記号である。しかし、記号を意味するとは、志向を指す[☆4]とはどのような意味なのか？　志向 intentio を一対象、すなわち志向対象 intentum とせずにこれを指すにはどうすればよいのか？　志向の二様態（第一志向と第二志向）は本当に同質なのか？　この二者は志向する対象が異なっているだけなのか？

ここで不充分なのは、第二志向（記号を指すこと）が第一志向（対象を外示すること）の図式に従って思考されている点である。自己参照は語の聴覚的ないし書記的な整合性を参照するわけである。つまり、対象としての用語（中世の論理学者たちのいう、物質的な代理措定

☆4（フランス語版翻訳者の注）イタリア語の「指す intendere」はここではラテン語の「志向 intentio」と「かかって」いる。〔intendere はフランス語テクストでは「含む、理解する comprendre」とされていたが、原著者の要請にしたがって「指す viser」に変更した。〕

suppositio materialis）の物質的な同一性が参照されている。それなら、厳密に言えば自己参照はない。というのは、用語は世界の一切片を意味しているのであって、志向性を意味しているのではないからだ。記号が指すのは正しくは志向 intentio ではなく一事物、すなわち志向対象 intentum である。

この自己参照性（というか偽自己参照性）の第一水準を放棄してはじめて、我々は問題の核心に入ることになる。しかし、まさにそれによってすべてが複雑になる。というのは、対象がではなく志向性が意味されるためには、語は自ら語自体を意味しなければならず、にもかかわらず**語は何かを意味するということでのみ自らを意味するのでなければならない**からである。したがって、志向はけっして外示されるものの位置にあってはならず、しかしそれと同時に、志向は単に対象を外示してもならない。「これこれはしかじかの代わりに立つ aliquid stat pro aliquo」（AはBに相当する）という記号図式に即して言うと、志向は「これこれ」をも「しかじか」をも指さず、何よりもまず「の代わりに立つ」を指すわけである。デリダの用語法のアポリアとは、その用語法において一つの「の代わりに立つ」がまた別の「の代わりに立つ」に相当しながら、何かが現前において外示される対象として構成されるということがけっしてありえない、ということである。しかし、こうした条件下では、意味（つまり、「の代わりに立つ」）という概念そのものが危機にさらされる。これがデリダの用語法のもつ特有の力である。

志向が対象をではなく志向そのものを参照するためには、志向対象 intentum の純粋な現前を前にしても、志向対象の不在においても、志向がけっして消えることがないのでなければならないない。ところで、デリダの用語法は、『声と現象』『グラマトロジーについて』ですでに練りあげられていた痕跡概念の首尾一貫した帰結である。というのは、その当初の身振りにおいてグラマトロジーの企図は何よりもまず「『記号』概念の破壊」として、また「記号論の解放」として提示されていたからである。その破壊と解放において「同一性は意味作用を逃れ、たえず脱臼する」。ここにおいて、意味作用の還元不可能な性格は、西洋的な真理の構想の基礎となっている「声のなかへのシニフィアンの滅却」が不可能であることを含んでいる。痕跡がまさに、十全に現前している表象体 repræsentamen というこの滅却不可能な審級を名づけ、おのおのの意味における意味作用の過剰を名づける。中世の用語を用いて言いなおせば、第一志向や第二志向などありはしない、ということである。一つひとつの志向はそのそれぞれがつねに第一にして第二であり、第二にして第一である。このようにして、志向性は志向性においてつねに志向に対して過剰となり、意味作用は意味に先行し、意味の先に生き延びる。だから、「痕跡とは単に起源の消滅なのではない。ここで痕跡ということで言わんとするのは［……］起源は消滅してさえおらず、非起源によって回帰的にしか構成されたことがない、ということだ。この非起源とはつまり痕跡であり、痕跡はこのようにして起源の起源となる。したがって、痕跡をしかじかの現前とかこれこれの原初的非痕跡とかから派生したものとして、これを経験的な標示の一つにしてしまうような古典的な図式から痕跡概念を引き離すには、原初的痕跡ないし原痕跡についてきちんと語らなければならない。しかし、この痕跡は自らの名を破壊する、ということが我々にはわかっているし、すべてが痕跡から始まるのなら、とりわけ原初的痕跡などというものはない、ということもわかっている。[☆5]」

痕跡概念は概念ではない（同様に「名『差延』は名ではない」）――この逆説的テーゼは、グラマトロジーの企図のなかにあってすでに暗黙のものであるが、これがデリダの用語法の立場そのものを定義づけている。この逆説を逃れるためにこそ（もしくは、そこで正しい様態にとどまろうとするためにこそ）、グラマトロジーは、意味をさまざまに決定することを実行することを断念しつつ、自ら脱構築をおこなわなければならなかった。しかしグラマトロジーがもともと志向していたのは、多義性の理論でも意味の超越性の教義でもない。グラマトロジーの目標は、汲み尽くせない意味作用のかぎりない解釈学として了解されるような脱構築などではない。西洋的論理の基礎となっている意味概念を問いに付し変形してしまう自己参照の問題を根源化することがその目標なのである。

このように見ると、グラマトロジーの中心的逆説（「**痕跡**概念は概念ではない」）は、フレーゲが一八九二年に「概念と対象について」で言表した逆説をとくに想い起こさせる。この逆説は、それから数年後に形式論理学の建造物を揺るがせた危機の最初の徴しだった。いわく、「**馬概念は概念ではない**」。フレーゲの逆説の基礎は（フィリップ・ド・ルーイランが最近著で定義しているように）、我々がこれこれの概念を（命題のなかで述語として用いる代わりに）**名づける**たびに、それは概念として機能することをやめて対象として現前する、という点にある。我々はこれこれの概念を了解しているものと思う ein Begriff gemeint ist が、じつはその反対に我々は対象を名づけている ein Gegenstand gennant ist。我々はそれが志向 intentio のつもりで、じつは

☆5 J. Derrida, *De la grammatologie*, Paris, Minuit, 1967, p. 90.〔デリダ『根源の彼方に』（上）足立和浩訳、現代思潮社、一九七一年、一二三頁〕

志向対象 intentum の前にいるのだ。

したがってフレーゲの逆説は、より一般的な原則の帰結だと言うことができる。その原則は以下のとおりである。**語はこれこれのものを外示しながら、同時に、それを外示しているということを外示することはできない**。あるいは、『鏡の国のアリス』の白の騎士の警句を借りれば、「名の名は名ではない」となる。おもしろいことに、このヴィトゲンシュタインの諸テーゼ[☆6]の基盤となっている。「白の騎士の定理」はヴィトゲンシュタインの諸テーゼの基盤となっている。彼によれば、「言語において**自ずから表現されていることを、我々が**言語によって表現することはできない」。この、白の騎士の定理はミルネールの言語学公理にも同様に基礎を提供している。いわく、「言語学の用語は固有名をもたない」。いずれの場合にも本質的なのは、私がこれこれの志向 intentio を意味しようとし、名を名づけようとすると、もう私には言葉と事物との区別がつけられなくなり、概念と対象との区別も、語と語の外示との区別もつけられなくなる、ということである。

名の根源的なこの無名性を回避すべく論理学者が編み出す窮余の策はどれも結局は失敗に帰する。括弧を介して名を名づけるカルナップの試みに対してはリーチがこれを示したし、ゲーデルの定理においてはこれは暗黙のうちに示されている。しかしながら、これこれの公理系と決定不可能な諸命題とのあいだの必然的な関係を（ゲーデルの定理から出発して）強調するだけでは充分ではない。決定的なのは、この関係を構想するやり方に他ならない。実際は、決定不可能なものを純粋に否定的な**限界**（カントのいう Schranke）として構想することもできるし、その場合は、そうした限界に衝突してしまうのを回避するために諸手段を作動させなければ

☆6　ルートヴィヒ・ヴィトゲンシュタイン『論理哲学論考』4.121.

ばならないことになる（ラッセルのタイプ理論やタルスキーのメタ言語）。また、決定不可能なものは、外部性に向けて開く**境界線**（カントのいうGrenze）として、体系を構成するあらゆる要素を変形し脱臼させる**境界線**として構想することもできる。「痕跡」概念がデリダの思考の特有の行為遂行性を構成するのはそのためである。「痕跡」概念はもろもろの論理的逆説を定式化しなおすにとどまらず、そうした逆説を、意味概念そのものが変形され痕跡概念に場を譲る実験の場と化す（このことは、『言葉への途上』で「語のための語はない」と書き、言語活動そのものが言葉に到来するような言語活動の経験を提案することで、ハイデガーがすでにおこなっていた）。しかし、名を名づける試みがここで「現前も不在もなく、歴史もなく、原因もなく、原初統治 archie もなく、テロスもなく、あらゆる弁証法を、あらゆる神学を、あらゆる目的論を、あらゆる存在論を絶対的に壊乱するエクリチュール」という形式をとるのはなぜか？　エクリチュール以外の形式をとりえないとすると、デリダによる言語活動の経験 experimentum linguæ とはどのようなものなのか？

筆生

『スダ』の名で知られている後期ビザンティンの辞典は、「アリストテレス」の項に以下の謎めいた定義を載せている。「アリストテレスは自然の筆生であったが、ペンを思考のなかに浸していた Aristotelēs tēs physeōs grammateus hēn ton kalamon apobrechon eis noun。」若干異なってはいるが、この定義はカシオドルスにすでに現われている（これはベーダとセビリヤのイシドルスとに受け継がれる)。ただし今度は「自然の筆生」ではなく、論理学者としてのアリストテレスが描写の対象となっている。「アリストテレスは『命題論』を書くとき、ペンを思考のなかに浸していた Aristoteles, quando perihermeneias scriptabat, calamum in mente tingebat。」言語学的な意味作用およびそのエクリチュールとの関係に関する西洋的構想を創設しているあの作品は、以上の伝統によれば、「ペンを思考のなかに浸して」書かれたわけである。言語活動と思考との結びつき、思考と世界との結びつきについて書くには、思考は自分自身を参照し、自分の不透明性にペンを浸さなければならなかった。

この特異な隠喩の起源はどのようなものか? アリストテレスのテクストのなかの何が、「思考のエクリチュール」というイメージを可能にしたのか? こうしたエクリチュールは何でありうるのだろうか?

『霊魂論』の有名な一節で、アリストテレスは潜勢力にある知性を、何も書かれていない書板 grammateion に比している。「現勢的には何も書かれていない書板〔に可能的には文字が書かれているの〕と同様に、知性 nous にも同じことが起こる。☆7」この一節では、思考と書記行為とが近づけられている。この有名なタブラ・ラサ tabula rasa (いや、むしろアプロディシアスのアレクサンドロスの提案するとおり、ラスム・タブラエ rasum tabulæ と言ったほうがいいかもしれない。これは蠟が薄く塗られた板で、この上に文字を刻んだ)のイメージは、アリストテレスが『霊魂論』で潜勢的・受動的知性 nous pathētikos を扱っている部分に含まれている。知性の本性は、じつは、純粋な潜勢力であるということである(「それ[知性]には、潜勢力にあるという以外の本性

☆7 アリストテレス『霊魂論』430a1.

はない。我々が知性と名づけるものは［……］現勢力においては、思考する以前にはいかなる存在者でもない」[☆8])。知性とはむしろ、潜勢力として存在する潜勢力であり、何も書かれていない書板という隠喩は、純粋な潜勢力の存在様態をまさに表現している。事実、存在する潜勢力のすべて、もしくは現勢力にある潜勢力のすべては、アリストテレスにとっては存在しないことのできる潜勢力 dynamis mē einai でもあり、現勢力に至らないことのできる潜勢力 dynamis mē energein でもある。こうした潜勢力がなければ、潜勢力はつねにすでに現勢力に移行してしまい、現勢力と混同されてしまう（これはメガラの徒の諸テーゼに従った場合の帰結である。アリストテレスは『形而上学』第九巻で、彼らに対する明晰な反駁をおこなっている）。この**非の潜勢力**は潜勢力に関するアリストテレスの教義の真の軸であり、これによって潜勢力のすべては、潜勢力そのものにとっての無能力 pāsa dynamis adynamia になる[☆9]。幾何学者が幾何学者であるのは彼が幾何学をしないこともできるからであり、竪琴の演奏者が竪琴の演奏者であるのは彼が竪琴を演奏しないこともできるからである。それと同様に思考は、思考しないという潜勢力として存在している（これが、中世人たちにとっての可能的知性である）。これはちょうど、何も書かれていない書板のようなものである。思考の純粋な潜勢力とは、思考しないことができるという潜勢力であり、現勢力に移行せずにいることができるという潜勢力である。しかし、この純粋な潜勢力（ラスム・タブラエ）はそれ自体可知的であり、それ自体は思考されうる。「それ［潜勢力にある知性］は他の可知的なもの同様、可知的である[☆10]。」

潜勢力をこのように構想することに照らしてこそ、我々は『霊魂論』の以下の一節を読まな

☆8　同書、429a21-22.
☆9　アリストテレス『形而上学』1046a32.
☆10　アリストテレス『霊魂論』430a2.

ければならない。この一節でアリストテレスは、『形而上学』第十二巻でおこなった、自らを思考する思考に関する叙述をもう一度取りあげている。「ちょうど、知性をもつ者が現勢力にしたがって可知的なものになるような意味で、それ［潜勢力にある知性］が個々の［可知的な］ものになった場合——そのようになるのは知性が自ら現勢力へと移行することができる場合だが——、それでもなお知性はある仕方では依然潜勢力にとどまっているのであり［……］知性は自分で知性それ自体を思考することができる。[☆11]」

思考の思考とはとりわけ、思考そのものに宛てられる、思考する（そしてまた**思考しない**）潜勢力、つまり潜勢力にある潜勢力 potentia potentiæ である。この土台に即してはじめて、思考の思考 noēseōs noēsis に関する『形而上学』第十二巻における教義を十全に理解することができる。純粋な潜勢力の現勢力、すなわち潜勢力の潜勢力の現勢力のみが、純粋な現勢力、すなわち現勢力の現勢力と呼ばれることになる。

このようにして、思考にペンを浸す自然の筆生に関する警句は**潜勢力のエクリチュール**というイメージを本来的意味として獲得する。論理学の諸作品（つまり、思考や言語活動の純粋な潜勢力を扱っている作品）を書くにあたって、アリストテレスは知性のなかに、すなわち純粋な潜勢力のなかにペンを浸すより他はなかった。潜勢力それ自体に宛てられる潜勢力とは、絶対的なエクリチュール、誰も書かないエクリチュールである。このような書かれる潜勢力は、書かれないという潜勢力そのものによって書かれている。それは自らの受容性によって刻印されたタブラ・ラサであり、**自ら書かないということをしない**こともできるわけだ。『霊魂論』

☆11　同書、429b6-10.

に関するアルベルトゥス・マグヌスの天才的直観に満ちた注釈によると、「それと同様に、いわば文字は自ら板の上に自らを書く hoc simile est, sicut diceremus, quod litteræ scribent se ipsas in tabula」のだ。

物質★2

デリダの痕跡概念とそのはらむもろもろのアポリアとを位置づけるのは、このような、誰も書かない、潜勢力のエクリチュールという基底の上がふさわしい。そう考えると痕跡概念は、潜勢力をめぐるアリストテレスの逆説を考えなおすための厳密きわまる努力として、すなわち思考のなかにペンを浸して潜勢力（書かないという潜勢力）によってのみ書く筆生の身振りを考えなおす努力として――現実的現勢力と形式との優位に抗して考えなおす努力として――現れてくる。痕跡、すなわち「現前も不在もなく、歴史もなく、原因もなく、原初統治もなく、テロスもない」エクリチュールは形式でもないし、潜勢力から現勢力への移行でもない。痕跡とは、自ずと可能性をもつ、自らを被り堪える潜勢力である。それは、形式の刻印をではなく自らの受動性と自らの無形式性の刻印を被る書板である。

しかし、ここに至って、すべてが新たに複雑になる。というのも、事物や思考をではなく、思考する純粋な潜勢力を思考するとはどういう意味なのか？　対象や外示的な語をではなく、言葉の純粋な潜勢力 dynamis を名づけるとは、テクストや文字をではなくエクリチュールの純粋な潜勢力を書くとはどういう意味なのか？　つまり、潜勢力を経験する、受動性によって動かされる、とはどういう意味なのか？　それも、「経験」とか「動かされる」★3といった語が依然

★2　matière は、形而上学の文脈では通例、「形相 forme」に対して「質料」の語をあてるが、ここでは統一的に「物質」とした。forme は「形式」に統一してある。

★3　以下、「動かされること」は être affecté ないし passion の訳。フランス語テクストではしばしば「被り subissement」となっていたが、原著者の指示にしたがって、ギリシア語のパトス（何かに動かされ、時として苦しみを被ること）とのつながりを明らかにするために変更を加えた。なお、「被る」のまま残したもの（souffrir を含む）や、用語として保存した「自己触発 autoaffection」（おのずから動かされること）なども、こうした意味の連合に連なっている。

意味をもっているのでなければならないのなら？　潜勢力のエクリチュールが解体を目指す自己参照のアポリアが、ここで新たに再開されてしまうのではないか？

プロティノスの「二つの物質について」の一節は、まさにこの問題を立てている。プロティノスは事実こう問うている――無形式 amorphon や無規定 aoristia をどのように思考すればよいのか？　大きさも形象ももたないものをどのように捉えればよいのか？　無規定は、ある無規定を通過することではじめて思考することが可能になる。「いったい、魂のこうした無規定とは何か？　それは、ちょうど不在のような、認識の全面的欠如 agnoia なのだろうか？　いや、むしろ無規定はある種の肯定性であって、たとえば黒が目にとっては目に見えるすべての色の基底にある物質であるように、魂もまた、可感的な事物のなかに現われる光に類するものをすべて除去し、のちに残ったものを定義することができず、暗闇にある目に類したものになる。そのようにして、魂は自分の見ている暗闇といわば同一のものになる。しかし、この場合、魂は本当に見ているのか？　見てはいる。しかしそれはちょうど、形象不可能性や色の不在や光の不在を見ることができるように、もしくは大きさのないものを見ることができる、という意味で見るのである。そうでなければ、それは形式になってしまう。

では、こうした魂のパトスは、まったく何も見ていない場合と同一だろうか？　いや、そうではない。魂が何も思考していない場合、それは、何も言わず何も被らない、ということである。物質が思考する場合にはそれと反対に、魂はパトスを無形式なものの押印として被る paschei pathos oion typon tou amorphou。[☆12]」

☆12　プロティノス『エネアス』II, 4, 10.

暗闇のなかの目は何も見ないが、いわば、この見ることができないという、目それ自体の非潜勢力によって到達される。それと同様に、ここでの知覚とは、しかじかのものに、つまり形式を欠いた存在者に「動かされること」ではなく、無形式性そのものを知覚することであり、潜勢力を自己触発するということである。これこれの事物を被ることと何も被らないこととのあいだには、受動性そのものに「動かされること」がある。痕跡 typos, ichnos とははじめから、自己に「動かされること」の名である。したがって、痕跡において経験の元とされるのは、物質の出来事である。この意味では、ここで自己参照のアポリアは解決を見いだすわけではない。むしろアポリアは脱臼し、（プラトンの仮説によれば）楽な道《エウポリア》へと変容する。名は命名されることができるし、言語活動は言葉に到来することができる。というのは、自己参照は潜勢力の面へとずらされたからだ。すなわち、言葉は対象として了解されるのでもなければ、**現勢力にある**事物を外示するものとして了解されるのでもない。言葉は、意味することができる（意味しないこともできる）という純粋な潜勢力として、つまり何も書かれていない書板として、了解される。とはいえそれはもはや、意味の自己参照でもなければ記号の自己意味作用でもない。それは、潜勢力を構成する物質になるということであり、可能性そのものが自己構成するということである。形式は自らの潜勢力に押印を被っていて、物質とは、そうした形式を欠いた、何か他のもの quid aliud のことである――というのではない。物質が物質として存在しうるのは、物質が、潜勢力が自らの不潜勢力に「動かされること」（痕跡 typos）を通じて物質へと生成することだからだ。思考する潜勢力は、思考しない潜勢力として自らを被り受容し、潜勢力自体の無形式性の痕跡となる。この痕跡は、誰も痕跡《あと》づけたことのない痕跡、つまりは純粋な物質である。この意味で、痕跡とは思考の〈動かされること〉である。物質とは、自分から動くことのない、形式の基体などではなく、その反対に、我々が形式と呼んでいるもののほうが物質の生成過程の結果なのである。

物質のこうした経験の範型はプラトンによって『ティマイオス』で提示されている。コーラ chōra、つまり場（というよりむしろ、その場に生起すること）というのが、プラトンが物質に付与した名である。したがってこれは、知覚不可能なもの（理念、つまり感覚の欠如 anaisthēton）と知覚可能なもの（可感的なもの、つまり感覚 aisthēsis によって知覚可能なもの）とのあいだに位置している。コーラは知覚可能でも知覚不可能でもない。コーラは、met' anaisthēsiās という仕方で可感的なのである（これは、「感覚の欠如**によって**」と翻訳しなければならない、逆説的な言いまわしだ）。したがってコーラとは、非知覚を知覚することであり、感覚の欠如を感覚することであり、純粋な生起（その場においてはじつは何も生起したことがない）を感覚することである。

アリストテレスが潜勢力としての物質に関する理論を『ティマイオス』におけるコーラから発して展開しているのもそのためである。暗闇における視覚同様、感覚は、自ら感覚しないということを感覚することができる――と『霊魂論』は言う。自ら感覚しないということはつまり、感覚自体の潜勢力のことである。このようにして、潜勢力にある思考は（その結果、新プラトン主義者たちは二つの物質について、つまり可感的物質と可知的物質について語るわけだが)、つまり何も書かれていない書板は、その思考それ自体を思考することができ、自らの潜勢力を思考し、そのような仕方で自らの無形式性の痕跡となり、〈書かれない〉という自らの本性を書き、自らに場を与え、それとともに場から知性自体を引き離す o de nous chōristos。☆13

したがって、「知覚可能でも知覚不可能でもない」「標示の標示しなおされた場」、純粋な生起であるデリダの痕跡とはまさしく、可知的な物質の経験のようなものである。文法的な用法において問題とされる言語活動の経験 experimentum linguæ は、テクストのかぎりない脱構築を目指すような解釈実践を(あまりに広範に拡がった多義性によって)容認するようなことはないし、新たな形式主義を開始することもない。この言語活動の経験はむしろ、物質の決定的な出来事を署名し、ある倫理の上に開けている。この経験を果てまで完遂し、その意味でこの経験の物質を見いだす(受容し被る)者は、自己参照の逆説にとどまることができ——とはいえそこに囚われることはなく——、〈書かずにいること〉をしないこともできる。

アヘルがシェヒナーへと流謫されてとどまりつづけるおかげで、ラビ・アキバは言語活動の楽園に入って無事に出てくることができる。

(イタリア語からフランス語への翻訳——ジャクリーヌ・ラポルト
翻訳者による注記がある。「M・ピカールとP・ロローに感謝する。」)

☆13 アリストテレス『霊魂論』429b5.

デリダ、師の声を聴く

ルドルフ・ベルネット

（高桑和巳訳）

ジャック・デリダの『声と現象』は特異な運命を辿った。一九六七年に発表されるとたちまち、みごとな作品だと称賛されたが、その影響は、二冊の書物『グラマトロジーについて』『エクリチュールと差異』が同時期に刊行されたことで薄れてしまった。この二冊は『声と現象』に比べて構成が多様であり、相対的に言っておそらく取っつきやすいものだったからである。とはいえ、これに先立つ仕事、つまりフッサールの『幾何学の起源』への長大で深遠な「序論」（一九六二年）がその筋の限られた人々を除いてはほとんど知られることがなかった一方で、『声と現象』はジャック・デリダの国際的名声を高めることに多大な貢献をした。加速度的リズムにのって矢継ぎ早に発表される新刊本に支えられ、この名声は休むことなく高まりつづけ、ついには、少なくともアメリカでは、デリダの名声は文化的・メディア的な一現象にまでなった。とはいえここは、一団の浮わついた脱構築主義者たちと孤独のなかで仕事をする思考者との複合的な結びつきについて問う場ではない。じつのところ、彼の声は次第に不安に満ちたものになってきている。だが、デリダを引きあいに出すこの知のニュー・ウェイヴに我々がかかわりをまったくもたないわけではない。ごく稀な例外を除けば、このニュー・ウェイヴは、『声と現象』に対する、テクスト自体の豊かさと野心に見合うような読解を歪曲してきたし、さらには妨げもしてきたわけで、したがって、その意味ではこれは我々にかかわりのないことではない。まず、二タイプの取り組みかたについて簡潔に言及したいと思う。これら二タイプの取り組みかたは相対立するものであるにもかかわらず、『声と現象』の鍵をなす問いを完全に誤認しているという点では共通している。その問いとは以下のとおり——どのようにして師の声を聴くか?

第一のタイプの読解は、デリダの「思考」と呼ばれるもののなす流れ（それは明らかに奔流だ）のなかで魚を溺れさせてしまうものだ。それはたとえば、この「フッサールの現象学における記号の問題への序論」をソシュールやフロイトやヘーゲルなどに関する同時代の諸テクストに近づけ、この比較を利用して、デリダのそれ以降の作品全体が『声と現象』に先取りされているという読解をおこなってしまうというたぐいのことだ。『声と現象』はその場合、ある自律的思考の進化の最初の道標として提示される。この自律的思考がフッサールの哲学を用いたのはただ単に、現前への変わることのない執着という罪を背負った形而上学的伝統のすべてに照準をより精確に合わせるためでしかない、ということになる。というわけで、そのような人は、デリダによって始められた哲学的諸テクストのポストモダン的読解なるものに関心があると称し、同時に他方では、解読すべきテクストであるはずの『声と現象』を無視する。散種の、決定不可能性の、また「差異」の思考**なるもの**はこのようにして、ある種の性急な体系化によって捕捉しなおされてしまう。その体系化は、伝統的哲学の歴史におけるあらゆる先入見を一掃しながらも、厳密さを放棄してしまっている。

第二のタイプの読解は、デリダの文体に怯え思考に怖じ気づいた幾人かのフッサール学者の提示する読解である。多くの場合、彼らが『声と現象』を読みはじめたのはかなり遅くなってからのことだ。それも、この書物よりは軽薄と判断されるような他の書物のおかげで著名になった作者についての執拗で物騒な風聞を耳にしたからだ。彼らにとっては、作品にしたがってデリダを判定するというのは、つまるところフッサールの声を彼が忠実に聴いているか否かを確かめるということだ。したがって『声と現象』は、フッサールの『論理学研究』第一部の「本質的諸区別」と題された第一章に対する注釈ないし解釈として読解され評価される。こうした読解方法は、デリダの他の諸テクストに表明されているような彼の関心事にほとんど注意を払わないものであるばかりか、そもそもこの作者の書いている明白な序を無視してもいる。というのも、序には、『声と現象』は「単なる注釈的読解や解釈的読解ではありえない」フッサール読解を提示しようとするものだ、とはっきり記されているからだ。というわけで、そのような人は、フッサールにおける「表現」と「指示」のあいだの区別を脱構築するということに関心を抱きながら、その脱構築がフッサールの思考に対する絶対的に忠実な表現や解釈が不可能だということを含んでいることを理解しない。そのような人は結局、作品の意味の内在的理解を引きあいに出して『声と現象』を批判するのだが、じつのところデリダは、そのフッサールの作品が外在性のかぎりない回帰に住み憑かれているということを示し、その作品がその核心において、ある還元不可能な他性の噴出によって汚染されているということを示し、そしてその作品が、現象学をかぎりない任務として促進しながらすべてを理解することには限界があると白状しているということを示していたのだ。

『声と現象』への我々の取り組みかたは、そもそもこのテクスト自体がまさに揺るがそうとしている諸先入見に拠ってこのテクストを扱うという危険を避けようとするものである。しかし我々の取り組みかたはまた、難解をもって知られるテクストの読解を容易にしようとするものでもある。この難解さの原因の大半は、たかだか百ページあまりの作品のなかで非常に多様な目標が追求されているということに由来している。彼はフッサールにおける表現記号と指示記号の区別を綿密に分解し、次いで、記号に関するこの微小現象学を跳躍台にして、現象学的還元や超越論的意識や構成や現象学の言語活動といった基礎的諸概念への問いへと一気に跳んでいく。とはいえ、これら諸分析の厳密さと野心に我々は騙されてはならない。こうした厳密さや野心は、哲学的伝統の総体に関するはるかに一般的な議論に手をつけるために、つまりとりわけ、書記記号の外在性の抑圧や、非原初的現在の他性の抑圧や、間主観性の予見不可能な横糸に編みこまれた主体の他律性の抑圧や、定常的に死に直面している生の有限性の抑圧に関するはるかに一般的な議論に手をつけるために主に用いられている。これはいわゆる「差延」の哲学へと開けている。その差延の哲学は、伝統的哲学の固定観念や既成価値の数々の重要性を、さらにはその優位さえも確認しつつ、なおそれらを覆すものである。我々が示そうとするのは、こうした関心事が維持され統合されている構造ないし秩序はたしかに公理的本性をもつものではないにしても、その構造内においては各要素は他のすべての要素にこだましている、ということである。その構造内においてデリダの声は増幅され、力いっぱい発声され、つねに新たな再現前の数々によってはっきりと反射されている。

デリダのこの声が表明するのは、というか、その声の数々のこだまが反復するのは、まさしく、再現前化を欠いた声はないということであり、反復の代補のない起源はないということであり、死のない生はなく、不在のない現前はないということである。意味は隔たりから噴き出す。意味は、思考の内在性と記号の外在性とのあいだの「差延」から、自同的な意味の現前と変化してやまないその再現前とのあいだの「差延」から、主体の内密でいわく言いがたい自己への現前と万人の言語活動への主体の疎外とのあいだの「差延」から噴き出す。「差延」の思考が現前の哲学に異を唱えるのは、不在の名によってではなく、現前と不在との解きがたい「錯綜」の名によってであり、本質と事実との、時間と空間との、精神と肉体との、意味と記号との、知覚と想像力との、パロールとエクリチュールとの「錯綜」の名によってである。「差延」のこれら数ある形象のそれぞれを丁寧に分析すれば、「差延」が双数的対立関係という形式に帰着させられるものではないということが確認できる。仮に「差延」が双数的対立関係であるとすれば、それは一方の項を他方から派生させる「還元」作用に賛意を示すということになってしまう。デリダにとって、「差延」は還元不可能である。〈同一なもの〉の原始的統一性へと導かれるような哲学的ないし現象学的還元などありはしない。もしそれが〈同一なもの〉であるなら、それは自己に対して同一であり、自らに〈他者〉をもたらすのも付け足しとしてであり、自己の否定の力によってでしかないということになる。

デリダはまさに、こうした還元不可能な、あるいは「決定不可能」な「差延」の痕跡を辿りながら、フッサールの「本質的諸区別」のそれぞれを扱う。「本質的諸区別」とはすなわち、意味を付与する表現記号と意味を欠いた指示記号との区別であり、理念的対象の直観的現前化とその対象の想像的ないし言語的再現前化との区別であり、自己への直接的現前と言説における自己喪失との区別であり、今とその「事後」との区別であり、直観的思考の内在性と言語への直観的思考の記入の外在性との区別である。この論証のいずれの段階も、ある同一の議論の擁護および例証とみなすことができる。すなわちそれは、フッサールによるこれらの「区別」はいずれも、一方が他方から派生しうるような分離した自律的な二本質に関する区別としては理解することができない、という議論である。もし、「本質的区別」とこの区別自体の原始的統一性という中心理念への従属とのなす二重の運動が「現象学的還元」の操作を再現前するものとみなされるとすると、デリダがなぜこうした還元の「不可能性」を示そうとするのかが理解されるだろう。とはいえ、「差延」の哲学は本質的諸区別の哲学に対して単純な仕方で取って代わろうとすることはできない、という点を見失ってはならないだろう。というのも「差延」は、現前への現象学的還元が際限なく差延化した失敗（というより完遂）を通じてはじめて自己表明をおこなうからである。

『声と現象』が主たる検討対象としている「本質的区別」は、フッサールがはやくも『論理学研究』第一部の冒頭で導入している区別である。これは、**表現**と**指示**との区別である。**表現**と**指示**というのは二種類の**記号**であり、この二者のあいだの差異は、これらの記号によって再現前化される意味が現前しているか不在かということによって定義されている。表現記号は、自らのなす意味を見えるものにし、ある内密な統一体を形成する。その統一性は、魂と肉体との統一性や視覚と目との統一性、聴覚と耳、触覚と手との統一性に比することができる。表現記号とは、意味の単なる再現前であるというより、意味の器官そのものである。その反対に、指示記号のほうは、見させるというよりは信じさせる。指示記号は、意味を捕捉するのではなく、意味の手がかりを与える記号である。つまり、意味を付与するのではなく意味を呼びつける。端的に言って、表現記号とは、自らの言わんとすることを言う言語記号のことであり、これは自らの意味の前で自らを抹消する。他方の指示記号とは、知覚に対して自律的な対象のことであり、それはさらには、信じさせ呼びつけ注意をうながす。指示記号は自然物であることもある。たとえば、先史時代の動物の実在を我々に信じさせる化石などがそうである。しかし、たいていの場合、指示記号は完全な製造物である。たとえば、不意の曲がり角に注意をうながす交通標識がそうだし、また、フッサールの言うハンカチの結び目もそうだ。彼は、もっと良い人間になろうという自分の決心を忘れないためにハンカチに結び目を作ったのだった。フッサールのこの記号論の詳細を検討することは無益ではないが、ここでは細部にまで立ち入る必要もないだろう。[☆1]

何よりもデリダの関心を惹いたのは、第一には、表現と指示とのあいだの「本質的区別」をおこなうにあたっての基準であり、第二には、ある一つの言語記号が表現として機能する**と同時に**指示としても機能する、とフッサール自身も告白している、言語行為の個別例である。フ

☆1 Cf. Rudolf Bernet, «Husserl's Theory of Signs Revisited», in Robert Sokolowski(ed.), *Husserl and the Phenomenological Tradition : Essays in Phenomenology*, Washington D. C., The Catholic University of America Press, 1988, pp. 1-24.

ッサールによる分析の後を一歩一歩導かれるままに辿るデリダは、しかしながらまったく異なる目標を追う。**フッサール**にとっては、表現を指示から区別するのは、表現は指示と違って、自ら言わんとしていることを知り知っていることを言う主体の思考に近接している、という点である。しかじかの記号の表現機能と指示機能との錯綜 Verflechtung は、フッサールにとっては偶発的な汚染でしかなく、完全に表現的な言語活動の純粋さを保存したければ、そんなものはすぐに厄介払いしてしまわなければならない。**デリダ**のほうはその反対に、単一の記号の表現機能と指示機能との錯綜を「本質的」なものとみなす。というのはこの錯綜は、すべての記号がいかにして「差延」の働きを被っているかを目に見えるかたちで示してくれるからだ。この本質的ないし原初的な「差延」の名によって、デリダは、表現と指示との区別を基礎づける役に立っている現前の理念を脱構築することになる。デリダはこのようにして最終的には、フッサールのテクストに、純粋表現なるものは不可能だと白状させることになる。そこから彼は、これこれの事物を示すということ、すなわち現象を示すということは、自己現前する主体の意識の側から求められるべきではなく、まさに錯綜の側から、すなわち表現記号と指示記号とのあいだの「差延」の作用の側から求められなければならない、と結論づけることになる。現象は、主体が意識の秘密のなかで自らに宛てて語る内的な声に依存しているのではない。まったくその反対であって、現象の可能性の条件は、「痕跡」ないし「原初的代補」としての記号のなかに見いだされる。

したがって、後続するすべてを決定づけているこの論証の第一歩は、表現と指示との区別の基礎づけに関するものである。**フッサール**にとっては、表現は意味を担ったものである。つまり、意義 Bedeutung をもったものである。他方の指示にはこれがない。しかし、だからといって指示からあらゆる意味が奪われているというわけでもない。というのも指示は記号 Zeichen であり、記号たるものはすべて何かを意味する、すなわち自らの外にある何ものかへと回付する zeigen からである。したがって表現の意義 Bedeutung とは、ある個別のタイプの意味である。その個別性とは、意義 Bedeutung の回付は志向的本性をもった心的活動に依存し、表現記号はこの意義 Bedeutung を包む肉体に他ならない、ということである。表現的な言葉《パロール》において、発音される音はその音の意義 Bedeutung にかぎりなく近く、音は自らの意義を現前させ、意義と一つになって、解《ほぐ》せない現象的統一体を形成する。その反対に、私が言葉を発音しながらそれとともに意図せずにおこなう身振りは、私の思考内容とはほとんど一致しない。したがって、フッサールはこうした身振りを指示記号とみなしている。したがって、デリダが正当に言っているように、表現を指示から区別するのは、思考の前表現的な基盤に表現のほうが指示よりも近接しているということと、表現は意図的で明晰な性格をもっているということである。表現記号において自己表明する意義 Bedeutung とは「言わんとすること」であり、表現記号とは言語活動に先行する意味を実際に言明することである。

デリダによれば、表現をこのように定義することは**現前**の二つの理念に基礎づけられている。二つの現前とはすなわち、思考する主体の自己現前と、この思考に対する志向対象の現前である。表現記号は、この二重の現前の課す諸要請につき従う。表現記号は、自らの表現する思考の言わんとすることに可能なかぎり接近し、この思考の志向対象の直観的現前を先取りする。**表現記号の理念化と精神化**は、理念的意義 Bedeutung とのこの近接性に照らして理解しなければならない。すなわち、経験的現実における記号の具体的現前（トークン token）とは、記号の理念的かつ不易の形式（タイプ type）の個別的な再現前化に他ならない。記号の素材の精神化は、エクリチュールに対する声の優勢の理由である。理念的形式においては、音声記号は意義 Bedeutung の理念性にかぎりなく近い。すなわち、意義 Bedeutung は「聴き分ける entendre」という語の、理解する、聴きとる、という二つの意味を聴き分けさせる。たしかに、表現のもつこうした意義 Bedeutung を、表現が志向性ゆえに回付する先の対象ないし事態と混同してはならないが、とはいえやはり、これこれの表現をきちんと「聴き分ける」こと、つまり理解し聴きとることが表現の目指す現実を理解することでもある、というのも確かだ。偽の言葉《パロール》が意義 Bedeutung を欠いていないとしても、フッサールにとっての語ることの目標とは、現実的なものの真理を言い、それを聴き分けさせることだ、ということに疑いはない。まさにこの点において、デリダは頑強にもフッサールから距離をとる。そうするにあたって彼は、偽に陥る危険を冒さない真の言葉《パロール》などというものはなく、意義 Bedeutung に忠実であるがゆえにあらゆる誤解が排除されている表現などというものもない、と主張する。ひとたび発音されると、表現の意味は語る主体から離れていく。表現の意味が語る主体を逃れていくのと同様に、彼の語る対象も彼を逃れていく。そうなると、語られる対象の原初的現前は言語的な再現前化によって取って代わられることになる。つまりそれは、原初的現前に先立って言われていることによって取って代わられる。デリダはこのようにして、再現前化のない現前はなく、原初的現前を俯瞰する喪失の脅威にさらされていない現前はない、という事実を強調する。このことは（理念的）対象の現前についてのみならず、主体の自己現前や今現在という瞬間的現前についてもあてはまる。

デリダはフッサールのテクストにおいて、現前と再現前化のあいだの「差延」作用の痕跡を追求するわけだが、この「差延」作用は、ある一つの言語記号の表現機能と指示機能とのあいだの「錯綜 Verflechtung」というかたちで最も明白に現れる。私の表現が私の思考を他の者に伝達するために用いられると、この「錯綜」が「事実上」そのつど生み出される、ということをフッサールは認めている。その場合、私にとって私の思考の表現の用をなす言表は、私の対話者によっては、私の言わんとすることの単なる指示として理解される。たとえ私にとって私の言うことと私の言わんとすることが原則的に同一のものであるとしても、私の言うことを聴き分けるにあたって私の思考を原初的に与えられているわけでもない他の者にとっては、事情は同じではない。私にとって私の思考の表現であるものも、他の者にとっては、私の言わんとすることの指示的表明 Kundgabe でしかない。フッサールは、表現と指示のあいだのこの「事実上」の錯綜をそれほど気にしていない。というのは彼によればこの錯綜は、表現記号の本性と指示記号の本性のあいだの本質的区別、すなわち「理論上」の区別を脅かすことはないからである。フッサールの考えによれば、語りつつ自分自身の声を聞いている者にとって、自分の声は言わんとすることの純粋表現のままなのだから、伝達に固有な、表現と指示のあいだの錯綜は実のところ何を変えるわけでもない。したがって独り言は、表現記号の本質を真に純粋な形で提示しうる模範的な一現象であると思われる。

デリダによる解釈の論争的射程は、フッサールの理屈のまさにこの点においてはじめて明らかになる。これは、純粋表現の原型としての独り言の批判検討作業に先行するものである。はじめデリダは、具体的現象の水準ではあるがままの形で見いだされない「本質的区別」は現象学の諸原則に反するものであり、したがって適用不可能であり断罪すべきものだ、という見解を擁護するように見える。フッサールは「理論上」の諸区別を利するべく「事実上」の錯綜を示す諸現象をいわば裏切っているのであり、そこで護られている「理論上」の諸区別を裏づける諸原則は現前の形而上学のさまざまな先入見から生じている、というわけだ。しかしその一方で、諸現象を「事実上」あるがままに単に叙述するにとどまるような現象学はたちまち枯渇するのであって、いずれにせよそんな現象学は具体的所与のもつすべての豊かさを説明するにはけっして至らない、というのも確かではないか？　諸本質こそ諸現象の分析を方向づけ、現象学的まなざしの分散を予示するものである、ということがわかっている場合に、諸本質を問う学と現象学とのあいだでの選択は本当におこなわれてしかるべきなのか？　純粋表現の事例が一つとして見いだされないとしても、表現と指示のあいだの本質的区別には依然として価値があり、この二者の現象的錯綜の数ある形態を分析するための貴重な手段を構成する、ということになる。したがって、「本質的諸区別」は依然として「差延」の現象学にとって不可欠な前提である。デリダがこのことを見逃したとすればそれは驚くべきことだ。

デリダによる「本質的諸区別」のこの問題化をよりよく理解するためには、彼の批判的解釈の第二の契機に訴えることが必要である。この第二の契機のほうはもう、フッサールの**形相的**還元に関連するものではなく、**現象学的還元**に関するものである。デリダはこの現象学的還元を、まなざしの変化として提示している。その変化は、現象学的なものを世界内の諸事物の経験的実存から逸脱させ、それによって、現象学的なものを内的反省というかたちで、この諸事物を意味づけ「構成」する超越論的意識の生の検討へと向かわせる。デリダによる解釈のまさに独創的な点は、現象学的還元を表現と指示との「本質的区別」のうえに「重ね刷り」して扱っているという点である。この足どりは、現象学的還元に言語的な形式を与えようとするものであり、というよりむしろ、現象学的還元が言語活動のなかに（というか言語活動のある種の理念のなかに）根ざしているということを示そうとするものである。デリダはもっぱら『論理学研究』第一部冒頭の数段落で展開されている「本質的諸区別」から着想を得ており、彼はこの企図を首尾よくなしとげるための手段をほとんど欠いている。彼の分析の結果は二重の意味で問題がある。一つにはデリダは、現象学的還元に対する不平をすべて表現と指示のあいだの区別に担わせてしまい、それゆえにこの区別の現象学上の価値を打ち捨ててしまっている。またデリダはこの現象学的還元を、フッサールが指示を軽んじて表現に与えた優位に過度に引きつけて理解しており、現象学的還元の創設的理念を歪めており、つまるところ彼が脱構築しているのは現象学的還元というよりは、ありもしない幽霊のような還元である。現象学的還元が純粋表現の事例を探し求めることと密接に連関し、フッサールにとっては独り言が、表現のそうした純粋性を実現している唯一の事例と思われているとすると、超越論的意識への還元とは独り言への還元、ないし「沈黙をまもる声」への還元だということになる。しかしフッサールの読者ならば、現象学的還元によって曝露された超越論的意識が世界から切り離されたものなどではなく、他の主体たちとの交渉からも切り離されてなどいない、ということをデリダほどの通じた読者が無視できようはずがない、ということがわかるだろう。

たしかに、デリダが現象学的還元の本性について定式化しているいくつかの結論は、フッサールの作品全体に照らしてみるとあまりに性急で、さらには度を超したものでもあるかもしれないが、そうだとしても、彼の解釈の前提についてもそう言えるわけではない。フッサールが指示と比べて表現に特権を与えているのは疑うことのできないことだし、表現のほうが志向的意識に近接している、という理由で表現が指示と区別されているということにも疑問の余地はない。同様にデリダは、指示は記号の経験的現実に依拠し、つまり**経験的**心理学に属する因果性によって作用する意味連関に依拠している、という事実を強調しているが、このことも正当である。純粋表現の側にはそのようなものはない。純粋表現は、たとえば独り言の場合、記号が物理的に実在するということを省いてしまい、記号の精神化・理念化を実現し、志向的意識によって自らの指す対象へと回付する。この志向的意識は、自分が思考しているということを知っており、言語表現に自らを委ねてしまう前に自分がきちんと思考していることを知っている。したがって、指示から表現への移行はまさに純粋意識への回帰であり、これを「現象学的原還元」と呼ぶのは度を超したことではない。表現を支配する思考が依然として超越論的意識ではない場合であっても、この思考が、自らに全面的に現前している意識なるものに対する同様の魅惑を証すものであることに変わりはない。したがって、こういうことになる。自分自身に語る主体の純粋で直接的な現前が不可能であるがゆえに純粋表現が不可能であるとするなら、超越論的意識への現象学的還元の企図も影響を被るし、とりわけ、この企図の**デカルト的**定式化が影響を被ることになる。現象学的還元が不可能であることを我々に納得させるにあたって、デリダはたぶん、それほど説得的でもないのかもしれない。しかしそれにしても、彼が独り言の現象を強調していることは誤りではないし、その独り言を、表現と指示のあいだの区別に関する議論の軸とし、それと同時に、独り言こそ現象学的企図の総体に影響を及ぼす困難において基礎的に、また啓示的に賭けられているものだ、としているのも誤りではない。

デリダは、フッサールが純粋表現のタイプそのものとしての独り言に益するべく展開する議論を、二つの判明な確信に整理してみせる。一。独り言においては、表現記号はいわば自動的に理念的対象の地位に達する。その地位とはつまり、経験的諸事物のなす世界とはもはやいかなる本質的な結びつきをも維持していない、自同的対象という地位である。二。独り言とは、主体の自己自身への現前の表現である。この現前は表現に先行するのみならず、この表現に依拠せずに自己実現することもできる。主体は、表現に依拠して自らの生《せい》や思考を意味するよりずっと前に、自らの生を感じとり自らの思考を認識している。以上の議論を以下のようにまとめることもできる。一。独り言においては、主体は表現記号の物理的実存を必要としない。主体はたいていの場合、この記号を想像するだけで満足する。二。独り言とは、すなわち自らの話すのを聴き分ける声とは、自分の志向的行為の直接的な反省的意識をもっている主体の生《せい》の、非生産的な裏面である。デリダはこの二つの議論を厳しい試練にさらす。まず彼が論証しようとするのは、想像によって獲得され反復によって確証される表現記号の理念的同一性は依然として暫定的なものだ、ということである。それが暫定的なのは、つねに経験的現実に巻きこまれ左右されているからである。次いで彼が論証しようとするのは、主体は、十全で直接的な自己意識を自分の意のままにすることはけっしてない、ということである。というのも、主体が「声」において自らから発して自らに与える**再現前化**は、**純粋な**自己触発などではまったくなく、必然的に**疎外**を含んでいるからである。つまり、この二系列の議論はいずれも**純粋な現前**の可能性を問いに付している。純粋な現前とはすなわち、十全に直観的で理念的な現前のことであるが、これは、**不純な再現前化**による避けがたい汚染に基盤をもっている。したがって、すべての現前は、指示ないし「痕跡」に属する経験的外在性にやはり依存している。

第一の議論は、デリダがフッサール『幾何学の起源』への「序論」[☆2]の時点からおこなっていた理念的対象の現前に関する長い分析を再考し、その分析を、語を用いてなされる思考の表現（実際に語を発音するのであれ、想像するのであれ）という事例に適用するものである。デリダによれば、経験的世界において語が実際に物理的に現前する場合にも、その現前はけっして、語の意味のもつ精神性の汚染を被らずにはいられず、語が言わんとすることの理念的同一性とか一義性とか直観的現前とかいったものに到達せずにはいない。表現記号は、ひとたび発音されたり書かれたりすると、指示のたどる濁った道へと不可逆的に連れこまれてしまう。フ

☆2 Jacques Derrida, «Introduction», in Edmund Husserl, *L'origine de la géométrie* (J. Derrida, trad.), Paris, PUF, 1962, pp. 3-171.〔『「幾何学の起源」序説』、エドムント・フッサール『幾何学の起源』田島節夫他訳、青土社、一九七六年（一九九二年）、七―二五六頁〕以下も参照のこと。R. Bernet, «Vorwort zur deutschen Ausgabe», in J. Derrida, *Husserls Weg in die Geschichte am Leitfaden der Geometrie* (R. Bernet, übers.), München, Wilhelm Fink, 1987, S. 11-30.

ッサールが単なる一事実として記していること、つまり、独話においては「我々は通常、現実の語の代わりに再現前された語で満足する」ということを、デリダは必然として理解する。つまり、表現の純粋さを保存しておきたいと思う者は、すなわち表現が指示に巻きこまれ指示へと滑走していくのを阻止したいと思う者は、実際に語ることを控えなければならない。表現は、表現において音が意味の現前の透明な再現前化となる、という事実を通じて定義される。したがって、純粋表現は際限のない反復に適している。そこにおいては、意味の明断さが害を被ることもなく、意味が変化を被ったり失われたりすることもない。表現がこの不易の純粋さを獲得するのは理念的対象としてに他ならない。というのは、経験的なあらゆるものは不純であり、変わりゆくものであり、空間によって引き裂かれ磨耗によって損なわれているものだからである。フッサールによると、人は独り言においては想像力を用いて語を再現前化すること Phantasie-Vorstellungen で満足するのだが、デリダはこれを、記号を純粋化する本質的な方法の一つとして解釈する。すなわち、それは語を理念的対象として構成する本質的な方法だ、ということだ。事実、理念的対象の理解、たとえば「ライオン」という語の同一の音の形式（タイプ）は、**想像的**多様化によっていとも容易に実現される。つまり私の想像してみるのは、互いに異なる数人の人がこの語をさまざまに異なる強勢・抑揚・強弱をつけて発音し、「ライオン」という語の数あるトークンに共通なタイプを現れさせようとしているところである。

これこれの対象の不易の現前を確証するのに決定的に貢献するもの、たとえば幾何学のこれこれの定理の意味はまた同時に、この理念性を喪失させてしまう危険のあるものでもある、ということが『幾何学の起源』への「序論」ですでに指摘されていた。理念的意味をエクリチュールに「沈澱」させるにあたって、この転倒はとくに衝撃的である。すなわち、意味は、書くことでひとたび固着されると、依然としてつねに手の届くところにありはするものの、同時に、際限なく複製される同一の定式を盲目的に反復することのうちに固着し失われてしまいかねない。デリダが「差異」について語っていたのは、最初はまさにこうした文脈においてである。変化を欠いた同一のものの反復がないとすると、同一性が数ある再現前化を通じて維持されるというような理念的対象もない。したがって、理念的対象の現前は、数ある再現前化によって際限なく「差延化」されるが、にもかかわらず理念的対象の現前はこうした再現前化なしですませることはできない、と結論しなければならない。理念的対象の理念性は完成した現前に適しているわけではない。それは「カント的な意味での〈理念〉」である。したがって反復は、同一なものの維持を確証する代わりに、差異を導入し、同一なものの不易の現前を無限に遅らせることに貢献する。反復というものはつねに不純である。というのは、それは意味の現前とその再現前化との分離を乗り越えるのではなく作動させるからである。理念的対象の再現前的な反復は本質的に、たとえば書記記号といったような、現実の対象に従属したままである。

発話者が自分自身に語るにあたって想像上の語で満足する、という独話の事例に関してなされる理念的対象の構成のこの分析をデリダが再考するのは、まずは、想像に呼びかけるだけではこの純粋表現の稀な事例を想像のうちに保ちうると保証するには充分ではない、ということを示すためである。純粋表現というのは、言わんとすることの現前を損なうことなしになされる、無限の反復に適した理念的表現である。しかし、ある同一の表現を反復するということが実際の言説においてなされるか、それとも想像された言説においてなされるかということは、表現の理念性に関していえば重要なことではない。これこれの語の実際の知覚とその語の想像的な再現前化とのあいだの差異は、まさに語の理念性を前にして抹消される。いずれの場合も、ある同一の理念的表現（タイプ）の特異な再現前化（トークン）である。だから、議論を精緻にするにあたって強調しなければならないが、重要なのは、ある同一のタイプが知覚されるトークンによって再現前化される場合と想像されるトークンによって再現前化される場合との差異などではない。タイプたるものはこれこれの（任意の）トークンによって再現前化されなければならない、という必要性が重要なのである。したがって記号の理念的形式の現前はまったく自律的ではない。というのも、これはトークンによる再現前化に、つまり具体的で多様な発現に依存しているからだ。記号の現象は現前と再現前化との交差変換を内に含んでおり、したがって記号の現象はけっして純粋な現前へと還元されてしまうことがない。記号の現前と記号の再現前化とがこのように交差変換されることを、デリダは、表現と指示との解《ほど》けない錯綜の代補的な一例として理解する。フッサールが純粋表現の一例としての独り言に訴えているということは、この論証を確かならしめるものとされている。かりに、前述のことにもかかわらず、純粋に表現的で一義的で客観的な言語活動が依然として可能だとしても、そうした言語活動は自滅してしまう。というのも、そうした言語活動は独り言という形式、ないし「沈黙をまもる声」という形式においてしか実現されえないからだ。

とはいえ、この論証にあまりに即座に同意してしまう前に、読者が判断を留保するとしても当然である。現前の哲学に抗する十字軍を組織するにあたって、デリダは、想像とか反復とか一般性の具体的な発現とか記号による再現前化といったさまざまに異なる形式の再現前化を、あまりに性急に一つの旗印のもとに集約してしまっているのではないか？　また、独り言における純粋表現の論究と、完全に一義的で不易な言語活動の論究とを、あまりに性急に同一視しているのではないか？

こうした留保はもっともなものと思える。しかし、即座に言い添えておく必要があるが、デリダはまだ話し終わっているわけではない。我々は彼の主要な議論を、すなわち主体の主体自体への直接的で十全に直観的な現前という理念の脱構築なるものを、依然として検討する必要がある。デリダによれば、この自己への現前こそ、純粋に表現的な言語活動という理念型に最終的な土台を提供し、この理念が独り言へ向かう傾向があることを説明するのだ。独り言に関して指示を云々するのは意味がない、とフッサールは言う。というのも、独り言の場合は、語と語の言わんとすることとは主体によって「同一の瞬間に」生きられ、指標を介して主体が再現前化するものはそのすべてが「無用 zwecklos」なものとされるからである。デリダが純粋表現を不可能なものとするのであれば、彼は以下の二つの議論に反駁しなければならない。第一に、現在の「瞬間的」な現前なるものが存在する、という議論、そして第二に、主体は自己現前するにあたって、いわば外部から主体自体に形式を与える指示的な再現前化に訴える必要はない、という議論である。

第一の議論の分析はデリダを、フッサール『内的時間意識の現象学』をさらに詳細に検討することへと向かわせる。[☆3] フッサールによれば、世界の諸事象の時間は、諸事象が理解される意識の時間を出発点として理解されなければならない。この意識は、一定の時間持続し、それが次々と継起する志向的な経験によって構成される、ある流れである。さらに詳細に見ると、意識は、時間の流れと、この流れの「内的意識」とが重なりあったものであることがわかる。この、志向的経験の時間性の内的意識というのは、経験の継起の意識でもあり、経験の持続の意識でもある。個々の経験は、それが意識のなかに現前するあいだずっと持続する。フッサールの新機軸の一つと考えられるのはまさに、この経験の現在は瞬間的な点（点的な今）に限界づけられず、経験の持続とは、互いに分離した複数の瞬間を単に合わせたものとは別のものだ、という考えである。フッサールいわく、しかじかの経験の今現在の理解は、その経験のすでに流れ去った現在の理解とその経験のいずれ来たるべき現在の理解とによってつねに補われている。このことが意味していることをフッサール用語で言えば、現在の理解は点的な今の「原初的印象」の彼方にまで拡がっており、現在の理解はすでに流れ去った経験の持続の「過去把持」と、将来における経験の持続の「未来把持」とを包括するものである、となる。しかしフッサールによれば、現在における「過去把持」は、過ぎ去った現在の「反復」ないし「憶《おも》い返し」とは明断に区別されなければならない。過去把持においては、過去は現在を構成する不可欠な一部分として理解される（フッサールはこれを彗星の尾に比している）。他方、憶い返し

☆3 E. Husserl, *Vorlesungen zur Phänomenologie des inneren Zeitbewusstseins* (*Husserliana*, Bd. X), Den Haag, Martinus Nijhoff, 1966, S. 1-134 (*Leçons pour une phénoménologie de la conscience intime du temps* (Henri Dussort, trad.), Paris, PUF, 1964).〔『内的時間意識の現象学』立松弘孝訳、みすず書房、一九六七年〕以下も参照のこと。R. Bernet, «Die ungegenwärtige Gegenwart : Anwesenheit und Abwesenheit in Husserls Analyse des Zeitbewusstseins», in Ernst Wolfgang Orth (hrsg.), *Zeit und Zeitlichkeit bei Husserl und Heidegger* (*Phänomenologische Forschungen*, Bd. 14), Freiburg, Karl Alber, 1983, S. 16-57.

は、想起という現在の行為へと過去を統合することなしに過去を現在において生き返らせるものである。過去把持された過去は、現在を知覚することの一部をなしている。つまり、「現前化」行為の一部をなしている。その反対に、憶い返しとは「再生産」であり、したがって現在における過去の「再現前化」である。過去把持は、今現在なるものの直接的理解の可能性に手をつけるものなどではまったくない。それは、現在のこの直接的把握の領野を今の彼方にまで拡げるものである。したがって、フッサールによる「内的時間意識」とはまさに、意識の自己現前の一形象なのである。

デリダの**解釈**はこの麗《うるわ》しい構築の安定を揺るがす。そのために彼はまず、原初的印象を過去把持に結びつけている依存的な結びつきを強調し、次いで、この過去把持を再現前化のほうへ、指示記号のほうへ、「痕跡」および「差延」のほうへと滑走させる。したがって過去把持は意識の絶対的な自己現前の恍惚を引き延ばすものではまったくなく、意識の自己現前に対する障害となり、そうすることで意識の自己現前を無限に差延化する、というわけだ。その証拠としてデリダが主張するのは、原初的印象と過去把持とは、互いに分離不可能なものであるにもかかわらず、単なる一統一体を形成するのではなく、互いに本質的に異なるさまざまな所与を**総合する**一統一体を形成する、ということである。今現在なるものは起源からしてすでに、今ならざるものと妥協している。今ならざるものとはつまり、過去把持の場合は、流れ去った今のことである。かりに、現在が今なるものの**単なる**絶対的な統一体に還元されるとするなら、事実、この今なるものがどのようにして今ならざるものになりうるのか、また時間の流れという現象に達するためにどのようにして瞬間の所与から脱するのか、わからない。もちろん、フッサールもこのことを見逃していたわけではないし、デリダは、フッサールがどのようにして絶対的な今なるもののなかに起源をもつ時間理念を放棄するに至ったかを示している。フッサールはある時間の構想を打ちたてる。この時間の構想は、現在との特権的な結びつきを保存するものだが、にもかかわらず、今なるものと今ならざるものとのあいだの原初的差異として理解されなければならない、というわけである。事実、原初的印象と過去把持とのあいだの還元不可能な結びつきは、今なるものが、今がはじめて出現したときからしてすでに、もはや今ならざるものの他性によって取り憑かれている、という結果を生む。だから、現在は今なるものと今ならざるものとの原初的錯綜の結果として現れる。したがって、単純で瞬間的な意識の自己現前は存在しないのであり、意識の流れは、今存在するものと今はもはや存在しないもの（もしくは今は依然存在しないもの）とのあいだの差異という形式をとって自己現前化する。

デリダは覚悟していたかのようにまた一歩足を進め、原初的印象と過去把持とのなすこの錯綜を、表現と指示のなす錯綜の代補的形象の一つとして理解する。表現は必然的に原初的印象のほう、つまり「同一の瞬間における」意識の自己現前のほうであり、過去把持は当然、指示に属するものとされる。というわけで過去把持は、理念的対象の現前を喪失しながらも構成する、差異をはらんだ反復へと近づけられる。過去把持はそうした指示的な再現前化の一例となり、デリダはこうした再現前化について、これは思考の表現的現前化のすべてに寄生している、と主張する。原初的印象と過去把持との結びつきは、主体が自ら自己に与える現前化のまさに中心において、表現的な再現前化の他性に依拠しなければならない、という必然性を証すものとして引かれている。この論証の論理をたどると、過去把持は反復とか再生産とかいったたぐいの再現前化のほうに押しやられることになる。フッサールが、現前化の一形式ないし一契機と彼が考える過去把持と、再現前に属する憶い返しとのあいだの「本質的区別」とを維持するところで、デリダはこれらをある同一の再現前化のなす二形象とする。その「共通の根」は「痕跡」ないし「差延の運動」であり、これは「今なるものの純粋な現今性に宿っている」、というわけだ。

フッサールのテクストを自由気ままに扱うデリダにどこまで従いたいかは読者が自分で判断してほしい。しかし、デリダの論証にここまで従ってきた読者は誰であれ、デリダの解釈を鵜呑みにしないという姿勢を正当化するためにフッサールの思考の十全な理解なるものを依然として引きあいに出すというわけにはいかない。デリダが何かを我々に理解させてくれたとすれば、それは、純粋に表現的な言語活動などありはせず、したがってまた、しかじかの解釈が作者の言わんとすることと一致しているということを確証するための手段も我々はもちあわせていない、ということである。作者が自分自身の思考を忠実に再生産できるということも確かではないし、彼が思考しているあいだ、自分の思考を完全に自分のものにしているということさえ確かではない。この最後の断言において、デリダの議論は最高点に達する。何にもましてまずデリダが示したいのは、主体が自分の思考を把握し自分の声を聴き分ける仕方は、指示記号の他性へと迂回することなしには思考することができない、ということである。したがって主体は、あたかも自分が他者であるかのように、自分自身に向き合って行動する。

論証のこの最終段階において、主体の自己現前は、デリダが声と呼ぶ特権的現象の形式化において分析される。すべての表現の原型としての声に認められた特権は、アリストテレスにまで遡る。このスタゲイロスの哲人はすでに、ロゴスを表現する「意義ある声 phōnē sēmantikē」を動物のたてる意義のない物音 psophoi に対置していた。[☆4] したがって、アリストテレスにおいてすでに、声は人間の言語活動の「ロゴス中心的」理解の共犯とされている。デリダはこの「声の」特権を規定するにあたって、これをもはや動物の物音に対置させるのではなく、他の諸形式をとるロゴスの表現に対置する——たとえばとりわけ、エクリチュールに。「生きた声」が影として思考をともなう一方で、エクリチュールは、音と意味とのこの生き生きとした結びつきがすでに断たれているときに登場し、意味がすでに抹消されかかり忘却へと滑走しかかっているときに登場する。エクリチュールにおいては、ロゴスはもはや生きていない。ロゴスは記憶の痕跡の形をとって、遺言の形をとって、墓碑銘の形をとって、その他しかじかの形をとって生き延びる。声は、主体が自分自身の意義ある志向を単刀直入に口にし聴き分けることを可能にするが、その一方でエクリチュールは思考を作者から遠ざける。したがって、一方のエクリチュールは思考する主体の自己現前との関係を決定的に絶っているが、他方の声はその反対に、反省的意識の生を完成させ祝う。自分が語っているのを聴き分けるというのは、自分自身の思考の脈打ちを聴き分けるということであり、このことは、自分に触れたり自分を見たりす

☆4　アリストテレス『命題論』16b.

ることよりはるかにずっと価値のあることである。触覚や視覚においては、身体の抵抗や不透明性が依然として主体の内的な生を包み隠している。しかし言葉は、言葉が聴き分けさせようとするものの前で自らを抹消する。「声」においては、表現記号の本体が精髄をなし、つまり身体が精神となり、精神は精神自体を**純粋な自己触発**において把握する。したがって、自分自身を聴き分ける「声」とは、反省的意識の言語的等価物であり、さらには反省的意識の基礎でさえある。それは、現象学的還元を通じて創始される、記号としてあるがままの記号である。すなわちそれは純粋な現象であり、その現象内において、超越論的主体が自己に向かって現れ、世界に対して構成要素として自己現出し、すなわち世界に意味を与える。「声と」**は**、超越論的な主体性の「現象」**である**。

デリダが、純粋な自己触発の現象としてのこの声の可能性を脱構築するとき、現象のある種の観念が問いに付され、したがって現象学の観念もまた問いに付される。声において自己実現する純粋な自己触発という理念は、自分自身の声を聴き分ける主体が「同一の瞬間において」この声に表現されている自分の思考の生を把握する、ということを前提している。しかし、この現在の「瞬間」が、今なるものと今ならざるものとの隔たりの産物であり同一のものと他者との隔たりの産物であるがゆえに不純であるとすると、声による自己触発の純粋さもまたその影響を被る。自分自身の声を聴き分ける主体は自分を聴き分けているわけだが、彼の聴き分けは少なくとも二重である。というのも彼の生きた声は、無限に伝播し反復される過去把持のこだまによってすでに二重化されているからだ。過去把持によるこの二重化は、少なくともデリダにとっては、すべての過去把持が単なる現前化のもつ諸限界を超えているのであってみれば、純粋ではありえない。この第一の議論は、過去把持を世界の経験的空間に編みこまれた指示的再現前化としても捉えようとするかぎりにおいてのみ、価値をもつ。

聴き分けられるには、つまり理解されるには、声は言語的**コード**に順応していなければならない、という事実ゆえに、第二の形式の不純さが声に生起する。個人を超えたコードに従属することで、声は声自体の制御を失い、匿名性による迂回を用いてのみ自らを再認する。デリダはこの点を打ちたてるにあたって、とりわけ人称代名詞「私」の例に訴える。つまり、発話者は自分自身を指し示すために「私」を用いる。事実、主体が自分自身のために自分自身を指し示す、独り言という特権的な事例においてさえ、「私」という表現は自己現前の中心に分離を導入する、ということに疑いはない。言表行為の「私」の意味と、言表されたものの「私」の意味とは、けっして一致しない。

そして最後に、これがデリダの第三の議論になるわけだが、純粋に表現的でありつづけ、つまり**純粋な**自己触発の理念に忠実でありつづけようとする声は、「沈黙をまもる声」である。自らを聴き分ける声は世界において聴き分けられるのでなければならない——たとえそれが「この世《よ》界のものでない」ものとして聴き分けられるのであるとしても。

声における超越論的意識の純粋な自己触発に関する瞑想が神学的なたぐいの連想を呼び覚ますのもおそらく偶然ではない。しかしこうした連想も、思考の実存が影響を被ることのないままに声が沈黙をまもることが実際できる、ということを我々に信じさせるのであってはならない。声には**純粋な**自己触発はない。いや、**不純な**自己触発に先行する自己 autos などというものもないのだ。超越論的主体は、存在するためには自己を再現前化する必要がある。また、彼がおのずからもっている意識は、彼を彼自身から分離する再現前化から、すなわち、彼が疎外化的**触発**という形で被る再現前化から発してのみ、彼に到来する。この自己触発は必然的に不純なものであり不純な自己触発は必然である、と言うデリダが正しいとすると、このことは多くの固定観念に弔鐘を鳴らす。自己意識を他性に従属するものとし、指示記号の外部性に従属するものとするこうした構想が血祭りにあげる第一の犠牲者はもちろん、純粋に表現的な言語活動という理念である。このことは、直接的で十全に直観的で純粋に内的な自己意識などありはしないし、数ある反復や再現前化を通じて同一のままとどまるような理念的対象の不易な現前などもありはしない、ということを含んでいる。

『声と現象』がフッサールについての一冊の書物などではなく、それ以上のものであるとしても、なおかつこの作品はフッサール現象学の基礎的目標を再考するにあたって有用な貢献となりうる。そうした基礎的目標のなかでもやはりまず、**現前**の「体系」ないし「秩序」と呼ぶべきものに言及する必要がある。この「体系」ないし「秩序」は、自己意識とか理念的対象の繰り返し可能性といった特権的諸現象をめぐって組織されている。これは、経験的世界から――排除という形式のもとで――自らを区別することで、秩序として自己肯定する。こうした「形而上学」はたしかに、とりわけフッサールの初期の著作には深い痕跡をいくつも残している。『イデーエン』における現象学的還元の提示は「世界の無化」の仮説にまで達しているが、あの提示にただ思いをいたせばよい！　とはいえ、フッサールの分析を（たとえば身体的主体による空間的対象の知覚に関する分析がそうだが）、こうした純粋な現前の一体系に統合してしまうのはやはり困難である。デリダが「**現前化**」**と**「**再現前化**」**との対立**をフッサールによる志向性および構成に関するあらゆる分析の基盤と考えたのは悪い発想ではない。しかしそれにしても、彼の結論は、ここでもまた、性急にすぎるように思える。現前の形而上学の体系に同化することのできない「現前化」が存在するのみならず、フッサールはさらに、先行するいかなる現前化を二重化するわけでも反復するわけでもない想像のような「再現前化」の事例も叙述している。通常の言語活動によって作用させられる指示的な再現前化は、純粋に直観的な現前化のみを用いる志向的思考の至高性を脅かすものである、というのはおそらくは正しいのだろうが、それにしても、指示記号をすべての形式の再現前化の根とすることが正当化されるわけではない。

さらに一般的にこう言うこともできる。デリダの提示しているフッサール読解の新しさも弱さも、それが**言語活動**という現象に注意を向けているということに由来するものである、と。現象学的還元の最終的な意味が表現と指示とのあいだの対立においてすでに明らかになっている、と主張するのにはたしかに無理があるが、デリダの解釈は、この還元の意味が言語活動のある種の理念と切り離すことのできないものだ、ということを示すには大変に有効である。たとえば、超越論的現象学に固有の語法であるような言語活動を打ちたてるのが困難であるということは、この現象学を経験的世界に根づかせることの症候的表現である。したがって現象学的還元とは、超越論的意識を分離されたしかじかの世界へと追放するということではない。現象とはけっして純粋な声ではなく、超越論的意識は、メルロ＝ポンティの言うように、「世界の散文」のなかに書かれている。とはいえ、言語活動についてのあらゆる解釈の排他的標定が、フッサールが毅然と対立していた「言語中心主義」の新たな徴しなのではないか、と自問してみることもできる。論理の理念的言語活動というフッサールの構想が「ロゴス中心的」だと言うのは可能ではあるが陳腐である。それに対して、前述語的経験に特別な関心を寄せる「論理の系譜学」という彼の企図について同じことを言うのは困難である。この経験はそもそも、受動的総合のような**前**論理的現象のみに限界づけられているものではなく、歴史の流れの本質的事実性や、世界の状態に対する倫理的責任や、社会的諸制度の理性的創始の企図や、理性神学の保証者である神の啓示といった、**非**論理的諸現象をも問うものである。こうした一連の現象は、フッサールが彼自身の「声」だけを聴いていたのなら、その執拗な呼び声を聴き分けることもなかっただろう！

とはいえ、『声と現象』がフッサールの単なる解釈以上のものであることは確かだし、この書物が「**デリダ**の現象学における記号の問題への序論」としても読まれうるということも確かだ。もはやしかじかの起源の代補としてではなく「原初的代補」として聴き分けられる記号とは、デリダの筆を初期作の彼方へと導いていく現象である。「エクリチュール」というのが、「現実的でも理念的でもない」記号の、もはやいかなる「超越論的シニフィエ」をも表現しない記号の、この新たな意義の名である。したがって、固有の意味と比喩的な意味とのあいだの

「本質的区別」をおこなうことは困難になり、形而上学の「隠喩的」言語活動の「脱構築」の「二重の身振り」は無限に引き延ばされる危険をもっている。**この、原初的再現前化の哲学**はまさに無限に回付する。この哲学は現前の痕跡を辿り、そのために、デリダの引くフッサールのテクストが言うとおり、「いくつもの部屋を」さまよい、「テニールスの一枚の絵の前で立ち止まるが、それは画廊を描いている〔再現前化している〕絵である。」これこれの再現前化からしかじかの再現前化へと無限に回付され、主体は「差延」の横糸にとらえられてしまう。このようにして、主体はその「有限性」と「事実性」とを証しだてる。主体の生は主体をつねに現前の死に直面させる。主体はさまざまな魅惑を通じてはじめて「生き延びる」のだが、にもかかわらずそれぞれの魅惑は、その「存在の欠如」を読むべく差し出している。自らの存在の真理を理解するには、主体は自ら舞台へと登場しなければならない。そしてそれと同時に、その舞台上で、彼の声は彼自身の死刑宣告に署名する。そう、ちょうどポウの書いたヴァルデマール氏、『声と現象』の冒頭に引用されている彼のように。彼は、もはや自分では聴き分けることのできないことを口にすることになる——「ああ。——いや。——**ぼくは眠っていた。**——そして、今だ。——今、**ぼくは死んでいる。**」

ジャック・デリダのおかげで（ジャック・デリダに感謝）

モーリス・ブランショ
（上田和彦訳）

かくも長い沈黙の後（おそらく幾世紀も、幾世紀も経た後）、私はふたたび書き始めるであろう。デリダについて（なんというぬぼれか！）ではなく、彼の助けをかりて、しかも、すぐに彼を裏切ることになるだろうと確信して。ここに一つの問いがある。ただ一つの律法《トーラー》が、それとも二つの律法があるのだろうか？　答えはこうである。二つの律法がある、なぜなら、律法は必ず一つしかないから。この唯一でありながらも二つでもある律法は（二つの〈石の板〉が向かいあっている）、「神」（私たちは、彼に名をつけることができないまま、こう名づけている）の指で書かれ、また書かれる。モーセはあの〈声〉を書き写すことによって、忠実な代書人として口述されるがままに書けたかもしれない。確かに〈声〉は、彼はとにかく聴いている。彼には聴く「権利」はある。見る権利はないが（一度だけ非‐現前を、しかも、隠れたそれを、後ろから見ることを除いて）。

だが事情はまったく違っている。律法が書かれるのは、保存される（記憶に留められる）ためだけでなく、「神」が、最初で最後の作家のように現れ、おそらくエクリチュールに特権を与えるからである。（彼以外の誰も書く能力はない。）「どんな権利でおまえは今ここで書いているのか?」――「しかし私は書いていません。」次に起こることは、知られてはいるが、誤解されたままだ(ある物語のかたちで知られている)。モーセが戻ってこないので(四十日四十夜の不在――砂漠を横断する幾年かのあいだ)、民は訝り、他の主、あるいは、他の指導者を要求した。ここで、私はおそらく間違った解釈を導入する。モーセの兄であるアロン、弟には欠けていた弁舌の才(この点には後で触れることにする)をもっていたアロンは、ある術策に訴えた(術策は、ギリシャの物語と同様に、ヘブライの物語においても大きな役割を演じている。道は直線ではない――それは不幸なことではあるが、この不幸こそ真っ直ぐな様を自由に探し求めることを私たちに厳命する)。アロンは、女たちにも男たちにも、銘々に自分たちが持っている高価な装飾品を放棄するよう命じる。耳飾りや、首飾り、指輪等々。一言で言えば、彼らを**丸裸にする**。そして、彼らが所有していた物で、彼らが所有していなかった、なにやら、一つの物体、一つの形象を作製する。アロンが踏み迷ってしまった巧妙な術策において、彼の過ちはいかなるものであったのか。彼が作った像が信奉者たちの疑念を呼び覚ますはずのものであったにしても(一匹の子牛、しかも金の子牛だ)、彼は芸術家となり、創造の力を簒奪した。別の言い方をすれば、ヘブライ人たちは、かつて奴隷として暮らしていたエジプトの神々のもとに戻りつつあった(子牛はジャッカル頭のアヌビスか、牡牛アピスを思わせるかもしれない)。彼の地では不幸であったのに、このうえなく不幸であったのに、彼らはある郷愁を覚えていた。現在は自由であるのに、自由の重みと、負担と、責任とをもちこたえるのに向いていないと自ら感じて。

太初の至高のエクリチュールが刻まれた〈石の板〉を携えて高みに迷い込んでいたモーセは、何も予感しなかったようだ。「神」が彼に警告する必要があった。下りなさい、下りなさい、下は大変なことになっている、と。モーセは〈石の板〉を携えて山を下り、ひどい事態を目撃する。そして、哮り狂って破壊し始める。エジプトの子牛は粉々にされ、像は消えてなくなり、高価な材料（金《きん》）は捨てられ無に帰す。だが、破壊はさらに先まで進む。というのも、モーセは〈石の板〉を砕き、破壊するからだ。私たちはこう自問する。どうすればそんなことが可能なのか、と。いかにしてモーセは、彼によってではなく、〈至高者〉によって書かれたエクリチュールという破壊不可能なものを、破壊することができるのか、と。このことは、すべては消される、すべては消されねばならない、ということを意味するのだろうか。聖像破壊者の、と誤って形容されうるこの行為について、「神」が彼を許さなかったようにはみえない。それどころか、怒りはあらゆる尺度を超えている。かくもしばしば救われたこの民は脅かされる。しかも絶滅されると脅かされる。うなじが堅いことで（うなじは隷属状態での労働が堅くした）、すでに有名な（称賛された）、この民とは何もすることはない。「神」は一度か二度（おそらくはもっと）この誘惑に駆られる。モーセを試練にかけることになる誘惑。つまり、過去をすべてなくし、〈法〉を永久に存続させ、新たな民を産み出すであろうモーセただ一人とふたたび始めなおす、という誘惑（もちろん、モーセがある他の血筋――たとえばエジプト人の――をひいているかもしれないと言いたいわけではないが、それでも彼は、他のすべての者たちに対する責任を自分が負っていることを知っているために、他なる者なのだ――ああ、のエクリチュールはすべてすでに二番目のものであり、それ固有の二次性である。二つの律法して、人間の過ちのために、あたかも最初のエクリチュールはなかったかのようである。最初しかしながら、エクリチュールの神秘がある。神の謙虚さが再開を容認するにしても、依然とれをギリシャ語は〈十のことば《ロゴス》〉と名づけることになる）。そこには、神の謙虚さもあるが、責務への服従。それらの〈石の板〉の上に、「神」の指は、もう一度新たに、〈法〉を書く（そ贖罪、二つの左右対称の〈石の板〉を探し刻む（これはアール・ブリュットではなかろうか）う。そこで、またすべてが始まる。モーセはまた山に登る。不在、四十日四十夜の欲求不満と主）はすぐに到来するはずであり、ある罰をもたらすであろうが、絶滅させることはなかろさは、待つことを知らぬ人々の徳でもあり、過ちでもある。そんな人々のために、救い（救世があるだけ、それだけいっそう不幸な民のうえに子孫を作りたくない。また、この忍耐力のな（それが彼のケノーシスである）、この不幸な民、過ちを犯すだけ、忍耐が欠けているという罪儀式に従えば正当であることを、私たちは学ぶ）。そう、モーセは何よりもまず謙虚でありなる女（その父も同じく）」を？　かくして、改宗は推奨すべきではないにせよ、しかじかの主義者であったアロンとミリアムに歓迎されなかった女性、「確かに、のちに改宗することにない家庭の、クシュに生まれた、おそらくエチオピア人の黒人女性、すでにいささか人種差別によって異邦人にされたこの男（なぜ彼は遠方で妻を娶ったのだろうか？　ヘブライ人のでは

しかしモーセ、この奇妙な男、彼の責務とそれを完遂するために彼にたいしてなされた選択なんという重い負担だろう）。

に関する終わりのない論争はここから始まる（ただし、二つの律法とはいっても、砕かれた律法と元のままの律法に関する論争のことではない——この探求は誘惑であり、神秘主義に陥る危険となるだろう）。書かれた律法と口伝律法に関してである。白い律法は黒い律法よりも優れているのだろうか？ ——白いというのは、無垢であり（白紙）、書かれていないものとして、というよりむしろ、読解に服従しないものとして読解を逃れ、時に関係なく齢もないある痕跡、あらゆる時代よりも前の、天地創造にすら先立つある跡によって構成されている、という意味だ。しかし、この跡、この痕跡、これらの白紙が、秘密を隠し判読しがたいか判読不能になるのは、学ばざる者、教師なき生徒、向こうみずな物知りに対してだけである（ここでの私がそうだ）。とすれば、口伝律法は、読めないものを読めるようにし、隠されたものの覆いを取り、教育という意味であるトーラーという名に呼応するかぎりにおいて、書かれた律法よりも優れている。それは終わりなき読解であり、己れ一人だけではできず、一人の〈師〉の指導のもとで、歴代の〈師たち〉の指導のもとでおこなうことができる。彼らは新たな意味をつねに「もぎ取る」ことに専心しながらも、次の根本的な規則を忘れない。何もつけ加えてはならぬ、何も削除してはならぬ。

したがって私たちは、ジャック・デリダが脇に置いておきながらも、私たちに呈示はしなかったにせよ、無視しないよう用心させた論争に、ふたたび陥ったのであろうか。〈石の板〉のエクリチュールの神秘以前に、モーセがあの〈声〉について自問したことは知られている。彼にとっては、話すことはごく自然なことではない。ヘブライ人奴隷を解放するように（奴隷制を廃すように）ファラオに話をすることを、「神」がモーセに命じるとき、彼は非常に不幸である。なぜなら――シュラキの翻訳によれば――、彼は自分の「口は重く、舌は鈍重で、唇は汚れている」[★1]、したがって、この世の偉人に似つかわしい雄弁と修辞にみちた言語を用いることができないことを知っているからであり、彼はそのことを神に思い出させるからである。そこで神のいらだちが生じる。モーセが選ばれたのはまさに、彼が美辞麗句を並べ立てる者ではなく、話すことが困難であるから、すなわち、〈声〉を意のままにすることができず、おそらく、どもるからであった。それゆえモーセは兄アロンによって己れを二重化することになる。兄のほうが彼よりも世事にたけているからであるが（兄弟たちとのあいだにはつねに問題か秘密がある）、また（私は震えながらこう提唱する）、身体的ではなく、「形而上学的な」、彼のどもりのため、言葉を――たとえそれらが至高の言葉であっても――二重化し繰り返すことによってしか話すことができないからでもある。

そこから一つの命題が引き出される。それはあまりにも大胆なものなので、一つの誘惑である、と私は確信する。モーセが「神」に尋ねるとき、彼は名を訊かぬように用心する。訊いたとすれば、ひどくぶしつけなおこないとなる。なぜなら、もし彼がその名を手に入れたとすれば、彼は〈名づけられたもの〉に対していくらか権能を有することになる。違うのだ、彼が求めるもの、それを彼が求めるのは、彼のためにではなく、名づけえない者を知るためにでもなく、「君はどこからその啓示を手に入れたのか、誰の名のもとに君は話しているのか？」と必ずや訊いてくる同胞たちに、何か言うことができるためにである。ヘブライ人たちはいかに奴

★1 「出エジプト記」4:10を参照。

隷ではあっても、釈明されなければ従わないし、誰にかかわっているのかを知りたい。モーセに与えられた答えは——それを私たちはすでにモーセの必然的などもりによって表現され伝えられたものとしてしか知らないが——かぎりない注釈を生むことになる。一つ引用（再引用）する。「私は在る者で在る Je suis celui qui est」。（存在論的解釈であり、存在者なき〈存在〉を最上位におき称賛するものだ。親愛なる（お馴染みの）ラインラントの師エックハルトはこの解釈に同意しないだろう。）もう一つ。「私は、私がそうであるところの者である Je suis celui que je suis」。この答えは答えとはみなされえない。答えの拒否である。崇高な、あるいは、期待はずれの繰り返しであるが、そこには、向こう見ずな思考が介入している。もし私たちに聞くように（読むように）与えられているものが、どもる〈声〉によって二重化されたものであるなら、どもりによって豊かにされているなら、モーセがラテン語で言い表すことがあれば（ありえないと言えるだろうか、彼は多くの言語をものにしている）、彼はこう言うだろう。「（私は）在る、在る Sum, Sum」、と。タルムードにおいては、モーセの独自性に言及されることなく次のように言表されている。「ある一つの言葉が神から発せられたのだが、私は二つの言葉を聞いた。」だが、モーセの（問答の常軌を逸した）問いに戻ることにしよう。彼には神の名を知るという大それた望みはさらさらなく（今度は私が繰り返す）、強情なイスラエルの民に対したときに引き合いにだす名を知りたいだけである。ここにもう一つの答えがある（メショニックとシュラキによって翻訳されたものだ）「在るであろう（ここに、期待か不確かさだけでなく、時間にかかわりのない、あらゆる現在から免れた未来への指示を印すがごとく、大きな空白がある）在るであろう者として Serai qui serai」（エドモン・フレッグも同じ訳を与えている）[★2]。神は即座に主格として、燃え上がるような「私」としては自らを与えず、ヘブライの民に対して行動する者として、彼らの行為に依存する者として、すなわち、彼らが神と他者に対面してなす行為に依存する者として、自らを与える。それを人は、おそらく今度は不当にギリシャ語を用いることによって、ケノーシス、すなわち、至高の謙虚さ、と呼ぶことになる。しかし、ラシの注解を通じて私たちが知っているように、モーセには「これこそ、とこしえにわたしの名」と聞こえるのだが、彼は、私たちに対しては、母音変化とともに聞くべきものを与える。「わたしの名は隠されたままであらねばならない。」このことは、モーセの控え目な態度がもつ慎ましさ――あるいは礼儀――を裏づける。私の記憶が正しければ、「神」はこうも言う。「族長たちにすら、わたしはわたしを知らせなかった。」といっても、イスラエルを目覚めさせるためにモーセに渡された名は、とても重要な名であるため（あまりに消え去りやすいため）、それを無駄に発音してはならない。〈知られざるもの〉として、語られ呼びかけられてさえ現前することはない名――ダヴィッド・バノンは**音声を欠く**というが、**意味を欠く**ものではない――約束された神、約束の神、だが約束の後退の神でもある。

神とは知識でも、純粋で単純な非‐知識でもなく、他のすべての人間に対して人間がもつ義務である、とレヴィナスは言う[★3]。ヤーウェという名でしかないその名に関して言えば、今日――離散の状態においては――それがどのように発音されていたのか誰も知らない、とシュラキは確言する[★4]。なぜなら――とレヴィナスはつけ加える――、〈聖四文字〉は、〈贖罪〉の日、

★ 2　Cf. «Exode» 12:37, in *La Bible*, traduite & présentée par André Chouraqui, Paris, Desclée de Brouwer, 1989.

★ 3　Cf. Emmanuel Levinas, *L'au-delà du Verset : Lectures et discours talmudiques*, Paris, Minuit, 1982, p. 152.

★ 4　Cf. «Les noms divins dans la Bible» in *La Bible* (*op. cit.*), p. 2415.

〈至聖所〉に入った〈大祭司〉によってのみ発音されえたから、つまり、離散後のユダヤ教にとっては、**一度も**口にされえなかったから（『聖句の彼方』）。[★5]

ジャック・デリダは、律法の二重化、律法が「神の指で」書かれるありさまにすでに刻まれている二重化の要請を説明しながら、次のように言う。「律法は黒い火のうえに白い火で書かれている。」「白い火は、**目には見えない文字**（視覚を逃れるためにつくられた）で書かれたテクストとして、口伝される律法の黒い火のうちで読まれるように自らを与える。口伝律法は子音を描き、**母音に区切りをつけに**、**事後的に**到来する。〈火の法〉、あるいは、〈火の御言葉〉、とモーセは言うだろう。[★6]

だが、石でつくられた律法が神によって書かれた文字、そのようなものとして戒律をひろげる書かれた文字、命令としてしか読まれえないエクリチュールであるとしても、「モーセは主の言葉をすべて書き記し」、とも「出エジプト記」（24:4）で言われており、しかも、〈石の板〉を受け取る前にである（現前を欠くそのような時に、その前とその後――つまり物語がもつ順序――があると想定してのことであり、それを疑う必要もある）。したがって、モーセには話す才能はないにしても、書く才能はある。そして彼が書くのは、イスラエルの〈長老〉たち、〈賢者〉たちが、「わたしたちは、主が語られた言葉をすべておこないます」、と先に宣言したからである。おそらく彼らはそれらの言葉を理解しない、言い回しも直截な表現も、シュラキの訳語をもちいるなら、**見抜く** pénétrer ことはない。だが重要なのは**為すこと**であり、この履行の契約はモーセのエクリチュールに封印を施し、モーセによってエクリチュール――書かれた

★5　E. Levinas, *L'au-delà du Verset* (*op. cit.*), p. 150.
★6　引用を閉じる印の」が原文では欠けている。

もの、かつ、記憶するもの――になる。ここで私たちはついでに、プラトンとモーセのあいだにいかなる差異が確立されるかを指摘しておこう。プラトンにとって、外的で異質なエクリチュールは好ましくないものである。なぜなら、それは記憶の喪失の穴を埋め、生き生きとした記憶が衰弱することを助長するからである（それが書かれているなら、忘れないようにすることはなんの役に立つのか？）。モーセにとって、エクリチュールは確かに記憶化を保証するが、それはまた（あるいはまず第一に）「為すこと」、「行動すること」であり、内面性に先立つか、それを後に確立する外面性である。モーセが、「私は」と言いながら、歴史全体をもう一度述べる申命記が、難解な出エジプト記を二重化し延長するのと同様に。

ここで、モーセとは誰なのか、という虚しい問いを提示することができよう。働き者で不幸な奴隷の身である他の民のために、彼の民を裏切るエジプトの一王子、という答えは退けよう。また、超人、ヘブライ文化ではソロンやリュクルゴスに相当する者といった、芸術が私たちに与えるイメージも退けよう。逆に（彼一人が、天に近づくことはないが、「登って」行くことができる以上、彼にはいくつかの特権があるにしても）、彼は弱り衰え、巧くしゃべれず（口が重く）、仕えすぎたために健康を損なうまで疲れた姿で、私たちに示されている。（彼の義理の父、あの良識を備えた男がまさに、彼にこういう。「おまえ自身ですべてをするな、些細なことも重大なことも、裁くのはよしなさい、そうしないと、おまえは生きながらえないよ。」そしてモーセはこれに同意する。）彼が疲れているとき、アマレクがヘブライ人たちに戦争をしかけてくる。そのころ、ヘブライ人たちはエジプトと奴隷の状態とから離れたばかりで、とくに、女たち、子供たち――marmaille〔がきども〕という言葉をシュラキは用いる★7――を引き連れて、不揃いな群をなしている。そこには、〈悪〉に選ばれた者のようにアマレクを有名にしてしまうことになる彼らの悪意が待ち受けている。モーセは戦争の指揮官ではない。しかしながら、彼は丘の頂に、将軍たちやナポレオン自身が指揮するように、据えられる。とはいっても、彼が命令を下すときには、彼を助ける必要がある。命令は一見すると単純なものである。彼が空を指すために腕をあげると、ヘブライ人たちは優勢になる。しかし、彼の腕はまさしく重いので、彼の身振りを完遂させるためには、彼を助ける必要がある。そうしないと彼の腕はまた下がり（それは単に疲労ではなく、一つの教えでもある）、アマレクが優勢になる。

モーセは一人の仲介者であろうか？　彼の民を共同体に組織し、民が気力を失うときにはわめきたてる、民の仲介者。それらしきところは、彼には認められない。「私たちは私たちを導いてきた者が誰だか知らなかった」★8、とヘブライ人たちはモーセの兄たるアロンに言う。彼の同胞愛、彼の絶えざる仲介、彼がくだした罰にもかかわらず、モーセは他者である。神の戒律を伝える神の仲介者であろうか？　私の思い違いでないとしたら、神は仲介なくある、とレヴィナスは言う。よって、彼の責任は自由であり、また、彼は報いとして過剰な言葉に耐えなければならない。過剰な言葉、逃亡する者であることを忘れ、「定住」したがっている者たちのために発した祈願と嘆願の言葉、それらによって、彼は至高者をうるさがらせたのだから。

モーセの「過ち」とは、彼が「良き土地」に到達するのを妨げることになる「過ち」とは、

★7　«Exode» 12:37, in *La Bible* (*op. cit.*).

★8　「出エジプト記」32:1が念頭に置かれているようだが、シュラキ訳をもとに該当箇所を訳せば、「エジプトの地から私たちを登らせた人、あのモーセがどうなってしまったか私たちはわからないでいました Ce Moshé, l'homme qui nous fait monter de la terre de Misraïm, nous ne savions pas ce qu'il en était de lui」となる。〔ブランショ〕

いかなるものであったのか、と問うことができる。確かにいくつかの特権的な答えがある。しかし、到達し休息するというこの欲望のうちには、すでに過ぎた望みがある。彼は見ることはできるが、所有することはできない。彼にとっておかれる休息は、おそらく他にまさるものだ。それは、覆いをとられることはないが、終わりなき教えを生む「エロヒムの神秘の一つである。」人は申命記を分析して、モーセは自らの死を語り書くことができなかった、と言う（批評的懐疑主義）。なぜできなかったのだろう？ 彼は（解明されていない、ある知によって）知っている、「神」により「神の口に従って」[★9]死ぬことを。それは最後の、最終の命令であり、そこには終わりの穏やかさがすべてある——が、終わりは隠されている。死は（アダム以来）必然的に生のなかにあるが、「生のなかのこの場所では起こらない」（デリダ）、そして神は、自ら墓を掘る者となり（レヴィナス）[★10]、生きながらえることを許さぬほど近づいて、モアブの地の谷に、場所なき場所（非場所）にモーセを葬る。「今日に至るまでだれも彼が葬られた場所を知らない。」このことは、迷信にとらわれる者たちに、イエスの死が後に疑われるようになるのと同じように、モーセの死を疑うことを許す。彼は死んだが、「目はかすまず、活力も失せてはいなかった。」彼はヨシュアという後継者をもつが、後継者をもってはいないとも言える（直接の相続人はおらず、彼自身がそのような相続を拒んだ）。**イスラエルには、モーセのような預言者はいまだあらわれていない**。「いまだ。」再来の約束なき消失。しかし「作者」の消失は、エクリチュール（あらゆるテクストに先立つ痕跡）とパロールという教えに、よりいっそうの必要性を与える。エクリチュールのなかのパロール、生を吹きこまなけれ

★9 「申命記」34:5。シュラキは sur la bouche de IHVH に註をつけ、神と接吻して（神の命令に従って）、と記している。

★10 E. Levinas, «Judaïsme et Kénose», in *A l'heure des nations*, Paris, Minuit, 1988, p. 135.

ば死んでいるようなパロールに生命を与えるのではなく、他者たちの方へと向かうように私たちに働きかけるパロール、ただ、そうすることがまず第一に〈無限〉へ向かう唯一の道であると知る機会はまだ私たちに与えられないまま、遠き者と近き者への配慮において、他者たちのほうへ向かうように働きかけるパロールという教えに。

ストア派の狂人

レミ・ブラーグ

（王寺賢太訳）

その高名な『狂気の歴史』の序文において、ミシェル・フーコーは「ギリシアのロゴスは反対物をもたなかった」[☆1]と断言した。このフーコーの著の書評でもある評論のなかで、ジャック・デリダは、とりわけこのテーゼについて、少なくともそれにかなりの留保をつけなくてはならないことを示そうと努めていた。[☆2]不幸なことだが、この二人の思想家のあいだに真の議論というものはおこなわれなかったように思われる。実際、フーコーが古代世界へとふたたび赴いたさい、彼は、自分の最初の大作の主題についてはときおりほのめかす程度で、それを正面から論じることはなかったのだった。[☆3]

最近のある著作のなかで、私は、通常アリストテレスの『哲学の勧め』に帰されている断章群から出発して、そこにおいて狂気というものが理性を浮き彫りにするための背景の役割を果たしていることを示そうとした。アリストテレスのテクストの検討を通じて、[★1]私はごく手短かにではあるが、フーコーのテーゼの批判に与することとなった。[☆4]この探究はギリシア思想の総体について引き継がれる必要があるだろう。この評論では、わずかにストア派哲学についていくつかの予備的な考察を提示するにとどめる。

☆1 Michel Foucault, *Histoire de la folie à l'âge classique : Folie et déraison*, Paris, Plon, 1961, p. iii.〔『狂気の歴史』田村俶訳、新潮社、一九七五年、八頁〕

☆2 Jacques Derrida, «Cogito et histoire de la folie», in *L'écriture et la différence*, Paris, Seuil, 1967, pp. 51-97.〔「コギトと『狂気の歴史』」、『エクリチュールと差異』（上）若桑毅他訳、法政大学出版局、一九七七年、五七—一二一頁〕フーコーとの議論の要点は pp. 63-67〔七六—八一頁〕に見いだされるが、この部分は、p. 51, n. 1〔三三四頁、原注一〕にあるように、一九六三年のオリジナルのテクストに後からつけ加えられたものである。

☆3 M. Foucault, *Histoire de la sexualité.*〔『性の歴史』〕その第二巻 *L'usage des plaisirs*, Paris, Gallimard, 1984〔『快楽の活用』

狂人の肖像

最良の出発点は、この主題についてのトポスをなし、私の知るかぎりかつてフランス語に訳されたことのないあるテクストを再録することであろう。それは紀元後五世紀の贋作者であるヨアンネス・ストバイオスの著作のなかに見いだされる。彼は、当該のテクストに関しては、（先だってアリストテレス学派の道徳論に関しても同様にしたように）より以前のストア派の道徳論の要約を写しているが、その要約はアレイオス・ディデュモスより借用されたものだ。この著者は、アレクサンドリアの出身で、アスカロンのアンティオコス（キケロの師）の精神を継ぐ折衷主義のストア派哲学者であり、紀元後一世紀にプラトン哲学、アリストテレス派哲学、ストア派哲学の教説について要説 Epitomē を物した。その断章の多くはストバイオスによって我々にまで伝えられている。☆5

分別のある人間 noun echōn はすべてのことを良くなす、というのも、彼はつねに反省と穏やかさと矯正とよき秩序をもって人生の経験を用いるからである。卑しい人間 phaulos は反対に、［物事の］正しい用法の経験をもたないから、すべてのことを悪しく kakōs なす、というのも彼は自分のもつ気質 diathesis にしたがってふるまい energōn、恒常性を知らず eumetaptōtos、あらゆることについて後悔 metameleia にとらわれるからである。後悔というのは自分がなし、自分自身のせいで失敗したと考えられる物事に関する苦しみであり［103］、不幸で

田村俶訳、新潮社、一九八六年〕においては pp. 94 & 104〔九九、一一一頁〕でヒュブリス hybris が（デリダが p. 65〔七九頁〕で引用している『ピレボス』の 45e の一節は引用されていないが、47ab の対照については、p. 142〔一六〇頁〕に引用がある）、pp. 99sq. & 103〔一〇四頁以降、一〇九頁〕においてはロゴス logos が問題にされている。狂気について言及があるのは p. 136〔一三三頁〕においてのみである。第三巻 *Le souci de soi*, Paris, Gallimard, 1984〔『自己への配慮』田村俶訳、新潮社、一九八七年〕においては狂気（p. 72〔七五頁〕）やロゴス（pp. 108, 110, 123, 127sq. & 168〔一一八、一二一、一三七の各頁、一四一頁以降、および一八四頁〕、また「理性」については pp. 114 & 160〔一二六、一七五頁〕を見よ）はたいていの場合引用

反抗する魂のもつ感情である。実際、後悔に沈む者が出来事によって苛まれているかぎり、そのかぎりにおいてこの者は当の出来事の原因であったところの自分自身に対して憤る s'indigne のである。

だからこそ、すべて卑しいものは同様に値のない atimos (indigne) ものなのである、というのも、それは名誉に値しないし、それ自体の価値 timion hyparchonta をもつこともないから。実際、名誉はなんらかの美質に対しての尊敬であり、そして美質とは善をなすなんらかの徳 aretē のもつ価格である。したがって、徳にかかわらない者は値のない者と呼ばれてしかるべきである。

彼ら［ストア派哲学者］の言うところによると、すべて卑しい者 phaulos は、法 nomos と自然にかなった政体 epiballein politeia とを奪われているのだから、故郷なき者 phygas である。実際［……］、法とはなにか良いものであり、ポリスもまたそうである［……］☆6。

彼らはまたすべて卑しい者は田舎者である agroikos とも言っている。実際、田舎者であることとはポリスにおいて働いている習俗と［104］法の経験をもたないことであり、それはすべての卑しい者がおかす悪徳である。

同様に彼は野蛮 agrios である、というのは彼は法にかなった行動とはまったく相反する人間であり、野獣的で害をなすから。

この同じ［卑しい］者はその本性からいって hyparchein 非社交的で anēmeros 暴君的である、というのも彼は奴隷たちに対して主人がなすに等しい despotika 行為、さらには残忍で、暴

された著者のものであり、それが強調されることはほとんどない（p. 127sq.［一四一頁以降］でのガレノスへの言及を除いては）。

★1 アリストテレスの『哲学の勧め』はこの哲学者の若年の著作であるが、そのテクストはすでに失われている。実際にブラーグが彼の著書のなかで分析しているのはしたがってアリストテレスの著作そのものではなく、ネオプラトニストのヤンブリコスによる同名の書に含まれている、アリストテレスのものとされる断章群である。

☆4 Rémi Brague, *Aristote et la question du monde : Essai sur le contexte cosmologique et anthropologique de l'ontologie*, Paris, PUF, 1988.（私はとりわけ Düring 版の §§98-100 に依拠した。その翻訳は pp. 79-80 にある。）p. 80, n. 27 の私のフーコーへの言及を参照せよ。

力的で、機会さえつかめば不法な行為をやってしまうような性質であるから。

この者はまた、恩知らずであり、厚意を受けてもそれを返そうとはしないし、厚意を誰かに譲ろうともしない、なぜならこの者は共同体にかなう koinōs ように、あるいは友情をもって、あるいはなんらの思惑もなしにふるまうことなどないからである。[☆7]

卑しい者は、話をするのを好んだり philologos 聞くのを好んだり philekoos する者でもない、なぜならこの者は、自分自身の倒錯 diastrophē から［帰結する？］[☆8] 愚かしさのせいで、真っ当な言説を受けつけるための起点をもっていないし、また、卑しい者のなかで徳へと aretē 誘われた protrepein 者も徳へと誘おうとした者もないからである。実際、徳へと誘われた者も、徳へと他の人々を誘おうとした者も、哲学をしようとする者であるはずであり、哲学をしようとする者にとってはなんらの障碍もないはずである。しかし、分別のない者たち aphrōn のどれをとってもこのようではない。実際、哲学をする心構えのある者とは哲学者たちの言うことを喜んで聞き、それを覚える者ではなくて、自分自身の行動に哲学者たちによって推奨されたことがらをあてはめ、それに従って生きようとする者のことである。だが、卑しい者たちのなかにはそのような者はいない、というのは彼は憶見 dogma によって悪徳 kakia をすでに植えつけられている prokateilēmmenos からである。実際、もしある卑しい者が［徳へと］誘われたとすれば、彼は悪徳から遠ざけられたはずであろう。悪徳を有している者は何人たりとも徳へと差し向けられたことがないのであり、それは病人が [105] 健康へと［差し向けられたことのないのと］同様である。賢人 sophos だけが徳へと誘われ

☆5 この著者の自然学の断章は、エウセビオスらから引かれた増補とともに、Hermann Diels, *Doxographi Græci*, Berlin, Georg Reimer, 1872, pp. 447-472に収められている。道徳論の断章はストバイオスの著に収められている。以下を参照のこと。Ioannis Stobæi *Anthorogii* / Libri duo priores / qui inscribi solent / Eclogæ physicæ et ethicæ / recensuit / Curtius Wachsmuth, Berlin, Weidmann, 1884, t. II, pp. 37-152. ―― アリストテレス派の倫理学の要約は、近年オロフ・ギゴンによって復刊された。Olof Gigon, *Aristotelis Opera* / ex recensione Immanuelis Bekkeri [...] / Editio altera / Addendis instruxit fragmentorum collectionem retractravit / Berlin & New York, De Gruyter, 1987, 91a-101a.
☆6 私は Stobaios,

た者であり、賢人だけが徳へと他の人々を誘うことができる、それに対して愚か者は誰もそのようなことはできない。愚か者は誰も教えに従って生きはしないからである。

彼はロゴスの友 philologos ではなく、おしゃべりの友 logophilos である――彼は徳について浅薄なおしゃべりまでするが、自分のしゃべっている当の徳 ho tēs aretēs logos を彼の行動によって生かすことはない。

卑しい者は誰も努力の友 philoponos ではない。実際、努力への愛は、努力の前で躊躇することなく、やっかいな事柄を軌道に乗せようとする性質である。だが、卑しい者は誰も努力の前で躊躇せずにいられない。

卑しい者は誰も、徳の評価 dosis を徳のもつ価値 axia にかなうようにやろうとはしない☆9。実際、評価とはなにか善いもの spoudaios である、というのもそれは一つの知識であって、それに従って我々はなにか獲得するにふさわしいものを獲得すると信ずる hēgeistai のであるから。だが、善人のものは何ものも卑しい者にはそぐうことはないので、卑しい者は誰も徳にふさわしい評価をすることはない。実際、もし分別のない者のうち誰かが徳の価値にかなった評価をしたとしたら、［そのとき、］彼が徳を重んじる timan かぎりにおいて、悪徳とは手を切ろうと試みたであろう。だが、分別のない者はみな、自分自身の悪徳を前にして良心の呵責を覚えない synestin hēdeos。実際、検討してみるべきなのは、外に現れており、悪しきものである彼らの言説《ロゴス》ではなく、彼らの行為のそれ［つまり言説《ロゴス》］なのである。実際、彼らの行為から見れば、彼らが求めているのは美しく善き事柄ではなく、下等で法外

Eclogæ, t. II, p. 103, ll. 12-23 のクレアンテスからの引用を省略している。（この省略部分は Johannes von Arnim (ed.), *Stoicorum Veterum fragmenta*, t. III, Stuttgart, Teubner, 1903 (1979), §328 に収められている。この書は以下 *SVF* と示す。）この引用は、ポリス polis という語の三つの意味を区分し、それにもとづいてポリスの善性を証明する一節を含んでいる。

☆7　amelētos の読みを取るなら、計算なしに、の意か？

☆8　hypeikausan F ないし apēkousan P のいずれか。

☆9　この一節は、慣用からはずれた dosis という語の用法によって難解なものとなっているが、私はロベルト・フィリップソンがマクシミリアン・シェーファーの著書（Maximilian Shäfer, *Ein frühmittel-stoisches System der Ethik*

な享楽であるにちがいない。

彼ら〔ストア派哲学者〕によれば、すべての過ちは神の冒瀆である。実際、神々の意志に反することをおこなうのは神への冒瀆のしるしである。ところで、神々は徳とその働き erga に近しい oikeioustai が、悪徳と悪徳によってなされる事柄には疎遠であり［106］、また、過ちとは悪徳に従った働き energēma で、あらゆる過ちが神々の不興を買うことは明らかである（そしてこのことは神に対する冒瀆である）。過ちをおかすたびに、卑しい者は神々の不興を買うことをおこなっているのである。

さらに、善人が徳に従って［物事をなすのと］同様、卑しい者はすべて悪徳に従って物事をなすから、悪徳を一つでも身につけた者は悪徳のすべてを身につけることになる。これらの悪徳のなかには神に対する冒瀆があり、それは一つのふるまいとして分類されるそれではなくて、神への敬いに反する態度 hexis である。神を冒瀆する態度にしたがってなされたことはすべて神への冒瀆であり、したがってすべての過ちは神への冒瀆である。

さらに、彼らによれば、すべて愚かな者 aphrōn はまた神々の［gen. subj.］敵でもある。実際、敵対とは人生にかかわることについての不一致であり、不協和であって、それは友情が一致であり協和であるのと同様である。さて、卑しい者は人生にかかわることについて神々と一致を見ないので、これゆえすべての愚か者は神々の敵なのである。さらに、誰もが、相反するものは敵であり、卑しいことは善いこと spoudaios の反対であり、そして神は善であると考えているのだから、卑しい者は神々の敵である。☆10」

bei Cicero [...]）の書評（*Philologische Wochenschrift*, n°56, Berlin, 1936, col. 596）で提起した解釈に従う。それによると、dosis はそれ自身で価値（値 dignité）をもつある物に価値（価格 prix）を「与える」判断（krisis）を示す。この表現はおそらく医学用語（「薬の分量」）から来たものであろう。

☆10 Arius Didumos in Stobaios, *Eclogæ* (*op. cit.*), t. II, p. 102, l. 20-p. 106, l. 20. 原著のページ数は［　］にくって示してある。

我々が再録した一節には、五世紀にもわたるストア派哲学の歴史を貫き、我々がストア派哲学のほとんどあらゆる作品において遭遇する一つの主題を、豊富にかつ一貫した全体として展開しているという利点がある。その主題とは、非‐賢人、すなわち賢人とは真っ向から対立する者の肖像である。のみならず、この一節は他では見られないさまざまな主題を含んでもいる。冒頭は対比であり、それは我々が引いたテクストに先立つ部分でも不断に提示されている。一つの小パラグラフが賢人の一側面を示すと、つづいてもう一つがそれに先だって賞賛されたばかりの性質をもたない者、したがってあらゆる悪徳の溜まり場としての非‐賢人を描くのである。現代にまで伝わっているストア派のテクストのうちで、これほどまでに対比を際だたせたものは、おそらくこのテクストをおいて他にないであろう。

導きの糸として「狂気」という言葉を取り上げることにしよう。この言葉はそのままの字句では私の訳したテクストのなかには出てこないが、数ページ前には、当の作者によってこのうえなく強調されたかたちで現れている。そこに読まれるのは、我々はのちほどそれについては注意を喚起するつもりだが、ストア派哲学者にとっては馴染み深い、「人はみな狂っている」という一つのテーゼである。そこにはまた、これはストア派哲学者にとって比較的稀なことであるが、狂気についての定義も見いだされる。狂気とは、「自己自身、またkai自己にかなったものについての無知である。[☆11]」この定式は、トゥキュディデスがペストから逃れた人々を襲っ

☆11 Stobaios, *Eclogæ* (*op. cit.*), t. II, p. 68, l. 18 (= *SVF*, t. III, §663).

た lēthē（「記憶喪失」）を描くやり方に近似している。[☆12] いかにして人が自分自身を知らずにいられるかという問題は、「また kai」という語が持ちうる説明的なはたらきによって暗黙のうちに解決されている。自分自身を知らぬとは、すなわち、自分にかなったものを知らぬということなのである。

狂気についての第二の定義は、より簡潔なものであるが、「無知」という類に種差をもたらす形容詞の難解さのせいで、理解しにくいものとなっている。その形容詞とはつまり ptoiōdēs で、ptoia すなわち騒擾の徴を帯びたもの、を言う。[☆13] 狂気とは、したがって、なんらかの「騒がしい無知」のこととなる。情念は一つの騒擾であるから、すべて情念というものは根底的には――この「根底」が怒りなどの特定の情念のさいには見て取りやすいということはあるにしても――狂気であるということになる。[☆14]

その他の定義あるいは性格づけは、よそでも見受けられるものである。たとえば、「悪を善と取り違えること」[☆15]、あるいは「自分が自由でもないのに自由であると信じること」[☆16]、あるいはまた「不可能なことを欲すること」[☆17] などを引いておこう。狂人とは「自分にとって良いと見えたものすべてに従う者」[☆18] である。反対に、狂わないでいることとは、一つ一つの存在者がなんであるかを学び、先取概念《プロレプシス》を個々の存在者に適用することである。[☆19]

誰が狂人であるのか？　きわめて稀で、そのようなものが未だかつて存在したことがあるのかと問いたくなるような賢者を除けば、あらゆる者が、である。「賢人でない者はみな、外国人であり、故郷を失った者であり、奴隷であり、狂人である。[☆20]」すべての人間は狂人であると

☆12　トゥキュディデス『ペロポネソス戦争』II, XLIX, 8.

☆13　Stobaios, *Eclogæ* (*op. cit.*), t. II, p. 68, l. 23 (=*SVF*, t. III, §663) を参照せよ。また、ガレノス『ヒッポクラテスとプラトンの教説の差異』Liv. IV, 5, Müller 版 p. 364 (=*SVF*, t. III, §476, p. 127, l. 30) も参照せよ。ゼノンによる「情念 pathos」の定義の一つは ptoia psychēs である。Stobaios, *Eclogæ* (*op. cit.*), t. II, chap. 7, §1, p. 39, l. 8 (=*SVF*, t. I, §206) を参照せよ。すべて pathos は ptoia であり、ptoia は pathos であることについては、*ibid.*, t. II, chap. 7, §10, p. 88, l. 11sq. (=*SVF*, t. III, §378) を参照せよ。この表現は語源によって説明されうる。ストア派哲学の設立者は「情念の機能において動かされやすいもの (to eukinē ton tou pathētikou)」についての比喩を、

いう逆説は日常の言語によって確証されている。最もよく使われる言い回しでも字義通りにとりさえすれば、そこには、狂気はこの世の中でも最も良く分けもたれたものだと打ち明けられているのがわかる。現に、我々は人がなにかを途方もなく求めているとき、彼はその物に「狂っている」というではないか。☆21 狂気が途方もない欲望であるとしたら、自分の欲望を抑えることのできないものは誰でも狂人であるということになる。

しかしながら、すべての人間が狂人であるということを認めるとしても、それは人間をみな錯乱状態にあるものとして遇しなければならない、ということではない。それとは反対に、我々はポリス内での生活において、彼らに自分たちと同じ権利と能力を認めている。☆22 一方で、酔って良識を失っているものがたまたま分別のあることを言うことがありうる。☆23 また、他方では、錯乱状態の狂気へと人をもたらす発作はただ潜在的なものにとどまる。悪徳はあらゆるものにおいて存在しているけれども、機会にしたがって、ある者においては他の者よりもそれが目立つ。よく使われるイメージに訴えるなら、臭わない汚泥も、かき混ぜてやりさえすれば臭気を発するのである。☆24

あるべき人間の良心は狂人と共有するものなど何もないことを望むが、それはあらゆる悪徳は等価であるという良く知られた逆説によって粉砕される。☆25 これは一見少々言い過ぎではないかと思われるが、エピクテトスの一節はその理解にとっての助けになる。我々は、自分が犯した過ちを、それが他のあれこれといったひどい犯罪に比べれば大したことではないなどと言って免罪することはできない。事実、我々は過ちを犯す可能性のあったところで、実際に過ちを

家禽（ptēna）の動きから引き出した」とされている。鳥たちは軽さの、とりわけ精神の軽薄さのイメージそのものである。（たとえば、ソポクレス『アンティゴネー』v. 342 以降を見よ。）ここで問題になっているのは、おそらくあちこちに飛び回る鶏のイメージであろう。

☆14 キケロ『トゥスクルム談義』Liv. IV, XXIII, 52. 仏訳は以下。Emile Bréhier (éd.), *Les stoïciens*, Paris, Gallimard, «Pléiade», 1962, p. 348.（この書は以下 *Pl.* で示す）セネカ『怒りについて』各所。〔*Pl.* の該当箇所でブレイエが「狂気」という小見出しのもとに訳出しているのは、キケロ『トゥスクルム談義』Liv. IV, XXIII, 52 である〕

☆15 セネカ『幸福な生活について』§6; *Pl.*, p. 728.

☆16 エピクテトス『対話』Liv. I, 12, 912; *Pl.*, p.

犯してしまったのである。したがって、我々が犯罪を犯しうるような状況におかれていたとして、そこでよりよく振る舞ったはずだということを確証するものはなにもないのだ。[☆26] したがって、悪徳と徳のあいだに中間はない。[☆27] 一方から他方へのうつりゆきは、急な目覚めにも似て、突然で瞬間的なものであるはずなのだ。[☆28]

狂気に対して、哲学者は無垢な知恵を呑気に要求する立場には立たない。狂人や彼が狂人と考える者に対して、哲学者は子供に対するのと同じ態度で臨む。「我々が子供たちに対して持つ感情を、賢人は、青年期が過ぎ白髪になってもなお子供としてとどまっているすべての者たちに対して持つのである。[☆29]」子供は狂人である、しかし狂気は知恵へ、あるいは少なくとも知恵として通用しているものへと至る進歩にとって避けることのできない一段階なのである。

哲学者は知恵の方へと人々を改心させる自分の能力について幻想を抱いてはいない。「今日、変えることのできない人々というものがある。したがって、私は今や、かつてはわからなかった、「分別のない者 mōros は、説得されることも論破されることもない」ということわざの意味について理解したと信じている。分別のない者 mōros であるような学者 sophos が私の友などでないことを願いたいものだ！　そんな人間ほど手に負えないものはなかろうから。[☆30]」狂人の世界において、彼は必要に応じて自分自身が狂っていると言い張ることもある。[☆31] 狂気に対して、彼は単に自分の周囲に脅威を感じているだけではなく、その存在を自分自身のうちにも認めているのだが、しかし、彼はその狂気に同意することだけはけっしてしないのである。[☆32]

838sq.

☆17　エピクテトス『教本』§XIV, 1; *Pl.*, p. 1115.

☆18　エピクテトス『対話』I, 28, 32; *Pl.*, p. 873; マルクス・アウレリウス『断想』§XI, xviii, 6; *Pl.*, p. 1238.

☆19　エピクテトス『対話』IV, 1, 41; *Pl.*, p. 1043.

☆20　ディオゲネス・ラエルティオス『ギリシア哲学者対比列伝』VII, 124 (=*SVF*, t. III, §664); キケロ『アカデミア派』Liv. II, XLIV, 136; *Pl.*, p. 251;『トゥスクルム談義』Liv. IV, XXVII, 74;『トゥスクルム談義』Liv. IV, XXIV, 54; *Pl.*, p. 349.

☆21　アテナイオス『食卓の賢人たち』Liv. XI, 464d (=*SVF*, t. III, §667). またガレノス『ヒッポクラテスとプラトンの教説の差異』Liv. IV, 5, 145, Müller 版 p. 368 (=*SVF*, t. III, §480) も参照せよ。

☆22　セネカ『善行につ

狂気への憎悪としての哲学

あらゆる哲学は、知恵の愛として、自分が目指している固有の知恵のイメージを自分自身のために作り出し、自分なりのやり方で知恵を具現する賢者の肖像を描き出す。古代の哲学は、とりわけ大きな労力を傾けてそれを実践してきた。このことは哲学の始まりの古典期の最も偉大な思想家たちにみな当てはまる。パルメニデスは彼の詩を女神からの霊感を受けたものの描写で始めているし、プラトンの著作はその全体がソクラテスの広大な肖像画として読むこともできようし、さらにアリストテレスも、才覚ある人物 phronimos や偉大な人物 megalopsychos、思弁的な人物の肖像を描くことを忘れてはいないのである。

ストア派もこの領域では例外ではなく、「ストアの賢人」というのはことわざのようにしてのちのちの哲学のなかにも痕跡を残している☆33。しかしながら、ある一つの点について彼らが哲学者たちの伝統に対して革新をもたらしたとすれば、それは彼らが理想的な賢人に対して、根源的な非‐賢人を対置している点にある。彼らとともに、哲学において、ある対抗的な力、あらゆる点で知恵に対立するひとつの体系をなす狂気の観念が現れるのである。非‐哲学の観念が思想史の前面に出てくるのはずっと後、フィヒテにおいてのことになるのだが。

私はストア派の哲学者たちとともに、「哲学における」革新がもたらされたと言った。実を言えば、哲学は、それ自身、それまで正当にも「知恵の本」と呼ばれてきた書物のなす伝統からは切り離されたものである。聖書の箴言篇を読むと、そこでは少なくとも狂人あるいは卑し

いて』Liv. II, 35, 2 (=*SVF*, t. III, §580). 仏訳は以下。Sénèque, *Des bienfaits* (François Préchac, trad.), t. I, Paris, Les Belles Lettres, 1926, p. 59.

☆23 フィロン『法の寓意』Liv. III, §210 (=*SVF*, t. III, §512).

☆24 キケロ『トゥスクルム談義』Liv. IV, XXIV, 54 (=*SVF*, t. III, §665); *Pl.*, p. 349; セネカ『善行について』Liv. IV, 27; F. Préchac, p. 125 (=*SVF*, t. III, §659).

☆25 ディオゲネス・ラエルティオス『哲学者列伝』Liv. VII, 120 (=*SVF*, t. III, §527); *Pl.*, p. 54.

☆26 エピクテトス『対話』I, VII, 32sq.; *Pl.*, p. 826sq.〔論旨から見て、精確な参照箇所は、エピクテトス『対話』Liv. I, VII, 31-32; *Pl.*, p. 826sq. とあるべきであろう。プラーグの論拠とする事例はすでにI, VII, 31から示されており、そこでは弁証法において過

い者が賢人と同様に問題になっていることがわかるし、言うまでもないことだが、聖書の書き手たちが着想を得た古代オリエントのテクストについてもまったく同様である。☆34 ギリシアにおいても同じく、たとえばヘシオドスの『仕事と日々』のように善人が悪人との対比において描かれている例には事欠かない。☆35 また、テュルタイオスのような詩人は、卑怯であったがために自分の土地を失い物乞いをしなくてはならなくなった男の運命を滑稽に描き出している。☆36 ほとんど、古典ギリシア時代の哲学者たちの方が、愚者を実体化しなかった点において特異であると言いたくなるほどなのである。ここから、プラトンやアリストテレスの哲学は安穏と所有された合理性のなかに居座っていると結論づけるべきであろうか？

この視点から、フーコーの言ったことを留保付きで採用することもできる。事実としては、ギリシアの理性はつねに、さまざまな脅威となる反対物をもっており、それはさまざまに異なった精確さでもって描かれてもきた。この点において、確かにフーコーは多少軽率であった。しかし、彼がまったく間違っているとも言えないのは、ロゴスの持ち主は実際にその反対者をもたなかったという点にある。賢人は狂人に対立させられてはいないのだ。それがなにかに対立させられているとすれば、せいぜいのところソフィストに対立させられているくらいのものである。そして、ソフィストとは、その名の示すとおり、知恵の反対物というよりも知恵の倒錯を代表するものである。あるいは、賢人は暴君に対立させられていることもあるが、この暴君は悪人にして不幸な者であるという二重の意味において哀れむべき者であるにはしても、必ずしも愚者というわけではない。

ちを犯したものが、それは父殺しほどにはひどい罪ではないといって自分を弁護しようとするのだが、それに対して、もうひとりの対話者が「奴隷根性の者め、今お前の父がここにいて、お前が彼を殺せるというのか？　ある状況で犯しえたただ一つの過ち、それをお前は犯したのだ」と反論するのである。〕

☆27　ディオゲネス・ラエルティオス『哲学者列伝』Liv. VII, 127 (=*SVF*, t. III, 536); *Pl.*, p. 56.〔該当箇所でディオゲネス・ラエルティオスは「彼らは徳と悪徳のあいだには中間がないと信じているのに対して、アリストテレス学派はそのような中間を認めている――それが進歩である」と言っている。ブラーグの論はこのディオゲネス・ラエルティオスの一節を展開したものと言ってよい。〕

☆28　プルタルコス『いかにして人は徳における自

古典古代の哲学者にとっては、知恵への移行は必ずしも深刻な問題とはならない。それはアリストテレスに見て取ることができる。彼においては、善人 spoudaios の存在というものはほとんど問題とはならないのであり、民衆の知恵と哲学者の知恵のあいだには「誘い」という試みを可能にする連続性が支配しているのである。狂気は、それを背景として知恵が浮き彫りにされるものとして存在しているが、それは極限的な状況であり、一つの例外であって、それに対して規範は泰然自若としていられるのである。☆37

これに反して、反賢人の必要性が激しく感じられるようになるのは、知恵への移行が連続性よりも断絶によって徴しづけられるときからである。そして、これこそがストア派の哲学者たちのやったことなのである。彼らは悪を善の反対物というよりもむしろその矛盾項としようとするのだ。この二つのあいだには、中間などない。非賢人は賢人の痕跡を多少なりともとどめていてはならず、賢人は根本的に狂気とは無縁のものでなければならないのだ。

ストア派の哲学者たちは、知恵の愛とともに、狂気に対する嫌悪と憎悪とを植えつけようとしたように思われる。彼らは哲学者であったが、それと同じくらいはっきりと「狂人嫌い」であったのだ。このようなことになったのは、知恵が、それに到達できるなどと信ずるのはまったくの思い上がりと言わねばならぬほどの眩惑を催すほどの高みに据えられてしまったからである。知恵に向けて人々を励ますには、知恵はあまりの高みに上りすぎている。だからこそ、ストア派の哲学者たちは知恵への勧めという考えを放棄するのである。ストア派における狂人の描写は、「勧め」の不可能性が必要とした「反勧め」とでも呼べるものなのである。狂人は

分の進歩を感じることができるか』Liv. I, p. 75c (=*SVF*, t. III, §539, p. 144).
☆29 セネカ『賢人の恒常性について』§12; *Pl.*, p. 647.
☆30 エピクテトス『対話』Liv. II, XV, 13; *Pl.*, p. 918.
☆31 *Ibid.*, Liv. I, XXII, 21; *Pl.*, p. 859.
☆32 ディオゲネス・ラエルティオス『哲学者列伝』Liv. VII, 118 (=*SVF*, t. III, 644). またキケロ『アカデミア派』Liv. II, XVII, 53; *Pl.*, p. 212.
☆33 たとえば、カント『純粋理性批判』「理想的なもの一般について」A569/B597を参照せよ。
☆34 たとえば James Bonnett Pritchard, *Ancient Near Eastern Texts Relating to the Old Testament*, Princeton, Princeton University Press, 1950, p. 414b に収められている『プタ―・ホテップの

説得されることがない[☆38]。しかし、狂人に自分の狂気を忌み嫌うようにさせることはできるかもしれない。進歩していく者は、ひょっとすると、自分の聞き知った狂人の描写にあるような狂気をもたないことを望むかもしれないのだ。だからこそ賢人とは到達不可能な頂点なのであり、それは対として到達不可能な深淵である狂気をもたざるをえないのである。

知恵の書』v. 575sq. を参照せよ。
☆35 『仕事と日々』はv. 297において怠け者achrēios anērを名指しており、v. 302-307は怠惰なものの不幸を描いている。
☆36 ディールス版fgt 6.
☆37 私の*Aristote et la question du monde* (*op. cit.*), p. 58sq. を参照せよ。

☆38 Stobaios, *Eclogæ* (*op. cit.*), p. 104, l. 13sq. (=*SVF*, t. III, fgt 682). 翻訳はここでは八三頁以降；エピクテトス『対話』Liv. II, XV, 13; *Pl.*, p. 918.

スィボレート　あるいは〈文字〉について

ジェラール・グラネル

（上田和彦訳）

私はユダヤの言葉を話したいのだが――「シ shi とスィ si という音素の差異が弁別を許し、決定的で、有無をいわさぬものになるとき」[☆1]、私はこの差異を乗り越えることはない、ということは重々承知していながらも。

もし私が私の友に出会おうと欲するのなら、私はあの川を渡らなければならない。そのかぎりにおいて、私はユダヤの言葉を話したいのだが。

しかしながら、今度はヨルダン川が、ヨルダン川だけが問題となっているわけではない。歴史というあの長い大河が、血と記号《しるし》のあの恐るべき混淆が問題となっている――対立すると言われる記号《しるし》のもとに、いわゆる血の記号《しるし》のもとにおいてさえしばしば流された血。そこではアブラハムの子孫とパルメニデスの子孫が異なる水流を混ぜ合わせている。

ゆえに私は、デリダが――彼をこのように名づけるなら――ただ単にユダヤの岸に身を置き、ここで「私」と言っている者がギリシアの岸に身を置いているとは思わない。〈歴史〉[☆2]という大河には岸がない。それは共同体が所有する記号《しるし》の体系（それは生の儀礼的形式とも「世界」とも呼びうるし、これらよりも適切ではないが、「人間性」[☆3]と呼べば、よりいっそう明瞭

☆1 Jacques Derrida, *Schibboleth*, Paris, Galilée, 1986, p. 50.〔『シボレート』飯吉光夫・小林康夫他訳、岩波書店、一九九〇年、七四頁〕

☆2 「私たちはユダヤ人であろうか。私たちはギリシャ人であろうか。私たちはユダヤ人とギリシャ人との差異のなかで生きている。この差異がおそらく歴史と呼ばれるものの統一性である。」(J.Derrida, *L'écriture et la différence*, Paris, Seuil, 1967, p. 227.)〔『エクリチュールと差異』（上）若桑毅他訳、法政大学出版局、一九七七年、二九八頁〕

☆3 この「人間性」という表現に関してはフッサールを参照されたい（「世界」という表現に関してはハイデガーを、「生の儀礼的形式」に関してはヴィトゲンシュタインを参照されたい。）「自然的」と言われる人間性と「ギリシャ的」

（実際には、フッサールにおいては、近代的であることを意味する）人間性との差異について、私は、「フッサールのヨーロッパ」と題してリマでおこなった講演において、気づいたことを述べた。以下の雑誌に掲載の予定。*Aretè*, Lima, la Pontificia Universidad Católica del Perù.

に指示されるであろう）をいくつも押し流している。これらの体系は**くだんの大河のなかで**形作られ、**そのなかで**合流し、分岐する。多かれ少なかれ判然と、あるいは、多かれ少なかれぼんやりと混ざりあいながら。もろもろの言語、もろもろの宗教、もろもろの知、神々、もろもろの兵器やもろもろの道具が、あたかもそれぞれの土地を**形どる**草の束のように体系的に組織され（だが、それらは腐ってしまう可能性がある浮島としてしか**存在せず**）、すべての起源を産み出しては飲み込むあの本源的な流れのうえを、昔から、永久に、**岸から離れて偏流する**。

しかしながら二つの切傷が、二つの去勢が産み出された——それらは象徴として産み出され、流れるがままに変わることもなかった。その一つはクロノスから無限の種でできた天の川を逆らせる。もう一つはアブラハムに、一人の子のかわりとして、砂や星ほどに数えきれない末裔を与える。あなたがたは、これらの神話の差異がおわかりになるだろうか。私はアポリネールと同じくらいわからない。一方の神話はこうである。政治の神たるゼウスが、ギリシア人というあのアジアの民族を、神的なものの境界を彼らの神々と争うことによって自分たち固有の記号《しるし》を中断できる民に変える。そのとき、彼らの人間性は儀礼の単なる反復を脱し、反復可能性の問いへと到達した。彼らの人間性は（唯一にして彼らの）現実から（唯一にして彼らの）可能性に向けて投げられた。かくして、「実存」という名の、あの不可能なものにかかわる生が現れた。それ以来、一つの民は自分たちが「実存」にさらされているのを知っていたのだ。**もう一方**の神話はこうである。生が刃を生そのもののうえに（その再開のうえに、その永続化のうえに、父が子のうえに）振り上げることを、〈実存する者〉〈実存することそのもの、と言おう）が要求する——私たちの身を起こしも撓《たわ》めもする「存在構造」において、つねに、勇気に満ちたときも、絶望の直中にあるときでも、生がそうするのと同様にである——。したがって、生がこの厳命に応じるなら、生は即座に、代替となる奇跡によって、形式的な砂漠において死すべき運命そのものがもつ一種の多産性のために場所をあけることになる。ゆえに、一方の神話では、ある民が実存することに彼ら自身を与え、もう一方の神話では、実存することがそれ自身に一つの民を与える。もう一度言おう、どこに差異があるのだろうか。

しかしながら、差異は**存在する**。そして、それはまさしく「弁別を許し、決定的で、有無をいわさぬもの」である。ところが私は、私たちそれぞれがもつ同一性（私たちの差異）を同一視しようとする非常識を意識しながらも、この差異が〈**同**〉**のなかで戯れること**がありうることを（私は、**そうでしかありえない**、とすら思う）、先の神話において示すことから始めた。そうしたのは、「弁別を許す」が「差別を許す」に変わること、「決定的な」が「終局的な」に決着すること、有無を言わさぬ分割する刃それ自体が純粋で単純な無関心によって切られることを、倫理的にも、論理的にも、私は受け入れることができないからである（**私たちは**受け入れることができないし、**いかなる人も**受け入れることはできない）。

しかしながら、これらのことすべてが、これらの罪すべてが、まさにすでに産み出されてしまっている。というわけもあって、私たちの出会いについて私が思い出すかぎり、私たちは私たちの出会いに出くわしたことが一度もないのである。というよりむしろ、私たちの出会いが展開するにまかせることを、私たちは一度もできなかった。あるいは、そうする術を一度も知らなかったのはおそらく「私」なのかもしれぬ。この点に関して、ある無理解の共犯者になっていた——もちろん、「善意」の共犯者ではあるのだが、まさにその態度こそ、このうえない羞恥心を生む。この無理解にかんして、それはつねに「蔓延した」無理解であった、と彼が言うのを私は耳にしたことがある。（彼というのは「デリダ」のことであり、この名《ノン》を携え、皆と同様、一つの名《ノン》の後ろにつねに消えさった者のことだ。〈学校〉☆4時代からすでにそうではあったのだが、「ノン」とやはりまた人が呼ぶもの〔名声〕を非常に早く手にいれたがために、なおさら彼は消えてしまった。）彼は、「自分の書き方」を認めさせるには至らず——少なくとも、充分には認めさせるには至らず——、ただそれを、時として辛うじて、大目にみさせるに至っただけだ。それは、高名さにかかわらずではなく、まさに高名さ**ゆえに**、承認されてすら、つづいているように思える。私による承認もそこに含まれる（この点に関してはごく数年前から事態はやっと変化してはいるが）。私には承認するのがつねにむずかしかった。それはおそらく、デリダという独特な場合においては、**分かつこと** partage が**手を付けること** entame なしには進行しないのに、容易には手を付けさせないからだ。デリダの書き方を承認するためには、私たち固有の諸責務が充分先まで、充分明晰に、そして充分厳密に押し進められ、そうすることによって、私たち固有の諸責務の開始すべてが（それらが手を付けられる仕方すべてが）——これらの開始はまた当然私たちの諸責務の最終目的でもある——、言わばある裂傷をつねに前もってもつあの並外れたエクリチュールに（ふたたびそこで手がつけられるために）**適合する**、論理的な苦しさの分節化された正確な形として、認められるようになることが必要

☆4　山括弧でくくった「〈学校〉」とはもちろんユルム通り高等師範学校《エコール・ノルマル・シュペリウール》を指す。しかしながら、ここでは〔固有の〕と呼ばれる名詞を問題としているここにおいては、私はそれを学校の、とくにリセの（なぜなら、そこで人は自己同一性の時期、その危機の時期でありかつその探求の時期らしい思春期を過ごすから）夥しい授業の到達点としか見なしていない。しかしながら、その時期について私が思い出すのはただ、あの有名ないくつかの「名」が単なる指標のように、さまざまなボール、叫び声、笑い、靴音や始業終業を告げるあの鐘の音と同じくらいまったく意味をもたずに（したがって、むき出しの指示関係以外のあらゆる関係ももたずに）、徐々にひろめられ、教室の角で跳ね返り、ありとあらゆる方向で交差したのを耳にしたことだけである。数

だった。

〈学校〉時代のいかなる色褪せた写真も私の記憶には保管されていなかった——だが、彼のほうはすべてを覚えていることに私はある日気がついた。その日、宛名や署名やエピグラフに、テクストに「不意に加わってくる」あらゆる種類の縫い合わせに注意深いこの男は、「離脱戦争★1」が私の母に捧げられていて、最初は、私の母の名とは異なる名のもとになされていること（二度捧げられていること）を指摘し、彼女について、「息子が立ち去る」のを見る彼女の苦痛について、私の心は忘れてしまっていたが、彼女の心のほうは失わないでいたことを、私に思い出させてくれた。単なる逸話であろうか。内容に関してはおそらくそうだと言えるし、記憶に留めておく能力のことを私が言いたいのであれば、そうだと言えるであろう。しかし、〈記憶〉それ自体を保持する使命 mission についてこの逸話が明らかにすることに関しては、私が今しがた語ったことは単なる逸話ではない。この使命はゆえに、私が始めた話し方に従えば、「ユダヤ的」であるだろう。そしてこの使命は家系を混乱させる。なぜなら、あの日、私の母にとって「息子」であったのは、私ではないからだ。

ひとがユダヤ人であるのは、母たちによってであるようだ。このことは、よく考えてみれば、ユダヤの母だけが息子（と、とりわけ、娘）をもつことを意味する。他方、イスラエルという島の傍らで〈偉大なる無〉（ナイル川）の流れに沿って漂流する、ギリシア－ローマ－キリスト教的伝統をもつ葦の島の上では、父こそが息子（と、だが今度は付随的に、娘）をもち、母は父に子を単に「与える」だけである（**彼女は彼に三人の子を与えた……**）。

多くの「つながり」ができ、数多くの問題が議論されていたのは（それらはすべて、そう、実際に自己同一性の問題である）、**よそ**で、つまり、**学校の後**、街やメトロで、次第に「学舎《メゾン》」とは別のいくつかの家のなかでであった。しかし学校という空間においては、名はそんなつながりほどには意味をもたなかったし、ゲームの純粋な指標のように、より厳密に言えば、ゲームをおこなう能力、（サッカーにおいてと同じような、ラテン語訳読における）移し換えと成績の形式の純粋な指標のように、要するに、あたかも幼児期が、ある論理空間と同じ中立性を（現実のどんな特徴に比べても）もっているかのように、そのようにしか機能していなかったように思える。こう述べたのは総じて、もし哲学することが、ソクラテスが欲したように、まさに好き勝手にこの問いは**継承** transmission の問いである。そして、それは、私たちが出発したあの実存論的「同」（私たちはそこから離れることはないだろう）の真っ直中にある第一の差異である。もう一つ（第二の差異）は、言わば即座に、記号《しるし》にかかわる。より厳密に言えば**文字**にかかわる。第三の差異は、先の二つの差異から浮き出てくるのだが、民（あちらではギリシアの、こちらではユダヤの）それ自体の、またこの民が他のもろもろの民のなかでもつ、実存**形式**にかかわる。ゆえにそれは（原）政治的な問いである。これら三つの問いによって問うことのできる**唯一のこと**は、むろん、それらを統一するものを知ることである。

フッサールにおける、『算術の哲学』と『論理学研究』とのあいだのある水準の差異について——形象《フィギュール》化と概念と記号との関係に関して水準が低められていることについて——、つい最近仕事をしていたところ、突然この穏やかな仕事が私の手から逃れ、昔の文体で言うなら、「私の筆が、ほとんど追いつけぬほどの勢いで」、ひとりでにこう書き込むのを見た。

フッサールが改宗したとき（それがゲルマンの大学に近づくことができるためにであったのか、それとも、数学がプラトンよりも確実に、おのずからキリスト教へ向かう傾向があるからであったのか、それを判断する権利も欲望も私たちはもってはいない）、彼が背いたのは結局——あるいは、何よりもまず——、もろもろの形象《フィギュール》を〈精神〉に与える記号的なものの能力に対してである。（知覚することと概念化すること——その差異を分節

時間を使えること scholēn agein であるなら、哲学者たちは、少なくとも前もって出会いをも中性化していなければ、互いに出会わないほうが良い、ということを言わんがためである。

★1 Gérard Granel, «La guerre de Sécession» in *Le débat*, n° 48, janvier-février, Paris, Gallimard, 1988 (repris in *Ecrits logiques et politiques*, Paris, Galilée, 1990, pp. 341-382).

化することが重要であるのだが——における）象徴の長子権こそが、その日（デリダが思い出させた意味での、その「日付」に）、直観的な（そして冒瀆的な）対面のレンズ板と交換されたのだ。

フッサールに言及するのなら、立ち止まって次のことを考慮にいれなければならないだろう。哲学の世界へのデリダの入場（少なくとも、公の入場）は、まさにフッサール読解の形をとってなされたこと、またそれは、まさに二つの側面——論理的なものの側面と倫理‐政治的なものの側面——を一度に兼ね備えていたことを。この関連が有する問題性は——いわゆる「問題系」ではなく、あのフッサール読解を押し進めた、不安と大胆さの一般的形式のことだが——、奇妙な神聖文字のもとにすでに書き込まれていた。それは「ギリシア的ユダヤ人 Greekjew」と読まれうる。さもなければ「ユダヤ的ギリシア人 Jewgreek」と書かれていることになる。しかし、私はこの神聖文字をつねに次のように理解してきた。「ユダヤ的ギリシア人は**ギリシア的ユダヤ人である**。両端のものが出会う。Jewgreek *is* greekjew. Extremes meet.」このように、「現代の小説家で最もヘーゲル的であるジョイス」は繫辞をおののくこともなく置く。件の神聖文字は、まさにこの場所で、（弁証法的な解消を避けるために）**繫辞を緩めることによって差異を締めなおすことを**狙ったものである、と。

「私たちはユダヤ人であろうか。私たちはギリシア人であろうか。私たちは両者の差異のなかで生きている［……］。」「暴力と形而上学」のこの最後の問いは、レヴィナスの主著『全体性と無限』を踏破したのちにやってくる。この踏破において、レヴィナスが述べた内容と意図はこのうえなく尊重されてはいるが、フッサール現象学のかたちをとった哲学に対してレヴィナスが起こした暴力的な訴訟は、却下されていないわけではない。フッサール現象学は、あらゆる面でデリダによって弁護されている。あの非の打ち所のない長い論証が要約されている評決は——この用語を避けることはほとんどできない——、結局のところ、「概念とアプリオリと言語活動の超越論的な諸地平の放棄」としての「あの**他者**の前での思考の屈服[☆5]」を、あたかも「その真の名」へ送り返すがごとくに、経験主義へと送り返す（その名のもとであの屈服は断罪される）。

しかしながら、ここではゆっくりと進むことにしよう。一人の「ユダヤ人」が一人の「ユダヤ人」（だが二人は哲学者、つまり、「ギリシア人」である）に抗して、一人の「ギリシア人」（彼自身、昔は「ユダヤ人」であった）を弁護する。そこには、ユダヤ教に関する（「ユダヤ」から括弧を取り除くことができるように——あるいは、括弧を**決まったやり方**で置くことができるように——ユダヤ教を捉える、しかるべき方法に関する）ある戦い polemos が隠されている。それと同様に、思考の未来にかかわるある一つの**投企** projet が隠されており、そこでは「ギリシア」という単語を取り囲む括弧の使用法が問題となっている。私が「隠されている」と言うとき、「秘匿されている」と言いたいわけではない。そこに画策はまったくない。私が言いたいのは、あの弁護がすでにあらかじめ用意しているはずのもの（それは、おそらくデリダにとって、「暴力と形而上学」の時期での彼の思考の限界そのものであったものだ）、それが

☆5 J. Derrida, *L'écriture et la différence (op. cit.)*, p. 226.〔『エクリチュールと差異』（上）（前掲）、二九四頁〕

押し留められ、未だに提示されえていない、と言うことだ。しかしながら、ギリシア的ロゴスの未来に関する投企は、このロゴスを**目覚めさせる**べき**闖入**の必要性としてすでに言い表されている（レヴィナスが提示したところの「他なるものの経験主義」――それは充分に他なるものでもなく充分に経験論的なものでもない――という言葉に、とりあえず包み隠されている）。「ギリシア的ロゴスの眠りを覚まし、その死すべき運命を思い出させるように、その起源を思い出させること。」ユダヤ対ユダヤの戦いの方は、もっと隠されている。それは**他の**仮定として辛うじて告げられているだけである。その仮定には言及されてさえいない。ただ、「もし……であるなら（それは……でしかないが）」、という言い回しに含意されているだけである。この言い回しは、ユダヤ教に関するレヴィナスの仮定に影響を及ぼす。「しかし、もしあのかぎりなく他であるものの経験をユダヤ教と呼ぶなら（それは一つの仮定でしかないが）……。」

私の――私自身の――仮定は以下のものだ。（デリダは、『論理学研究』第一研究において、最初から指標が抑圧されていることに、また、「充実なき意義」が、長いあいだ遅延させられるにしても、最後には敗北してしまうことに注目した。まずこのことを思い出していただきたい。また、『精神について』の最後の諸ページで問題となる以上ずいぶんと後のことになるのだが、pneuma-spiritus-Geistという三角形の三つの頂点を通る円が外を排除して内に閉じないように、ヘブライ語の「ruah」〔風、空気、魂〕が楔として滑り込み出現した。これら二つのことによって私の仮定は支持される。）したがって私の仮定はこうなる。

（a）「ギリシア的ロゴスの眠りを覚まし、その死すべき運命を思い出させるように、その起源を思い出させること」、これは逆に読まれねばならない。つまり、「ギリシア的ロゴスの眠りを覚まし、その起源を思い出させるように、その死すべき運命を思い出させること」、と読まれなければならない。そして「……ように comme」を「……こととして en tant que」の意味に理解しなければならない。したがってあの投企は、私が理解するかぎりでは（それは次第に明確なかたちでデリダの投企になっていった、と私は思うのだが、それを、彼はここで用いられている用語では一度も言い表してはいない――ゆえにそれはすでに、おそらく、私の投企でしかないのだが）、思考の眠りを覚まし、言語活動が人間において証言していること（死すべき運命）を、思考の「起源」であるものとして思い出させることである（のだろう）。すなわちこれは、「死にかかわる存在」としての〈実存〉は、ある一言語内で分節化された「語り Rede」において存在（彼自身の存在でありながら、それはまた、すべての存在者の存在でもある）を了解すること Verstehen としての、人間の「本質」である、というハイデガー的な「命題」である（ゆえにここでは、この命題は全面的に受け入れられるだろう）。しかしながら、この目覚めはある「闖入」を前提にしており、その闖入はハイデガーのなかにはない。確かにハイデガーは、前存在論的な慣れ親しみの**中断**、つまり、（壊れた道具の前で）「空虚に衝突すること」を、了解の可能性の条件として、そして何よりも、明らかに存在論的な問いの可能性の条件（道具性の目立たぬ出現）として、十分に思考してはいる。しかしこの分析では、中断それ自体の現象において**闖入**の次元に属するなにものかを想定していることに関して、いっさい懸念されていない。

（b）デリダにおいて、「かぎりなく他であるもの」とはまさに、その「闖入」（しかしながら、それは「外」から到来することもなく、「偶然」とはなんの関係もない —— *L'écriture et la différence*, p. 227〔『エクリチュールと差異』（上）二九七頁〕）が、前述したように、ギリシア的ロゴスの眠りを覚ます力をもつものである。しかし、レヴィナスの「仮定」では「ユダヤ教」と呼ばれる、「**あのかぎりなく他であるもの**の経験」が問題となっているのではない（この経験が他我としての「同」の地平を否が応でも要求するからには、この経験は結局不可能である）。問題となっているのは、「かぎりなく他であるもの」とは**他の**経験であり、ユダヤ教に関する他の仮定 hypothesis である。それは「他者」ではなく、〈エクリチュール〉であろう。

（c）死すべき運命にある民は、二つではなく、三つである（ユダヤの民、ギリシアの民、そして**アラブ**の民）。今度は、告白の拒否という告白を除いて、デリダには参照箇所が見あたらない。この告白の拒否という告白は、デリダにおいて一度だけ《ハパックス》しか確認できない事例であると私は思う。ユダヤ的アラブ人として特徴づけられた出生について、彼がけっして語ることができなかったと認めるとき、私はこの告白の拒否という告白を、望んで強いることはしないように充分用心するだろう。ゆえに私は私の見地から、ひたすら私の名において、語ることにしよう。

しかしながら、次のことが問題となるとき、デリダと私はおそらくもう一度、「死すべき運命」という見出し語のもとで出会うことになるだろう。自分たちの（象徴的な）種《たね》が死の記号《しるし》のもとで（記号《しるし》としての死、死としての記号《しるし》のもとで）かぎりないものとなった諸民族自体が、彼らに強いられて歴史のなかに入るすべての人類に対して、**いかなる意味において**、死の種《たね》を撒き散らす者であるのか――あるいはそうではないのか、またこの点に関して、前記の諸民族のあいだでいかなる差異があるのか――を知ること、このことが問題となるときに。どの程度まで、彼ら自身に対してもまた、彼らは死の種《たね》を撒き散らす者であるのか、それを知ることが問題となるときに。

私が先ほど引用し始めた統御されていないテクストは、前記の三つの点に関して何事かを述べていた。引用をつづけるよりもむしろ、私はその流れの力をかりることにし、諸形象《フィギュール》（ギリシア的形象とアブラハム的形象――後者はユダヤ的形象とアラブ的形象に分裂する――のことだ）の差異の規定を、ここそこで、偶然に左右されることがより少ないものとするようにだけ努力する。これらの諸形象は、死と記号《しるし》と民との絡まりが私たちの歴史の源で手に入れるものだ。この歴史が現在見せる見かけの均衡（すべての不均衡がしかじかの均衡の形象として定着することに躊躇している状態）が、いかにして、この歴史の救済のために、件の差異の**締めなおし**と先ほど名づけられたものを許容することが**できる**か、私はこのことを同時に探求する。この「締めなおし」という表現が選ばれたのは、件の差異が、同じ「主語＝主体」の真っ直中で諸述語＝属性が対立することを主張する「ニュートン的」な差異であることを、それが含意するからだ。したがって、そのような差異を**締めなおす**こととは、弁証法的ないかなる止揚も含意していないし、諸派を調停するいかなる展望も開かない。確かに、そのイメージが示すのはまさに、二つの縁が、あたかも傷口の両縁のように、ある「癒合」の過程で近づきあい、接触しあい、その接触面（それは薄く、脆く、刺激に敏感であるが、増殖力と粘着力を有する）に沿って、互いに他を取り込みに来さえする事態ではある。だが、組織の起源の差異は、**共有される新たな**瘢痕組織の産出のなかで、少しも消え去ることはない。差異はむしろそこで増殖し、転写され、維持され、その結果、この「共同体」は、「より真実の」いかなる統一性にも由来することなく、またいかなる統一性にも達することのない、両縁の差異の戯れに他ならなくなる。したがって、接触する諸力がもつ他性によって、諸力はそれまで不均衡を形成していたし、その不均衡からつねに他性は成り立っていたことが、均衡の形象のなかでいつでも明らかにされうる。瘢痕がほてり、化膿し、裂けることがありうる。有機体の比喩（それが政治演説と同じぐらい古く、それと同じくらい力が尽き果てていることを私は忘れていないが）、この比喩がそれでもなんらかの機会となんらかの新しさを見いだすことができるのなら、それはまさに、「統一性」は締めなおされた一差異の産物として「のみ」とらえられる、という事実のおかげであるだろう。ただ、次の危険は伴ったままだ。あらゆる事態を考慮しても、自然と精神との、生きているものと実存する者との、諸力と諸象徴との**類比**に留まるものは、結局（あるいは始めよりも前から）、あらゆる適切さを欠いている、という危険である。この危険が取り除かれるのは、ギリシア的ユダヤ人 greekjew という縁と縁との接触が**論理的に**必然であることを、私たちが示すに至ったときだけであろう（もしも私たちがそうするに至ればの話だが）。そうしたところで、ギリシア的ユダヤ人という傷口に、現実に癒着するいかなる保証をも与えることにはならないが、少なくとも、その理念は許容されるであろう。だが前置きとしてはこれで充分だ。

したがって、私が仮定することになるのは、二つの人間性のあいだには**消されることがありえない**差異が一つある、ということだ。つまり、一方は（それを私は「ギリシア的」と名づける）、その存在の境 cerne として（ゆえに、その見境 dis-cernement の地平として）世界内存在 In-der-Welt-sein しかもたず、実存する仕方すべての環境としては、**言語活動**しかもたない人間性——そう、むきだしの論理的人間性である。それは実際に己れをむきだしにした（己れをむきだしにして見せた）。この事態は、この人間性にとって、その神々すべてが立ち去ることに値したし、またそれは、分離された民として滅びるよう、ある種運命づけられることに値した。そしてこの人間性は、自らが開いた**実存すること自体の形式的歴史**のなかに次第に入場してくるすべての人々に対して、忘れられないものとなり、薬＝毒 pharmakon となった。他方、（私がアブラハム的と呼ぶ）あの民は、同様にもろもろの知恵、もろもろの宗教と縁を切った。だが、それらが消え去るにまかせるというよりも、それらを**棄て去る**ことによって縁を切った。これは、非常に明確に際だたせなければならない「ニュアンス」である。なぜなら、このニュアンスは、砂漠、散乱–散開、放浪生活、ディアスポラの主題であるからだ。

神々がギリシア人のもとを離れても、ギリシア人はその場に留まる。つまり、彼らは土着の――すなわち、彼らの「自己」を彼らの土地のなかにもっている★2――人々である。このことは、アテネの人々がポセイドンという**海**馬を退けオリーブの木を選択することに象徴される（彼らはこの選択そのものによってまさしく「アテネ的」となった）。それは謎ではあるのだが、『国家』の冒頭すべてが、商業の外部性へさらされることへの国の拒否を論じることによって、この謎を読み解く鍵を与えている。外部の水は、はじめは海の水ではあるが、交換のための運河を通過して**町の内部に**上ってくることしかできない。その結果、ポリス polis の金《きん》（ポリスの存在論的な調整）は一般的等価物の金《きん》（利殖主義的・顧客主義的民主主義）に置き換えられるに至る。私たちの世界の形式にとって不安なのは、この形式が生まれたのがまさしく、ギリシアの精神が自らの死を見ていたあの地勢においてであり、大地そのものがただの反映となるあのおぞましき干潮においてであり、商業の絹へのあの悪質な埋没においてであり、要するに、夢と計算のあいだで揺れ動く近代的魂の魂であり、その宮殿はすべて膨らんだガラスでできている、あの**ヴェニス**においてである、ということだ。それは、ギリシアが記号《しるし》を受け入れられない、という意味ではない。逆にギリシアはそれをあらゆる所から借りてきて、他の借り物すべてと同様に、その使用と本質を論理化した。しかしギリシアは、記号《しるし》の無限性を受け入れない。ギリシアが象徴を発明するのは、〈同〉のふたつの片割れをなすとされる魂の情態と物そのもののあいだに結びつき（それは類比的に homoiōs 結びつくと言われる）を見て取り、そこに、記号《しるし》と意味との不均質性、通約不能性、不均整を基礎づけることによって、記号《しるし》そのもの

★2 「土着の」と訳したフランス語 autochtone はギリシア語 autochthōn に由来し、後者は auto（自己自身）と chthōn（土地）からなる。

れは、宗教を（女性たちによって）伝える使命を負った生であり、〈法〉による）生の規則と性は、ギリシアを去るもので溢れている。この人間性は生でありかつ宗教である。すなわちそ示性〉Ouverture à l'Ouvert とは異なる。この事態から発する（あるいは、この事態へと入る）人間ギリシアの神的なものを〈世界内存在〉In-der-Welt-sein へと限定する、あの〈開けた場〉への〈開界の〈果て〉のようにして提示される（むしろ、押しつけられる）。それはまさにこの点で、存〉にはなおも、神々の実体性の**形式**、措定された超越の**影**が漂っている。この〈実存〉は世その代わりに、アブラハムから剝奪した実体性の何ものかを自らのために保存した。この〈実ただ期待しなければならないのだ、ということを彼は始めから知っている）。この〈実存〉は、彼はそこに何も住ませてはならず、〈実存すること〉が彼から彼の民を産み出すということをどこに向かってでもなく、どんな土地に向かってでもない。〈約束〉だけが彼の土地であり、体的なものと無との区分は実際まったく異なっていた。〈実存〉を彼は「追いかける」（それは

アブラハムが、息子の代わりに牡山羊と、砂と、星々を携えてアジアの地を離れたとき、実在の歴史性にかかわるもう一つの継ぎ目に戻らなければならない。

ことにも、実際に確固としたやり方で答えることにもならないだろう。そういうわけで、現存もの、教えである――を受け入れないかぎり、この拒否に対して実際に新しいやり方で答えるてなおも存続している。とはいえ、私たちが文字の伝統の救いの手――それは救いの手以上のを生じせしめる拒否――あるいは、この企てが答えようとした必要――は、その正当性を伴っに一つの土地を探すためである。この企てこそが、今日その危機の終わりに達した。この企て

しての宗教である。そのかわり、この人間性は論理的な問題設定を知らない（**その**「論理」は、もう一つの「問題設定」の論理、つまり、聖書の注釈、というよりむしろ、注釈と聖書との戦いである——この点には後に触れることにしよう）。真理の言説をもたず、土地をもつ代わりに「大地を通過する」ことしかできないので、アブラハムの末裔に政治はない。（アラブ的な様式で）生の規則を課すことを狙う**征服**があるか、（ユダヤ的様式で）生の規則を保つことを狙う**散種**があるかだ。正確に言えば、この末裔には宗教もなく、あるのはむしろ、信仰としての、すべての神々に対する闘いである。それには、ある意味で、あの「神」に対する闘いも含まれている——少なくとも、「一神教」が哲学者とキリスト教徒によってでっち上げられた作り話であるのなら。

ユダヤの伝統（もろもろの伝統の山）の外で生まれた者に、この伝統が有する独自な差異を構成するものについて意見を述べることが許されるかぎり（確かにそれは許されないが、尻込みするにはあまりにも遅すぎる）、民の実存が聖書のうえに集約されるところにこの差異はある、と私には思える。それを、〈文字〉のうえに、と理解しよう。なぜなら、注釈において文字の「精神」を展開するのは、やはり文字であるからだ。このことは、文字は、概念の直観的形成に替えられうる空虚な象徴的なもの——フッサールはこのように数学の象徴体系《サンボリスム》の用途を理解する（あるいは理解し損なう）——ではなく、世界の**果て**が世界に残した火線であるということを**忘れるなら**、理解されない。文字がそのようなものであるから、「諸解釈」（もろもろのラビ学派のようなもの）を増殖させる自由が生まれる。それは私たちが解釈学と呼ぶものとはなんのかかわりもない。聖書のテクスト**全体**のなかには、冒瀆の言葉を除くと、聖四文字《テトラグラム》のなかにあるもの以外何もあることができないだろう、という考えから出発するなら、その**エクリチュール**から「引き出し」うる知恵に関する教訓のすべては、意味《サンス》の外見を呈する文彩《フィギュール》（まさにこのかぎりにおいて、それらは「気違いじみた《アンサンセ》＝無意味なもの」だということが知れる）において、意味の過剰を**母音と子音にする**（分節化する）異本であると理解しなければならない。この意味の過剰は、四「文字 gramme」の連なりが声によって**発音されえない**のと同じくらい、意味として**表明されえない**。本当のことを言えば、聖四文字は絶対に生み出せえないものではない（試してみなければならない）。それを産み出す企ては、息のような何かを産み出す。このこのうえなく無音である音を「外に伝えること＝発声 émission」において、息は糸のようなものである。この糸は発音上の最小限の対比の粒を、母音対子音の対立の影を、**己れ自身の通行のために**惹起する——たとえ通行のさなかにそれを「息で吹き飛ばしてしまう」にしても。

言語のなかには（私は言語《ラング》と言っており、まだ言語活動《ランガージュ》とは言っていない）、ここでの言語の捉えられ方を説明するのにうってつけの単語がある。それは**透かし細工** filigrane である。一つの透かし細工は、いくつかの粒 grains をなす薄く延ばされた糸 fil である。精神と文字との結びつき（私たちの容認されてはいない推測によれば、ユダヤ的な結びつき）と「心的に生きられたものに住み」、「諸記号を活性化する意味」というもう一つの結びつき（フッサール的に表現されたキリスト教－形而上学的捉え方☆6）との差異は、言語学的水準であるこの基本的な水準から

☆6　この主題に関しては次の論文を参照されたい。G. Granel, «L'inexprimé de la Recherche», in *Kairos*, n° 1, Toulouse, février 1990, pp. 81-106.

始まる。言語学とは、あの言語記号の学である。それは、意味を仮定することによってのみ始まる（そして続行される）。だが、それが人目にさらすのは、いかなる意味をも**内包**しない記号の諸組織だけである――つまり、それがさらすのはただ、意味の産出に必要な差異化の諸可能性（それらはさまざまな水準の複雑さをもつ）だけだ。意味の産出は言語内でなされるが、それは、言語ではなく言語の使用であるものに固有の作業にとどまる。つまり、それは言語活動に固有の作業にとどまる。ここには、二つの解決策がありうる。一つは形而上学的な解決策。それは意味を言語の外に住ませる（それが、神の御言葉のなかであるのか、賓辞の機能の普遍性のなかであるのかは問題ではない）。しかし、ヘリウムで膨れたこの風船は、記号なき空間という真空で爆発する（言語活動は一つの言語を話す**必要がある**）。もう一つの解決策は、〈霊＝精神〉と〈文字〉とのユダヤ教的結びつき＝契約へと、私たちを立ち戻らせることになる。この結びつき＝契約は真なるものと意味との混合でも、意味と記号との混合でもない。それは、ある〈法〉の糸が感じられる「直喩」（あるいは「譬《たとえ》」）、「お話」ないしは「ものがたり」☆7を組織することである。「もろもろのお話を語ること」**しか**できないこと、それは、この文脈においては、プラトンが与えた命令とは逆に（しかし彼はとんでもないお話し好きだ！）、一般化された象徴表現性《フィギュラティヴィテ》の理論としての論理学に、てこ入れする原理そのものである。ゆえに、やはりそれは、一本の糸がなすもろもろの粒の作品としての**透かし細工** filigrane である。しかし、逆にそれは、辞書で第二番目にあげてある意味の **filigrane**、すなわち、「枠に編みこまれた網をつかって、製紙用パルプに刷り込まれたデッサン。透けて見える」と説明されている

☆7　ここでの「ものがたり récit」とは、モーリス・ブランショの作品において「話の意味」の責任を負わされている「警察署長」が要求する物語（J. Derrida, *Parages*, Paris, Galilée, 1986, p. 270 におけるデリダの注釈を参照）、「いや、もう物語はない、もうけっして」という応えだけしか、叫びだけしか、事実呼び起こさない物語のことではない。逆に私は、ここでもまたブランショとデリダに先を越されているのだが、修辞学－論理学－形而上学的な（そしてもちろん政治的な）「秩序の原理」の典型たるジャンルが疑問視され狂いをきたす地点にまでもたらす、あのエクリチュール（*ibid.*, p. 287）の意に「ものがたり」を解す。もっと正確に言うなら、ここで私はもろもろの「聖なる」エクリチュールを問題としている以上、この語はこれらのエクリチ

透かし模様ではない。この意味は、言語活動に関する「ギリシア的」論理の究極の企て、つまり、諸意義の純粋な形態論に完全に適合する。

言語学はそれ自身の対象によって裏をかかれるわけだが、その裏のかかれ方は論理学の挫折よりもためになり、いずれにせよ、ギリシア的ユダヤ人 greekjew という差異を締めなおす理念には役にたつ。この学問によれば、言語の最も低い水準に音韻論的な構造がある。そこには、**意味の効果**を産出するいかなる**文彩** figure もまだ現れず、ただ、母音対子音という差異の完全に非自然的な構造が現れるだけである（母音対子音という差異のすでに非自然的な特性は、音素を構成する束を成している弁別特徴の非自然的な特性と同様に、ここでは問われていない——その調査は、「流音」という母音と子音のあいだを漂うあの媒介の事例から始められ、デモクリトスのリュトモス rythmos についてバンヴェニストがなした考察にみられる言語学の基礎概念に対する批判のために一**般的**射程を明らかにすることができるだろう）。母音と子音を素材とするこの音韻論的な構造がそのつど差異化の体系を構成しても無駄である。この体系が、**あらゆる**文彩・象徴化《フィギュラシオン》の産出に必要な最低限の材料（体系のなかでしか感じられない、感じられる差異の体系という、アイステーシス aisthēsis としてのアイステーシスのロゴス）であるにしてもだ。ゆえに、この構造が意味の文彩からどれほど必要とされても無駄である。言語のなかで比喩的《フィギュレ》であるのはなにがしかの意味であるかぎり、この構造は必要とされてはいないのである。そういう訳で、言語を**話す**言語活動によって言語が実際に可動化される状態においては、音韻論的な構造はすべて意識されないままである。

ユールの構成のされ方を指示する。これらのエクリチュールは、レスティエの絵画とポンテヴィアの思想が強迫観念のように交錯するあのユディトの話のようなもろもろの話（それらを「近東ふうの」と呼ぼう）によって構成されている。また、ここで「聖なるもの」（つまり「分離されたもの」）のなにがしかとしてであるのは、ものがたりの「意味」が**ものがたりの冒頭の言わば下に保管されて**おり、ものがたりのしかじかの命題としては、ものがたりによってけっして捉えられず、たとえものがたりすべてが一つの大きな命題をそれ自身構成しているようであっても、その命題として捉えられることはない、という事態だ。ものがたりのなかには命題はなく、ただもろもろの文と、文章の区切り方だけがある。

だからなおさら次のことを指摘しておかなければならない。音韻論的な構造は、意味にかかわる文彩・象徴化《フィギュラシオン》に対する**関係**すべてをすでに剝奪されているわけではない。前者は後者の指標となりえさえする。B・L・ウォーフが確立しているような、英語の第一音節にだけ許容される音韻論的な諸結合に関する信じられないほど複雑な定式、それを、四、五歳になる英語を話す主体 british subject の言語学的無意識は、その複雑さにもかかわらず、「ものにしている」（つまり、それに従っている）のだが、この定式を違反すれば必ず話す可能性が突然妨げられ、少なくとも、非意味の脅威が生じる。★3 ゆえに言語学はここで、音素論の水準では、また音素論よりも下位の水準では取り逃がしていたものに、音素によってある仕方で到達する。それはつまり、「意味」の必要性が、音素のなかでではなく、音素のために、一つの「世界の果て」としてここで実際に機能している、ということだ。この「世界の果て」とは、諸記号の砂漠のなかにおけるがごとき生が**証言**するものであるが、この証言は、〈精神〉を**指示**するが、それを**意味**しない（それを言わず、現れさせず、それを見つめることも、見据えて考察することもない）〈法〉に従ってなされる。指示関係だけが偶像崇拝になりえない唯一の関係である。

と同時に、確かにこの関係は忠実ではありえないかもしれない。とすると、無駄に急ぐことになる。それでも、ある敷居を即座に飛び越えてはいる。音韻論的なもの（記号体系とみなされた言語の下位水準、したがって一記号学として理解される一言語学にとっての下位水準）と、そのすぐ上の水準である文法的なもの——この水準において、形式と意味の**明白な混成**が形態 morphē という概念によって現れる——、これら二つの水準を、言語学的観点から見れば、

★3 Cf. Benjamin Lee Whorf, «Linguistics as an Exact Science», in *Language, Thought, and Reality : Selected Writings of Benjamin Lee Whorf*, Cambridge, Technology Press of MIT, 1956 (1963), pp. 220-232.

分け隔てていると思われている敷居を、飛び越えてはいるのだ。形態論的なものが実際に提供しているものは、忠実さの、あるいは、偶像崇拝の可能性それ自体が要求しているようにみえるものである。それはすなわち**意味にかかわる**作用（それだけが、言語記号体系を他のあらゆる記号体系——たとえば、蜂のダンスの信号コード——から分かつ）への帰属である。この作用において**真と偽が戯れる**（世界のうえで、また、他人とのコミュニケーションにおいて）。この作用こそ、とりもなおさず、〈精神〉ではなかろうか。そもそも、〈精神〉そのものの精神は、「知ること」ではないか。

しかし反対に、神の点（「てんで〈神〉ではない」もの）を真の〈神〉と取り違えることは、まさに、偶像崇拝が始まるちょうどその地点である。ＹＨＷＨは（私はあたかもそれを知っているかのように話しており、私の言葉はすべて、それらにおいて、また、それらによって可能なあらゆる意味が死ぬ不安のなか、ここで砕けているのだが、**にもかかわらず**私の言葉は新たなどもりによっておそらく生きることを開始している、と私は知っている）——〈聖四文字〉〔YHWH〕は真の意味ではなく、意味の真なるもの、あるいは、真なるものとしての意味でもなく、さらに別のものである。それは、逃げ去る境界の通り道である。その境界はすでに私たちに背を向けてはいるのだが、快い微風として、あるいは、焼き鏝として、身振り、リズム、強意、韻律の諸形態としての音を文彩《フィギュール》・象徴として組織する能力を、私たちの口の中で広げている。それらの音は、いかなる現れも産み出さないし、いかなる現れのなかにも落ち入ることもない。しかしそれらの音から、意味と記号の混成の標定可能で一見実体的に見える諸配置が孵化する（殻を破る）。

この言語能力はその下限をある自然のなかにはもつわけではないし（それはあたかも自然が、威されて毛を逆立てる機会を逸することがありえたかのようにだ）、その上限をある真ないし偽の陳述のなかにもつわけでもない（それはあたかも、これら真偽の概念が、**それらの真**理において、砂の嵐が刻み、方向づけ、積み重ねては移動させ、無限に繰り返し、突然埋没させるもの——意味の諸形式の歴史的砂丘——ではまだないかのようにだ。）

バンヴェニストの賞嘆すべき仕事には採り上げて非難すべき点が二つある。それらは彼の仕事のなかから採り上げて再検討すべき二つの点でもある。それらは、バンヴェニスト自身がソシュールを「採り上げた」ときに取った身振りと同じ尊敬、同じ批判的激しさを備えた身振りによって採り上げられるべきである。☆8 その一つは、つい先ほど示したこと、つまり、一つの言語学が自明の理のごとく、記号体系として研究する現象の場を自然と真理のあいだに据えることである。もう一つもまた自明さであり、言語学者が気づきえない存在論的なもろもろの連帯の戯れによって先の自明さに結びついている。それは、構成要素と組み込み要素 élément intégrant との区別を用いて、形式と意味とを互いに結びつけることを自明なこととして希望している、ということである。この区別は、形式と物質との**形而上学的**区別がもつアポリアをすべて内包している（後者の区別に、構造という概念はまるごと**挟まれている**）。

このアポリア的な障碍が最もよく捉えられるのは——この障碍は、言語学的分析が、音素、形態素、言説、といった「対象」に取り組むさいの「水準」すべてに反映するだろう——、使

☆8　ここで提起されはしたが、論じられも、措定されてさえもいない諸問題には、それらがかかわる作者たちに値した、まったく異なる規模と正確さをもつ作業が捧げられなければならないだろう。これらの問題は以下の論文を読むさいに生じる。Emile Benveniste, «Les niveaux de l'analyse linguitique», in *Problèmes de linguistique générale I*, Paris, Gallimard, 1966〔「言語分析のレベル」、『一般言語学の諸問題』岸本通夫監訳、みすず書房、一九八三年〕; Roman Jakobson, *Six Leçons sur le son et le sens*, Paris, Minuit, 1976〔『音と意味についての六章』花輪光訳、みすず書房、一九七七年〕の第五章（の第二部）と第六章。

用される方法論的なすべての概念、つまり、音素／弁別特徴、分布的関係／組み込み的関係、文節化 segmentation／代入、音素／形態素、表層文法／「基論理的 sublogique」深層、命題機能／言説形式等を、この障碍がいかに制限するか（つまり、ある程度まではこれらの概念を可能にするが、と同時に、つねに鈍らせもし、この力とこの弱さの絶え間ない均衡状態に置くか）に気がついたときである。

しかしながら、言語学が一つの構造として取り組んでいるのが、**言語活動にかかわる**構造であり、これが、要素と関係、全体と諸部分に関するあらゆる問題系**よりも根源的に**、形式を意味に、意味を形式に結びつけ、「実体的」意味を存在から剝奪する（言われること l'être-dit それ自体のうえで、存在 l'être を**砕く**）かぎりにおいて、言語学は、哲学が——と言うよりむしろ、哲学以後の思索が——そこからすべてを学びとるべき学問である。言語学者たちは思索する**義務がある**（ゆえに、それこそ彼らがなしたことである）。それは、哲学者がどこからももらえない救いの手である。その代わりに哲学者は、最初から、「ソクラテス以前の」と呼ばれるギリシア的思索がなされていた最初以前と言える時期から、おそらくつねにそうありつづけてきたものになった。しかしそれは、速度を速められてのことだ。この加速は、プラトン主義とアリストテレス主義にたちまち分かれてしまう最初の思索する詩篇の自然学が、哲学固有のやり方で表現されたことによってすでに進められていたし、存在の問題性を神の理解不可能性のなかに没収することによって、根本的問題設定を排斥する（しかしそうした事情から、論理学的道具をある光のもとで温室の熱によって肥沃にする）キリスト教の教義の束縛によってさらに進められ／麻痺させられていた。そしてついに「絶対的な加速」において、近代の形而上学的基礎が、哲学の外への脱出として成功を収める諸学と、学として確立されるのに失敗する手段をすべて探索した哲学批判に分かれる、という事態を伴った。したがって、哲学は、その代わりに（つまり、その対象でもなく、その領域ですらなく、その「事柄」であるものから受け取ることができるいかなる救いもない代わりに――哲学はむしろこの「事柄」を救うために自らたえず到来しなければならない）、その問題設定とそのエクリチュールとをまさに**タルムード的**にし、そうやって、文字の生（文字**どおりの**生）において〈法〉を迎えることができるある種の能力を受け取った――と言うよりむしろ、ハイデガーとヴィトゲンシュタインの仕事によって、自らのために作りだした。

この事態はまた、あらゆるタイプの言説と理念性のなかで、今後哲学的**注釈**と呼ばねばならないものに、一つの身分（というよりも、退き**かつ**介入する一つの様態）を与える。それはまったくユダヤ的なやり方で世界の諸帝国に対する障碍となる。この永続的な「出エジプト」は確かに、かつて兄弟たちに売られたヨセフのような者たちが王の顧問となる事態に立ち至ることをけっして妨げないだろうし、ユダヤを排斥すると予見できない災厄が世界の諸王国の上に降り懸かることを妨げはしないだろう。だがそれは、どんな肥沃な谷であっても、その谷が〈霊＝精神〉の息なしで発展することは妨げるであろう。もっと徹底的に言えば、それは今後、知の**土地**のあらゆる耕作と、「領域」「テリトリー」「領分」の多様性を組織し支配する哲学的なあらゆる**統治**（この点に関してはカントの有名なテキストがあり、それをすべて読み返すべきである）とから、論理の豊穣さを**引き離す**ことになる。そして、肥沃な谷をモデルにしてではなく、**砂漠の開花**という文彩《フィギュール》に従ってその豊穣さを構想するよう私たちに厳命する。なぜなら、〈霊＝精神〉は「己れが欲するところに吹く」にしても、それは、「どこやら知れぬ」という意味ではないからだ。逆に、人は知っている。〈霊＝精神〉は砂漠から、砂漠のなかで、砂漠に向かって吹くことを。それが吹き出す**ものは**、不毛なものでも肥沃なものでもない。この両者の差異と混淆と優位は、私たちの聴取にすでに宿ってその開きを限界づけている応答に依存している。ここに－存在すること＝現－存在 Da-sein の預言者的様態は、「我ここに」が、〈呼びかけ〉から〈呼びかけ〉そのもの以外の何かを聞き理解する**前に**、夜立ち上がることにある。このようにして、母親はすべて、子供がたてた微かな物音**で**目を覚ます。それは、物音が眠りを破るからではなく、物音のなかにある欲求の言葉が、眠りですら中断させてはいなかった聴取を、母親たちのうちに見つけるからである。

　この不安が澄み切って力強いものであるか、それとも、心配で眠れず、罪責感に苛まれ、神経症になる状態へと堕すか。それが、糧を供給する調和のとれた良き気遣いの発明性をもたらすか、それとも、（崇高であると仮定された）「母性」の重苦しい過大評価、換言すれば、この押しつけられた極度に苦しい役への憎しみとその拒絶とをうみだすか。これら本来性と非本来性の様態すべては、それらを様態としてもつ実存論的な文彩《フィギュール》がなければ可能ではなかろう。この文彩《フィギュール》を、ハイデガーは書き、また同時に、書く術を知らない。それは、「t」の「中性化」をともなった Eigen(t)lichkeit という語である。「t」という実存論的な音素を記す砕かれていない二つのエクリチュール（本来性 Eigentlichkeit と非本来性 Uneigentlichkeit）が、結合関係の序列へとふたたび陥ることにならないのは、この音素の破壊（砕かれた〈法〉）の象徴的な意味が、ここではまさしく次のことを示すからだ。すなわち、実存するという働きは、道徳的なあらゆる配置を**越える**——根源的に、最終的に、継続的に越える——倫理的な文彩《フィギュラシオン》・象徴化能力を有する、ということである。またそれに対応して、次のことが示されるからでもある。すなわち、言語活動（もちろん、思考の言語活動も含まれる）が開花するのは、意味の標定可能な配置のすべてと真理の共現前化可能な配置のすべてを通じて、また、それらの配置以前にも配置以後にも、**どもり**を忠実に維持する術を言語活動が知っているときだけである、ということだ。そのどもりへと、言語活動もまた言われえない**果て**の通過によって、かつて砕かれた（砕かれ、**かつ**、保護された、つまり、その断層のなかに隠された）のだから。

事実、この「どもり」は（それ自体一つの文彩《フィギュール》である。それは確かに、ある心理－言語学的「欠陥」でもあるが、この点をもとにしてそれを理解すべきではない。むしろ、どもる人の不幸を偉大さに変える点をもとにして——すなわち、彼の発声法に打撃を与える「知らない」から、どもる人が懸命にひきだす**他の**知、**他の**雄弁をもとにして——それを理解すべきである）、したがって、このどもりこそが、文彩・象徴化能力を（諸記号や、意味や、真理の）諸布置の囲いから解放する。想像力の秘密は（「人間の魂のなかに深く隠されている。★4」この秘密のことはご存じであろう）、躊躇を無謬なるものに結びつけるもののうちにある。この結びつきが身振りの魂であること、このことを、舞踏の跳躍が開始されたり、唯一の筆致が壊れた

★4　カント『純粋理性批判』「悟性の純粋概念の図式論について」を参照。

り、武器の旋回が解消されたりする閃光のなかで気づかないでおくには、盲目である必要がある。そして、論理の刃とは、砂漠に咲く愛撫の花とは、それがつねに辛うじて間一髪逃れるものと、はるか昔から縁を切っているということ、つまり、大胆と臆病の「弁証法」ではなかろうか。

倫理の問題とは、真なるものに従って実存することを問題とするのでは断じてなく、真に実存することを問題とする。絵の問題とは、世界の一真理、あるいは、感情の一真理に従って見ることを問題とするのでは断じてなく、世界の感情を学びながら見ることを学ぶことを問題とする。論理の問題とは、真なる諸構造を仮象の場から解き放つことを問題とするのでは断じてなく（この作業は「知識」と「学」のきっかけにしかならず、それらのさまざまなタイプの科学性は論理形成においてすでに描かれている）、現前化されえない世界の〈果て〉の通過によって諸言語と諸テクストの肉に残された文彩《フィギュール》を言語活動の観点から解明することを問題とする。

（原）政治的な問題が残されている。私は自分が辿るべき道を多様化して統一することを充分になさなかっただけでなく、何よりも、このような空間を踏破するさいに取る自らの方法についてデリダが何かを打ち明けたゼミに出席しなかったので、デリダが辿る道に交差する機会を少しも持ち合わせていない。ゆえに私は、以下の考察を彼に捧げることで、ある差異をそこでもまた締めなおしつづけることになるかどうかはわからない（この考察は、哲学的人間性、ギリシア的人間性の近代的変容にしかかわらず、アブラハムの子孫は考慮されていない）。

（a）実存しそこなうことの**意識**と、このしそこないを**表現する**能力は、消え去る傾向にあるか（だからといって、不満足感がそうして消されるわけではなく、それはいくつかの無意識的発現に委ねられるわけだが、これらの発現は当然のことながらこのうえなく危険なものである）、この意識とこの能力が告発し、戦いを挑み、改革しようとするものと同じ存在論的銀河に属する形態のもとに産出されるか、このどちらかであるようだ。そこには、比較的最近起こった微妙な変化がある。この変化により、〈資本〉をモデルとして、現代性の側面すべてが自らの危機によって自らを養う能力を現した。学問、民主主義、幸福、道徳性の結びつきは、西欧のうえで、そして徐々に地球上のすべての民のうえで、あたかも巨大な黄金の籠のように、ふたたび閉じられつつある。（原）政治的な問題とは、この囲いが完全に閉じていないところでは、それが止められ、開口部として残っているところから開かれるためにどうすべきか、囲いが閉じてはいるがまだ鍵をかけられていないところでは、それがふたたび開かれるにはどうすべきか、囲いが閉じられ鍵もかけられているところでは、それを爆発させるにはどうすべきか、という問題である。☆9

問題を形式化しつづけるよりもむしろ、また、私が述べたことに対する極度に粗雑な誤解（あなたが学問の光のもとで考えることを望まないのなら、あなたは非合理主義者だとか、民主主義を批判するのなら、あなたは人々を闘技場に置くことを欲しているとか、幸福を軽視するのなら、あなたは不幸を好んでいるとか、道徳性を批判するのなら、あなたは悪徳と腐敗を

☆9　検閲屋のインテリゲンチアに対して、この「爆発させる」はテロリズムへの呼びかけ**ではない**、と私は確言する。非暴力はその実存が活動するもろもろの形態を内包しており、それらの形態はいかなる「武装した分派」よりも門を爆発させてきた。

説いている、といった類の誤解）を退けることよりもむしろ、私はただごく最近の時局が提示するだけでなく、押しつけてくる例をくわしく述べることにする。

レーモン・アロンが「現実的マルクス主義」と呼んでいたもの（あたかもその意味は、純粋状態における形而上学的な想像的なものを権力につかせたということではないかのようだ――したがって、それがいかに現実的であったとしても、それは現実にはマルクス主義的ではなかった――）が「〈東〉で」崩壊した。この崩壊は「〈西〉に」あまりにも唐突で大規模な風穴を開けるので、プラハやベルリンでの出来事が私たちに呼び覚ましたすべての解釈のなかに――それらは慎重さと温情の衣を礼儀正しく身に纏ってはいるが――、言わばこのうえなく赤裸々な貪欲さに火がついているのが見える。「この巨大な潜在的市場」に対する包み隠されてすらいない欲が、ただ単に見受けられるだけではない。制度・法・文化の領域において、社会民主主義的実践と価値、世俗的ないしは宗教的実践と価値、キリスト教的ないしはプロテスタント的実践と価値を、いまだ定まっていないこの社会政治的空間に輸出しようと急いでいる態度が、ほぼ同程度に見受けられる。要するに、しくじりと突然の反動がないかぎり、東は西に移行すること、それを誰も疑ってはいない。

おそらく、まさにそのとおりになるだろう。だが、**そうはならない、とそれでも望まなければならない**。その決算が全体はおろか細部まで否定的である、レーニン・スターリン時代とスターリン以後におこなわれた概念的・組織的閉じこめが完全に破壊され、施錠を請け負っていた装置が遠ざけられるなかにあって、言うことと行動することとが有する未聞の創出性が産み出される機会が保たれることを望まなければならない。つまり、あれらの民族が私たちに対してもつとてつもない倫理的優位と、彼らが経た経験と私たちの経験との共約不可能性とを引き受けて分節化することができる、まったく意外な論理－政治的文彩《フィギュール》が出現する可能性が保たれること、これを望まなければならない。

図式的に言うなら、私が話している希望とは、構想される政治組織の未来の長と幹部の多くが、ともかく最も重要な職につく者たちの多くが、イスラエルへの移住をかつて拒絶されたソ連のユダヤ人たちの血筋をひくこととなり、彼らが**拒絶の矛先そのもの**を権力の構想と実践のうちに持ち込むすべを知っているばかりか、それを持ち込まなければならないことをも知っており、それを持ち込む必要性につきまとわれる、といった希望である。法のもとでの自由という〈石の板〉を、つまり、政治的なものが確立するさいに書かずにおくことはできない**形而上学的律法表**を、つねに**砕く**何かを政治の働きの**諸構造そのもの**のなかに（また、したがって、非常に明確に今日もなお預言者的かつ／あるいは倫理的権威である何かを諸構造の開始点に）記す手段を、いかにして想像すべきであろうか。法律に関する――憲法と制度に関する――機構は、一民衆にとって、ルソーが理解したこと、つまり、民衆は自由になるよう強いられるということ、それ以外のなにものも依然として意味しないであろうが、この機構をいかに組織すべきであろうか。**今度こそは**、ある非権力が、つまり非権力の精神が、換言すれば、〈精神〉の精神が（それはまた、政治的なものそれ自体が汲み取るべきものを見いだす唯一の力でもあり、強制されえない唯一の自由でもある）、共同体をその「真の」全体と結構においてたえず刺激し、実存の文彩《フィギュール》をさまざまな真の意義の布置に翻訳する**気違いじみた偶像崇拝**のことを共同体に絶え間なく思い起こさせるように、この機構をいかに組織すべきであろうか。この問題はもちろんサイバネティックスの問題ではないが（「保護機構」を信頼することが問題となっているわけではない）、道徳意識の唯一の内面性に委ねられるわけにもいかないだろう。しかしながら、自由の精神――それは制度化されえないものそのものであるが――、それは諸制度のなかで学ばれる。ゆえに、諸制度の特徴はすべて、自由の精神が後退した痕跡を残しておく必要がある。どもりと裂け目の傷跡を残した（そして、とりわけそれらを表現しようとはしない）テクストを発明する必要がある。

（b）政治共同体が生産する集団としてはもはや存在論的には規定されない機会が最近与えられた（ここ何週間か、何カ月かは遡っても、それより前ではおそらくないだろう）。この観点から見ると、「ソヴィエト体制」と（現実には）呼ばれるものの惨憺たる「獲得物」は、労働を文彩・象徴化《フィギュラシオン》する他の様態を――それらが現れた様態とは別のものであるばかりでなく、私たちのものとも別の文彩・象徴化の様態を――もたらす原動力となり**うる**（それらが運んでもいるもろもろの可能なものを解放するという条件のもとで）。ゆえに、この他性の前提となるのは、東の民衆が、私たちに頼まずにはいられない技術・経済援助によっては、現在彼らが置かれている定まっていない状態に含まれている機会を潰させはしない術を知っていることだ。なぜなら、もしハンガリーや東ドイツやポーランドへの「援助」が、国際通貨基金の法のもとにラテンアメリカを挽めている支払い不能な負債——それは再交渉されてさえつりあげられる——の過程に、これらの国をひきこんだなら、この機会は永久に消えてしまうことであろう。もし合弁企業《ジョイント・ヴェンチャーズ》が、資本とともに資本主義が入り込んでくることを意味するなら、それは消えてしまうだろう。市場を再活性化する必要性が生産至上主義の論理を——したがって、生産・流通・消費の様相すべてがもつ論理を——ふたたび誘うことになったら、それは消えてしまうだろう。さてここでは、貧困と怠惰という、ソヴィエト体制の最も明白な成果を支えにするしか手段がない（それがどれほど逆説的にみえようとも）。

それは、美徳に対して冷笑的な態度をとって、生存の秩序のなかで欠如を組織しつづけることを課さねばならない、ということではない。しかし、貧窮においてしか修得されない二重の教訓を受け入れることはおそらく可能であるだろう。その教訓によれば、確かに、生存の諸手段がたえず不足すれば、実存することの諸可能性は危うくなるが、実存の内的論理の方は、その実体的支えの論理と異なるばかりでなく、実存の節度を前提とさえしている。節度という言葉を、私はいかなる道徳的な美徳の意味にも、資材・エネルギー・結合・形式におけるいかなる貧富の「中間的」水準の意味にも解していない。そうではなくて、節度とは、可能なものへと定められた実践が、必要とする現実の諸要因と取り結ぶ諸関係の規定のことだ（これは、つねに不意をつく諸関係のつねに正確な規定である）。そこには、私たちの「活動」のさまざまな分野において、もはやほとんど誰も——芸術家を除けば——意識していない（知ってはなおさらいない）結構がある。私たちの「活動」は、生産がさし向けられた用途の本質的諸形式が要求するものから出発して生産する。ただ実際、生産がこのようにおこなわれるのは、私たちの「活動」が、**まず第一に**、あらかじめその生産を富の生産の一つと見なし、その生産物を商品と見なしているからである。本質的な法則、たとえば、知ること、学ぶこと、健康、住むことの本質的法則はすべて、このような生産のプロセスに必要である、という最低の基準でしか考慮されない。そればかりか、生産のプロセスは、本質規定そのものに代わる総合された代替物を作り出すことによって、単なる「極端への束縛」の意味しかこのプロセスに対してはもたないものを、できるかぎり後退させさえする。このファウスト的な企てにおいて、学問と道徳は、生産のプロセス側につく二つの同盟者である。近代的な規定における学問がますます、問いかけの身振りから遠ざかりながら発展し、学問の諸基礎を自らの機能の様態に従属させていき、倫理的身振りをすることができない道徳が——倫理的身振りの無言の普遍性を通過させるのはいつも、そのつど歴史的な文彩《フィギュール》をとった単独なものである——、道徳の漠然とした一般性を明確に示すことをむなしく企て、空虚な感情と日和見主義的な内容のあいだで漂いつづけるのであってみれば。しかし無限の生産にとって、そこには一見正当なものに見えるものが驚くほど無尽蔵に溜まっている。〈東〉の人々が、私たちの商店で買い物をしても、私たちの上部構造のハイパーマーケットには入り込むのを**怠る**ことができて欲しい。

「怠惰」はどうかと言えば——生産集団を創設する言説においては原罪であり、その言説のなかで、怠惰を名づける英語の単語は、事実その語が担っている軽蔑のように音をたてる、Sloth、と——、「労働」それ自体一般に対する否定的関係という漠然とした一般性の次元で、

「怠惰」を「ふたたびみいだすこと」も、それを新たに提案することも問題となってはいない（あの有名な「怠惰の権利」の要求は当時そのようにして提出された）。「ソヴィエト的な」怠惰が特定されて問題となっているのである。それは、あの体制が望まずに分泌したものが奇妙に交差して産み出されたものである。つまり、労働の不条理を前にした嫌悪感、また、その反対に労働がこのうえなく主意主義的な方法で組織したもの、つまり「社会的獲得物」——これ自体労働の実りのなさによってあらゆる実体を奪われている——の不条理を前にした嫌悪感のことだ。ソヴィエト的（非）労働のこの奇妙な布置は、他のものすべてとともに必ずや崩壊することだろう——誰もそれを嘆きはしない。しかし、私がひどい思い違いをしていなければ、それは〈東〉の人々の視線を、私たちがこちらではもはや気づきさえしないもの、すなわち、労働の**他の**不条理と社会的獲得物の**他の**虚しさを、見ることができるように訓練した。確かに、労働の他の不条理とは、労働の行使の諸条件が、生産的な側面とは異なる労働の側面を少しも解放することなく、ほぼ全面的な非生産性を組織するときに、労働を打撃する不条理のことではない。それは、まったく逆で、労働の全側面が考慮に入れられることである。そこには、生産性の無限の増大の地平において現れうる**がままの**、生産の法則に本質的に従わない諸側面、換言すれば、人間的（心理学的、道徳的、社会的、教育的、文化的）探求と諸要因も含まれる。〈西〉に侵入して彼の地では欠けているものすべてを両手に下げて帰って来た（現在も帰って来ているし、これからも帰って来るだろう）東ベルリンの何万もの人々は、間違いなくうらやみ、そしておそらく、同じ言語を用いる同胞の生の水準に属するなにがしかを「取り戻す」ことを望んだであろうが、必ずしも、この「水準」においてこの「生」を詰まらせているもの**すべて**を、というわけではなく、とりわけ、それらを生産する活動が従う諸形式を取り戻そうと望んだわけではない。資材の生産を管理する術を知る人類は、まず己れ自身を「人的資材」の欄におくことから着手し、あらゆるものを生産手段として管理する、ということをおそらく彼らは見落としはしなかった——抽象が君臨するのを見るのに慣れ、抽象の諸記号を見てとるのに慣れた彼らのことだから。要するに、現実的なものが提供するイメージの単純さをかりて言うなら、東ドイツの人々、ポーランドやチェコやハンガリーの人々が、諸生産ユニットを分解して新たな諸市場を密接に構築する諸可能性をヨーロッパ経済共同体に与えることを、唯一の野心としているかどうかは定かではない。これらの諸可能性を、東南アジアの四匹の龍は（ついで、一七五二年にヒュームが厳密に記述した余波のプロセスによって、新たな小さな龍たちが）日本の富を産出する装置にかつて与え、いまだに与えつづけてはいるのであるが。

「わたしたち」、「フランス人」に関して言えば、私たちは依然として、ユーロ・ダラーとユーロ・チェックの傍らにあるユーロ・フランス製品とは若干違うように実存しているにせよ、そのように実存することがもはや私たちの唯一の存在様式であるにせよ、（原）政治的な問題、つまり義務の定式化は充分容易に規定できるようだ。存在しそこなっていることの了解を明確化し、その表現を分節化すること——現在に関しては、破壊し分離する言語活動で、未来に関しては、肯定し発明する言語活動で——これら以外の何が問題となり得ようか。存在しそこなっていること、今までそれは、「状況の感情」を単なる「不満」としてしか表す手段をみいだしていない。この不満は形のないはけ口で、支配的な形すべてに回収されうるし、もっとひどいことには、そこから、解体途上にある民衆の意志が、解体と形のないもの**への**ポピュリスト的意志の「形」をとって現れる。

今のところ重要であるのは、自由主義者、社会民主主義者、行動と分析の初期マルクス主義者といった諸形態が、可能なもの（また、ある汲みつくされた可能なもの）が封鎖されている同じ事態に——まさにこの事態のただなかで、これらの諸形態が「差異」を越えて連帯するのだが——、**いかにして**囚われているか、また、これらの諸形態が、不能と盲目の諸形態に**なぜ**裏返るのか、これらのことを記述と概念的分析によって見させることによって、政治的なものの後退を**深刻化させる**こと、これである。現実の政治の戯れのなかに、いかなる形態をとってでも入りこむときではもはやない（入ったとするなら、このうえない誠意でもって、革新する、ふたたび過激化する、ふたたび構築する、等々の、「代補」をもたらすことだろうが、新展開を狙うこの無駄な企ては**すべて**「政治的同族」の様相を呈する）。離脱すべきときである。エジプトから脱出するときである。

デリダにおけるニーチェの作用《あそび》

ミシェル・アール
（高桑和巳訳）

今日、ハイデガー以降という不確かな時代に身を置いている我々にとって、ジャック・デリダの広大な仕事に負っているものを測るのは困難である。おそらくまずは——読解にあたって一貫した忍耐強さと正確さを示している無比の例だということは措くとしても——、ハイデガーのさまざまな問いを**開きなおして**第二の息吹きを与えたことが挙げられるだろう。ついで挙げられるのは、この再開がハイデガーの問いを言**語を賭けなおして**「反復」することを意味するということを、予想をはるかに超える仕方で、自由と幸福と至高性をもって論証した、ということである。その反復は思いもよらない意味的・統辞的な接ぎ木や挿し木、切断や増殖をともなうものだった。言説の天使をともなってなされるジョイス的闘争でこれほど遠くまで達した者は——哲学においては——他にいない。

再開されたハイデガー的な問いのなかに、ニーチェを形而上学に記入することをめぐる問いがある。ハイデガーは時としてニーチェを「逆転したプラトン主義」という図式に閉じこめてすませることがあったが、デリダの読みでは、ニーチェ自身のエクリチュールのなかでニーチェを蘇生させるとおりに読むなら、こうした単純に過ぎる図式にはニーチェは明らかに収まりきらない。「ペンで踊」り、諸概念を刺激し揺さぶり動揺させ、概念に課せられてきたものを賭けなおし、言語の「断想的エネルギー」をふたたび覚醒させ、諸記入の知覚困難な抹消を読みなおし輝かせ、存在より古く単純で存在に抵抗する諸審級（「贈与」「然り」「来い」）に直面した存在の示す頑迷な不安定さを、あるときは大胆にまたあるときは慎重に縁取り、また言語そのものの〈必然性〉のように概念の支配を永遠に逃れつづける此岸を指し示す——こうしたことのできた哲学者がいるとすれば、それはまさに『グラマトロジーについて』の作者である。

しかし、デリダのニーチェとの近しさは根源的であり——ときには同一化にまで至るものであり（「鉄槌《ハンマー》をもって哲学する」）☆1——、困難が生ずるほどである。デリダはニーチェの信奉者だ、と断言しようとする者はないだろう。現象学に関する博識——**差延**という語にまとめられる時間性および時間化の分析——にせよ、形而上学のハイデガー的解体にせよ、諸力に関するニーチェ的な**自然《ピュシス》の学**から彼を決定的に遠ざけるものであるし、生の哲学や宇宙の哲学からは彼はなおのこと遠ざかっている。にもかかわらず、彼がニーチェに**思考の負債**を負っているのは間違いない。デリダにとってニーチェとは誰なのか？　二人を隔てている距離にもかかわらず、デリダがニーチェを自分の前哨ないし先触れとみなし、ときには代弁者とまでみなしうるのはどのようにしてなのか？

講演「差延」以来、『衝角』『耳伝』を経由してごく最近の著作群に至るまで、ニーチェは単なる特権的な参照先にとどまらないし、デリダの織物の織りなしに貢献している四大固有名の

☆1　この表現は、鍵括弧なしで引用されている。デリダはこれを、自分の身に引き受けなおしている。Jacques Derrida, *Marges*, Paris, Minuit, 1972, p. iii.

一つであるだけでもない。ニーチェは一つの着想源や範型や源泉というだけではない。フロイト、レヴィナス、ハイデガーの三者は、なかでもとりわけハイデガーがそうだが、それぞれ形而上学への参与を多かれ少なかれ論難される。ところが他方ニーチェだけは、たしかに追求を完全に容赦されているわけではないが、のちに見るとおり、少なくとも微妙な扱いを受けている。デリダの二十年以上におよぶ道程で、ニーチェただ一人に対して授けられているこの特権は常軌を逸している。この特権は引用の頻繁さや注釈されるテクストの量ゆえというより、ニーチェに対して設けられている不可触な位置、張り出した位置ゆえのものである。この唯一の**権威**を前にすると、何に対してであれわけへだてなく容赦ないはずの脱構築の刃が逸れてしまい、いかなる場合にも欠落するはずのない疑念が宙吊りにされる。問いに付すという気分 Stimmung は慎重な、疑い深いとさえ言えるものであるのに、それはニーチェを前にすると読解の歓喜に変わってしまう。**肯定的な**［……］**脱構築的解釈**[☆2]という表現が見られるのはニーチェ読解に関してだけである。ハイデガーは細心の注意を払って文字どおりに引用され、問いに付され、追いつめられ、最後の塹壕に追いこまれ、字義どおりに取られる――その細心さは、ニーチェに対する自由で寛大で素直な、ほとんど空気のように軽やかな使用とは対照的である。一方のハイデガーが固有なものや本質や「現前の形而上学」といったものを導入しなおして継続しているという疑いを掛けられていながら、他方のニーチェははじめから無罪放免である。たしかに彼は伝統的な語に対するある種の純朴さに譲歩してしまっているのだろうし、そのせいで形而上学に対してうわべは絶対的に依存しているように見えもする。しかし**彼のエクリチ**

☆2 J. Derrida, *Eperons*, Paris, Flammarion, 1978, p. 28.〔『尖筆とエクリチュール』白井健三郎訳、朝日出版社、一九七九年、三三―三三頁〕

ユールは、その破裂的な作用は、彼を全面的に救い出し、彼をハイデガー的な還元的解釈格子から引き抜くのである。

こうして、**ニーチェのテクスト**を全面的に信用するデリダは、――少なくとも初期の著作では――大きなモティーフや主題、計画や全体的方向づけを好んでニーチェから借りている。

解釈・展望・評価・差異といった諸概念［……］を根源化することで、ニーチェは、形而上学**のなかに**（ヘーゲルとともに、またハイデガーが望んでいるのだろうように）**単にとどまる**のではなく、ロゴスやその付帯概念である真理や原初的シニフィエ（こうした語で了解されるすべてのもの）に対する依存・派生関係からシニフィアンを解放することに強力に**貢献したことになるのだろう**。読解は、いやそれに加えてエクリチュールは、つまりテクストは、ニーチェにとって「原初的」な作用**なのだろう**。☆3

「**貢献したことになるのだろう**」とか「ニーチェにとって［……］**なのだろう**」とかいうこの条件法、疑念、うわべの躊躇、これはなぜなのか（強調は引用者）？　ニーチェの立場と「同一化」しすぎてはならないということか？　ニーチェのエクリチュールの範型から汲み取られた確信は「たぶん」という言表によって覆いを掛けられる。この「たぶん」は、自分を解放する時点、曖昧さが完全に払拭された断言の縁でなされる奇妙な踏みとどまりを証すものだ。こうした「たぶん」をいくつか引用しておこう。

☆3 J. Derrida, *De la grammatologie*, Paris, Minuit, 1967, pp. 31-32.〔『根源の彼方に』（上）足立和浩訳、現代思潮社、一九七一年、四六―四七頁〕

たぶん、ニーチェにハイデガー的な読解を免れさせてはならないのだろう。反対に、ニーチェをこれに全面的に差し出し、その解釈に留保なしに同意しなければならないのだろう［……］[☆4]。

ニーチェが書きたかったのはたぶんそういうことなのだろう。これがたぶん、ハイデガー的解釈に抵抗するところなのだろう。つまり自らの**能動的**運動状態にある**差異**のことだ――これは**差延**概念を汲み尽くすわけではなく、**差延**概念に含まれている［……］[☆5]。

（ついでに問いを発しておく。テクストの差異は**諸力の差異**をどのように「含」んだり包括したりできるのか？ **テクストというものは力より強力なのか？**）「永遠回帰は諸力の諸差異をつねに巻きこんでいる。諸力の諸差異はたぶん、存在から［……］発しては思考されないものなのだろう。[☆6]」これら二事例における「たぶん」は、ハイデガー的読解の**基礎的正当性**にかかわっている。ハイデガー的読解は全面的に正当だ……もし我々が、ニーチェが書く仕方を捨象するのなら、つまり**彼の文体**を考慮に入れないのなら――しかしそんなことは不可能だ！

このように、はじめから疑念は外見上のものでしかなかったわけで、事実、徐々に抹消されていく。ということで、『衝角』にはもはや「たぶん」はない。『衝角』では、存在の問いないし本質の問い（しかしこの二者は同一のものとみなせるのか？）は「固有化の問いというもっ

☆4 *Ibid.*, p. 32.〔同書、四七頁〕
☆5 *Ibid.*, p. 206.〔『根源の彼方に』（下）足立和浩訳、現代思潮社、一九七一年、五頁〕
☆6 J. Derrida & al., *L'oreille de l'autre*, Montréal, VLB, 1982, p. 65.〔『他者の耳』浜名優美・庄田常勝訳、産業図書、一九八八年、七七頁〕

と強大な問い」に確実に従属している。それは「性的操作」としての固有化、与える—受け取るという決定不可能な交換としての固有化であり、それは、この固有化より「さらに古い」**贈与の一撃**という過程に、すなわち、女性的贈与という「自己保全的贈与行為」に明瞭に**従属**し記入されている、とされる。

　したがって、疑念ははじめからみごとに排除されているわけだ。その排除は一連の断定を通じておこなわれるが、それらの断定はほとんど触知できるほどの確信、**ニーチェのテクスト**が事実として存在するという基本的な第一の確信に依拠している。「ニーチェは彼が書いた**ものを書いた**。彼が書いたのは、エクリチュールは——まずもって彼自身のエクリチュールは——ロゴスや真理に原初的に隷従してはいない、ということである。☆7」このくだりは決定的だが、引用がない。しかしその一方で、数行先では「存在のロゴス」に関するハイデガーの〈**存在**〉**の**〈**声**〉**に従属する**〈**思考**〉という表現が丁寧に引用され（しかしすべて山括弧で括られているのはなぜだろう?）、世界性をもたない「超越論的シニフィエ」が純粋な自己触発・自己への現前に属しているとして論難されているのだ!

　贔屓目に見るとしても、エクリチュールがニーチェにとって—「**真理**」に隷従しないものだ、というのは確実なことか? 言語活動の起源に関するニーチェの教義との対決的解明 Auseinandersetzung がないのはなぜだろうか（本当にそれは確かめるに値しないほど誤ったことなのか）? それに、ニーチェにおいては、エクリチュールが**話される**言語に従属するものであることは明白な形で断言され主題化されているのに、これについてデリダが沈黙しているのは

☆7 J. Derrida, *De la grammatologie* (*op. cit.*), pp. 32-33.〔『根源の彼方に』（上）（前掲）、四八頁〕

なぜか？　ニーチェのテクストがニーチェ自身の哲学的**措定**と正反対のことを言っているなどということがありうるだろうか？

言語活動の二重の原初的真理

それはつまり、**エクリチュールの非隷従性**が措定的・主題的観点からして明白に廃棄されているからである。エクリチュールは文体同様に、「道徳外」の**原初的真理**に従属している。知ってのとおり、ニーチェが「道徳外の意味における真理と虚偽について」（一八七三年）やずっと後のいくつもの断想（一八八八年）で主張しているのは、すべての語、すべての概念は言語内におけるシニフィアンの作用から派生したのではなく、まさしく**直観**や「像」といったものから、つまり可感的な印象から派生し、さらには我々が**知覚によって**特異な事物と出会うことによって生まれる「神経の興奮」から派生した、ということである。彼によれば、すべての概念は「群生する」慣習的な「隠喩」の帰結、すなわち「恣意的な転位」の帰結である。この転位は、概念自体の「出現を負っている独特で絶対的に特異な起源的経験」[☆8]を**忘却する傾向にある**、という。

概念は「ある対象を他の対象と差異化するものを**忘却することから**」形成される。「諸隠喩からなるこの原始的な世界を忘却すること」[☆9]だけが、論理的・概念的な真理に到達することを可能にする。その真理とはすなわち、同一でないものの**同一性**の公準化である。言語活動は前言語的な経験に由来し、この経験が言語活動を支配し、言語活動のほうはそれと知らずにこの

☆8　Friedrich Nietzsche, *Ecrits posthumes* (Michel Haar & Marc B. de Launay, trad.), in *Œuvres philosophiques complètes*, t. I-2, Paris, Gallimard, 1975, p. 281.〔『ニーチェ全集Ｉ－２』大河内了義・三光長治・西尾幹二訳、白水社、一九八〇年、四七四頁〕

☆9　*Ibid.*, p. 284.〔同書、四七九頁〕「忘却」の強調は引用者。

経験に隷従している——これがニーチェの変わらない立場である。この経験は本質的に「美的」、というか「芸術的」であり、虚構過程である。この原初的過程は——これは**芸術的力への意志のロゴスにして真理**であり、偽りの自己同一性としての意志より深く、科学における「同一事例」の論理より深いものであって——、**原初的過程を**裏切っている言語活動を知らぬうちに支配している。言語活動は、可感的でディオニュソス的な真理に反抗する。しかし、可感的真理の方は原初的な虚構過程を通じて、その言語活動を支配している。言語活動の基礎は、像の力や情動の力を社会的な有用性のために——伝達の必要性から——弱化し放棄するところにある。言語とは**力の墓**である。「諸概念の大建造物は、ローマの納骨堂 colombarium の厳密な規則性を示している。」[☆10]すべての言語はコードであり「さまざまな情動の暗号化された言語活動」である。しかし、このコードはまさしく「快と不快の奏でる原初的な旋律」[☆11]の遠い弱まったこだまであり、情動一般（感覚作用・激情・感情）のやまびこなのである。芸術としての音楽に先立つこの音楽は原始的な欲望の内的律動ないし脈動に他ならず、この脈動において愉しみと苦しみが原初において終わることなく交わり混ざりあう。

言語活動のもつこのもう一つの起源的真理、すなわち音楽的真理は、「隠喩的」真理と矛盾するものではない。これもまた前言語的ロゴス、芸術的ロゴスである。話され書かれる言語活動は貧困化したアポロン的類比であり、すなわち形式的で光に満ちた類比である。しかしそれはディオニュソス的で闇に包まれた基底をもっている。その基底では快と不快の起源的旋律が奏でられている。言語活動の本質は二重のエントロピーないし二重の隠蔽に基礎をもってい

☆10 *Ibid.*, p. 283.〔同書、四七七頁〕
☆11 F. Nietzsche, *Fragments posthumes* (M. Haar & Jean-Luc Nancy, trad.), in *Œuvres philosophiques complètes*, t. I-1, Paris, Gallimard, 1977, p. 431.〔『ニーチェ全集I－3』谷本慎介・清水本裕訳、白水社、一九八一年、四八二頁〕

る。つまり感覚作用のエントロピーと音楽的情動のエントロピーである。言語活動は「我々の**まなざし**が達することのできない**ある**起源的な基底を」[☆12]外在化させる。

［……］表明器官・表明象徴としての**言語活動**は、音楽の最も親密な基底を外部へと抽き出すことがけっして［……］できない。[☆13]

情動の強度の生む脈動を「翻訳する」にあたって言語はこのように無力であるが、にもかかわらず、起源に対する言語の関係は**可感的なものにおける類比**の関係ないし**象徴化**の関係である。それはプラトン－ショーペンハウアー的な再生産関係や複製関係ではない。すべての言語はそれぞれに特有の音楽性を有している。というわけで、英語やドイツ語はフランス語より音調や強勢が豊かであり、フランス語は相対的に平板かつ単調であり、あまり旋律的ではない、とニーチェは仄めかす。個々の言語にはそれぞれに個別の律動が、句切りが、和声が、個別の息が、ほとんど生物学的ともいえるほどの生の均衡が、固有の「新陳代謝」がある。[☆14]

しかし「**音調の基底**」はこうした個別性の彼方にまで達し、すべての人間において同一のものとなり、「言語の多様性を越えて理解可能［な］一般的基底」[☆15]を構成する、とされる。この前バベル的普遍性への夢は、**彼の**言語観の**相対的**クラチュロス主義によって基礎づけられている。事実、言語の**記号としての様相**は、そのつど全面的な「隠喩的」転送（まずは感覚刺激の圏域から像の圏域へ、次いで像の圏域から概念の圏域へ）が含んでいる**完全な跳躍**ゆえに、**全**

☆12 *Ibid.*〔同書、四八一頁〕「まなざし」の強調は引用者。
☆13 F. Nietzsche, *La naissance de la tragédie* (Philippe Lacoue-Labarthe, trad.), in *Œuvres philosophiques complètes*, t. I-1 (*op. cit.*), p. 65.〔『ニーチェ全集I－1』浅井真男・西尾幹二訳、白水社、一九七九年、五八頁〕
☆14 F. Nietzsche, *Par-delà bien et mal*, §28.〔『ニーチェ全集II－2』吉村博次訳、白水社、一九八三年、五九頁〕
☆15 F. Nietzsche, *Fragments posthumes* (*op. cit.*), p. 431.〔『ニーチェ全集I－3』（前掲）、四八二頁〕

面的に恣意的である。それと同程度に、言語の**象徴としての様相**は前言語的旋律のこだま、さまざまな情動の奏でる旋律のこだまを運んでいる。その仕方はたしかに適切ではなく、単に類比的・均整的ないし**部分的**である――それは母音・子音の作用、強勢、音調、律動によっておこなわれる。しかし、この音楽も**それ自体**、原始的な像同様、つねにすでに失われている。起源的な欲望の基底で**沈黙**のうちに振動する**分節化されていない**音が一方にあり、他方には模倣や身振りのなかにつねに統合されている発声音が、すなわち口と発声器官のさまざまな運動によって分節化された音、話す者の鼓膜に瞬間的に伝導される音がある。この二つの音のあいだにも断絶があるが、ここには完全な跳躍はない。この図式によれば、いかなる言語も、あるエントロピーによって、力や「美的」創造性の減退によって、つまり自然芸術の忘却によって基礎づけられている。自然芸術の忘却は、概念的普遍性や相互交換可能な抽象的意味といった虚構の構成を我々の知らないうちに支えているわけだ。この忘却にもかかわらず、この忘却において、言語活動は旋律的起源と像的起源という、二重の起源の痕跡を保持している。語は、抹消された像に支えられているが、その抹消は部分的なものにすぎない。語はこだまを響かせるが、そのこだまはほとんど無声に近く、歪められ弱められており、認識することは困難である。それはニーチェが**心の音楽**と呼んでいるもののこだまであり、この音楽は、より抒情的でない言いかたでは**欲動の生**と呼ばれている。ニーチェはそこで、語とはとりわけ象徴なのだ、と執拗に主張している。[☆16] 彼による情動の象徴化は、**情動**を生の全体と直結した「身体の状態」として理解しなければならないというこの違いを除けば、まさしくアリストテレスと同様のも

☆16 とりわけ以下。*Ibid.*, pp. 430-438.〔同書、四七九―四九一頁〕

のである。語のなかには経験の痕跡が、**身体的経験**の痕跡が生き延びている。

言語の治療としてのエクリチュール

だから、言語活動が本質的に喪失している音楽的・直観的な**強度**一般をエクリチュールによって言語活動へと**象徴的に**回復することは――ある程度までは――可能である。エクリチュールは、とりわけ断想は、言語活動のエントロピーを転倒させることができ、言語活動の先天的疾病を治癒することができ、二源泉に遡行することができる。ニーチェによるエクリチュールの哲学というものはたしかにある。しかし、それはデリダがニーチェに帰しているエクリチュールの哲学と正確に一致するものではない。というのも、ニーチェが定義するような文体は、全面的に言語内の「作用《あそび》」に回付されるもの（「エクリチュールの出来《しゅったい》は作用《あそび》の出来《しゅったい》である」[☆17]、「諸差異の体系的作用《あそび》」[☆18]）などではなく、ましてや起源の不在や基底の不在へと回付されるのでもないからだ。ニーチェにとって世界とは、**底なしのチェス盤**ではない。**諸力の混沌**が、つまり隠された自然《ピュシス》が、人間を抱え支えるのである。ニーチェにとって言語活動とは、極度に包括的でかぎりなく延期される地平などではなく、形而上学的な諸対立を生産する作用でもない。加えて、「前原初的」なものも、それを「記入」されたものと解するにせよ、テクスト的なものと解するにせよ、どのような意味に了解するにしても、彼にとっては存在しない。任意の方向に向かって進むことのできる全方向的作用などというものもない。たしかに視点は複数であるが、それにもかかわらずつねに意志の方向は上昇か下降かのどちらか一方だけである。

☆17 J. Derrida, *De la grammatologie* (*op. cit.*), p. 16.〔『根源の彼方に』（上）（前掲）、二四頁〕
☆18 J. Derrida, *Marges* (*op. cit.*), p. 11.〔「ラ・ディフェランス」高橋允昭訳、『理想』十一月号、一九八四年、七八頁〕

論理の視点（群生的）か芸術の視点（孤高的）か、選択は二つに一つである。言語は、言語の作用は、つまり文体は、彼にとって**生きた身体の等価物**である。

　諸記号――これにはそれらの記号の**テンポ**も含まれる――を通じてある状態を、あるパトスの内的な緊張を**伝えること**、これがすべての文体の意味だ。[☆19]

文体が伝えるのはどのような状態か？「美的状態」である。つまりそれは身体の一状態であり、あるいはまた、身体を構成する、調和的闘争状態にある諸力の均衡状態ないし不均衡状態である。しかし文体はまた**情動の調性**、つまり気分 Stimmung をも伝える。

　最良の文体とは、最も望ましい気分 Stimmung を読者のうちに創造するものである。[☆20]

　目標。爪先立ちしてしまうほど弾む気分 Stimmung を読者に与えること。[☆21]

つまりそれは、読者に踊りたいと思わせるということだ。エクリチュールは概念的な内容や諸理念を伝えることをまず目指しているのではない。たぶんそんなことを目指しているのではまったくないのだろう。エクリチュールの目指すのは、これこれの語をしかじかの仕方で配列することで、気分 Stimmung という、理念をはらんだ音響機械を暗示することである。

☆19 F. Nietzsche, *Ecce Homo* (Jean-Claude Hémery, trad.), in *Œuvres philosophiques complètes*, t. VIII-1, Paris, Gallimard, 1974, p. 281.〔『ニーチェ全集Ⅱ‐4』西尾幹二・生野幸吉訳、白水社、一九八七年、三四三頁〕

☆20 F. Nietzsche, *Die Unschuld des Werdens : Der Nachlass*, Bd. I, Stuttgart, Alfred Kröner, 1956, S. 191.〔『ニーチェ全集別巻2 生成の無垢上』原佑・吉沢伝三郎訳、ちくま学芸文庫、一九九四年、三三三頁〕

☆21 *Ebd.*, S. 188.〔同書、三二八頁〕

言語において最も理解しやすいのは語そのものではない。一連の語が発されるさいに語がともなう音調、強度、転調、テンポ――端的に言って、語の背後にある音楽であり、この音楽の背後にあるパトスであり、パトスの背後にある人物である。それはしたがって**書かれ**えないもののすべてである。だから、こうしたものは文学とはなんのかかわりもない。[☆22]

つまりこれはエクリチュール嫌悪である。エクリチュールは個々の話し言葉のもつ沸き立ちや吐露や魅惑、特異なふるえをつねにすでに失ってしまっているというわけだ。

美的状態には**伝達手段**がありあまっている［……］――これが諸言語の源泉である。そこで諸言語は生まれた。音からなる言語活動、身振りの言語活動、まなざしの言語活動なども同様である。始まりをつねに構成するのは充溢しきった現象である。すなわち、文明化された人間としての我々の力は、さらに豊かな力を還元したものである。しかし今日でも、人は筋肉で聴き分け、筋肉で読みさえする。［……］そこで伝わるのはけっして思考ではない。人が伝えあうのはさまざまな運動であり、さまざまな模倣的記号であり、それが思考として**再解釈される**のだ……。[☆23]

ニーチェの理論的構想はプラトンやルソーとまったく同様で――完全に形而上学的な構想で

☆22　*Ebd.*, S. 190-191.〔同書、三三三頁〕
☆23　F. Nietzsche, *Fragments posthumes* (J.-C. Hémery, trad.), in *Œuvres philosophiques complètes*, t. XIV, Paris, Gallimard, 1977, p. 87.〔『ニーチェ全集Ⅱ－11』氷上英廣訳、白水社、一九八三年、一二〇頁〕

あり――、文体としてのエクリチュールは、美的状態・気分 Stimmung・身振り・肉声・顕在的「パトス」を、つまりは話す人間のエネルギー展開を、色を失って模倣するものであり、反復するものであり、弱めて模写したもの Abbild として構想されている。一言で言えば、エクリチュールとは力の**像**でしかない、というわけだ。

書こうとするより前に「私がこれを発音するのなら、**口に出して表現するのなら**、こんなふうにする」ということをまず正確に知っておかなければならない。書くとは模倣 Nachahmung にちがいない。

書く者は、講演者の手にしている多くの手段**を手にしておらず**、それゆえ彼は、大変に**表現性豊かな**口頭の発表の文体を一般的に範型とみなさなければならない。書かれたものは、口頭発表の文体の写し Abbild であるが、いずれにせよ必然的に口頭発表よりはるかに色褪せた blässer 様相を呈するだろう。☆24

あらゆるエクリチュールは、声の生き生きとした原型を追って走り、息切れして疲れはてている、というわけだ。あらゆるエクリチュールは貧血だ、ということになる……。しかし、**私は血で書かれたものしか好まない**、のだ。エクリチュールは、自らの先天的な憔悴を治癒させる方法をもっている(これはたしかに言語活動の道具的構想だ、とハイデガーなら言うだろう)。それは群生する人間たちを喜ばせるこのしおれた蒼白さにふたたび命を与え、精気を回

☆24 F. Nietzsche, *Die Unschuld des Werdens : Der Nachlass*, Bd. I (*a. a. O.*), S. 191.〔『ニーチェ全集別巻3 生成の無垢上』(前掲)、三三三―三三四頁〕

復する方法である。ただし、エクリチュールがこうした方法を手にできるのは、戦略的操作ないし意識的計算があるからである。

強度は、もともとは言語活動には欠如している力である。しかし、エクリチュールへの意志や語の計算された集中化、芸術的な力への意志を最高度に合理主義的に作用させることによって、強度を言語活動に吹き入れることができる。「同一事例」への還元に起因するエネルギーの喪失を修復するには、諸コードを論難し脱臼させるために言語に対して**意図的に策を弄する**ことが必要である。こうした主意主義的治療はショック療法とも言えるだろう。ニーチェ的なエクリチュールの詩学とは迂回とパロディの詩学、断想と断片の詩学である――その濃度および画期的断片化は濃度として意図され断片化として意図されたものである。言語に対する超意識的かつ超計算的なこの強硬政治は、デリダも採用している。しかし、そのニーチェ的モティーフの数々を引き受けることはまったくせず、ニーチェの基礎的措定にもまったくといってよいほど同意しない。デリダにとっての断想とは「書かれたものの形式そのもの」である。**あらゆるエクリチュールは断想的である**。というわけで、デリダは凝集と輝きの彼方にまで言語とともに赴くことはない。デリダの赴かないその彼方とは、言語のいま一つの音調、すなわち歌・抒情詩・ディオニュソス頌歌・讃歌・歌曲 Lied の音調である。ちょうど、『ツァラトゥストラ』に見られるような（夜の歌曲、舞踏の歌曲、墓の歌曲。メランコリーの歌。酩酊の歌）

歌え！　もう話すのはやめろ！
——すべての言葉は鈍重な者たちのために作られているのではないか？　軽快な者たちにとっては言葉はすべて虚偽ではないか？　歌え！　もう話すのはやめろ！

（「七つの封印」の第七歌）

断想は、言語の最も強度ある段階ではない。最高段階は歌であり讃歌でありディオニュソス頌歌である。おそらく断想への細分化には、たとえば『反時代的考察』や『道徳の系譜』を支配している批判的分析の言説的文体と比較すれば、より強度があるとは言えるだろうが。

書かれ話される言語を治癒することはできない。「鳥の賢明さ」とは、歌うということである。ニーチェはこのように最終的には論理を嫌悪する傾向を示し、歌に依拠し、讃歌的な言葉——然りと**歌い**、否を気にかけたりしない——の最高の強度に依拠し、歌に回帰し、とはいえ原始的旋律そのものにではなくそのこだまに回帰する——しかし、デリダはこうしたことを受け容れることができない。なぜか？　それはおそらく、断想よりまして強度をもちさらに肯定的なエクリチュールは、つまり贈与という地平にではなく気分 Stimmung に基礎づけられたエクリチュールは、絶対的な青春であると同時に、また言語の最高度の再産出や言語の最強の源泉回帰であり——それと同時に、言語の**言わんとすること**の廃棄でもあるからだ！　気分 Stimmung に支配されたエクリチュールは、もはやエクリチュールの諸効果をうまく制御することができない。そうしたエクリチュールの最終目的はもはや意味ではなく、さまざまな情動のたい奏でる概念化できない旋律であり、身体の思考であり、その象徴化作用は、いわく言いがたい「自然的《ピュシス》」源泉へとかぎりなく逆流していく。

超ニーチェ的戦略

デリダは語と文体の系譜学について口を閉ざし、詩の起源に関する、彼にしてみれば受け容れがたいこの教義について沈黙しているが、その一方で彼はニーチェから、まったくハイデガー的ではない戦略的な要素を二つ借用している。すなわち、形而上学的な諸対立の**転倒**戦略と、言語に対する**強硬**戦略である。後者は時として――たとえば『弔鐘』では――残酷さにまで至る。この戦略は超ニーチェ的である。というのは、いずれの場合も戦略は極端にまで至るからである。――転倒は根底的な脱安定化にまで達する。言葉遊び jeu de mots ならぬ**言葉の火** feu de mots は、語を供犠的に焼尽するに至る。他方、ニーチェのエクリチュールの場合は、たしかに言語に対して優しいわけではないが――デリダなら、エクリチュールは**言語を存在するにまかせない**、と言うところだ――語の「血まみれ」の脱臼や**言語の虐殺**[25]、テクストの焼尽 ekpyrosis には至らない。

転倒が正面から立ち向かうことではありえないのは疑いえないことだ――とデリダははっきりと説明している。正面から転倒させるのでは、プラトン主義の転倒という出来損ないの操作を反復することになってしまう。「対立の体系」（魂／身体、善／悪、可知的なもの／可感的なもの、パロール／エクリチュール）としての形而上学を転倒するには、これを逆転させるだけ

☆25 J. Derrida, «Tympan», in *Marges* (*op. cit.*), p. vii.

では不充分だ。それでは、対立構造をまるごともとのまま保存することになってしまう。しかし、かといって、総体としての形而上学的なものに対して非形而上学的なものを純朴に対立させてもならない。（誰がそうしたのか？　ハイデガーはそんなことはしていない。）デリダは、**もともとそれ自体**形而上学的であるような概念など存在しない、と強調しているが、これは正当である。つまり、テクストの織物のなかで、テクストの織物があってはじめて概念は作用するのであり、テクストの織物の外には概念は存在しない、ということだ。彼は書く――

「形而上学的概念」は存在しない。「形而上学的な名」など**ありはしない**。形而上学的なものとはある種の規定であり、方向づけをもったある一連の運動である。これに概念を対立させることはできない。できるのは、テクスト的な働きや、また別の連鎖を対置することである。☆26

事項対事項という対立を創造しなおさずに対立させること、これが良い戦略というわけだ。この運動はずらしながら転倒すること、**斜めに転倒すること**である。

哲学的な耳を脱臼させること、ロゴスのなかに**斜行** loxos を働かせること。これは正面からの対称的な異議申し立てを回避することであり、「反－」という形式をとるすべての対立を回避することであるが、にもかかわらずやはり**反逆主義**や転倒［……］を記入すること

☆26 J. Derrida, *La dissémination*, Paris, Seuil, 1972, p. 12.

である。[☆27]

脱構築は転倒の論理のなかに幾分の斜行 loxos 的なものを好んで**記入する**（loxos は斜めという意味だが、両義的という意味もある）。つまり幾分の斜行性・両義性・決定不可能性を記入する。このようにして脱構築は、伝統的な諸対立をそれらの不確かな限界へと流しつけながらすべてを転倒し、それによって最終的には、固有なものや本質の自己保存的機能を、中性化するとまではいかないがその裏をかこうとする。

脱構築は［……］二重の身振り・二重の学・二重のエクリチュールによって、古典的対立の**転倒と**体系の一般的**ずらし**を実践しなければならない。[☆28]

ところで、どのような形而上学的対立であれ（しかし形而上学的でない対立などあるのか?）、二項の単純な対置を含んでいるのではない。「そうではなく」とデリダは書く。形而上学的な対立が含むのは「ある**階層**であり、従属関係によって成立する秩序である」[☆29]――この書き方は非常にニーチェ的である。

脱構築するとはまず、**階層的秩序を転倒すること**であり、命ずるもの（原則・アルケー）とそれに従うもの（帰結）とからなる秩序を転倒することである。つまり、この作用においてどちらが真の主人なのかを示すことである。しかし――この思考において――自分自身の作用の

☆27　J. Derrida, «Tympan» (*op. cit.*), p. vii.
☆28　J. Derrida, *Marges* (*op. cit.*), p. 392.〔「署名　出来事　コンテクスト」高橋允昭訳、『現代思想』「臨時増刊　総特集デリダ」一九八八年、三八頁〕
☆29　*Ibid.*〔同書、三七―三八頁。なお強調は引用者〕

主人とは、言語そのものでなければ誰なのか、何なのか？

対立関係によって成立している体系を脱中心化・脱焦点化するこの逆転のプログラムは「プラトンのパルマケイアー」でみごとに実行されている。ニーチェは、プラトン的対立のなかにとどまって一方の項を引き上げ他方を引き下げて、それによってこの対立を転倒させるのだが、デリダはそんなことはしない。彼は、プラトン主義が派生的事項と考えたもの、すなわちパルマコンに照らして、つまりエクリチュールに照らして、**体系全体**の構成している秩序を転倒しずらすのだ。デリダは事項の並ぶ順序を転倒し、「原初的なもの」と派生的なものとの関係を転倒する。プラトンはエクリチュールを忘却に抗する毒－薬、偽薬として提示している。なぜ毒かというと、エクリチュールは理念の現前、物自体の現前から遠ざけるからである。ところでデリダは逆に、エピステーメーの起源はパルマコン、すなわち同一なものの反復可能性である、ということを示そうとする。同一なものと他者とによって織りなされる弁証法とは、**倒錯したパルマコン**だ、否定され忘却されたパルマコンだ、というわけだ。エクリチュールには統一性も単純さも同一性も欠けている（**パルマコンにはいかなる理念的同一性もない**[30]）以上、デリダは原初的なものを十全な形で設置しなおすことから身を護る。ところが彼はエクリチュールをある**母型**として、あるいは生産の場として提示する――

それは［……］差異化一般が生産される先行的な場、エイドスとエイドスの他者との対立が生産される先行的な場である。[31]

☆30 J. Derrida, *La dissémination* (*op. cit.*), p. 144.
☆31 *Ibid.*

［エクリチュールは］対立項が互いに対立する場［……］を構成する［……］[☆32]。

諸矛盾、対立項の対《つい》は、区別的かつ差延化的なこの留保の基底から除去される[☆33]。

パルマコン的エクリチュールは「底なしの基底」、「基礎的な深みをもたない」基底であり――さまざまな対立項より「さらに古い」蓄えであり――、**ここから弁証法は自らの哲学素のすべてを汲み出してくる**[☆34]。

同様の明晰さをもって、より最近のテクストでは『ティマイオス』におけるコーラ chōra が解釈されている。そこではコーラは「自然的《ピュシス》」な**場**としてではなく、形而上学的な諸二元論の純粋な「母型」や「受容器」や言語といったものに向かう必然的遡行を漠然と予感することとして解釈されている。この母型の前原初的〈必然性〉は「哲学を抱え［……］諸対立の（可知的・可感的）像［……］に「先行」する。」[☆35]というわけで、形象化も現前化もできない前エイドス的な〈範型〉の**像**（強調は筆者）――つまり言語！――を構成するのは諸対立だ、ということになる。

この措定が確固としたものとして打ち立てられるとしよう――これが反駁の余地がまったくないとは言わないまでも（というのはそれではこの措定は古くからの論理に回収されてしまうからだが）、迂回できない仕方で打ち立てられているものとしよう。しかしそれなら、言語の

☆32 *Ibid.*, p. 145.
☆33 *Ibid.*, p. 146.
☆34 *Ibid.*
☆35 J.Derrida, «Chôra», in J. Derrida & al., *Poikilia*, Paris, EHESS, 1987, p. 292.〔以下に再録。J. Derrida, *Khôra*, Paris, Galilée, 1993, p. 95.〕

母型となる深淵が、語を捕らえている諸対立を溶解することで語を解体することを引き受けているのであってみれば、なぜ語そのものを毀損し歪め焼尽しなければならないのか？　哲学素を生産するのが概念自体でなく連接機能であり対立の織りなす織物の機能であるとすると、すでにして力を奪われている言語を構成しているこれらの不幸な原子をなぜさらに強姦し焼尽し灰になるまで破壊し尽くす必要があるのか？　語はそれでもやはり「哲学的自閉」を継続する砦であり抵抗の中心なのだろうか？「哲学的自閉を脱臼させ声高に冷笑すること、これを概念**のなかで**おこなうことはできないし、ある種の言語の虐殺なしにおこなうこともできない。[☆36]」

たとえば「魂」（プシュケー！）が——たぶん「現前」や「善」として（そんなこともあるかもしれない）——ふたたび生まれ、新たなテクストのなかで新たに言われなおすとすると

魂は大地にあって異邦なもの　Es ist die Seele ein Fremdes auf Erden[★1]

なぜこのように言葉を毀損し、言葉遊び《ジュ・ド・モ》ならぬ「言葉の火《フ・ド・モ》」を焚きつけなければならないのか？　なぜ「諸記号を灰になるまで焼尽すること、ただしまずもってさらに暴力的に、苛立つ才気によって言語的統一を解体すること［……］愉しく非宗教的で残酷な儀式（人々は細切れになって踊る）[☆37]」が必要なのか？

「儀式」、この供犠儀礼、この**逆転した**贖罪の儀式は、語の再神聖化ではなく脱神聖化を目指

☆36〔一部は〕すでに引いた。J. Derrida, «Tympan» (*op. cit.*), p. vii.

★1　トラークルの詩「魂の春」の一節。Cf. J. Derrida, *De l'esprit*, Paris, Galilée, 1987, p. 137sq.〔『精神について』港道隆訳、人文書院、一九九〇年、一四〇頁以降〕

☆37　J. Derrida, «Avoir l'oreille de la philosophie» (entretien avec Lucette Finas), in L. Finas & al., *Ecarts*, Paris, Fayard, 1973, p. 311.

すものではないのか？　例には事欠かない。「原初嘘」「同一性のひび割れ」「テクストの絞首台」——これらの現れる『弔鐘』では残酷で暗い作用《あそび》が祝われ、踊るような歓喜のすべてが奪われた葬儀が盛大に祝われる。「銀河の女－乳の女」を笑ったのは誰か？〈名〉を、〈作者〉を脱神聖化することだ。ヘーゲルは死んだ。胸**ぐら**を締め上**げる**自分の音素GLの**ゲル**状の粘りに囚われは**ぐれ**て、自分のす**ぐれ**た栄光の方へとた**ぐり**寄せられ呑みこまれ、老いさらばえた**下痢**ぎみの皇帝鷲ヘーゲル。よし、そうだとしよう。しかし、これほどまでにディオニュソス性を欠いたパロディの誇示の鍵は誰がもっているのか？　これはどのような作用《あそび》なのか？　これは誰の作用《あそび》なのか？　何を用いた作用《あそび》なのか？　言語を作用《あそび》の状態に置き、作用《あそび》に規則を与えているのは何なのか？　それに、この「作用《あそび》」とは、何を意味するのか？

テクストと力のあいだに立てられた等価性——「世界の作用《あそび》」概念

というのも、デリダのテクストの至るところで作動している作用《あそび》のモティーフは**とても大きな拡がり**をもっているからだ。たぶんそれは大きすぎるのだろう。作用《あそび》概念はエクリチュールの等価物であり——**エクリチュールとは言語活動における作用《あそび》である**☆38——、形而上学的な諸対立の此岸ないし彼岸に保たれ、そうした諸対立よりさらに古くもありより黎明に近くもある。「**作用**概念は［……］哲学の日が明ける間際に、哲学の彼方で、終わりのない計算における偶然と必然性との統一を告知する。☆39」言い換えれば、作用《あそび》とは最終目的を欠いたままおこなわれる語の自己計算作用であり、それは、従来課せられてきた諸対立のすべてを作用《かけ》にさらし、た

☆38 J. Derrida, *De la grammatologie* (*op. cit.*), p. 73.〔『根源の彼方に』（上）（前掲）、一〇四頁〕
☆39 J. Derrida, *Marges* (*op. cit.*), p. 7.〔「ラ・ディフェランス」（前掲）、七二—七三頁〕

ぶんその裏をかくのだろう。作用《あそび》は、形而上学的諸対立を生産する奇妙な場である、というわけだ。作用《あそび》は「差延」の等価物であり、ということは、「もはや［……］単に一概念ではない。それは概念性の可能性であり、概念的過程一般の可能性、概念的体系一般の可能性である。[☆40]」作用《あそび》とは「原初的」でない起源のことであり、概念的な諸差異一般にとっての抹消された起源のことである。したがって「否定的」に言えば、作用《あそび》は不在と等価である。つまりそれは創設的起源の不在であり、基礎の不在であり、原則の不在である。「作用《あそび》の限界解除としての超越論的シニフィエの欠如を、**作用**《あそび》と呼ぶことができるだろう［……］[☆41]。」肯定的に言えば、この作用《あそび》は存在の問いを横断し、いわば包みこみ、超え出る。というのもそれは「**世界内の**作用《あそび》ではない」[☆42]からである。それは存在的な作用《あそび》ではなく「作用《あそび》によって存在の意味が運ばれ縁取られる［……］痕跡」である。つまり「痕跡の作用《あそび》［……］は意味をもたず、存在しない。」最後に、作用《あそび》のモティーフは重厚な等価性をさらに二つ要請する。一つは歴史的なものであり、もう一つは非歴史的なものである。一方の歴史的な等価性とは、時代全体のことである（「この年代にこそこれを痕跡の作用《あそび》と呼ぶことができる」[☆43]）。というのは、この時代は限界解除された作用《あそび》の時代であり、存在神学が揺らぎ分散してしまう時代だからである。他方の非歴史的な等価性とは、世界全体のことである（「**まず**思考しなければならないのは［……］**世界の作用**《あそび》である。世界内の作用《あそび》の諸形式のすべてを理解しようと努めるより前に、まずこれを思考しなければならない」[☆44]）。

ここでは「世界の作用《あそび》」という表現だけに足を止めてみよう。これは明らかにニーチェに由

☆40 *Ibid.*, p. 11.〔同書、七八頁〕
☆41 J. Derrida, *De la grammatologie* (*op. cit.*), p. 73.〔『根源の彼方に』（上）（前掲）、一〇三頁〕
☆42 *Ibid.*〔同書、一〇四頁〕
☆43 J. Derrida, *Marges* (*op. cit.*), p. 23.〔「ラ・ディフェランス」（前掲）、九二頁〕
☆44 J. Derrida, *De la grammatologie* (*op. cit.*), p. 73.〔『根源の彼方に』（上）（前掲）、一〇四頁〕

来する表現である。なかでも以下の詩句を引用しておこう。

　世界の遊び、この支配的な力が
　存在と仮象とを混ぜ合わせ——☆45

この表現はハイデガーにも見いだせる。『根拠律』で、ヘラクレイトスにおけるアイオーンの遊びを参照するところから、これは存在論的差異の別名として登場する。

　ヘラクレイトスがアイオーンに見た大きな〈子供〉、〈世界の遊び〉を遊んでいる子供は、なぜ遊んでいるのだろうか？　子供は遊んでいるから遊んでいるのだ。☆46

デリダはこの出遭いを隠していない。彼は脚注でハイデガーのこのくだりに言及し、フィンク〔『世界の象徴としての遊び』〕にさえ言及している。デリダは「これらの主題が我々をさらにニーチェへと回付するのは当然である」☆47と断言している。たしかにそのとおり。異論はない。この「主題」はよく知られている。あまりにお馴染みなので、ヘラクレイトスについてのニーチェの文章が〔ソレルスの〕『数』の読解の最後に引用されているのに、驚くべきことに作者への言及がまったくないほどである！　それは、「世界はゼウスの遊びであり、あるいは、自然的《ピュシス》な語で言うなら、火の独り遊びである」からだ。「〈一〉はこの意味においてのみ、同時に〈多〉で

☆45 F. Nietzsche, «Lieder du Prince Vogelfrei», in *Le gai savoir* (Pierre Klossowski, trad.), in *Œuvres philosophiques complètes*, t. V, Paris, Gallimard, 1987, p. 297.〔『ニーチェ全集I－10』氷上英廣訳、白水社、一九八〇年、三九七頁〕
☆46 Martin Heidegger, *Le principe de raison* (André Préau, trad.), Paris, Gallimard, 1962, p. 243.〔『根拠律』辻村公一・ハルトムート・ブフナー訳、創文社、一九六二年、二二六頁〕
☆47 J. Derrida, *De la grammatologie* (*op. cit.*), p. 73, n. 1.〔『根源の彼方に』(上)(前掲)、一三〇頁〕

もある。☆48」これにつづくのは、以下の省略的で謎めいた言及だけである。

火はつねに火とともに遊ぶ。

それはどのような世界、どのような火、どのような作用《あそび》なのか？　ニーチェをこのように自分のものとしてしまうのは尋常なことではない。ハイデガーとヘラクレイトスは脇に除けておくとして、ニーチェにおける作用《あそび》を本質的に区別しているのは、すなわち「世界の遊び」を可能にするのは、造形的諸力の過剰、つまり**累積された力**☆49である。あらゆる遊びは「遊びの欲動 Spieltrieb」の行使であり展開である。この「遊びの欲動」という表現はシラーからの借用であるが、力への意志を扱う自然《ピュシス》の学へと再統合されている。「新たな諸世界に生を与えるのは、［……］たえず覚醒している遊びの欲動である。☆50」象徴的な意味では、作用《あそび》とはシニフィアンの作用《あそび》ではなく、力の表明である。世界には余裕《あそび》がある。世界は締めつけられたり自縄自縛に陥ったりしているわけではない。世界は「遊ぶ」、世界は脈動し収縮し緩み推進させ排出する。「火」は言葉のホロコーストではない——それはまた、ハイデガーが理解していたような純粋な明るみ Lichtung だというわけでもない。ニーチェにとっての「火」とは「生きた火」であり、目に見えないままに燃えさかる和声である。それは、自己生産する芸術作品としての世界のうちで創造と破壊をたえず結びつける。

☆48　J. Derrida, *La dissémination* (*op. cit.*), p. 406; F. Nietzsche, *Ecrits posthumes* (*op. cit.*), p. 234.〔『ニーチェ全集Ⅰ－2』（前掲）、四〇八頁〕

☆49　F. Nietzsche, *Wille zur Macht*, Stuttgart, Alfred Kröner, 1956, §797.〔『ニーチェ全集12』原佑訳、理想社、一九六二年、二六六頁〕

☆50　F. Nietzsche, *Ecrits posthumes* (*op. cit.*), p. 236.〔『ニーチェ全集Ⅰ－2』（前掲）、四一一頁〕

このように、永遠に生きた火は子供や芸術家のように遊ぶ。そうして火は、完全な無垢のうちに構築し破壊する……この遊びとは、独り遊びをするアイオーンである。[☆51]

ニーチェにおける世界の作用《あそび》は宇宙論的である。それは〈自然《ピュシス》〉に属している。「永遠」と「無垢」というその属性が意味するのは、作用《あそび》は「道徳的」な、つまり人間中心的な目的論には従属しない、ということである。

しかし、目的論を失っているにもかかわらず、作用《あそび》の欲動はある力によって、というかある諸力の複合によって指揮され方向づけられている。その諸力の複合は本質的に言語外のものである。デリダにおいてはこうした力のための余地があるだろうか？　あるいは力一般のための余地が？

「[……]力そのものはけっして現前しない。力とは諸差異の作用《あそび》に他ならず、諸量の作用《あそび》に他ならない」[☆52]とデリダは書く。たしかに力は実体でもないし、無限定な仕方で隠されている質でもない。しかしだからといって、ヘーゲルにおける**悟性**の思考が誤解しているように、力はその現象的諸効果に全面的に還元できるのか？　デリダはかつて、フッサールの現象学に力に関する思考が欠けていることを強調し、これを遺憾としたことがあるが、それは正当な指摘である。「[……]現象学に強度ないし力の思考を可能にする概念を探しても徒労だろう。」[☆53]これに先行する箇所では次のようにみごとに断言さえしている。「力とは言語活動にとっての他者であるが、この他者がなければ言語活動は今あるものではなくなってしまうだろう」（！）ニ

☆51　*Ibid.*〔同書、同箇所〕

☆52　J. Derrida, *Marges* (*op. cit.*), p. 18.〔『ラ・ディフェランス』（前掲）、八六頁〕

☆53　J. Derrida, *L'écriture et la différence*, Paris, Seuil, 1967, p. 45.〔『エクリチュールと差異』（上）若桑毅他訳、法政大学出版局、一九七七年、五〇―五一頁〕

ーチェに着想をえたこの批判は、必要な変更を加えれば、ハイデガーにも適用することができるだろうか？　自然《ピュシス》をアレーテイアへ、つまり隠れていないことへと還元しておきながら、ハイデガーは、開けを作りだし「明るみ」を開けたままに**保つ**ために必要な力については問いを立てない、というふうに？　この透徹した着眼にもかかわらず、デリダによる力の分析は力の秘密のすべてを即座に追い払う。デリダの分析は、「自然《ピュシス》」的な厚みが包み隠されており、引き戻しないし「隠洞《クリプト》」が力**のなか**にある、という可能性をきっぱりと撤回し破棄している。

［……］力は暗さではない。力は実体や物質や隠洞といった形式のもとに隠されているのではない。☆54

まさしくそのとおり。しかし、実体――形而上学的な意味における実体、さらには「存続する存在」としての実体――としての力を批判することには、包囲の拒絶や不可視性の拒絶が、そしてとりわけ、すべての力に固有な**留保**を拒絶することが含まれているのか？　自らの一連の効果だけを扱い、行使されるにあたって自らが示すもの以外の「余剰」をまったくもたないような力があるとしても、そうした力は前もって死んでいるのであり、汲み尽くされて枯れてしまっているだろう。力のいかなる集結や潜在力をももたないような力はなく、跳躍や圧力のない力はない――こうした特徴は前記の諸「効果」によって、直接的にではなく間接的に表明される。この効果が空虚を「実行する」わけではない。力がおこなうのはつねに可能なことだ

☆54　*Ibid.*〔同書、五二頁〕

けである。しかし力の事実性・潜勢力は可能なものの次元にあり、残余も基底もない現実化の次元にあるのではない。

測りしれない深み、創設的でも基礎的でもない深みを考えること。世界の境位《エレメント》をなす資力を考えること。「物質」でも「自然」でも「肉体」でもない現勢的な潜在性を考えること。絶対的な基盤ではない包括的基礎を考えること。自由に生起するにもかかわらず歴史的な諸形象の「起源」でも「原因」でもないような土台を考えること。これらは端的に言えばギリシアの自然《ピュシス》概念、ハイデガーの「大地」概念のことである。――この「把握しがたい奔流」はそれ自体へと向かって閉じなおしてしまうが、我々に最初に方向性を、すなわち上と下、内部への充溢と外部への解放を抱えてきて与えてくれる。この概念は、デリダの思考には異質なものと思える。これはいわばアポロン的思考である。この思考は自らを繋ぎ止めている碇の忘却のうえに、自らの書記の黒インクの忘却のうえに記入されている。

いかなる異質な力も、自然《ピュシス》や大地や身体や気分 Stimmung のいかなる力も、エクリチュールの作用《あそび》をもたらすことはなく、これに生気を与えることもない。――しかし、エクリチュールの作用《あそび》は「わけもなくある」わけではない。シニフィアンの連鎖を揺るがすものには、いかなる「宇宙的《コスモス》」ないし「自然的《ピュシス》」な性格もない。これはいかなる資格においても世界の作用《あそび》ではない。これはただ、「代補の論理」であるだけである。すなわち、際限のない置換過程ないし代置過程である（「私はエクリチュールを、連鎖を再起動させずにすでにして意味作用における代置行為に落ち着いてしまっているシニフィエのうえにとどまることが、一連鎖にとって不可能であること、と定義する」)[☆55]。「シニフィアン」という語はそれ自体問いに付されている。というのも、これには論理的な反対物がないからだ。シニフィアンの運動が絶え間なく放たれつづけるのは、作用《あそび》をストップさせることのできる超越論的シニフィエがないからである。不在のシニフィエは、というか、不可能にして神話的な充溢した現前は、絶え間なく逃げまわり目まぐるしく逃走しているが、じつのところこれは、シニフィアンの連鎖の虚構的な原動力primum movensである。**限界づけられていない**作用《あそび》とは、作用《あそび》を**保持**したり作用《あそび》に先行したりするような現前も不在もない、ということを意味している。つまり内部も外部もないわけだ、というのは「作用《あそび》の外」がないのだから。(しかし、外に出られない作用《あそび》はそれでも作用《あそび》と言えるのか?「我々」はどうやってそこに入ったのか?)限界の解除は、作用《あそび》に非現実性という性格を、幻影的な非局在化という性格を与えるのではないか? 作用《あそび》は即座に、境界も厚みもない、場ならざる場へと滑っていく。「存在が作用《かけ》に投じられるこの底なしのチェス盤には保全も深みもない[☆56]。」作用《あそび》の限界解除は、方向の多様性のなかに土台もバラストもない時空を解放するが、それは必然的に平準化されたものであり、一元的である。平板きわまる情景だ。ホイジンガ(*Homo Ludens*, p. 29)[★2]の言うところを信ずるなら、経験的な遊びは本質上、つねに時間および空間によって厳密に限界づけられているのだが、限界のない超越論的作用《あそび》は、そのような経験的な作用《あそび》の反対物であることができるだろうか?

この絶対的な遊び主義においては、用地を、立場を、場をどのように構想すればよいのだろう?『シボレート』は、**場**のみごとな定義を提示している。それは厳密に相対的な定義であ

☆55 J. Derrida, *Positions*, Paris, Minuit, 1972, pp. 109-110.(『ポジシオン』高橋允昭訳、青土社、一九八一年(一九九二年)、一二二—一二三頁)

☆56 J. Derrida, *Marges* (*op. cit.*), p. 23.(「ラ・ディフェランス」(前掲)、九二頁)

★2 『ホイジンガ選集I ホモ・ルーデンス』里見元一郎訳、河出書房新社、一九七一年、二五—二七頁。

る。場は「……との関係」として、コードと慣習とによって生産される地勢として、つまり大**地のない場**として定義されている。

> 場所というのを、私はある境界**との関係**〔強調引用者〕、つまり国や家や境界線とも了解するし、また、実際上・実用上そこから発して同盟の数々が結ばれ、さまざまな契約やコードや慣習が打ち立てられる、そうしたあらゆる用地や**立場**一般とも了解する。これらは**意味をもたないもの**〔強調引用者〕に意味を付与し、合い言葉を創設し、言語を超え出るものに言語を屈従させ、身振りや歩みの契機とし、これを二次的なものと化し、あるいは「破棄」し、それによって場を見つけなおそうとする。☆57

したがって場は、それがいわゆる場でないなら、場としては意味をもたない、ということになる。しかし、意味が物そのもののなかにあらかじめ素描されていないとするなら、我々はどのようにして意味へ向かうのか？　すべては恣意的であり、慣習である、ということになる。たしかに、さまざまなコードや同盟によって成立し、合い言葉によって成り立っているテクストが「世界をなす」こともあるだろう。つまりそれは、小宇宙や局所的な体系や、自らを意味する回付作用《あそび》を創設しうる。しかし、こうした作用《あそび》はどのようにして大地に**結びつく**のだろう？　この世界は**どこ**で保たれるのか？　この世界には固有の「次元」があるのか？

テクストそのものは場ではないし、大地でもない。我々はテクストの上を歩くわけではな

☆57 J. Derrida, *Schibboleth*, Paris, Galilée, 1986, p. 54.〔『シボレート』飯吉光夫・小林康夫他訳、岩波書店、一九九〇年、八四頁〕

い。我々はテクストに抱えこまれてはいない。道は大地の上に植えこまれていて、その地勢の形成には人間の労働と大地とが同じように手を下している。大地がなければ、場は地図上の一点と同様に抽象的なものになってしまう。場は自然《ピュシス》に従って生き（季節や気候や風土を識り）、自らを歴史化する……。テクストは生きることも身体化することleben-leibenも、存在することさえもできない。つまり、テクストは**自己**時間化することができない。

「世界の作用《あそび》」は純粋に形式的な世界性に、つまり諸関係のなす抽象的な網目に還元されるのではないか？　ハイデガーは『存在と時間』にこう書いている——「たしかに、有意義性Bedeutsamkeitとして世界性を構成している回付の複合を、一つの関係体系Relationssystemとして形式的には把握することができる。しかし注意しなければならないのは、こうした形式化は諸現象を平準化してしまいかねず、諸現象は固有の現象的内容を抜かれて空虚になってしまうかもしれない、ということである。☆58」

回付のみによって構成されるような世界は、存在の**場**をもたないわけである。しかじかの場への世界の「記入」とは、書記的にして言語的な関係ではなく、物理《ピュシス》的な挿入である。記入はそうしたものとして存在し、形式化することができず、大地の忘却Lēthēのなかにつねに一部が隠されている。そしてこの大地の忘却Lēthēが記入を可能にする。大地を欠いた、土台のない、絶対的に判別不可能な隠れた根のあるわけでもない世界とはなんだろうか？　それは中間地帯《ノー・マンズ・ランド》にも劣る世界、幾何学空間と同じような世界であり、紙の上に恣意的に描かれた領土のようなものである。それは単に形式的な体系であり、**一般化された図表**以外ではない。

☆58　Martin Heidegger, ***Sein und Zeit***, Tübingen, Max Niemeyer, 1927, S. 88.〔『存在と時間』原佑訳、中央公論社、一九八〇年、一八六頁〕

散種は、つまり種子の散逸は、シニフィアンを動かし伝播させ、**語の幽霊的彷徨**の運動に関与する。が、これを生み出すのは外部の力ではなく、シニフィアンの世界に先行する審級や後続する審級でも、それより上位の審級や下位の審級でもない。散種を生み出すのは**代補性の論理**だけである。我々が問題にしているのは純粋なアポロン主義である。それは、基底を欠き、基底なしですませているものの、基底に取り憑かれている。代補は「有り余っている」と言われているが、それは代補が「余計」だからではない。代補が、埋まらない喪失を埋めたり不在の起源の空虚をふさいだりするにはあまりに繁茂し増殖していて、そんな充塡を試みても無駄だからである。代補は、原初的現前の充塡不可能な不在を偽充塡によって充塡する。語とは無の代理である。名辞は倦まず汲み尽くしと再生を繰り返し、疲れを知らずにあがく。そこでなされている作用《あそび》は、充溢した現前・実体・主体・中心・存在といった、語そのものが現出させることのできないものの代わりに自分を置く、という作用《あそび》である。デリダにおける作用《あそび》とは、一般化された超越論的幻影の指標であり、形而上学的であるなしを問わずすべての真理の不在の指標である。これは巨大な幻滅の指標であり、さらには、嫌悪や激怒、堪えがたい苛立ちの指標でもある。忍耐が焦燥へと変化する臨界点はここである――

アレーテイアはない。あるのは婚姻膜の目配せだけだ。[☆59]

真理、まさしくその呪われた名において我々は迷ってしまったのだ、ただその名のみにお

☆59 J. Derrida, *La dissémination* (*op. cit.*), p. 293.

いて。真理そのもの（そんなものがあるとして）のために迷ってしまったのではない。真理の欲望のためにである［……］いかなるものであるにせよ真理たるものに一歩も近づくことのないまま。[☆60]

真理のない［……］黙示録[☆61]

はじめからニーチェは、形而上学に囚われている疑いのある「存在の家」の外部への侵犯として示されている。この脱出はのちに「存在の彼方」と呼ばれることになるものだろう。これはすでにここでは**テクストの彼方**というわけだ！　テクストを「焼く」この侵犯は、舞踏であり祝祭であり忘却であり作用の抹消であることになる**だろう**（未来形）。というのは、〈超人〉についてはこう言われているからだ。「彼は自分のテクストを焼き、自分の歩みの痕跡を抹消する。［……］彼は家の外で［……］あの「能動的健忘」、あの残酷な祝祭を［……］踊るだろう。[☆62]」最近の諸著作では、一つならずいくつもの間隙が、作用《あそび》の閉域の彼岸または此岸、つまりその**外部**に、継起的な軽いタッチで慎ましく告知されているが、この告知もまたニーチェの徴《しる》しのもと、ニーチェの加護のもとでなされている。——とはいえ、それらの間隙のすべてがニーチェに着想をえたものだというわけではない。いくつかのものはハイデガー本人に由来している。**贈与**の、およそ贈与と名のつくあらゆるものの、あらゆる送付の、「経験的」なものを含むすべての贈与の底知れない性格についてはそうである。あるいはまた、レヴィナスやブ

☆60　J. Derrida, *La carte postale*, Paris, Flammarion, 1980, pp. 91-92.
☆61　J. Derrida, *D'un ton apocalyptique adopté naguère en philosophie*, Paris, Galilée, 1983, p. 95.〔『哲学における最近の黙示録的語調について』白井健三郎訳、朝日出版社、一九八四年、一四四頁〕
☆62　J. Derrida, *Marges* (*op. cit.*), p. 163.〔「人間の目的＝終末」高橋允昭訳、『現代思想』九月号、一九七九年、三一八頁〕

ランショに由来するものもある。他者から来る言葉の基本的な身振り、つまり「来い」は、存在より古いというわけだ。命令／肯定である「来い」は他者が、とりわけ他なる女が私に向けて宛てたものであるが、これは存在の開けや意味の空間に先行しているのか？　それともその外部にあるのか？　絶対的な特異性をもった「来い」は、二重でもある。きみから私へ宛てられると同時に、私からきみへと宛てられる。これは、「存在の彼方に呼びかけ」☆63、さらには「善悪の彼岸」☆64にさえ呼びかける。そして、想像を絶する先行性に由来するこの呼び声は、ある**音調**から発して、ある**音調**において呼びかける。つまりその音調とは、ただそれだけで呼びかけを**なし**、**意味をなす**気分 Stimmung である。「差異は音調的である。☆65」音調の差異は存在の問いよりさらに古い。たしかにそうだ。差異は自然《ピュシス》に由来する。気分 Stimmung はすべてこの自然《ピュシス》の反響である。☆66

　しかし、ニーチェ的な間隙もいくつも見いだされる。**情動**（「計算の彼方」）、笑い☆67、**誰**という問い☆68、大きな**然り**☆69。作用《あそび》は止まれない。作用《あそび》はそれ自体、**責めを負えない**。しかし、まさしくここが問題なのだ。作用《あそび》自体というものはあるのか？　すべての回付構造は必然的に少なくとも一つの回付を、つまりまずは現存在 Dasein への回付、つまりは超越性への回付を含むのではないか？　つねに、どこかで、誰かが自分でじかに責めを負わなければならない。然り、それは私に運命づけられている。そうでなければ、もろもろの回付の回付の運動は自分自身のまわりを廻る諸円環の円環ということになり、もしくはそれは単調な散逸の運まかせの拡張か、形而上学的な絶対者か、悪無限になってしまう。デリダはこの**前倫理的な責め**の必然性を、つ

☆63 J. Derrida, *D'un ton apocalyptique... (op. cit.)*, p.94.〔『哲学における最近の……』（前掲）、一四一頁〕
☆64 *Ibid.*, p.95.〔同書、一四四頁〕
☆65 *Ibid.*, p.93.〔同書、一四〇頁〕
☆66 これは以下が示しているとおりである。M. Heidegger, «Ce qui fait l'être-essentiel d'un fondement ou "raison"» (Henry Corbin, trad.), in *Question I*, Paris, Gallimard, 1968, pp.130-131.〔『ハイデガー全集9　道標』辻村公一・ハルトムート・ブフナー訳、創文社、一九八五年、一九二頁〕
☆67 J. Derrida, *Ulysse gramophone*, Paris, Galilée, 1987, p.51.〔『ユリシーズ・グラモフォン』合田正人・中真生訳、法政大学出版局、二〇〇一年、五六頁〕
☆68 J. Derrida, *D'un*

まり**然り**の必然性をつねに信じてきたわけではない。彼はこれをつねに口にしてきたわけではない。「存在に関する言説は**然り**の責めを前提する。然り、言われていることは言われているのであり、私は存在の呼び止めに応える、あるいは、存在の呼び止めに対して応えがなされる、云々。[☆70]」

そうだとしよう。しかし、この然りとはどのようなものか？ これは対話で用いられる然りなのか（**然り**はまた別の**然り**に訴えることしかできない、とデリダは言う）、それとも、これはニーチェの場合のように純粋な然り、宇宙的で突然《パニック》の然り、世界の自己肯定、限界づけのない然りとアーメン Ja und Amen のことか？ 然りは必然的に自らに帰着し、自らに回付される、とデリダは言う。「**自分を離れることも自分に到達することもけっしてない**、自分の自分への回付。[☆71]」ここに至って我々はついに回付の作用《あそび》から脱し、「一般化された回付構造[☆72]」の始源的位置から脱するわけだ。しかし、この然りは新たに曖昧になり、凍りつき、動きを失い、自分の大胆さに驚いている。それは然りがあたかも再認するのを怖がっているかのようだ……**自分の力を**。

しかし、自らの灰からふたたび生まれるのはこの女、火である。火というこの贈与は自らを惜し身なく与えると同時に自らを護り、我々から脱我的な然りを引き出す。あらゆる言葉に先行し呼びかけ、あらゆる言語を奪い去るとともに超え出るのはこの女、つまり自然《ピュシス》の律動と脈動である。ちょうどそれは浜辺の潮騒、森のざわめき、風の魂のようであり、大地の歌のようである。

ton apocalyptique... (*op. cit.*), p. 77.〔『哲学における最近の……』（前掲）、一一六―一一七頁〕

☆69 J. Derrida, *Ulysse gramophone* (*op. cit.*), pp. 108-109.〔『ユリシーズ・グラモフォン』（前掲）、一二七―一二九頁〕

☆70 *Ibid.*, p. 132.〔同書、一六一頁〕

☆71 *Ibid.*, p. 133.〔同書、一六二頁〕

☆72 J. Derrida, *Marges* (*op. cit.*), p. 25.〔「ラ・ディフェランス」（前掲）、九五頁〕

最も純粋な私生児（行き場のない肯定）

デイヴィッド・ファレル・クレール

（高桑和巳訳）

この好運（行き場のない肯定）がぼくたちのところに到来することができるのは、きみのもとからだけだ。そうなんだ、わかるかい？
そしてぼくは最も純粋な私生児であり、あらゆる種の私生児たちをいわば至るところに放置していて

Jacques Derrida, «Envois», in *La carte postale*, Paris, Flammarion, 1980, p. 90.

Ibid., p. 93.

肯定の**境界そのもののうえに**とどまることは可能だろうか？　肯定の**こちら側**で躊躇することは可能だろうか？　というか、今日、すべきことが他にあるのか？

今日、絶対的な肯定のうちで何が残っているだろう？　絶対**知**の消滅を告げる弔鐘が鳴り響く一方で、留保のない生成の**肯定**が矢のように風を切って飛び上がるのが見えるだろうか？　ニーチェのもう一度！もう一度！ da capo! da capo! という叫びを通じて放たれる高雅な肯定は喪の支配を打ち破りにきているのか？　この叫びはむしろ、まるで我々が最後の人間であり、弓の張りや矢の飛翔については何も識らない者であるかのように、我々の喉のところで止まってい

るのではないか？

ツァラトゥストラの然り！然り！ ja! ja! の叫びが驢馬のシカーリ！シカーリ！ I-A! I-A! の嘶きになってしまうのを妨げるには我々はどうすればよいのか？ 肯定が駄獣による別の肯定になってしまうことを我々はどうすれば避けることができるのか？ 贖罪の**欲望**という退廃から逃れることはできるのか？ 再**行き場のない**肯定を肯定し、再肯定するこ肯定することはできるのだろうか？

罪悪感に取り憑かれた歴史の恐怖を前にしてたじろぐことなしには生成の無垢を肯定することがけっしてできないのなら、黄金の笑いに何が起こるだろう？ 生成の無垢をたったの一度も肯定することができないとすると、もう一度、さらにまたもう一度、という再肯定が喪の語調を含みこむのは不可避のことではないか？ それ自体はっきりと失敗を運命づけられ、回復を目したものではなく、たぶんまったく不可能である、そういった喪の語調を？

我々の笑いは一種の影絵遊びなのではないか？ それは最悪なら嘲笑、最善でもうすら笑いであり、一種の風聞、受諾の笑いなのではないか？ 肯定とは今日つまるところ、「**然り然り**という小さな私生児たちをいわば至るところに放置する」ということであり、この**然り然り**を放棄して、それによってこれを最も陰険な汚染に対して完全に脆いものとするということであり、これを最悪の暴力へと慈悲も呵責もなしにさらすということなのではないか？ まるで**然り然り**というこの小さな私生児たちが我々から発したものではないとでもいうように？

肯定には今日、好運はあるのだろうか？ 今日は、然りの日、なのか？

「然り然り！」
「否、否！　まったく違う！」
「いや、然り然り！　全員ではない！」

ジャック・デリダの作品は、当初から今日に至るまで、そしてこれから先も、肯定としての肯定を練りあげている。それは「捨て身ならぬ拾い身の」肯定であるが、これは肯定自体の要請する犠牲という意味をつねにともなっている。そこで犠牲にされるのは肯定をおこなう者たち自身である。脱構築の作業とは、つねに至るところで散種のポトラッチである。つまり、脱構築の作業はけっして駄獣に依拠しない。にもかかわらず、犠牲に供される獣はけっして遠くにいるわけではない。やはり代価は払わなければならない。言語活動には担保がつねにすでに課されており、捕虜は歴史へと引き渡されており、さまざまな約束が世界に対してなされている。つねに、そこには灰がある。

最近のいくつかの著作、とりわけ『メモワール　ポール・ド・マンのために』において、デリダは肯定の問いを、喪の問いという、記憶の作用のなかでも非常に脆い部分と結びつけた。充足の欠けた喪、失敗した喪という痛ましい状況において、二重になった**然り然り**を、さらには無数の**然り然り**を構造化するのは、記憶の約束である――

この者と同じく

喪もまた誤っている

dem
Gleich fehlet die Trauer[★1]

喪の戦略素のすべてが異議提起を受け、悔やまれる友を取りこみ体内化することにも同様に失敗し、私が私の服喪する亡者の悲しい記憶とともにとどまり、死者の名とともに独りとどまるとすると、その場合、記憶の約束そのものは回避のようなもの、一種の錯誤行為のようなものと思える。言語は話し－約束し－錯誤する Die Sprache (ver)spricht (sich)。フロイトによれば、喪が成功するには、愛の対象に関する堪えがたい憶い出のすべてを一つひとつ差し引いていかなければならず、亡き友を忘却へと放棄しなければならず、慰めを代価として自我にとどまらなければならない。このことをフロイトは簡潔に「生への滞留 Amlebenbleiben」と呼んでいる。こうした成功は、他者の記憶に対する最大の不実を構成する。というわけで、内在化の戦略も排除の戦略も失敗に終わる。喪は依然錯誤したままである。喪の錯誤は然り然りに空間を開く。

こうした肯定の調性は間違いなく、ツァラトゥストラの然りのアルキュオネ的音調とも、快癒に向かう者の黄金の笑いとも異なる。しかしニーチェ自身、驢馬の肯定を避けるべく努力している。彼もまた、歴史を前にし世界の眼前にあっては執拗に否と言い、執拗に否を実行する。これと同様にクロソウスキーは、肯定のまさに核心にある健忘について明晰に書いてい

★1 ヘルダーリン「ムネーモシュネー」からの引用。『ヘルダーリン全集2』手塚富雄・浅井真男訳、河出書房新社、一九六六年、二四四頁を参照。

る。この健忘は想起のなかにあって、肯定的回帰という循環からあらゆる安定した同一性を排除する。同一物の永遠回帰をもう一度欲すること、思考を想起しこれを歓喜のうちに迎え入れるというのはつまるところ、忘却と断片化とを周期的に堪えるということだ。同一物の解体はもうこの一度きりだ、いや、つねにもう一度おこなわれるだろう、そしていつまでもこの「もう一度」が繰り返される、というわけだ。ニーチェにおいてもクロソウスキーにおいても、肯定は不可能な喪として構想され、またそれとともに肯定的笑いとしても構想されている。デリダにおける肯定も運命愛 amor fati の調性を帯びている。この運命愛は純粋な熱狂ではありえないし、和らげられた同意でも、群生する者の歓喜でも、敬虔な受諾でもありえない。肯定の調性が、境界上でつねに保たれている。

とはいっても、それはけっして暗く痛ましい調性ではない。記憶と喪に関するデリダのテクストにはまた抑えがたい**歓び**があり、周期的な笑いの炸裂があり、内に隠された快活さが幾度も立ち帰り、笑いが寛大に増殖している。彼のテクストにはまた、物語を語るすべを今もって知らないと言う男の語り――たぶんそれは紀行文の語りなのだろう――が見られる。「然り《イエス》」という名前のオハイオ産ヨーグルトの話とか（「然り《イエス》には否《ノー》とは言えないね Bet You Can't Say No to Yes」）、東京の地下の本屋にいた典型的アメリカ人旅行者の話（「なんてたくさんの本でしょうね！　どれが決定版でしょう？・決定版なんてあるんですかね？・So many books! What is the definitive one? Is there any?」）、あるいはまた、ジョイスにかけては博覧強記の国際的専門家たち――文学批評の世界で最も恐ろしい私生児たち――の話（「私の知るかぎり、ジョイスのなかのルイたちはまだ調べられたことがありません And the Louis' have not yet been detected in Joyce as far as I know」）――つねに至るところに一種の迷走する語りがある（「私は物語を語るすべをけっして知らなかった」）。これは一つの引き延ばされた、軽薄なものの考古学だ。これは単に滑稽な合間であるにとどまらない。そもそも滑稽な合間もつねに作業がなされる場なのだが、この語りはそうした合間であるのみならず、はかない多幸感のもたらす言説の中断でもある。いかなる落ち着き serenitas であれ快活さ hilaritas を緩和してしまうことがないかぎり、ここには陽気さといった契機はないし、好意的なユーモアへの意志とか落ち着きへの意志とかいったものはない。あるのは、偶然とグロテスクな符合とに寄せる不法な愛である。ここにはブラック・ユーモアやユダヤ・ユーモアはないし、引かれ者のユーモア Galgenhumor とか冷たいユーモアといったものもない。これは足どりも軽い、肯定的な笑いである。この笑いはまるで、「真面目な精神」に対してすべてを犠牲にしたくはない、というかのようだ。扱われている主題が真面目極まるものである場合には、つまりたとえば「肯定」のような主題を扱っている場合にはとりわけそうだ。端的に言えばこれは一種の優美さ Grazie である。これは、喪の理論が愉快ス《ジョイ》的な実践と手を携えて進むことを可能にする優美さであり、嘲笑を蹴散らし全能の者たちの侮蔑的な笑いなどには耳を貸さない優美さであり、嘲笑されてもそれには「半笑いで」応える優美さである。

しかし、こうした寛大さをすべて考慮に入れるとしても、私生児 bâtard であることについてなぜここで語るのか？　私の書いている固有語である英語・米語では、俗な言葉遣いでは、人は bastards になるのであって、生まれつくのではない。いわゆる正真正銘の bastard とは、ふだんから他の人たちに悪さをし、彼らを騙し、おだて、裏切るような人のことである。しかし、私生児性なるものが**存在に属する**ものであるとすると——ハイデガーならそう言うのだろうが——どうなるだろう?

私はある日、ペルージャでおこなわれていた「現象学学院」のコロックでジョルジョ・アガンベンに訊ねた。プラトンの『ティマイオス』の私生児的な理屈 logismō tini nothō には、落ち着き Gelassenheit の詩人・思考者より、「真の私生児」のほうが近づきやすいのではないだろうか、と。するとデリダが振り向いて叫んだ。「しかし、まさにそこが問題なんだ、そうだろう? 『真の私生児』とはなんだろう?」

以下が私の応えである——

ハイデガーにとって、西洋の最も純粋な**思考者**を同定することは困難ではなかったし（ニーチェのソクラテスだ）、西洋の**最後の**思考者を同定することも困難ではなかった（ソクラテスのニーチェだ）。同様に、私にとって、西洋で最も純粋な私生児を同定するのは困難ではなかった。西洋と偶発事故の媾合から生まれた最も純粋な私生児とは、**エクリチュール**と親密きわまりなく同盟を結んだ私生児である。しかし、エクリチュールと存在とが産む私生児性——ハイデガーが存在の被投性 Seinsverlassenheit と呼ぶもの（つまり存在が存在者を放棄すること）の私生児性——に関しては依然思考の余地がある。したがってここでは、私はエクリチュールの私生児性についてのみ検討をおこなうことにする。

「プラトンのパルマケイアー」におけるエクリチュールの系譜学は、今や古典的なものになっている。父が〈存在するもの〉であるとすると、〈存在するもの〉を反復する息子であるロゴスは、二通りの仕方で、つまり二通りの家族的反復の契機において書かれる。ウーシアとロゴスの家属性は、エクリチュールを反復する二通りの仕方を我々が区別できるということに依存している。一方は、原初的で直接想起的で内から endothen で家内的な反復である。他方は、派生的で固有性を奪われた、媒介想起的で外から exōthen で迷走的な反復である。これはやはり父と息子のあいだの物語だ。母は（禁止されかつ欲望されるものとして）黙殺の陰謀のなかで二重化する。そしてまた、これはやはり然り然りの物語だ。これはつねに依然として（不可能な）法的認知として書かれ、すべての家属性の（不可避な）感染として書かれ、結びつきと血統の織りなす（変わることのない）混乱として書かれ、系譜の（終わりのない）増殖として書かれている。公的援助も現実的修学もなしに書く、苦境に置かれた孤児−私生児は、父に捨てられ彷徨する幽霊であるにはちがいないが、彼はまた、父の差延化された殺害を転覆的に実現する、生きた父殺しでもある。「それはそこかしこをうろつきまわる kylindeitai。それはまるで、どこに行くべきかを知らず、まっすぐな道から踏み迷い、正道を見失い、方正さの規則を、規範を失った者のようだ。しかし加えて、それはまるで自分の法権利を失っている者のようでもある。ちょうど無法者、はぐれ者、不良少年、与太者、山師のように。町から町を走る彼は、自分が誰であるかさえ知らない。自分の同一性も（そんなものがあるとしてだが）知らず、名も、自分の父の名も知らない。」[☆1]

これほどに私生児的で複写的なエクリチュールは、行き場のない然り然りのエクリチュール

☆1 Jacques Derrida, *La dissémination*, Paris, Seuil, 1972, p. 165.

にどのようにして応えることができるのか？　息子であるロゴスとはだれか？　それは彼だ。然り。たとえばそれは比類ないルイ。最も純粋な私生児だ。ルイ・ヘーゲル、すなわちヘーゲルの長男、〈精神〉の〈息子〉だ。

ルイ・ヘーゲルが生まれたのは一八〇七年だ。これは精神自身が『精神現象学』のなかで誕生した年である。ルイが死去するのは一八三一年、二十四歳のときであるが、この死は彼の高名な父の死の十週ばかり前のことだった。幼少時にはルイと呼ばれていたルートヴィヒ・ヘーゲルは、イエナの家主の妻クリスティアナ・フィッシャーとのあいだにヘーゲルがもうけた長男である。精神の私生児であるルイは、精神の出版者フロンマンによって養育された。つまり、商人の家で育った。十歳になると父の家に引き取られるが、その家には義母マリー・フォン・トゥハーと、父が義母とのあいだに設けた二人の嫡出子カール（一八一三年生）とイマヌエル（一八一四年生）がいた。若いルイは――それにしても奇妙な名だ、まるでフランス語の贈与のようだ――父の家でないがしろにされるということはけっしてなかった。これは精神の出版者たちも伝記作家たちも等しく確言している。ルイは、商人の家で過ごした幼少時も、父と義母の家で過ごした少年期も、大切に育てられた。マリーは、他の女が産んだ私生児を家庭に迎え入れるにさいしては過重な負担を感じたに相違ないが、それでもルイにはつねに優しく接した。証拠もある。マリーは彼に対してはつねに正しくふるまい、彼をきちんと扱った。クリスマスが来て状況がとくに微妙になったときにも、マリーの態度は変わらなかった。しかし、このように寛大に広い心で育てられたにもかかわらず、〈精神〉の〈息子〉は怠惰で無愛想で陰鬱な青年になった。ルイは、ベルリンにあるフランスの高校《リセ》（またもフランス語の贈与だ）の生徒だったときから、将来は医者になるのだと決めていた。彼は頭が良かった。それに、むしろ語学の才があった。しかし父は躊躇し、この希望を拒み、ルイを商人の道に進ませようとする。父から受け継いだ資質にもかかわらず、ルイは高貴な職に就くには向いていないとされた。イエナの商人の家に送り返された〈精神〉の〈息子〉は、相変わらず怠惰で無愛想で陰鬱だったが、それからはさらに悪賢く意地悪で反抗的になった。そのことから、ルイの心は冷たいとフロンマン夫人は結論する。大した理由もなく、ルイは小銭をくすねた。彼はさんざんに非難され、育ちが悪いからだと言われ、彼を育てた二つの家はどちらも彼を厄介者扱いにした。父は彼を離縁し、**ヘーゲル**という歴史的な名を彼から剝奪した。それからの彼は**フィッシャー**と名乗ることになる。これは商人出身だった彼の母の名だが、この母も私生児だった。さて、彼には六歳年上の姉がいた。ルイとは半分だけ血のつながった、母方の姉アウグステ・テレジアである。彼女の前にいるときにだけルイの心はやすらいだ。「ただ一人の存在、そう、彼女がどんな者であるとしても、この姉とは、仲がいささかであれ悪くなったという憶い出もないし、苦痛をわずかでも感じたという記憶もけっしてない。そんな人は世界中に彼女一人だ。」我々が手にしているわずかな資料からすると、彼女のほうもルイを愛していたようだ。とはいえそれは、父なし娘は節操がない、というようなことではない。彼女の愛はなんの役にも立たなかった。ルイは有罪判決を受ける。〈精神〉はルートヴィヒ・フィッシャー（彼はもう〈精神〉の〈息子〉ではない）のためにオランダの外人部隊の将校の職を世話した。ジヤカルタに向けて出航する前に、ルートヴィヒは愛する姉の家に古いギターと自筆ノートを送った。この自筆ノートは興味深い。イエナを離れて父の家に引き取られた当時、彼は十歳の子供だったが、このとき、将来を予見し、正真正銘の私生児の作られ方を知っていたゲーテが、このノートに次のような詩句を書いた――

幼い男の子よ　私はきみを見た
揚々とこの世界に出てきたのを
そして　何がこの先きみに起ころうと
安心したまえ　きみは友のまなざしに祝福されているだろう

ゲーテ

Als kleinen Knaben hab'ich Dich gesehn
Mit höchstem Selbstvertraun der Welt entgegen gehn;
Und wie sie Dir im Künftigen begegnet,
So sei getrost von Freundes Blick gesegnet.

Goethe

ルートヴィヒのまた別の友人はゲーテの「高貴たれ人間よ Edel sei der Mensch」という詩句を引

いている。この友人は幼いルートヴィヒの本にこれを書き記し、こう付け加えている。「親愛なるルートヴィヒ、この豊穣な言葉がきみとともにあることを願い、これをきみのもとに残しつつ、私は、生あるうちに詩人の約束を成し遂げるだろうきみの素晴らしい父上のことを考えている……。」六年にわたる軍役を終えて二ヵ月後、ルートヴィヒ・フィッシャーはジャカルタの陸軍病院で狂熱病のため死亡した。彼は最後まで、最も純粋な私生児のままだった。

姉に愛情を寄せるこのような私生児がかりに大学で研究をおこなうことができたなら、コーラ chōra（無垢な生成の受容器・母・擁護者）の思考に全身全霊を捧げていたかもしれない。コーラとは、他のものから発生するものではないにもかかわらず完全に永遠のものでもなく、目に見えないにもかかわらずガラスを通してぼんやりと知覚される形式であり、私生児的な理屈によってしか近づくことができない思考であるが――この私生児的な理屈をフィチーノは姦通的理性 adulterina ratione と訳し、シェリングはこれを偽の想像 die falsche Imagination として断罪して真の想像 die wahre Einbildung から分離しようと絶望的な試みをおこなうのだが――、この私生児がコーラの思考に打ちこめるだろうというのは、こうしたコーラがエクリチュール（の思考）の場であり、つまりは最も純粋な私生児性の場だからである。

なぜこのように、真の私生児は悪行をはたらくという疑念をもたれるのだろう？　それはまるで、「良い」エクリチュールが「悪い」エクリチュールに汚染され、この汚染が単なるテクスト性よりましてずっと怪物的なものをもたらしてしまう、というかのようであり、あるいはまた、テクスト性が我々の想定するより悪意に満ちているというかのようだ。それはまるで、寛大な然りが自足的な然りによって汚染され、留保のない肯定（怨恨《ルサンティマン》のない肯定、支配する意志のない、嘲笑のない、結果も目的もない、絶対的に行き場のない肯定）が怨恨的で重みのある然りによって汚染され、この汚染が我々が考えるより陰険なものだというかのようだ。

デリダが「送付」でこうしたたぐいの悪意と不実とを一定して用いているのは明白である。想定される宛先人が、誰が誰に何について書いているのかを想定するたびに、傲岸な私生児がジョーカーを手にしてページから飛び出し、迎えにやってくる。「彼」は「彼女」に寄せるパトスに満ちた愛を表明する。それはまったく献身そのものだ。しかし「いかなる契約も、いかなる負債も、封印されたいかなる保管も、いかなる記憶にしても、ぼくたちを引き留めることはないのだろう――いかなる子供でさえも。」「彼」は、自分が記憶に引きつけられた者であると主張する。「強迫的な『過去主義者』のぼく、憶い出の偉大なフェティシスト」は自分が全身これ耳であると断言する。「ぼくは一つの記憶に他ならない。ぼくが愛するのは記憶だけ、きみを想起することだけだ。」しかしその一方で、「肯定が瞬間ごとに記憶なしに生まれなおすために」彼は「彼女」に、焼き尽くしの用意をするように要求する。「彼」は「記憶の不在と誓いのない信仰とは好運であり条件である」ということを肯定し、「もう書かない、という喜びに満ちた決定からすべてが始まるのだ、これが唯一の肯定、唯一の好運だ」と肯定する。この肯定は、いつまでも忠実な文筆家である「彼」が「いわば何も信ぜずに」書く契機である。したがって、「第一の送付からずっと、**絶対的な**忘却のない贈与はない」のだ。というわけで、「彼」は「我々」と親密さを分有する。「これは愛の手紙だ、疑わないで。ぼくはきみに『来い』と言う、早く戻って来てほしい。」そして「彼」は我々に、ある待ち合わせに内密に参加するように誓願する。その待ち合わせは「秘密の待ち合わせだ、日曜の午後、人混みのノートルーダムで、オルガンのコンサートのときにとか、大シナゴーグで、ざわめくキップールの終わりにとか。そこではあらゆることが可能だ。」

残酷さはさらに先まで至る。この私生児を前にして誰ががたがたと震えずにいられるだろう？　なんと「彼」は〈父プラトン〉を他のものと混ぜ合わせてしまう。「ぼくはプラトンの資料体 corpus platonicum をまるまる読みなおして、非常に洗練された売春宿のなかにいるようにそこにじっとしていたい。」そして彼は、あらゆる伝統の父祖といえる尊敬すべき紳士たちに、つまり「鬚を生やしたこの二人の祖父」に、後ろから襲いかかる。「ぼくは後天的攻撃する。」なんと卑怯な私生児！　彼は巧みにあなたの指のあいだをすり抜ける。「そうだ、ぼくのやりすぎだ、ぼくの錯誤行為はそのほとんどが計算されたものだ、あなたはもうこの手は食わないだろう。」そして彼は、後に来たプラトンに復讐すべく、書いては削る。「見られぬままに、まともに受け取られぬままに、ぼくは、贋金以外の貨幣はないということを論証することで、制度のすべてを贋金によって基礎づける。」意地悪なソクラテスの私生児である彼、「ヘルメスとアプロディテの息子」である彼は、悪い道に入っていく。「そこからこの果てしなく微妙なテクストが生まれる。これは無邪気な魂の産物だが、とはいえ、悪意の多大な能力を排除するものではない。」このようにして、ソカルテス（原文ノママ！）からデカルテスへ、そしてさらに先へ延びる掲示カルテ板の道が辿られる。ここでは、残酷極まる憶い出を、「子供たちのホロコースト」を、免れる者は誰もいない。「彼」自身も免れない。「ぼくは自分の生を破壊している I'm destroying my own life。」この最も純粋な私生児は宗教も容赦しない。彼は父祖たちの信仰を偶然と混ぜ合わせる。「というのも、エステルの祭（プリム）は籤の祭だからだ。」この最も純粋な私生児たちのうちでも最も純粋な者。「純粋、それが籤運《もんだい》だ Pur, that is the lot。」「彼」自身、無責任極まり、悪辣である。「だから、応答も責任もない［……］そうだ、ぼくたちの悲劇的な籤の宿命はそこにあるわけだ、ね、愛するきみ、これは残酷な籤だ、でも、ぼくはこの不可能事から発してきみを愛しはじめる。」また他の場所で「彼」は、ハイデガーをまさに責任概念を通じて読解することに挑戦してみせる。この私生児はまた、ニーチェのエンペドクレスに成り代わってみせる。「これには終わりがない、ぼくはけっして辿り着かないだろう、汚染は至るところに拡がっている、ぼくたちは火災に火をつけることはけっしてないのだろう。」そしてまたオイディプスにも成り代わってみせる。「あるのは毒された継承だけだ、ぼく自身毒されすぎている。」しかしながら、すべてはクライスト的な人形劇にすぎない。「ぼくはむしろ操り人形だ、ぼくは動きに従おうとする。」

それに、オハイオに「然り《イエス》」という名のヨーグルトが本当にあるということを、誰がフランスで信じられるだろう?

私生児的エクリチュールの擁護者である「彼」は、声でくすぐる。「夜、きみはぼくの胸の奥に来て、舌《ラング》の先でぼくの名に触れるのだった。」しかし彼は、結局はメッセージを手許に留め置いて、これを手渡すことを拒んでしまう。「それが何を言っているのかは当ててほしい。」

存在それ自体よりさらに傲岸なこの私生児は、伝統そのものを侵犯し、次いで放棄する。そのようにして、彼は伝統を伝達し、転記し、翻訳する。「プラトン主義という復讐の陰謀［……］この時代の終焉に至るまで、賤しい家系は、手を洗うことですべてから効果を引き出すことができるだろう。」そして「彼」は、「彼」の書いたものに対する全面的責任を引き受けることを徹底的に拒否し、部分的な責任を引き受けることさえ拒む。「もちろん彼らがぼくの公的署名のもとにこれらの言葉を読むときには、彼らは正当だろう（でも、何について正当だというのか?·）、まあいずれにせよ彼らは正当だろう。きみも知ってのとおり、このことはこんなふうに起こっているのでは全然ないわけだ。この瞬間のぼくの抑揚はまったくこんなふうではない

ぼくは『それはぼくではない』と言うことがいつでもできる。」

端的に言おう。私生児的な怪物性。「唯一の好運、それは怪物性だった。」怪物的なアイロニー。「ぼくの忠実さは怪物的だ。きみもそうだ。忠犬フィド－フィド、それはぼくたちのことだ。」最も純粋な私生児性。つまり、家族の結びつきや通常の自己同一性の品位から絶対的な仕方で脱すること。「非家族は依然として家族だ、同じ網目だ、同じ父子関係の運命だ。」責任ある家族計画からの逃走。「息子のスケートボード。」原始的な相への退行。「この奇跡を前にしてぼくは相変わらず子供のままだろう。」すべての振る舞いの両価性。「ぼくの悲しみを、ぼくはきみの子供のように愛している。」誤った場へと帰属させられたすべての言語から生ずる誤った引用。とはいえ、この引用の錯誤は偶然によるものではない。たとえば「我、我が運命を知る Ich kenne Mein Los」の代わりに故意に「汝の運命を Dein Los」とされている引用などだ。「ま

た斜めにひと跳びするために」心的なよろめき Seitensprünge を通じて、私生児的なさまざまの幻想を創造すること。この私生児的幻想は、対立関係を装って投影される。「ぼくは、自分の最も異質な同名人に宛てて書いているような印象をもっている。」この幻想はまた、浮気な独我論者の所行を一挙に完成させるべく解放される。「他者に時間を与えること、ただ独り享楽する機会を与えることは［……］最も純粋な愛の贈与だ。」これは不可避的に、背負いきれない重みをもった罪悪感を、つまりは喪とメランコリーとを生じさせるに至る。「ぼくの、ぼくの内のぼくたちの［……］喪。」このようにして、世代間の混乱は（「ぼくはきみについて語ることにするけれど、彼らにはわからないだろう［……］そしてぼくの一人娘のぼく／ぼくたちについても」）近親相姦的な海の幻想にまで達する。「ぼくは溺れる、きみのなか、ぼくたちの涙のなか、底なしの記憶のなかに溺れる。」これはまた、絶対的な和解の夢にも達する。「それはぼくの送付なのだろう、それはぼくから発してぼくに至るのだろう。」云々。

この私生児は陰鬱で無愛想で嫉妬深く、悲嘆に暮れている。「きみの言うとおりだ、きみを愛している、これは公にはしない、ぼくはこれを言いふらしてはいけないだろう。」しかしその一方で彼は果てしなく悪辣で、物語を騙る私生児でもある。その物語は「秘密の献辞に満ち、集団殺人に満ち［……］告解室での流産に満ちている［……］それに、愛の歌にすっかり満たされて横切る処女だ［……］彼らはぼくたちが二人だと思うだろう［……］ぼくたちは即自的な善だ、彼らにはもうぼくたちは見つけられないだろう。」彼はさまざまなテクストを小さな私生児たちのように、そこかしこ至るところに散種する。その小さな私生児たちはなんでもないことをつぶやき、なんでもない対話を騙りだす。「ソクラテスよ！　――なんだね？――なんでもない。」アルキビアデスは、ソクラテスが密かに笑っていると言うが、この、アイロニーの私生児も同じように笑う。しかし、誰を笑うのか？「純朴な者たちは、したがって私が自分が誰に語っているかを知っていて、岸は保証されていて、あとは分析するだけだ、と思うんだろう。よく言うよ。」これはおそらくは裏切りなのだろう。「ぼくは依然として笑っている［……］ぼくは相変わらず笑っている。」しかしいったい誰に対して？　おそらくは読者に対してなのだろう、読者がいての話だが。「それは読者たちだ、結局のところぼくは彼らを愛してはいない、まだ。」闘争する宛先人たちは仮想敵には不可能とされ、痴呆化し侮辱される。「彼らはぼくたちが二人だと思うだろう、ぼくたちはきみとぼくであり、民事的にも性的にも同定できる存在だ、と思うだろう。」

然り、然り、甘くてほろ苦い、この心地よい意地の悪さ。彼、この然り、この私生児はこの意地の悪さを優れて発揮する能力を備えている。ニーチェなら言うだろうが、彼の弓は抑えきれないまでに張りつめ、愛に逆立った矢を最も遠くまで飛ばすのである。

然り、然り、行き場のない肯定。それは、画定できる事物 Sache を欠いた肯定であり、逃げ道のない肯定であり、子孫のない肯定である。それが、言語活動や歴史や世界の担保として放棄された然り然りの射程でないとすれば。

加えて何を肯定する必要があるだろうか？　これだけだ——今ここで（そこにこそ私の署名があるのだが）、不良の孤児を「捨て身ならぬ拾い身で」抱き締めたいという欲求・欲望だ。彼は、制度によって効力を保証されている合法的な思考者たちのおこなう合法的な思考のあいだを、つまり、精神 Geist とか存在 Sein とか無意識 Unbewusste といった白髪の曾祖父に庇護された父によって祝福された、合法的な思考者たちのおこなう合法的な思考のあいだをうろつく。彼は非難の怒号を巻き起こす。

加えて何を肯定する必要があるだろうか？　これだけだ——特異な籤運の一撃によって、然り、一度ならず、然り、それもつねに兄弟として、血の半分つながった姉として、無条件の友として、最も純粋な私生児につねに出遭うことができたというこの大いなる特権を、この私の大いなる喜びを、弓の張りや愛の刺《とげ》に耐えられない者たちに弁解などせずに肯定したいという欲求・欲望だ。

（アメリカ語からフランス語への翻訳：フランソワズ・バレ）

翻訳者の付記　原文はイタリックの用い方などが特殊で、そのまま転記すると非常に読みにくくなるため、表記の転記には、通例に見合うように適宜変更を加えた。

自分が話すのを聞く

ロジェ・ラポルト

（王寺賢太訳）

「もし、ひとが私の声を私が書いたものから引き剝がしてしまうなら、あとにはわずかばかりの死んだ文字しか残るまい。」

マティウ・ベネゼ

「白いページは強いられた沈黙だ。テクストはこの沈黙という背景のうえに書かれるのだ。」

エドモン・ジャベス

私はデリダについて五つ目の研究《エチュード》を書こうというのだろうか？　そうすることもできるし、またそうするべきでさえあるだろう、というのも私は自分のこれまでの仕事にほとんど満足していないからなのだが、しかしここで私はデリダに宛てて公開であると同時に親密な手紙を書いて、彼にオマージュを捧げることにした。私はずっと以前から私を悩ませてきた一つの問題をそのあらゆる次元に即して探索してみたい。その問題はまずもって私の問題であるが、私の考えでは——そう考えなかったとしたら、私はその問題を自分のうちに秘めておいただろう——、デリダの読者たち、さらには当のデリダ自身の関心をも引くはずのものだ。

ひとが物書きであり、その結果、本というものはひとたび書かれてしまえば作者の現前などといったものをまったく排除してしまうと確信しているなら、そして、すでにかれこれ二十五年近くデリダを繰り返し読みつづけてきて、その音声―ロゴス中心主義の脱構築に同意するのなら、つまり、声のあやしげな優越、至高にして全き現前性を備えエクリチュールを侮蔑するあの声の優越にもはや屈しないとしたら――物書きならソクラテスを愛しはしないだろう――、私はどうして、たとえば一九八二年十月二十八日にボブールで[★1]、聴衆を前にしてあるテクストを声に出して読みあげるなどということを引き受けた、しかもそれを喜んで引き受けたりしたのだろうか？　むろん、私は自己弁護しようと思えば、とはいえ結局のところ私は自己弁護するつもりなどないのだが、当時『死ニ逝ク Moriendo』の出版が遅れており、実際には一年後、原稿の完成から二十ヵ月後になるまで出版されなかったこと、したがってこのボブールでの朗読は一種の穴埋めとして私にもちかけられたのであることなどをもちだすこともできる。しかし、私は一度やってしまったとはいえ、朗読そのものを原則として拒否することもできたはずであるのに、朗読を一度かぎりでやめたわけではなかった。根強い良心の咎めにもかかわらず、私はただ単に同じ過ちを繰り返したのみならず、『死ニ逝ク』をフランス・キュルチュール[★2]のために録音しさえしたのである。本の発売とともにこれらの公開の朗読が終わっただろうか？　そういうわけでもなかった。私は少なくとも二回すでに本を知っている聴衆を前にして朗読をしたのである。話す、それはかまわないとしても、どうしてすでに書かれてあるテクストを声に出して読みあげるというのか、しかもプロの俳優ではなくて作者自身が[☆1]？

このような領域においては、私は裁く者であると同時に裁かれる者でもあり、さらに原告と

★1　国立芸術文化センター、通称ポンピドゥー・センターのこと。地区の名を取ってボブールとも呼ばれる。

★2　フランスの国営の文化放送専門のラジオ局。

☆1　正確のためいくつか補足することは無意味ではないだろう。

a）私は声に出して読みあげることを愛している。私はこういった読みのもつ「力」を信じてもいる。自分が哲学を教えていたリセの最終学年の生徒向けのフランス語の授業を何時間か任された際、私は注釈を加えることなく、ただ私が愛しており、生徒たちの知らないテクスト――『火の娘たち』、『夜のガスパール』、『イリュミナシオン』、『パリの憂鬱』、『ナジャ』――を読みあげることにした。私の知ったところでは、この生徒たちは、私の哲学の授業にけっして不満をもっていたわけではないにもか

被告の両方の陣営に属してさえいるのだから、明晰に見極めることはむずかしい。私は自分を責める人々を理解しはするのだが、しかし断固として、かつ素朴にも、朗読というものに忘れがたい思い出を抱いている人々のほうを好むのである。声に出して読みあげるとき、聴衆がそれに対して無関心のままでいることは稀で、多くの場合、情熱のこもった、というよりもむしろ恋い焦がれる熱情のような反応が引き起こされる。私が読むのを聞くのが堪えられないという人々もいる。そのような人々に対して、私は不遜ではあるが次のようなある寓話を捧げておこう。――未来を旅して我々の時代に移ってきたソクラテスが、マイクの前で話したとしよう。さらに誰かがその録音を彼に聞かせたとしよう、そのときいったい何が起こるだろうか、というよりいったい何が起こりえただろうか？ 自分自身の声をそれとして認めることができず――自分で自分が話すのを聞くとき、他人が自分の話すのを聞くのと同じように自分の話すのを聞くなどということはありえない――、自分自身の「固有の」声、戸惑いを与える、ほとんど未知のようなある声を愛せないあまりに、ソクラテスはこの外傷《トラウマ》を受けたときから話すのをやめて書くことにしたかもしれないだろう。オックスフォードのボドレイアン・ライブラリーの「絵葉書」はデリダによって有名なものとなったが、★3 その「絵葉書」のなかで、ソクラテスは自分の声の醜さに絶望して、彼がつねに愛しつづけていたある声、プラトンの声の読みあげるところを書きとっていたのだった。それが彼の魅力にとって不可欠であるにもかかわらず、アルジェリア出身のフランス人に特有の自分のアクセントを好まないデリダが、ラジオで話したり、最近（一九八七年）になって『火　遺灰 Feu la cendre』を録音することにしたりするまで

かわらず、このフランス語の「授業」の方を哲学の授業よりも好んだのであった。

b）おりに触れて、私はいくつかの「批評的」研究《エチュード》を公開で朗読したことがあるが、それはいつも活字で出版される前のことだった。つまり、私は「ブラム・ヴァン・ヴェルデ、あるいはこの魅惑するささやかな物」、「ブランショ。古きもの、恐るべく古きもの」、「ジャコメッティ、あるいは絶対的な類似」を声に出して読みあげたのである。いくつかのくだりを除けば、私ではない誰かがこれらの研究《エチュード》を読みあげることも充分にできたはずである。これらの研究《エチュード》には、私の知性が賭けられているにすぎないのだから。

私にとって重要な、私の心身を賭けた朗読とは、エクリチュールに属するもの、ここでは立ち入らないが私が理解する意味での

にどれほどの年月を要したことだろうか！「対象」としての私の声はいつも私を苛立たせ、私は自分が話すのを聞いたりすれば即座に話すのを止めてしまうにちがいないほどなのだが、しかしまさに私が公開で朗読をおこなったとき、自分の声ではないと言いたくなるようなその声を私は聞きとることがなかったのだ。だから、文字どおり、malentendu〔よく聞きとられないこと＝誤解〕と引きかえにして声に出して読むことが可能になるのである——こう付記しておきさえすれば、それが音声的シニフィアンの消去を禁じるかぎりにおいて、意味に奉仕するためになされるあらゆる声の理想化＝理念化を脱構築するには充分だろう。

したがって、一方には、私が朗読するのを聞くのに堪えられないという人々がおり、それは私にはよく理解しうる人々なのだが、彼らは私が公開の朗読をするのを見ることなどさらに堪えがたいのである。もし私をラジオで聞くのならば、少なくとも私は声によって現前しているのみだが、私がポンピドゥー・センターの小部屋の舞台に上がり、そこで朗読を始めるなり、私は芝居がかっているとか、ヒステリーだとか、さらには猥褻だとさえいうような非難に身をさらすことになる。成否はともかくとして、私はつねにできるだけ抑制をきかせて朗読するように心がけてきたのだが、それは避けがたいパトスが感傷へと堕してしまわないようにするためだった。裸形のテクストを、そして人を試練にかけて裸にしてしまうテクストを、声に出して読みながら卑猥にならないことが可能だろうか。この問いに答えることは私の任ではないが、しかし聴衆の大多数は私の朗読を聞くのを愛しているものと私は心得ている。私はここである不透明な事実を伝え、資料に加えたいのだが、それを解釈するだけの能力がもし私にある

「生－書字 biographie」に属するものである。私がこの研究《エチュード》のなかで声に出して読むことについて語るとき、問題になっているのはつねにただ『つづき』と『逝ク者ニヨリ』の朗読である。

c）私は一介の愛好者にすぎないので、「技術的には」私の朗読はうまくないし、したがってプロの俳優であれば自分などよりずっとうまく読むはずだと私は信じている。私はマルセル・ボゾネとかジェラール・デザルトが『死ニ逝ク』を読むのをぜひ聞いてみたいと思うが、私の朗読を聞いた人々の考えでは、他のいかなる朗読といえども私のものほど「真実」に迫ることはできまいということだ。

★3 Jacques Derrida, *La carte postale*, Paris, Flammarion, 1980.

なら声の謎はヴェールを脱ぐことだろう。ある友人の女性（精神分析医）は私がボブールで『死ニ逝ク』を朗読するのを聞いた。出版にさいして、私は彼女にその本を贈った。彼女はそれを読まなかったし、これからもまた読むことはないだろう、彼女はその本を読みたいともまた読めるとも思わなかったのだ。またある友人の男性（彫刻家）はボブールには来なかったが、一九八三年の二月八日のフランス・キュルチュールのために私がやった朗読を聴き、それを録音した。この友人は私の本はすべて、ごく最近のテクストに至るまで読んでいるのだが、彼はけっして『死ニ逝ク』を読もうとはせず、録音を聴きなおすことにしているという。それはなぜなのか？　その理由は彼自身にさえわかっていない。ある日、私が彼に問いただすと——彼は私の秘密の一部分を握っているのではないだろうか？——、彼はついにはこう言うに至った、それは謎めいて私を惑溢させるにたる言葉だった。「あなたが亡くなったのちに私は『死ニ逝ク』を読むことにするよ。」私の朗読を聴いてしまったために『死ニ逝ク』を読むことができないという人々は、紛れもなく朗読者としての私の成功の証だが、この成功はまったく予期せぬものであり、法外で、絶望的なものだ。そもそも、物書きである私は、自分の声がある種の禁止によって本を襲ったのをどうして喜ぶことなどできるだろうか？

過っていることを知りながらも、あるいはより控えめに言って過っているのではないかと恐れながらも、「にもかかわらず」やってしまう行為がある。私の場合、声に出して読むことへのなにものもとどめることのできない信頼はいったい何故なのか？　この信頼はけっしてあらゆるひとに認められているわけでもないし、自分にとって非常に重要なある人物がそれを非難している——その非難はカフカさえ容赦しない——ことを私は知ってさえいるというのに。私は自分では期せずして、プラトンに反してソクラテスに正しさを認めているのだろうか？　もう一度、『パイドロス』のあの有名な一節を読み返してみよう。ソクラテスの言うところを聞こう。「書かれたものが知性ある人物たちになり代わって語るということをひとは信じているかもしれない。しかし、その書かれたものにそれが言っていることがなんであるのかを説明するように求めてみるがよい、それが答えるのは一つのことだけ、いつも同じことだけだ。一度書かれてしまえば、言論というものはどこにでも流通していき、学識のある人間の手も俗人の手もかかわりなく通りすぎていき、言論には自分が誰に語りかけるべきであり、誰に語りかけるべきでないかがわからない。それが正当な理由なく軽蔑されたり、中傷されたりするときには、つねにその父親の助けが必要である、というのも言論それ自身は攻撃をはねのけたり、自分自身を守ったりすることができないから。[★4]」私は、少なくともその総体においては、ソクラテスの論証に対して承認の署名を与えようとは思わない。書かれたものは、グーテンベルク以来本のかたちで増殖させられ、至るところに広がり、新たに道を開き、学識のある人物に出会うことがあるかと思えば逆に読者をみいだすことなく静かに無関心のなかに失われていく、そのことを認めるのに私は困難を覚えない。私の本の運命はその本のもの、あるいは他人たちのものでもあるかもしれないが、いずれにせよ私のものではないのだ。ある本が「軽蔑されたり、中傷されたりする」ことがあっても——そういうことはあるものだ——、私はそれを弁護するためになにもしはしない。私は悪意ある記事の筆者に応答して書いたりはしないし、ある

★4　プラトン『パイドロス』275d.

読者が怒って私に「おまえの本など投げ捨てた」と書いてきたとしても、微動だにしない。ソクラテスよ、いまだかつて私は読むことのあとに議論が引きつづくなどということをけっして受け入れたりしたことはないのだ、というのも私は論戦はほとんどつねに失望をもたらすものであり、論証はつねに薄弱なものだということを知っていたから。それは批評家たちの論証であれ、自分の息子を護る弁護士という滑稽な役回りを演じる作者の論証であれ同じことだ。ソクラテスの言うような「父親の助け」を必要とするような本があったとしたら、それは単につまらない本にすぎないはずだ。ソクラテスがどれほどみごとな話し手で巧妙な修辞家であったとしても、『弁明』も含めて彼の言論はすべて幾世紀を越えて我々にまでたどり着くためには、プラトンの緊密なエクリチュールに引き写される、というよりもむしろ翻訳される必要があったと私は信じている。

しかしながら、『パイドロス』には私を動かす論証がひとつある。ソクラテスは言う、「書かれたものはそれ自身では自身を守ることも自身を支えることもできない」と。ごく普通のふるまいとして——私だけがけっしてそんなことをしたことがないなどといえるだろうか?——本を手にして、最初ざっといわば「斜めに」読むというのがある。その読者気取りの者は——むしろ、私は気取り屋の読者と言いたいところだが——、テクストを嗅ぎまわり、そこここにいくつか文章の切れ端をついばみ、そして言うまでもないことだが、作品の終わりを読むという欲求に抗うことができない。私はそう信じているし、またそう信じたいのでもあるが、私の本たちはこのような騎士道的な習慣に抗うように書かれているはずだ。『死ニ逝ク』のなかのひテクストが書かれていることだ。しかし、急いで飛ばし読みするなどとは考えただけでも私はのだが、注意深く順応力のある読者が自分でちょうど良い強弱を見つけることができるようにストを理解不能にしてしまうから。私が望むのは、そして私にできるのはただ望むことだけなだと思う、というのも音を飛び超えてしまう読みというものはすべて、文字を霧消させ、テクユーマンの言葉を借りて「ゆっくりと、非常にゆっくりと Langsam. Sehr Langsam」と記したいものきることなら、私はテクストの頭に「ゆっくりと同じ速さで adagio sostenuto」とか、あるいはシのできない適切なテンポで読みがなされることについては、私は最低限安心していられる。でがしかるべきときに来ること、そしてとりわけ、音楽家と違って物書きが直接に指示することるのは、いったいなんたる軽蔑によるものだろうか？　私が声に出して読むとき、各々の文章がある作品とその物語やその時間的な構成が切り離せるものであるかのようにふるまいつづけ聴いて、そのあとでようやく序章から始めるなどということをするだろうか？　本の読者たちを買ってきて、気紛れに第三楽章のいくつかの小節から始め、つぎに終楽章の音符をいくつかることはないし、そもそもそんなことはできはしない。いったいどこの音楽好きが、ディスクとを、私がどれほど残念に思っていることか！　映画であればその最後の映像から始めたりすぬまま、打ちひしがれ、極端に言うならば病みついてしまう。本が映画や楽曲に似ていないこ食いが私の眼前でおこなわれることはあって、そうなると私は苛立ち、どうしたものかわからまったく理解することなどできないようになっているのだ。とはいえ、この出まかせなつまみとつの文章、とりわけその最後の一文などは、喜ばしいことに、本の全体をまず読まなければ身震いがするのだ、そのような読みは「アルシ－エクリチュール」を、つまり余白を、沈黙を、死んだ時を、非常に苦しい行程、ほとんどゼロに近いような行程の遅さを省略してしまうのだから。[☆2]

読者の至高の自由によって犯されかねない悪用からテクストを守るのはいいとしても、しかしこのような動機は声に出して読むことのもつ魅力とはなんの関係もない。私が自分自身に対して問うているのは次のことだ。ひとがテクストを書き、そしてそれを読むのは、音楽家が自分の曲を書き、そして読むのと同様であろうか？　このエクリチュール－レクチュールはそれだけで十全なのだろうか？　ボンのマイスターは周知のようにまったくの聾だった——彼は近くの大砲の音さえ聞き取れなかったはずだ。とはいえ、自分の最後の弦楽四重奏の一音も聴くことができなかったからといって、ベートーヴェンを、音楽家ベートーヴェンを嘆く必要があるだろうか？　音楽については、それ自体いかに抽象的なものであるとしても演奏されるべくさだめられていること、したがってブダペスト四重奏団の四つのストラディヴァリウスの響きによって奏でられたベートーヴェンの四重奏曲を聴くに越したことはないということを認めるとしよう——それはけっしてすべてのひとの受け入れるところではないだろうが。そこから、私はテクストは聴かれるためにあるのだと推論することができるのだろうか？　私にはそうは思えない。もし、原子爆弾の災禍を承けて、『死ニ逝ク』のただ一つの録音かただ一冊の本かどちらかしか残すことができないということになれば、私は迷うことなく本のほうを選ぶだろうが、とするとなぜ、声はこれほどの眩惑をもたらすのだろうか？　どうしてデリダ自身

☆2　私は誰に対して攻撃を加えようというのでもない。私自身、悪しき読者であることもある。その証拠に、一九八二年に私と彼に共通の友人である女性が指揮していた雑誌『アニマ』の最終号であった第五号にそれが発表されて以来、J・デリダの『火　遺灰』を何度も読みかえしてきた。私は『火　遺灰』を、一九八四年にデリダがフランス語のテクストとそのイタリア語訳を含んだ『火ののちに残されたもの Ciò che resta del fuoco』の版を贈ってきてくれたさいに再読した。最後には一九八七年にジャック・デリダとキャロル・ブーケによる朗読を聴いた。私はそのとき、すでに自分がよく知っていると思っていたテクストを眼で追いながら朗読を聴いていた。呆気に捉えられ、また恥ずかしく思いながら、私は自分がいくつかの文章をまったく読んでい

『火　遺灰』を録音したりしたのだろうか？　私の信ずるところでは、デリダにとって、この朗読は彼の脱構築－散種－翻訳という実践と不可分なもののはずだ。あるテクストを録音し、我々にそれを聴かせることで、デリダは我々にそのテクストの一つの解釈、代補的でけっして特権化されない一つの解釈を提起しているのである。あらゆる「モノローグ」を避けようとしてきたデリダが、『火　遺灰』の朗読をキャロル・ブーケと分かち合い、一方は男性的で、他方は女性的な感じのする少なくとも二つの声をテクストが響かせるかのように仕組んでいるとしても、それは驚くべきことではないだろう。

この録音については、デリダはもう一つ理由を与えている。それはアントワネット・フークの望みをかなえることだ。「身体においてひとつのエクリチュールを掻きたてるあの声たちに路を開くこと。」書くことは声を断念することだ、とひとは言う。私がこの視点を共有するかぎりにおいて、そして私が特定の相手に向かって書くことをしないかぎりにおいて、公開の朗読などをやる私は自己矛盾をきたしているということになるのだが、しかしよく考えてみると、私にはこのエクリチュールとフォネーの対立は人為的で、さらには無理があるもののように思われる。書くことは話すことではないにしても、あるページが完成するのはそのページが固有のリズムをつかみ、統辞と声とが一体となるときである。声とはつまり呼吸であり、アクセントであり、沈黙であり、音域であり、つまりは各々の文のもつ拍数のことである。そう、身体においてエクリチュールが掻きたてられているとき、――そうでないならば、書くことになんの価値があるだろう――声は、発せられないまでも、あらゆる冒険の刻印を帯びている、

なかったこと、おそらく私はそれらの文章の上を通過しただけだったこと、すなわちそれらを飛ばしてしまっていたことに気づかざるをえなかった。つまり、私自身、知らぬ間に、自分が他人に対しては厳しく断罪するあの斜め読みの罪を犯していたのである。声に出しての朗読はそれを聴く者から自由を奪う。彼は読むことをやめることも、前に戻ることも、考えにふけることも、理屈をつけることもできない。一度気を離せば、話の筋を見失ってしまい、慌ててそれをつかみなおさなければならない。声に出しての朗読を弾劾しようとする者は、聴衆に課せられるこの強制を引き合いに出すこともできようが、私はあえて言いたい。ある本の全体を、読まれるのではないにしても少なくとも聞き取られることを可能にするのだから、この強制は喜ぶべきものだ、と。

というよりもむしろその刻印そのものであるが、しかし書き込まれた声、あるいはむしろ白い声としてのエクリチュールが存在するのは、ただそれが言うこと、それが言おうとすることのために自分自身を忘却させるときだけなのである。『死ニ逝ク』の公開朗読をするとき、私は本を変形させる。声が浮き彫りにするのは刻印が溝において保持していたものであり、そのとき声は冒険の全体を引き受けるのである。声はすでに書かれたものを繰り返し、証言をもたらし、過去におこり決定的に過ぎ去ってしまったかもしれぬことを言うだけにはとどまらない。賭けられているものはずっと大きなものなのだ。そろそろこの本質的な論点に至るべき時だろう。

音楽の作品のいわゆる「定番」の録音をもっているとしても、やはりコンサートに赴いて、私が〈出会い〉とでも呼びたいものの命運に賭けてみなければならない。作品を空で覚えていて、その作品が演奏に先だってすでに存在しているということを忘れていないにもかかわらず、わずかばかりの時間とはいえ、作品がまるで我々がその誕生の現場に立ち会っているかのように演奏されることがある。この「創造」は虚構にすぎないのだが、その衝撃は忘れがたい。公開の朗読をするとき、うまくテクストにその固有のリズムを与えて聴かせることができれば、私はあたかもその場で書きながら読みあげているかのように、物語が朗読と同時に生まれているかのように思わせることができるだろう。この過去と現在との、書くことと読むこととの、聴衆が理解することと聴くこととの一致は、むろん似せ物にすぎないし、デリダに言わせれば一つの罠でさえあるのだろうが、しかしまた同時に少なくともある人々にとっては、一つの事件であり、彼らのけっして忘れることのない一つの超現実なのだ。

ジャック・デリダはそれをよく示している。パロールが生きたものであるのに対して、エクリチュールはつねに死に結びつけられている。分析医の女性がボブールの朗読の記憶を無傷のままもっているために『死ニ逝ク』を読まずにおくとしても、私にはそれは理解できることだし、それを肯定しもする。そもそもこのような魅惑的な一言に対してなんと答えることができるだろうか――「ひとが自分の体から離れるのは、一生に一度かぎりのことじゃないかしら?」私は『死ニ逝ク』を声に出して読みあげることを愛する。それを私はなぜかよく知っている。そのわけをはっきり言ってしまうべき時だろうか。私が声に出して読むことを愛するのは、その試練にもかかわらずであり、またその試練ゆえのことである。もし私が、自分の楽譜を見つけて自分自身の歩調に自分自身の歩調を合わせることができたら、過去の試練が現在のものとなるように読むことができたら、私はひそかにこう独りごちることだろう、「これはかつて起こり、また今起こっている」と。そのとき私は、声に出して読むことだけがもたらすことのできる証明をつかむことになるだろう。本の署名は死にはしない、ということの証明がそれだ。ブランショが言うには、カフカが友人たちに自分の書いたものを読んで聞かせるのを愛していたのは、けっして文学的な虚栄のためではなく「作品に肉体的に迫る必要」[5]からのことだったのだ。

私はすでに公開書簡という「ジャンル」を大きく超えでてしまった。私にはなにもかもを言ってしまうことはできないが、結論として一つの思い出を呼び起こし、一つの問いを提起して

★5 Maurice Blanchot, *L'espace littéraire*, Paris, Gallimard, 1955, p. 54.

おかなくてはならない。私は（『死ニ逝ク』を）七年前に書き終えた。数年前から、私はあまりに消耗させることの多い『死ニ逝ク』の公開朗読をいっさいやめてしまった。私には、いつの日か、おそらくは遠からぬある日に、自分が『死ニ逝ク』を声に出して読むことなどできなくなってしまう（さもなければ、「間違った」読みをしてしまう）ときがくる予感があり、そのせいで数人の友人たちのためだけに最後の朗読をしようと**夢見る**ことがある。私には最後の文章まで行き着くことができるのだろうか？　それはわからない。ある日私に起こったこと、ある一度だけ、私が本当に「うまく」読むことができた――それは私の意見だが、そう考えているのは私一人ではない――あの日に私に起こったことが、ふたたびいっそう厳粛に起こることがあるのだろうか？　数度にわたって、長すぎる小休止が、朗読を寸断し、引き裂いたのだった。その試練はあまりにも激しく、私はもう少しで放棄してしまうところだった。いったいどういうわけか自分でもよくわからないのだが、私はやりぬくことができたのだった。しかし、そのとき、私は声を失い、もはや自分が話すのを聞いてなどいなかったのではなかっただろうか、エクリチュールの真実が、沈黙が、ある種の沈黙が、私たちの心にひそかに触れたそのときに？

隠喩なき隠喩　『オレステイア』三部作に関して

ニコル・ロロー

（藤本一勇訳）

「私は隠喩について語ろうとし、それに関して固有なあるいは字義どおりな何かを言おうとし、すなわち隠喩を私の主題として**扱おう**と試みる。が、私は、隠喩的な仕方で more metaphorico、それに特有の仕方で語ることを、こう言ってよければ、隠喩によって余儀なくされている。**隠喩を扱う**に隠喩と交渉することなしにはいられない〔……〕そのとたんに隠喩は取り扱い不可能なものとして現れる。」

「『ティマイオス』の解釈者のほとんどすべてが、ここの箇所で、レトリックの資産を当てにしており、それに関して自問することはまずない。彼らは平然と、隠喩だの、比喩だの、直喩だのと言う。大変有用ではあるが、そのどれもが可感的なものと叡知的なものの区別にもとづいて構築されている概念の蓄えを自分たちに使用できるようにしてくれるレトリックの伝統について、彼らはいささかの問いも発することがない。そのような区別に、他ならぬコーラ chōra の思想はもう満足できないのだが。」

ジャック・デリダ☆1

☆1　二つの引用はデリダから抜粋したもので、それぞれ以下。Jacques Derrida, «Le retrait de la métaphore», in *Psyché*, Paris, Galilée, 1987, p. 64〔「隠喩の退–引」庄田常勝訳、『現代思想』五月号、一九八七年、三三—三四頁〕; J. Derrida, «Chôra», in ***Poikilia : Etudes offertes à Jean-Pierre Vernant***, Paris, EHESS, 1987, p. 267.

前置きとしてのデリダの二つの節。隠喩を扱おうとする者は何に我慢しなければならないか知らなければならないだろう——すなわち、それが我慢できないものだと知らなければならないだろう。なぜなら、それは隠喩と「交渉する traiter avec」ことになるからであるが、しかし隠喩は扱いにくい intraitable からである。あるいはもっと正確に言うなら、「そのとたんに隠喩は取り扱い不可能な intraitable ものとして現れる。」なぜなら、くだんの転義へのトポス的などんな依拠をも維持できなくするようにあらゆる条件が揃っている場合でさえ、隠喩について語ろうとする欲動に抵抗できないからである——たとえば、『ティマイオス』におけるコーラについてがそうである。隠喩の舵取りのもとに結局身を寄せることにならずにいかにしてそれについて語ることができようか？　さらに、語の妥当性を無効にしたとひとが信じる場合でさえ、いかにして語を用いずにいられようか？

私は、隠喩について語ることなくそれを取り扱わなくてはならない。だから私は用心してはいる。しかしながら、おそらくは「隠喩」と名づけられたこの証明されえない類型表現への偏愛のために、私は、それについて語ることの不可能性と不可避性のあいだで続行しよう。「隠喩とともに、そして隠喩によって、生じないものは何もない」という確信を、頭におきながら。そして、ある奇妙な法——その法の名のもとでは、隠喩は「おのずと生じ、もはや名ももたず、固有の、あるいは字義的な意味ももたないだろう」[2]ような、そんな奇妙な法についての、これまたデリダによって表明された仮説を頭に置きながら。

したがって、やはり——だからこそよけいに、と言うべきだろうか——、私は隠喩について語ろう。括弧付きであろうとなかろうと（隠喩への依拠を宙づりにするとまさしく信じた挙措

☆2 J. Derrida, «Le retrait de la métaphore» (*op. cit.*), p. 65.〔「隠喩の退-引」（前掲）、三四頁〕

のなかでは、隠喩のエポケーは絶対に起こらないのだから、括弧があろうがなかろうがどうでもいいことである。それはあたかも、隠喩を宙づりにすることが不可抗力的にその再帰をもたらすかのようだ）。

隠喩とともにやらなければならない。しかもたぶん、とりわけ隠喩なき隠喩とともに。これは確認事項である。そしてまた、『オレスティア』三部作を翻訳しようという企ての経験[☆3]がそこに集約していくだろう撞着語法《オクシモロン》の形での命令規定でもある。たしかにそれは常識はずれの企てで、もろもろの隠喩群の領野でみずからを方向づける前に、**二度翻訳しないこと**をまず学ばなければならなかった。そのさい、一度目というのは、ギリシア語から翻訳者の国語への翻訳であり、二度目というのは、翻訳の言葉の内部で、一つの登録域から別のそれへの翻訳のことである。あるいは、別の仕方で言えばこうなる。すなわち、最低限の至上命令とは、マゾンのようにも、リデルとスコットのようにも事を進めないように気をつけることだったのだ。ギリシア学者たちのバイブルである、リデル－スコットの『希英辞書』（ジョーンズ改訂増補。オックスフォード、一九四〇年）は、アイスキュロスの隠喩群を単に翻訳するだけにとどまらない。それらに解説を加えることで――そうして、「可感的なもの」を「叡知的」言説へ移し替えることに体系的に依拠することで、隠喩群は抹消されてしまうほどに弱められている――リデル－スコットはくだんの隠喩群を理性に適ったかたちの詩的イディオムへと再翻訳している。フランスのアカデミックな伝統において、ありうべき最高の偉大なる翻訳家であるポール・マゾンはどうかというと、彼はアイスキュロスのテクストを現代の読者の文学作品レベルに近づけることをみ

☆3　フランソワ・レーとの共同作業。ベルナール・ソベル監督によるテレビ映画で7チャンネルで放送予定。

ずからの任務としたらしく、不注意な読者は『アガメムノン』の舞唱がすべて理解できるつもりになるだろう。かなり確からしいことに——少なくとも、今では私はそう確信している——アテナイの観衆自身でさえ、そのすべてを理解するにはほど遠かったのだが。けれども、奇妙さなしですませてしまうと必ず支障をきたすものだ。かりに、『コエーポロイ』での、オレステスによる試練への言及を見てみよう。この試練は、アポロン——一度だけ、〈遠回し〉な言い方をやめる——によってオレステスに告げられたもので、後者が母殺しを放棄した場合に課せられるものであった。

「[……] わが熱き肝臓の下の、厳しい冬の／災いども」
[……] des calamités / de mauvais hiver sous mon foie chaud（271-272）

マゾンは「我が心臓の血も凍るような刑罰 des peines à glacer le sang de mon cœur」と訳し、注において弁明する（「私はギリシア語の表現を移し替えた。多くの古代の人々にとって［……］肝臓は魂の一部が座を占める場所であった。このような場合、**心臓**以外の訳は困難である」）。つまり、時代が違えば、信仰も違う、意味の組織も違う、とマゾンは考えるわけである。しかし、二十世紀の一読者がひとつの器官——たとえそれが心臓であれ、とりわけそれが心臓であれ——に、紀元前四五八年の一ギリシア人にとって、生命の中心であり、死の地点であり、予感の場所でもある肝臓に結びついていた豊かなコノテーションを割り振ることができるとはとうてい言えない。奇妙なものを慣例でないものの方へそらしてしまう危険があるけれども、それでもまだ逐語訳の奇妙さに満足するほうがましである。もっともその条件として、その場合解釈による介入[☆4]の本質は、逐語訳のそうした忠実さ、すなわち字義通りであることにおける不実な忠実さに存する、ということを忘れないことが必要だが。翻訳すること、すなわち、解釈すること——解釈の方途について決断すること。古い問題である。

翻訳が抱えるもろもろの問題は古い問題である。おそらく、隠喩と同じくらい古い問題である。隠喩というこの「古い主題」[☆5]は、その哲学的取り扱いよりはるかに古い。なぜなら、哲学が公的にこの問題を検討したのは、ようやくアリストテレスとともにであり、しかも、それは本質的に悲劇に関しての検討だったのだから。アリストテレスとともに、悲劇に関して……。アリストテレスに関して言えば、私は、『詩学』の二十章から二十二章の要約をするつもりも、デリダが『白い神話学』のなかでそれらの章に施した分析を要約するつもりもない。知られているように——『詩学』に関するデリダを引用するなら——アリストテレスの省察では、隠喩が存在するのは、「言われているもの、ないしは、考えられているものの意味が自己自身の現象ではないかぎりにおいて」であり、とはいえ「意味が自分自身から出て［……］言葉の光へみずからを運ぼうとする」まさにその瞬間においてであり、ミメーシスを背景として類似が同一性ではない、そんな下働きの偏狭な空間においてである。[☆6] そこから、手早く言うなら、隠喩がもつとされる、ミメーシス作品である悲劇との本質的な共犯関係と、自然性へのある種の欲求との問題のある結合が出てくるのだ。アリストテレスの記述を後ろ楯とするアイスキュロス

☆4 「翻訳は解釈の網目の中にとらわれたままである。」(J. Derrida, «Chôra» (*op. cit.*), p. 268. コーラに関して。)

☆5 J. Derrida, «Chôra» (*op. cit.*), pp. 66-67.

☆6 J. Derrida, «La mythologie blanche», in *Poétique*, n° 5, Paris, 1971, pp. 20, 26 & 24. 〔「白らけた神話」豊崎光一訳、『世界の文学38』集英社、一九七八年、四四六、四五三頁〕

の読者がいる。[7] 私としては、そのようなもので自分を満足させることはないと断言する。なぜなら、単なるずらしと受け取られる、アリストテレスが考えるような悲劇の隠喩群は、アイスキュロスの語の配置よりも、はるかにソポクレスやエウリピデスのそれと合致するのだから。というのも、いかなる場合においても、アイスキュロスにおける語の作用は「移し替え」の実践によっては十分には汲み尽くせず、その全体は『詩学』が「クセニコン xenikon」――「尋常でないもの」と訳される、あるいはより良くは、**よそもの効果**[8]――と呼ぶものの勘定に振り込まれるべきであるから。もちろん、このことは証明されなければならない。しかし、私の意図は、事物に働きかける語のアイスキュロス的作用に起因する理由から、むしろそれを**示すこと**、あるいは少なくとも、そうできるようにやってみることであるだろう。

とはいえ、そのように示すことが『オレステイア』三部作のなかにその場をもつことはなおも正当化されねばならない。というのも、そこには、翻訳を機縁とした単なる状況的出会いをはるかに超えるものが存在するのだから。今日に伝わっている唯一の三部作である『オレステイア』は、我々がともにいようがいまいが、不可避的に範列的である。その唯一性によっても、物語 histoire の形でのその展開によっても、悲劇ジャンルの類似物《アナロゴン》のような何かである。物語――私はこの語を括弧も大文字もなしで書くが、人が括弧を付けたり、大文字の庇護のもとに書いたとしても、それもまた根拠のあることだろう。『オレステイア』における物語、『オレステイア』を産み出す複数の物語。十九世紀は、ミュトスからロゴスへ至る、あるいは、母的権利から〈父〉の法へ至る物語をみずからに語ることを好んだが、我々は今日むしろ、この三

☆7 たとえば、ジャン・デュモルティエは、その著 Jean Dumortier, *Les images dans la poésie d'Eschyle*, Paris, Les Belles-Lettres, 1935 (rééd. 1975) の最初のページにおいて、アリストテレスの権威に全面的な忠誠を示している。

☆8 アリストテレス『詩学』1458a22-23.「尋常でないもの」は、ロズリーヌ・デュポン‐ロックとジャン・ラロの翻訳では括弧に入っている。借用、隠喩、延長、すなわち通常言語から遠ざかるものはすべてクセニコンに属すると定義したあと、アリストテレスは次のように指摘する。「詩人がもっぱらこの種の名でもって創作する場合、生み出されるものは謎あるいは訳のわからない言葉となるだろう。隠喩を伴った謎、借用された名を伴った訳のわからない言葉 barbarismos。」(1458a23-26)

部作がもつ、「悲劇的朗誦の展開の一種の下書き」[☆9]を提示する仕方のほうに、あるいは、完成した筋書きの内部での、いくつかの語、いくつかの文彩の展開のほうに敏感である。筋の始めから終わりまで、語の作用が隠喩群の実現を目指していること、これは確かにどうでもよいことではなく、あとでこの問題に立ち返ることになるだろう。とはいえ、こうしたすべてのもろもろの展開のなかでも、他のものの母型となるように私に思えるものに関して、手短かに自分の考えを述べたいと思う。その展開は、精神の到来のヘーゲル的物語と正確に同じというわけではない——むしろ、フロイトにおける、人が「精神化」[☆10]と呼びうるものの標題のもとで考えるべきものであろう。一言で言えば、プレーン phrēn の物語のことである。

プレーン、これは隔膜だろうか？[☆11] 胸部の中心にある、プレーンの名をもつ器官、あるいは、器官の集まりだろうか？　精神のことだろうか？　意味——または五感のことだろうか？　この場合、「転義用法とアナクロニスムが不可避である。」[☆12]すなわち、「コーラという語をいかなる翻訳からも保護しておく」デリダとまったく同じように、私はさしあたってこの語を翻訳しないようにし、むしろ、『オレステイア』三部作において、プレーンの物語と隠喩の物語とを結びつけているすべてのものに取り組むようにしよう。『アガメムノン』の数々の大舞唱において、「隠喩」はプレーンのうちに根づいているが、それは、可感的なものと叡知的なものとのあいだで、プレーンが根本的な非決定の場そのもの——原理——であるからだ。感じ、感じられる——いくつかの瞬間、耐えがたいものというありさまでその現前が感じられる——器官であると同時に理解の審級でもあるプレーンは、その器官としての物質性を少しも失

☆9　Diego Lanza, «Les temps de l'émotion tragique : Malaise et soulagement», in *Mètis*, n° 3, Paris, 1988, p. 24.（悲劇的可能性を十全に開拓するに至るまで、唯一の朗誦する声と対話するコロス、舞台上の三人の俳優と対話するコロスについて。）

☆10　フロイトの仕事が必要にし、しかしながらはっきりと表明してはいない表現を、私はマリー・モスコヴィチ (Marie Moscovici, *Il est arrivé quelque chose : Approches de l'événement psychique*, Paris, Ramsay, 1989, p. 406) から借用する。『人間モーセと一神教』でフロイトは、『オレステイア』三部作と「母から父へのくだんの移行」について、「感覚的生に対する、精神の生の勝利」という考えに慣例的な仕方でとどまっている。

☆11　ディアプラグマ diaphragma をプレナス

うことなく、正義を切望することができる。そして、苦悶のなかで、「正しい心 endikoi phrenes」(『アガメムノン』995) は、取り乱した心が狂ったロンドを操る〔狂った決断を下す〕ためのダンスの場、あるいは、踏みしめるべき平場をみずからに作りだす。人間の内面は正義を知るけれど、身体の騒々しい沈黙のなかで、激昂する心の律動にあわせて苦しむ。かりに今、オレステス裁判に関して、『エウメニデス』におけるアレオパゴス法廷の開設を取り上げてみよう。裁判官たちに正直に判決を下すよう促し、アテナ神は、「不正な心 phrenes ekdikoi」から発する宣誓違反に警戒するように呼びかける(『エウメニデス』489)。そして、翻訳者が今度は思い切って、そこに「正義に無縁な**精神**」を認めることにもう躊躇はない。実際、プレーンという言葉でアテナ神が狙わなければならないのは精神だからである。となると、苦悶と興奮に震える、感情と情動の座位としてのプレーンに関して、それを具現するのはエリニュエスの役割である。行動することと苦しむこととの可逆性においてとらえられたエリニュエスであり、その拘束的讃歌でもって、犠牲者たちの迷ったプレーンにまさに全面的に重くのしかかるエリニュエスである(『エウメニデス』328-332)。あたかも、抒情詩と踊りの資源を言葉に混ぜ合わせる舞唱のみが、プレーンの複雑さを示唆することができるかのようである。そして、苦悶と葛藤の力として、エリニュエスは実質的に舞唱であることがわかる。そこから、人間におけるプレーンと劇表現における悲劇的舞唱とのあいだの相同性に関する仮説が生じるのだ。しかし、ちょっと待とう！　しかるべき段階をとばさないほうがいい。

隠喩へ戻ることにしよう。道すがら、悲劇的ミメーシスというかの哲学的観念が厳しい試練

phrenas の属性として用いることで、この意味に賛成の断を下しているのが、他ならぬ『ティマイオス』(70a2) のプラトンである。ディアプラグマとは、胸郭部と発音器官の腔を分け隔てている仕切りである。したがって、囲いのことである。

☆12　J. Derrida, «Chôra» (*op. cit.*), p. 268.（この引用と次の引用について。）

にかけられるかもしれない。あとでわかるだろう。

隠喩的意味と本来的意味、ミュトスとロゴスという二極性を越えて、「二極性の秩序そのものを脅かす」[☆13]、こうしたものが、ゆえに、『オレステイア』三部作におけるプレーン、語であり事柄であるプレーンであるだろう——コーラとともに、『ティマイオス』以前に。さらに別のきわめて重要な語をいくつか挙げることもできるだろう。それらはくだんの三部作において「隠喩に甘んじる」ことに抵抗しているのだが、それは、本来的なものと比喩的なものの区別がそれらにおいて廃棄されているからである。たとえば、血の名であるハイマ haima があるが、そのエレメントのなかでは、翻訳者が、流れ地面にまき散らされる[☆14]——つまり殺害——生ける者におけるそのものとしての血と、血統の媒体としての血とのあいだに捕らえられて身動きがとれないことも一度ではない。『コエーポロイ』で、エリニュスがアトレイデスの宮殿まで**teknon haimatōn palaiterōn** (649-650) を導くとき、それは隠喩だと言われる。なぜなら、クリュタイムネストラの「殺害」(したがって、比喩的な意味のハイマ)は怨恨の自己分娩的な系譜を引き受けるからである。そこで、「かつての殺害の子供」(マゾン)という訳になる。しかし、アトレイデスの宮殿の方へ進んで行くものが、同時に、そして、決定不可能な仕方で、オレステスと彼のおこなう殺害——息子のうちに具現した殺害——であるならば、ハイマにはそのまったき物質性を残さねばならず、こう訳さねばならない——「かつての血の子供」と。すなわち、ただ単にテクストを訳さねばならない。というのも、ハイマの重層決定によって、オ

☆13 *Ibid.*, pp. 267-268; p. 294, n. 1.
☆14 Cf. Nicole Loraux, «*Oikeios polemos* : la guerra nella famiglia», in *Studi Storici*, n°28, Roma, 1987, pp. 11-14.

レステスはアガメムノンの血から二重に生まれたのだから。[☆15] すなわち、その血はアガメムノンを生んだアトレウス家の血で、アトレウス家の大地にまき散らされ、アガメムノンにもその息子を誕生させたのだが、そのさい、その子に、来たるべき殺害を生まれながらにして運命づけたのだ。ゆえに、オレステスは進んでいく……。

プレーン、ハイマ——物質的なものと精神的なものの二極性を拒絶し、その拒絶をテクストのなかにテクスト機能の原理としてすら書き込むこうした母型的な語のリストは、確かに閉じることがない。だからといって、それは、あらゆる二極性が忘却されているという意味ではない。すなわち、本来的なものと比喩的なものとの不可分性を刻印され、そこでは二極性が機能しないと思われるようなそんな語そのもののなかに、二極性を凹版画のように刻み込んでいく、悲劇がもっている非常にギリシア的な仕方について、人は思いを巡らすことだろう。そして、それとは反対の文彩例もあって、それは、二極性があからさまに勝っているのだが、そのように強調されることで、二極性が強められているのか、それとも、謎めいた二項式の構築がその究極的な効果として二極性を密かに抹消しているのではないかどうか決定するに、最終的に断定できない、そんな場合である。私が考えているのは、テクストが撞着語法《オクシモロン》で動かなくなってしまう、凝縮の契機のことである。それは大変ギリシア的な、しかし、アリストテレスがためらうことなく「よそもの xenikon」の欄に記帳してしまう論理に従っている。たとえば、『アガメムノン』はそんな瞬間が溢れるほどである。境界の標石が国境をしるすかわりに禁じられた土地へはみ出すとき、舞唱は、「思い込みの早すぎる女性的**境界がはみ出す**」（485）と言

☆15 アガメムノンの血からであって、マゾンが注で提示するように「かつての女殺人者」からではない。『エウメニデス』は、オレステスの問い（606.「私は母の血に属するというのか」）からアポロン神による、母を「子を産むもの tokeus」と呼ぶことの拒絶に至るまで、執拗にこの点をはっきりさせようとするだろう。したがって、テクノン teknon としてのオレステスは純粋に父親的な産出 tekein《テケイン》に属するのは明白である。

う。そして、死んだ肉体と貴金属を並置して、アレースを「死体の黄金両替人」[☆16]にするのもまた舞唱である。つねに舞唱なのだ。それは演技者でも観衆でもなく、外部でも内部でもなく、このうえなく頑丈に投錨された対立項目録の索を放つにぴったりの動く審級なのである。

撞着語法《オクシモロン》とともに、すでに、我々は連辞を使っていた。今や、文において展開された言表の豊かさを隠喩に返すときだ。たとえば、『アガメムノン』におけるパロドス〔舞唱登場のオード〕(192-198)で、舞唱はアウリス港でギリシア人たちが長いあいだ待機していることに言及する。

ストリュモーンから吹く風が、
[……]
アルゴス人たちの精華を、
磨耗によって梳いている。

この場合、語るべきはもはや並置ではなく、異なった経験場間の飛躍——言い換えれば、奇妙にも、衝突——の累積である。それらの経験場はさらに言えば両立不可能でさえあるのだが、しかし、ただそれらのぶつかりあいのみが、見ることと聞くことの無区別のなかで、注釈よりも力強いこの特異な陳述を生み出すのである。なるほど、「摩擦 tribos」による磨滅は、羊毛織りの仕事でカーディングと呼ばれる選別作業と同じではないし、羊毛を梳くことはできても花を梳くことはできず、ましてや、完全に決まり文句であるが、アルゴスの兵隊の精鋭を指

☆16 『アガメムノン』438. デュモルティエの「銀行家」という訳 (J. Dumortier, *Les images dans la poésie d'Eschyle* (*op. cit.*), p. 178) は、この撞着語法を捉え損ねている。

し示す花を梳くことなどできはしない。しかし、「梳く kataxainō」という動詞と「アルゴスの花 anthos Argeiōn」との隣接——間違いなく突飛な隣接[17]——が、逆説的にも、[18]「花 anthos」に一つの花の弱々しい物質性——『オレステイア』における花の不幸の流転が始まるのだが、それは長い物語なのでここでは省こう——を取り戻させるということもある。だから、ストリュモーンから吹いてきた風が、「アルゴス人たちの花を、磨耗によって梳いている」のだ。全体が断絶に呑み込まれているこの陳述では、逐語訳の字義どおりさになんとしてもとどまるべきである。そこでは、不連続性が〈聞くこと＝理解すること〉のなかに沈黙を滑り込ませ、耳は、輪郭が現れるや停止してしまうもろもろのヴィジョン同士の衝突のうえに、いくらかの意味を構築するのである。

逐語訳にとどまること。なぜなら、**他のもののための語は存在せず**、在るのはただ、非常に現前的な、聞かれ、そしておそらく見られはするものの、聴衆がそれを秩序立てるために動かなくすることが一瞬たりともかなわないような、すでにそこにある陳述だけなのであるから。読者はといえば、時間を遡ったり加速させたりすることは好きなだけできるとしても、それをいいことに、隠喩を整合性のなかに単一化したいという自分の欲望から、それを特定の場所に位置づけるなどもっての外だ！　隠喩は、陳述の仮定された中心に固定され、係留されてしまうと、救いようのないほどやつれ果ててしまうだろう。

訳しすぎても、あまりに明確に位置づけようとしてもいけない。語の連鎖が整合性の一般に認められた基準に適っているいないにかかわらず、語以外のなにものも存在せず、語の外では

☆17　デュモルティエにとっては（*ibid.*, p. 129）、「**kataxainō**は、花という正確な意味に解された**anthos**とはほとんど関連しない」のだから、この隣接は「隠喩的意味を困難にする」。しかしながら、デュモルティエは、最後には、あらゆる突飛さを縮減して大満足（p. 174）するだろう。

☆18　これには三つの例がある。659660において、「海はアカイアの英雄たちの死骸で花咲いた」——またもアカイアの花であるが、しかしなんという状況。ヘレネは「心を蝕む（マゾンが訳すように「陶酔させる」ではない）愛の花」である——したがって、ある程度つながりをどうしてもつけるのなら、肉食性の花である。が、彼女は花であると同時に蝕むものであると理解するほうが良い。『コエーポロイ』（1009）では、待つ者にとっては、「苦しみさえ花と

なる。」

何も存在しないのだ。シャルル・マラムーは、ベーダの単語 lokapakti ——慣例的な訳はその意味を希釈してしまっているが、彼は「世界の焼成」という含蓄のある語義へと戻す——を注釈しながら、「隠喩の味わいを損なわないよう（言い換えれば、その表現をほとんど隠喩的でないものとしてみなすよう）[☆19]」に促す。この数行を読み返してみたうえで、それらを、一般に比喩的（すなわち、整合性がないとは言わないまでも無益にイメージ豊かな）とみなされている表現を「真面目に取る」配慮に加えて、私の意図に取り込んでみると、そこには人を困惑させる法が表明されているように思われる。すなわち、ある表現が隠喩的とみなされると、同時に、隠喩は、その最も奥深いところで、逃れ去ることが運命であるもの——隠喩としての自分自身から逃れなければならないもの——において、精彩を失ってしまうという法である。それはあたかも、隠喩性について語ると、その瞬間、言葉のその並外れた凝縮の契機がもつ奇妙さを縮減することを許されるかのようであり、それならばいっそのこと、隠喩などと呼ばないほうがよいだろう。少なくとも、隠喩が名指されてしまうと、それが沈黙ないし断絶を場所としてもつという点で失われる恐れがあるだろう。沈黙？　この語で私が言いたいのは言葉の中断ではなく、むしろ、注意を払って、もうそれ以上言わずに、思い切って跳び越えることである——理屈を連ねて、世界と焼くこととの、花と梳くこととの断絶を生真面目な繕い物で縮減しようとなどとはせずに。この沈黙に語らせること、「隠喩がある」と単に言うこと。そうすればそれだけで、語どものもとで、意味が穿たれ、別の語どもが——真の陳述を表明すると仮定された語どもが浮かび上がってくることだろう。だが、語どもの肉弾戦以外に陳述はない。

☆19 Charles Malamoud, *Cuire le monde : Rite et pensée dans l'Inde ancienne*, Paris, La Découverte, 1989, p. 36.

したがって、『アガメムノン』で、人間の心が内奥の苦悩のもと、

炎に包まれしこの精神《プレーン》の、
折よい何かをもはやほどき繰り出す希望なく、
暗闇のなかで呻吟する（1030-1034）

と見なされるのは受け入れられるだろう。見解が「ほどき繰り出され」うるにしても、だからといってプレーンが束糸[☆20]と同一視されるわけではない、ということは受け入れられるだろう。というのも、アイスキュロスは隠喩を糸のように繰り広げているのではなく、発作的なせきこみのない円滑なつながりへの——つねに再形成される傾向にある——期待を、瞬間瞬間において、打ち砕いているのだから。心はほどき繰り出すことを求めるが、精神は焼失する。すべては言い終えられているのだ。戦艦同士が角突き合わせるとき、伝令官の語ることのなかですべてがすでに言い終えられてしまっているように。しかし、私はそれについてさらに議論を展開しなければならない。

そこで、帰路にあるアカイア人たちを破滅に導く嵐の話を見てみよう。

それは日暮れ、時化のなかで、不幸は起こった。
トラキアからの息吹によって互いに叩きつけられて、

☆20 デュモルティエ（J. Dumortier, *Les images dans la poésie d'Eschyle* (*op. cit.*), p. 174）は隠喩を繰り広げている。

我等の船は折り裂かれた。激しく**角突き合わせ** kerotypoumenai、
台風猛威の下、突風にうなる雨に吹き払われ、
それらは不幸の羊飼いの渦巻きに呑み込まれた。（『アガメムノン』654-657）

艦隊の破滅のなかで、軍艦同士は、マゾンの注釈的翻訳が主張するところとは異なり、「正面から」「衝突し」あうのではない。四散した羊の群れとなって、それらは**互いに角突き合わせるのだ**。そして、**kerotypoumenai** を翻訳するには、クローデルがこのくだりでみごとにそうしたように、「角を与える」と訳すより他ない。したがって、三段櫂ガレー船の衝角に言及して懸命に注釈しようとするには及ばない。おそらくまた、嵐としての牧人、かの悪しき羊飼いの権威のもとに文を後から統一しなおすために、さらに二つの詩句を待つことも無駄だろう。[☆21] というのも、すでに、劇場の観客たちは、**kerotypoumenai** を耳で聞き、目で見たのだから。『オレステイア』では、夢のまぼろしを「決裁する krinein」――解釈する、と解そう――ために、しばしば、占い師が必要であるにせよ、どんな解釈者も、意味を、じかにテキストをほどき繰り出すためにいるのではない。〈聞く／見る〉のは観衆自身、語の力のもとで炎に包まれたプレーンのすべきことである。

見ること、聞くこと。聞きながら見ること、視像を聞くこと。[☆22]『オレステイア』全体を通して――とりわけ『アガメムノン』を通して――これこそが、隠喩の本質的な賭金の一つであり、カッサンドラが舞唱隊を前にして過去と未来における死を預言する場面で、それは際立っ

☆21　デュモルティエ (*ibid.*, p. 170)。「咎に取り乱す角をもった家畜の群れのように、嵐のなかのギリシア軍艦は互いの上に身を投げ出す。」

☆22　Cf. N. Loraux, «Les mots qui voient», in C. Reichler (éd.), *L'interprétation des textes*, Paris, Minuit, 1989, pp. 157-182.

て鋭く感じられる。カッサンドラは言葉を見ることへつぎ込む[☆23]のであって、このことは聴衆がまた同時に観衆でもあることを要求するだろう。事実、syniēmi という動詞（そして鋭い知性という名詞である synesis）でもって、理解することが聞くことの様態で言われるにしても、知ること—— eidon〔見る〕と同じ語根から発生した oida ——の性格を見ることがもつのもまた明らかである。ところで、死ぬまで誰にも耳を貸してもらえない運命にある女予言者は、舞唱隊を、突如盲目に襲われるがゆえにほとんど受容力のない対話者と見る。舞唱隊にはカッサンドラの見る幻影が見えないので何も聞こえず、また彼女の霊感の宿った言葉をまったく理解できず、そこにただ謎[☆24]だけを見いだす。このことを、女預言者とアルゴスの長老たちとのあの特徴的なやりとりから判断してほしい。カッサンドラはクリュタイムネストラによるアガメムノンの殺害の場面を描写したところだ。雌牛の罠にはまった「黒い角の雄牛」についてはまだ語っていない（『アガメムノン』1125-1129）。しかし、他ならぬ災いの漠然とした予言だと舞唱隊がわかるには十分すぎる。なのに、カッサンドラの言葉に波長を合わせるために、ある対比の非常に間接的な中継を経なければならないと舞唱隊はなおも思ったのだ。そもそもその対比は完全に無用であるのに。というのも、それは冗漫であり、それが明らかにすると見なされるものよりも明確ではないのだから。

自分が預言を知悉した者だなどと豪語するつもりはないが、
それを私は災いに対比する proseikazō。（1130-1131）

☆23　これば、Ana Iriarte, *Las redes del enigma : Voces femeninas en el pensiamento griego*, Buenos Aires, Taurus, 1990 でアナ・イリアルテが示している通りである。

☆24　謎に関しては 1112 と 1183 参照。形容詞 synetos が謎を解読する術を知っている人の性質をとくに言うのなら（Gregory Nagy, *The Best of the Achaeans : Concepts of the Hero in Archaic Greek Poetry*, Baltimore, Johns Hopkins University Press, 1979, p. 240）、1112 から 1113 にかけて、舞唱が「理解できない oupō xynēka」とこぼしているのは意味深長である。謎につづいてヴェールに覆われた言葉が言われ、舞唱は途方にくれるのだから。反対に、1243 では、「理解した xynēka」舞唱は恐れおののく。また『コエーポロイ』887 をも参照のこと。そこ

「それを私は災いに対比する。」アルゴスの長老たちは見ることと聞くことの二極性——敵対関係——の裏をかくことができずに、彼らがその教育的明晰さをカッサンドラに対立させるロゴスの名のもと、知性作用に訴えねばならないと思う。その成果が薄っぺらなものであることはすでに見たが、紋切り型の分類を揺るがすことなく、類似のものを類似のものに取り合わせる、そんなよそよそしい操作に舞唱隊はこだわっているのだ。☆25 そして、カッサンドラがそれを使って彼らのプレーンに語りかけていた謎を、長老たちに耳を傾けてもらうためにあきらめなければならないのは（『アガメムノン』1183. phrēnōsō d'ouket'ex ainigmatōn）、みずからの預言的プレーンを忘却しがちな舞唱隊がおのれの動揺を叡知的なものと可感的なものとが区別されうるような世界の確実性に係留しようと——無駄にもかかわらず——欲するからなのだ。

そしてついには、隠喩にとって、「おのずと生じる」もう一つの仕方が存在するだろう。それはみずからを実質化することに存する仕方、いかなる対比の企てからも、いかなる二極性からも遠く離れて、みずからを実現することに存するとまで言っていい仕方である。

「誰が、彼に関して、弔いの歌を歌うのか」、とアガメムノンの亡骸を前にして舞唱が叫ぶ（『アガメムノン』1541）。まるで長老たちは、殺害前の自分たちの苦悶およびあの全存在のかげりを、すなわち、惨劇を先取りして、讃歌でありながらも、彼らの心に弔いの歌しか吹き込むことができないあの全存在のかげり（990-991）を、忘れてしまったかのようである。喪の悲しみを帯び

で、オレステスと対峙したクリュタイムネストラはようやく彼女の夢を「理解する xynēka toupos ex ainigmatōn」。

☆25 apeikazō（1131, 1242. すでに163に見られるし、また『コエーポロイ』976、『エウメニデス』49を見よ）にeoika〔……のように見えること〕の場合（1083, 1093, 1161, 1178）を付け加えよう。

たプレーンと心の弔いの歌とに、本来的に隠喩的なものはすでに何もないのに、なぜ儀式の現実性に、状況では完全に不可能な儀式の現実性に訴えねばならないのか？　おそらく、事態の経過のきちんとした順序に時が注意を払う必要があるのだろう。すなわち、内面の喪に悲嘆の外的徴しがつづかなくては、そして歴史〔物語〕が進まなくてはならないのだ。そのとき、弔いの歌が、しかるべく、死者の墓前で歌われるだろう。しかし、それには『コエーポロイ』(335) を待たなくてはならない。かくして、『オレステイア』三部作においては、すべての事柄はその実現へと向かう――クリュタイムネストラの夢としてのアガメムノンの殺害、かの「成就した夢 oneiros telesphoros」（『コエーポロイ』541）――のであって、語られ成就しつつあるテロスの章は長々と詳細に描かれるであろう。したがって、『アガメムノン』の冒頭の詩句からエリニュエスのポリスへの鎮座に至るまで、成就することへ本質上定められているものそのものに、私はたちどまることにしよう。すなわち、おそらくは、およそあらゆる成就の原理であるものそのものに。私は、それをディケー dikē と名づけた。

ディケーを単刀直入に「正義 = 司法 justice」に置き換える前に――たとえ、我々がその置き換えへあとで立ち戻ることが、そしてすでにそこにかかわっていることが明らかであってもだ――今一度、翻訳衝動を一時宙づりにするほうが良い。なぜなら、ゼウスの傍らに席を占める「〈ディケー〉Dikē」と「ディケー dikē」とがあるからだ。なぜなら、ディケーとディケーが（さらに、『コエーポロイ』(461) では、ディケーに対抗するディケーすら）あるからだ。なぜなら、とりわけディケーは「抽象的な道徳観念には［……］まだ作り上げられていない[☆26]」から

☆26 Catherine Darbo-Peschanski, *Le discours du particulier : Essai sur l'enquête hérodotéenne*, Paris, Seuil, 1987, p. 45.（ヘロドトスに関して。）

で、たとえ三部作がその実現に努めているにせよそうなのだ。エレクトラが彼女の敵たちに対抗すべく訴える「勝ち誇ったディケー dikē nikēphoros」(『コエーポロイ』148)は、ルイ・ジェルネが書いているように、「血の復讐の概念と、それが成就する勝利の概念」のうちにその「十全な意味」[27]を見いだすだろうが、『エウメニデス』で、オレステスが法廷の「評決 dikē」のおかげで「勝利 nikē」を収めるのは、**dikē nikēphoros** のまったく別の意味においてであって、それは、劇場の虚構のなかで、観衆たちの目の前で実際に起こるだろう。[28]

しかし、その過程のもろもろの様態は、最初にそう見えるよりも複雑である。「正義 dikē」は、「司法 dikē」において実現すべく定められているのだろうか？　おそらくは。しかし、『オレステイア』三部作のなかに、ディケー(「正義＝司法」)と世界の均衡と物語の秩序との[29]あいだに深いつながりのようなものがあることは確かに疑いない。しかし、その原理の公現が最終的に確実であるためには三つの悲劇の持続が必要であることに変わりはなく、そのためには、たとえば、同じものによる同じものの分娩——悲劇のはじめから隠喩的である——がついにその固有の場所を見つけることが必要となっていることだろう。瀆神が溢れるように子を産み、あらゆる点で母親に似ている子供が、その産みの親が行き過ぎた過剰な行為 Hybris なので「破滅の女神」《アーテー》と名づけられ(『アガメムノン』758-759; 769-771)、古の血の子供が宮殿の方へ進んでいく——そんな殺害の血統譜が存在するのだが、そのような血統譜に別れを告げて、人間的諸対偶の豊穣さがエリニュエスによって祈願される正しきポリスへと、同じものにおける再産出がたどり着くことが必要となっていることだろう。そのとき、みずからの応報的正義の次元にけ

☆27 Louis Gernet, *Recherches sur le développement de la pensée juridique et morale en Grèce*, Paris, E. Leroux, 1917, p. 153, n. 230.

☆28 同様に、エレクトラがゼウスの使いの者として言及する kratos kai dikē〔権力の神クラトスと正義の神ディケー〕(『コエーポロイ』244)は、アテナが確認するように、最終的に勝利を収めるだろう(『エウメニデス』973-975)。ディケー dikē とニケー nikē に関しては、サイモン・ゴールドヒルの指摘(Simon Goldhill, *Reading Greek Tragedy*, Cambridge, Cambridge University Press, 1986, pp. 43-45)を参照のこと。

☆29 カトリーヌ・ダルボー－ペシャンスキーがヘロドトスの『調査』についておこなった分析を、私は『オレステイア』三部作のためにずらす。

りをつけて、ディケーは語りの外で、市民政体の創設として機能するようになる。

ディケー——それは、およそすべての正しい成就の、その遅効的ではあるが逃れえぬ原理そのものであって、「正義 Dikē」と「司法 dikē」の議論に終止符を打つ成就からしてそうなのだ。しかし、悲劇は道徳建設的ジャンル（我々が古代ギリシア人に感謝してもしきれないもの）ではなく、『コエーポロイ』の舞唱によって裁きの女神 Dikē のために考案された語源（949. Dios kora Dika、ゼウスの娘としての裁きの女神）[☆30]は、『エウメニデス』にあっては繰り返されない。なぜならば、「ゼウスの娘神 Dios korē」はいまやアテナであり——飼い馴らされる以前からすでに、エリニュエスはその肩書でアテナに敬意を表した（415）——裁判の人間的正義 la justice humaine は今や〈神的正義＝裁き〉Justice に訴えることを避けなければならないだろうから。

別の言い方をすれば、『オレステイア』三部作の終わりに至って、長いあいだ宙づり状態にあった、さらには壊滅状態にあったあらゆる重要な二極性がその正当な場所を、ギリシア的諸対立のポリス的一覧表のなかに回復するのだ。秩序がしかるべく整えられ、もろもろの領域はそれぞれの場所に収まり、そして三部作は、互いに異質な領域がともに現前する文彩である隠喩を忌避する必要などないくらい時宜に適って終了する。

しかし、そのとき、振り返ってみて、ディケーの語にかかわる一つの困惑させる事実を考慮しなければならない。[☆31]三部作のなかで何度も繰り返し、まるで隠喩を、さらには多少展開された対比をも倹約するためでもあるかのように、テクストは対比項の名詞の属格で補足された対格 dikēn に頼っていて、人はもはや自問することなく（あたかもディケーは『オレステイア』

☆30　起源と系譜の言葉としての語源に関しては、そして、大いなる父ゼウスの娘を母親殺しに直面させるものとしての語源に関しては、ゴールドヒル（S. Goldhill, *Reading Greek Tragedy* (*op. cit.*), p. 20）を参照のこと。

☆31　この点に関する注釈者たちの沈黙は注目すべきことである。副詞句としてこの語を分類する用語解や辞書で、彼らは、この語は dikēn＋属格からつねにすでに説明され済みとおそらく考えていて、この連辞の繰り返しについては一言も触れることがない。ゴールドヒルでさえそうであって（*ibid.*, pp. 33-56）、とはいえ一章をディケーに費やしてはいるのだが。

三部作の主導語の一つでないかのごとく、あたかも dikēn のこの使用は、アイスキュロスにあって、いわば『オレステイア』三部作に限らないかのごとく)[☆32]、「……のように à la manière de」と翻訳する。それは、『アガメムノン』で十五回、『コエーポロイ』で五回、『エウメニデス』で四回起こるが、『アガメムノン』以降の回数の激減もまた考察に値する[☆33]。

「若い牝山羊のように Dikan chimairas」——くだんの成句の二度目の登場箇所では、イピゲネイアが大地にすがりつこうとする絶望的な努力むなしく、「若い牝山羊のように」祭壇の上に連れ上げられる。また、カッサンドラの場合——彼女は、クリュタイムネストラによれば、「つばめのように chelidonōs dikēn」わけのわからない異国の言葉を喋り、舞唱は、彼女が、「犬のように kynos dikēn」血の跡を嗅ぎつけたとして驚くだろう。しかし、カッサンドラ自身がこの言い回しを使っている。たとえば、彼女がもう今後は謎の形式を使わないようにしようと言う段で告げることには、彼女の言葉はもはや、「若い花嫁のように neogamou nymphēs dikēn」ヴェールの下から相手を見ることはなく、「大波のように kymatos dikēn」押し寄せるだろう。そして、クリュタイムネストラを「猫をかぶった破滅に dikēn atēs lathraiou」なぞらえるのもまたカッサンドラで、彼女は、心が自分を「供犠の雌牛に theēlatou boos dikēn」、クリュタイムネストラをおのれの死の呻きを歌う「白鳥に kyknou dikēn」同一視するのを待つ[☆34]。

したがって、まさしく、ディケーは、テクストにおける比喩性の、少なくとも類似性の起動語になるのだ。しかしながら、この現象の奇妙さはあまり注目されてこなかった。耳が——いずれにせよ読者の目が——登場回数のあふれんばかりの多さにすぐに慣らされてしまい、結局

☆32　アイスキュロスにおける総計二十八回の出現のうち、『オレステイア』三部作に二十四回現れていて、他の四回は『テーバイへ向かう七将』、『救いを求める女たち』、そして二つの断片とに分散している。

☆33　たとえば、『コエーポロイ』(754) のなかで、『アガメムノン』だったらまず間違いなくディケーンが使われたであろう箇所に tropōi〔……の様態で〕が見られる。

☆34　引用された例は、すべて『アガメムノン』から取った。232, 1050, 1093, 1179, 1181, 1229-1230, 1297-1298 を見よ。

なおもディケーの反復使用であるものを前にして警戒心を単に失うのでないにしても、この語の副詞的機能を言うことで片づけてしまうのだ。文献学者たちはどうかといえば、唯一の意味のまわりにある語の意味作用を統一化できないと判断するときすぐに見せるお馴染みの反射行動を、ディケーンを説明する場合にも適用するのであって、「**きっぱりと異なった**二つの用法のあいだで」区別をする。ピエール・シャントレーヌの『ギリシア語語源辞典』——私はこの辞典の説明を一歩一歩慎重に辿る——によれば、この語はまずホメロスでは「規則、慣例」を意味したと言い——そしてディケーがこの意味をもっているという『オデュッセイアー』を引用する（dikē brotōn はむしろ「死すべきものども掟」を意味し、死すべきものどもが従属している掟であって、彼らの「慣例」ではないのだが、このことは除外されている）。その後、規則ないしは慣例の観念が「正義のそれに導いて」いったという。☆35

ところで、すでにわかっていたことかもしれないが、二つの用法の区別はそんなにきっぱりしたものではないので、ディケーの翻訳について一度ならず自問しなければならない（この場合「法」という言葉に頼ることはつねに可能ではあるけれども）。たとえば、『エウメニデス』で、オレステスがアテナに対して、legein hopou dikē / sigan th'homoios を知っていると宣言するとき(277)、アポロンによって清められた殺人者は、異なった国々における習慣の多様さに関する相対主義的な信条表明など必要とせず、「法が話すことであり、同様にまた、黙ることでもある」場所を知っているのだと推測されよう。

『オレステイア』三部作のいくつかのくだりではヘシオドスと同じように、ノモスとディケー

☆35　反対に、エミール・バンヴェニストは、その言語学者としての鋭敏さで、ディケーの二つの用法をただ一つの意味へ統一する。彼はディケーを裁判官が所有し適用するはずの「定式」と規定するので、ディケーンのなかに「制度的価値」を捜し出すことができ、『オデュッセイアー』XI, 218について、次のように書く。「それは「在り方」ではなく、まさに「命令的規則」「運命を規定する定式」である。だからこそ、「……のやり方で à la manière de」、すなわち「ある行為範疇の規範に従って」というディケーンの副詞的用法に至るのである。」

が近い[☆36]ことにあまりこだわらずに、これ以上ぐずぐずせず先に進まねばならない。ディケーをその副詞的用法において翻訳するために、私は、法の観念に、すなわち、ある領域 ordre に固有の規範の観念に——さらには、その語の二つの用法を区別しようとしまいとにかかわらずディケーがつねにそれである「ordre」そのものの観念に、可能なかぎり密着することを提案する。「……にとって決まりであるように」、「……にとってそれが規範であるように」といった類の注釈的な婉曲表現はすすんで避けたい。できれば、「……の〈秩序－領域〉の de l'ordre de」、のような表現がいいと思うのだが、実際にそれを用いたとしてもその翻訳はすぐに限界が露呈する可能性があり、私が困難に屈することも起こるだろう。そこで、「……にとってしかるべく comme il se doit pour」、という翻訳で我慢しようと思うが、少なくとも、それなら、諸〈秩序－領域〉間の混同の異例さが表に出るだろう。[☆37]

「若い牝山羊のように Dikan chimairas」——祭壇の上に上げられ、その人間としての、そして、王女としての身分を剝奪されたイピゲネイアは、もはや「牝山羊の〈秩序－領域〉の」生き物でしかない。また『エウメニデス』では、オレステスが「子鹿にしかるべく nebrou dikēn」(111) 逃げ出したので、クリュタイムネストラの亡霊がエリニュエスに向かって、彼女たちが獲物を見失ったとなおも叫ぶだろう。これは、諸〈秩序－領域〉がその安定性を失い、錯綜していることを暗示している。あるいはむしろ、舞台になった〈秩序－領域〉——一般的に人間のそれ[☆38]——が突如他のものに、動物たちの生あるいは海のもろもろの動きを支配する他の〈秩序－領域〉に横切られるのだ。正義は夜を徹して〈秩序－領域〉を分配する——もっとも、この分

☆36　『コエーポロイ』990. アイギストスに関して——echei gar aischyntēros, hōs nomosm dikēn［「彼は、掟に従って、誘惑者の判決（あるいは罰、あるいは宿命）を抱えるのだ」］ヘシオドス『労働と日々』276-278——「というのも、人間のために、クロノスの息子ゼウスは、魚や野性動物や翼をもった鳥たちが互いに貪り食い合うという法 nomon を作ったのだ。なにせ、それら動物たちにはディケーはないが、人間にはディケーがゼウスによって与えられたのだから［……］」。

☆37　私がある辞書にあたっていて「規範 norme」の項目の所に「模範 modèle」の語を見つけたとき、一瞬、ディケーンを、「……に倣って sur le modèle de」と訳すことができるのではと思ったが、それは、その言い回しならディケーの規範的次元と比喩的意味が結

配がおのおのの〈秩序−領域〉にとってそれらの法に適っているまさにそのときに「正義」と呼ばれるのなら話は違うが。若い娘が動物界の〈秩序−領域〉で生贄にされるだけで、罪と贖いのプロセス全体が作動しはじめるのだ。ここで、我々は、ただ単なる文彩化とほど遠いところに、翻訳者たちが、暗黙の合意でもって、皆が皆、ためらうことなく、ディケーンの機能を還元していく先の対比作用からさえほど遠いところにいる。問題になっているのは——少なくとも『アガメムノン』において問題になっているのは、むしろ異質な〈秩序−領域〉の——アリストテレスのクセニコンを思い出していただきたい——しばしば乱暴な、話者たちの世界への侵入であって、その射程はディケーンの屈曲によって厳格に描かれているのだ。もろもろの実存領野を互いに押し当てて平板にしてしまうことを拒むひとつのテクストのもつ、もろもろの選択との完全な一貫性において、異質な規範が、それが突然適用された〈秩序−領域〉に穴を穿ちにやってくるが、そこにはこじ開けの痕跡以外の、ときにその裂け目以外のなにものも残らない。dikēn + 属格——これは、自らの場をそこにもたない世界のなかにディケーが残す刻印として、異例さを描く仕方である。

「若い牝山羊のように Dikan chimairas」——ディケーのこのような反用法的使用[☆39]のおそるべきイロニーについて人は思いを巡らすことだろう。一人の若い娘は牝山羊ではない。彼女にその規則を適用することはぞっとする踏み越えだ。エリニュエスに関して言えば、彼女たちにとってオレステスは一匹の狩られるべき野獣であるが（「獲物が逃げたぞ oichetai thēr」、と彼女たちは嘆く。『エウメニデス』147）、彼女たちがあれほど引き合いに出すのを好むディケーは〈秩序−領

びつくからだ。しかし、ミメーシスがとくに問題視される世界にあっては、「模範」の観念はこの研究の方向を著しくねじ曲げた。

☆38 しかし、エリニュエスの領域とはなんであろうか。彼女たちは目録に記入しうる生き物どものいかなる領域にも属さない、と執拗に強調されている。

☆39 二三二行目での、chimaira、若い牝山羊は、デニストンとペイジが彼らの版（オックスフォード）で主張するように、「狩猟の女神アルテミスに山羊を捧げるのが習わしだったのだから、とりわけ適切」であるかもしれない。しかし、イピゲネイアは山羊ではない。半ば野性である山羊はそもそも非常に特別ないけにえである、という指摘もあるだろう。Pierre Vidal-Naquet, «Chasse et sacrifice dans l'*Orestie* d'Eschyle», in Jean-Pierre Vernant & P. Vidal-Na

域〉の混同に抵抗するものであって、ディケーンがその混同を通報する役割をはたしていることを彼女たちは知ったほうがよい。この点では、クリュタイムネストラの亡霊のほうが、死者たちが彼女に居場所を与えないせいか、より思慮深かった。すなわち、オレステスはエリニュエスの獲物であるが、オレステスは人間であって、その彼を子鹿の役に就けることは、ディケーの全般的な再分配をおこなうことになるのだ。

同時にまた、カッサンドラのまわりで——それが他人の言説であろうとも——ディケーンの登場の累積が明らかになるが、それは、〈秩序－領域〉の善き配分への生きた侵犯を彼女において示すため、あるいは、本来的意味と比喩的意味の区別が、アポロン神の遠回しな知恵から見ると、いかなる妥当性をも欠いているということを彼女自身の預言者としての言葉のなかで暗示するためである。カッサンドラは〈秩序－領域〉化されたロゴスのために謎を放棄するだろうか。問題になるのは、またしても、そして、つねに、〈秩序－領域〉の横断である。

quet, *Mythe et tragédie en Grèce ancienne*, Paris, Maspero, 1972, p. 139を参照のこと。そこでは、人間の供犠という「行為のもつ野蛮さをいわば中継する」動物の野性性に関して述べられている。しかし、イロニーということで私が考えているのはディケーンのことである。

よろしい。今やもう神託は、
若き花嫁にしかるべく、
ヴェールの陰から視線を送りはしない。
神託は光まぶしく、息づき跳ねる。
昇る太陽へ向けて。
さらに悪しき災禍の放射の方へ、

大波のごとく〔大波の〈秩序－領域〉のものとして〕、
押し寄せるほどに。（『アガメムノン』1178-1183）

幻影に巣食われ、神の息吹によって動かされた、神託の威厳ある言葉は、それがロゴスに身を折り畳むときですら、世界を脱〈秩序－領域〉化して預言の素材を作る踏み越えを避けることができない。これもまた、悲劇的に言うなら、隠喩の場のなかで隠喩の外に位置する一つの仕方である。

そして最後に、舞唱が歌い語ることのなかに言葉の二重の体制が存在する。あるいはむしろ——というのも、この「二重」において理解されるのはアンビヴァレンツでも二元性でもないのだからだが——ある語どもは分裂も対立もなしに二つの登録域で同時に〈聞かれ＝理解される〉るという明証性が存在する。その二つの登録域というのは、ミュトス（あるいは、アリストテレス流に言えば、筋）のそれと、テクスト内でまったく意外なことに自律化した、劇作法というか、舞唱指導のそれのことである。

たとえば、喪の悲しみの身振りを語っている『コエーポロイ』の舞唱を取り上げてみよう。舞唱は「差し伸べた手 oregmata cheros」（426）の動きを描写し、かくして、「王を襲わんとして」手の後ろから手が伸びる殺害（『アガメムノン』1110）と、死者に対する義務である葬儀との、『アガメムノン』では不可能だった結合が実現する。泣き女たちがさらに、差し伸べた手が彼女たちの身体を「上から、高いところから」打ちつけると付け加えるとき、舞唱は、言った瞬間に自分が完遂する動作そのものを解説しているのだと理解すべきだろうか。現実主義的なこの解釈を支持する人に事欠くことはなく、彼らは、語が身振りを指示していると、あるいは、身振りはテクストにならわなければならないと考えていて、したがって、これらの詩句のうちになにか演技の指示のようなものを見ている。

それを認めようか。言うことの懐のうちに見ることをあえて追いかけてみた結果、私には、事態がかくも単純にそのようであるとはとても思えない。コロス choros からプレーン phrēn へ、劇における舞唱の状態と人間のうちにおけるプレーンないしはカルディア kardia の役割とのあいだに混乱的な類比のようなものが見て取れ、一方から他方へたえず送り返しがおこなわれているのだからなおさらである。たとえば、供物を運ぶものとして心は、悲劇的コロスのように「恐怖に踊る orcheitai phobōi」[☆40]（『コエーポロイ』167）し、そして、狂気の淵にいるオレステスがまたしても、抒情的朗誦法によってすでに誘い出されていた動詞において、「心を前にして、恐怖は歌おうと、狂乱的な踊りを踊ろうと身構えている hyporcheisthai krotōi」（『コエーポロイ』1024-1025）と主張し、そうすることで、彼の内面の動きを、「踊りの要素が歌の要素にはっきりと従属している舞唱的抒情詩の一形態」として示す。さらにこう付け加えることもできよう。すなわち、「もし舞唱的抒情詩を構成する一つの要素の従属的立場が」「演奏者の技巧の増大」[☆41]を引き起こすならば、まさしく恐怖の歌のもとで、カルディアは熱狂的な踊りを演ずる――なんと巧みに！――のである。

☆40　舞唱に加えて、抒情型の表現によって息を吹きかけられる登場人物たちを付け加えねばなるまい。オレステスは『コエーポロイ』の多くのくだりで明らかにその一員に属しており、五五四行目で、自分の計画――来たるべき舞台の筋書き――をミュトスとして示すのもまた彼である。しかし、彼は、すでに、二五一行目で、鷲の子供たちの「巣」のことを skēnē mata、すなわち、宮殿を暗示する skēnē〔小屋・舞台〕の建物として示していた。また、phroimion choreusomai〔祭りの幕開けを踊らん〕（『アガメムノン』31）と抒情的舞唱のように告げる見張りの男に言及してもいいだろう。事実、プロローグを語るのは彼であるわけだが、踊ることを欲することで、彼は四〇行目の舞唱の登場を先取りしている。

☆41　G. Nagy, *Pindar's*

例を積み重ねるのは差し控えよう。人間が抒情詩の仕方でおのれを表現するとき、人間の内面はすべての点で一つのコロスのように反応し、そして、コロスにとっては、すべては踊りないしは音楽となり、そしてまず第一に歌——劇上演における舞唱の特権的表現様態——となる。破滅によってもたらされる血まみれの一撃に至るまで歌との対立関係によって規定されないものはなく（『調子はずれの打撃 paramousos plaga』〔『コエーポロイ』467-468〕、オレステスをその母親に逆らわせる血の「争い eris」は「地の底の神々の讃歌」〔474-475〕となる——が、それは讃歌とは正反対そのものだ、というのも、讃歌は冥界のものではなく、またそうではありえないからだ。

『オレステイア』三部作において、讃歌が撞着語法《オクシモロン》の構造のなかにとらえられていることは、讃《ヒュムノス》歌がアポロンをではなく地下の神々を讃えている多くのくだりによって証明される。たとえば、勝利の雄叫びが不吉なものになってしまうエリニュエスの〈勝利＝弔い〉の頌歌（『アガメムノン』645）、コロスが言及するプリアモスの都市〔トロイア〕の「多重的な挽歌をともなう讃歌」（『アガメムノン』709-711）、そして、みずからのうちでカルディアによって下される預言の歌について舞唱が自問するさいのオードにおける、心臓《カルディア》がロンドを踊る一方で魂《テュモス》が歌いだす「詩情なき讃歌、すなわちエリニュスの挽歌」（『アガメムノン』975-979; 990-992）などがある。そして、それらが待っているのは、『コエーポロイ』における、讃歌がふたたび勝利の歌となって挽歌に取って代わる、そんな真新しい〈秩序‐領域〉からの希望の現れである（『コエーポロイ』342-343）。

しかし、カッサンドラに向かうとき、アルゴスの長老たちの舞唱はこのような撞着語法《オクシモロン》の奇

Homer, Baltimore, Johns Hopkins University Press, 1990, ch. 12, §516からの引用。

妙さを、はっきりと、観衆＝聴衆向けに言葉にした。その場面では、真実、女予言者は舞唱隊の通常の割り振りを自らの添え物にしながら歌い[☆42]、そのため、舞唱は記録装置としてのその役割からしばらくのあいだ解放されて、分析により適した道具であるロゴスを操るためにおのれ自身の内側から生まれてくる歌の異例さを監視することをやめる。そこから、場面を開くものとして、次のようなやり取りが生じてくる。


——オッオッオッオイ、ポ、ポイ、ダァ。

オォポローン、オォポローン。

——なぜそのようにオォオォと泣きながらアポロンの名を？

弔いの歌をお受けになる神ではないのに。

——オッオッオッオイ、ポ、ポイ、ダァ。

オォポローン、オォポローン。

——この女、またも不吉な叫びで、同じ神を呼ぶ。

嘆きの歌のなかにその神の居場所はどこにもないのに。（『アガメムノン』1072-1075）

転倒は鮮やかである。撞着語法《オクシモロン》として構成されたこの場面で、他ならぬアポロンの女預言者こそが自分の仕える神に敵対する音楽様式に訴えるのであり、他方、舞唱は正統性に執着していて、舞唱隊隊長としての神[☆43]に距離を取ることができない過去の抒情的コロスのようだ。しか

☆42 D. Lanza, «Les temps de l'émotion tragique» (*op. cit.*), p. 20, n. 9.
☆43 舞唱隊隊長の神アポロン（とムーサの女神たち）に関しては、G. Nagy, *Pindar's Homer* (*op. cit.*), ch. 12, §519 & 525 を参照のこと。

し、この討論の背後に――あるいはより正確には、**討論と同時に**、すなわち討論のなかに滑り込み、筋における過激さの契機の姿を借りながら――悲劇が、自らをジャンルとして成り立たせる法へ自己参照しているのを聞き取る術を知らねばならない。すなわち、抒情詩はアポロンのものだが、悲劇はそれを横領することで別の目的へと逸脱させて、喪を執り行なうことのために、あるいは、エリニュエスの激昂のために用いる。この「死すべきものたちをつけ狙う、酒の神のお供の女たち brotoskopōn mainadōn」(『エウメニデス』499-500) の背後にディオニュソスの不在の現前を、たとえ束の間であっても、認めないことは非常にむずかしい☆44。

まさにここにおいて、エリニュエスは真に登場した。彼女たちの「讃歌」「舞唱を始め」たあとで彼女らが歌い挙げる束縛する讃歌の分析にとって、「忌まわしい歌」あるいは「憎むべきムーサ mousan stygeran」と語ることで彼女らが更新する撞着語法《オクシモロン》にもう少し時間をかけることは価値あることだ。そうすれば、アポロンに抗して、そして彼が彼女らに押しつける不名誉に抗して、エリニュエスの讃歌は、そのプレネス phrenes を縛りつけられる犠牲者たちにとって錯乱と狂気であるが、しかしとりわけポルミンクス phorminx なき歌であることが確認できるだろう☆45(『エウメニデス』324-333)。そして、エリニュエスの舞唱がまた、彼女たちの足が演じる「踊りの敵対的文彩」を歌いあげるとき、彼女らは襲いかかり、暴力の重荷としてその獲物にふりかかっていくのだ(『エウメニデス』370-375)。

かくして、アポロンへの敵対はエリニュエスの歌において頂点に達する。筋書きを通してずっと、アレオパゴス法廷のとき同様デルポイの神殿においても、古き神々がアポロンに対立し

☆44 nēphalia、酒のない灌奠 (107) を受けるにもかかわらず、「酒の神のお供の女たち」以外の訳はどれも、良識の言葉のなかへ再翻訳することになるだろう。たとえば、マゾンはフリアイという言葉を使うが、それはエリニュエスがローマ人たちのあいだではそう呼ばれているからであり、彼女らが荒れ狂うからである。Maniai (エウリピデス版『オレステス』698-699) と結びつけることでさえ、本質から目を逸らす危険がなおもある。

☆45 すなわち、「竪琴なき」である (alyros.『アガメムノン』990 を参照のこと)。ポルミンクスはキタラとあまり違わず、またそのようなものとして、竪琴に近く、本質的に弦楽器として特徴づけられる。竪琴は通常舞唱の歌に随伴する。

ているのだから。またそればかりでなく、『オレスティア』において悲劇は自分について反省するのだから。すなわち、『オレスティア』では、悲劇的舞唱は合唱詩のなかでコロスに割り振られた地位を捨て去るので、もはや音楽の神の侍者ではなく、彼に最も敵対的な勢力において具現することができるのだ。[☆46]

筋において——筋のもとで——問題になるのは、悲劇の原理そのものである。しかし、このことに隠喩的なものはなにもない。というのも、エリニュエスの舞唱は、まさにコロスであって、しかも複数の理由でそうなのだから。たしかに、作品の展開のなかで、彼女たちがオレステスの周りで不吉な輪舞を結ぶとき、この夜の娘たちは、悲劇の劇作法のすべての規則を忘れるような読者によって筋の厳密な観点から眺められても、すでに舞唱の**形象**をもっている。しかし、劇場の観衆にとっては、彼女らはそれ以上のものを有しているのであって、なぜなら、上演の実質性において、彼女らは、踊りつつその踊りを歌う悲劇的舞唱**である**からだ。まだある。実際に、『オレスティア』はエリニュエスをコロスに仕立てている。すでに、カッサンドラは彼女らをユニゾンにおいて一致しない舞唱として、さらにはディオニュソスの陽気な「お供 kōmos」(『アガメムノン』1186-1189)として性格づけていて、そうすることで、最初から、舞台上に実存を受けるのを待っているものとして彼女らを提示していた。

したがって、『オレスティア』の端から端まで、その抒情詩的な箇所において、筋と悲劇的自己参照との共現前が保証されているのだ。すなわち、アルゴスの長老たちの舞唱は、プレーンがそうであるように、感覚と思考、内部と外部のあいだを決定不可能な仕方で揺れ動いてい

☆46　女性の舞唱隊が、ムーサを真似て、卓越した舞唱団指導者であるアポロンの代理としての男性の舞唱団指導者に従属する合唱詩とは反対に(G. Nagy, *Pindar's Homer* (*op. cit.*), ch. 12, §533)、悲劇的舞唱は、舞唱隊のメンバーと同じ性をもつ、単なる舞唱の発現である舞唱頭によって表される。ここから、アポロンを攻撃するエリニュエスたちの自由が生まれる。

たし、エリニュエスはそれ自体で一つの舞唱であるがゆえに『エウメニデス』の舞唱を努める。選別することのできない二つの負荷として言説の二つの体制を同時に記録することができるかどうかは、観衆の鋭敏な聴覚にかかっているのである。

最後に今一度、「束縛する眠り hymnos desmios」へ立ち戻ろう。エリニュエスは死すべきものたちにとって彼らに割り当てられる運命の分け前の分配者であるが、歌い始める前に、スタシス stasis としてみずからを特徴づけた。「私が見張りに立つこと stasis emē」、と彼女らは言う（『エウメニデス』311）。しかし、同時に、彼女らは自分たちの分割者としての職務を、踊り場《オーケストラ》に舞唱隊がつくことを表す専門用語であるスタシスに結びつけていた。パロドスの後、最後にゆっくりと退場していくまで、劇のあいだじゅう、舞唱隊は歌と踊りのための空間のなかにみずからを配置〔分配〕するのだ。☆47 私が見張りに立つこと stasis emē、舞唱隊としての私の立場。これこそまさに、カッサンドラを想起させる――エリニュエスの名を上げずに、彼女らを血統にとっての飽くことなき反乱分子《スタシス》として指し示すカッサンドラを（『アガメムノン』1117-1119）。狂気の淵のオレステス同様、預言者カッサンドラは舞唱隊が偏愛する言葉を見つける術を知っている。しかし、カッサンドラは舞唱隊ではないし、彼女の言葉のなかで、スタシスはまだ「反乱分子」の意味しかもってはいない。一歩が踏み出されるのは、『コエーポロイ』において、供物を運ぶものたちの舞唱によってであり、その舞唱は自分自身を、スタシスとして、劇空間において構成されるコロスであると同時にアガメムノンの子供たちに仕える集団として指し示す（458. また、114を見よ）。『エウメニデス』の結末へと向けて。その結末では、スタシスは「反乱」の秩序破壊的

☆47 スタシスのこの意味について、そして、劇における この語の二重の意味〈設立／分裂〉については、G. Nagy, *Pindar's Homer* (*op. cit.*), ch. 12, §534-535を参照のこと。

な意味において（977）舞唱から決定的に切り離され、とあるものとして対象化されるのだが、そのあるものとは、まさしく、筋のなかで、恐るべき女神たちがそのポリスを守る使命を引き受けた当のものである。しかし、じつのところ、スタシスの語のそのような使い方はコロスとしてのエリニュエスの最後を告げており、すぐ後に来るアテネの観衆への最初の別れ――「栄あれ chairete」（996）――を先取りしているのである。

舞唱は退いていく。先に自己説明してはならないのであれば、今こそ結論を出す時だろう。非常に限定されたいくつかの語において、ミュトスの展開上での意味と舞台技術上の役割とがこのように繰り返し共存することを、何故、『オレステイア』における隠喩なき隠喩の章に付け加えねばならないのか。

どちらの場合にも、同じ論理が働いているように――いくらかの離反がそこから入り込んでくる裂開に関して何も知るべきものをもたない（あるいは何も知ることを欲しない）ある論理が働いているように、私には思われたのだ。本来的なものと比喩的なものとの、ミュトスとミメーシスとの、見ることと聞くこととのいかなる対立をも越えて、語どもは、『オレステイア』において、それら自身で存在する。すべての語がそれ自身のしかるべき場所にあり、他のものの場所にあるのではない――その結果、再構成されるべきものは何もなく、とりわけ、再構成されるべき意味が存在しない――がゆえに、隠喩の観念を当てにすることが不可能だと判明する。それとまったく同様に、舞唱は、朗誦しつつその語りの効果を受ける器官として、ミュトスを歌うと同時にみずからの心のいささかも隠喩的でない歌を歌う器官として、決定不可能な仕方で、劇の虚構におけるプレーンの立場にあると同時に、上演におけるみずからのスタシスによって構成されている。舞唱は、筋の展開と観衆とのあいだのやり取りおよび連絡の審級としてはたらく点で、プレーンないしはカルディアであり、またまったく同時に、そのスタシスによってなされるように据えつけられて、劇場におけるおのれの立場にぴったりと適合する。

ゆえに、私は、悲劇の観衆というものについて、彼らにとっては一つの登録域が他の登録域を**表している**〔再現前化している〕のだ、などと言うつもりはない。また、彼らが隔たりを背景にして二つの登録域を〈聞いた＝理解した〉と言うつもりもない。私はむしろ、彼らが一方のなかで他方を、あるいは、一方と同時に他方を聞いていた、と考えるほうを好む。彼らがプレネスにもとづいて心の踊りを比喩的なものとして扱ったことは絶対にないし、身体の内部の恐怖の歌と、舞唱がそれを介して観衆にその力と混乱を告知する歌とを分離することも絶対にない。

したがって、ミメーシスの問題に関して、悲劇作家と哲学者とのあいだの古風な不一致、古い紛争を取り上げよう。なぜなら、プラトンのテクスト、とりわけ『国家』の第三巻において、前者は「**正真正銘の**模倣家、すなわち危険な模倣家」と言われ、「哲学が片をつけねばならないのは［……］彼となのだ」から。☆48 知ってのとおり、ミメーシスに関して、プラトンは、「それに対する最も昔ながらの、そして最も恒常的な身振り」に訴えていて、つまり、ミメーシスを固定することで「舞台化すること、劇場化すること［……］である」☆49 身振りに訴えるのだが、彼はその問題に本当に決着をつけるには、「違いをつける」には至らない。そこで、私

☆48 Philippe Lacoue-Labarthe, «Typographie», in *Mimesis des articulations*, Paris, Aubier-Flammarions, 1975, p. 219 からの引用群。

☆49 *Ibid.*, p. 247.

は一つの仮説を立てる。すなわち、もし、かの哲学者がミメーシスに関して決着をつけることができないことが本当だとするなら、それは、『国家』のこの決定的な瞬間において、悲劇詩人にアイスキュロスの名を与えてしまったからではあるまいか。[☆50] そうすることで、悲劇の織地で作用している決定不可能なものに出くわす羽目になったのだ。ところで、アイスキュロスの悲劇は、舞唱をみずから書かれたものに賭けたプラトンから遠く離れて、アイスキュロスの悲劇は、舞唱をみずからの中心に、言うことが同時に言うことのパトスである審級そのものとして据えつけたのだ。

今や、聴取の現在形のあの時間——隠喩もミメーシスも差異に固有の長い時間をそこに見いだすことができないあの時間について、できれば語りたいところではある。が、さしあたり、アイスキュロスの悲劇が有している、二極性の——そしてもしかしたら「二極性一般の」[☆51]とさえ言えるかもしれない——秩序を脅かす仕方だけに私はとどめておこう。

☆50　三大悲劇詩人のうちアイスキュロスだけが二巻と三巻で言及され、しばしば引用されている。『国家』II, 380a; 383a。また、II, 381d; III, 391eをも参照のこと。
☆51　J. Derrida, «Chôra» (*op. cit.*), p. 267.　コーラについて。

エクリチュールの試み

ジャック・デリダ
（高桑和巳訳）

ジャン＝フランソワ・リオタールとティエリー・シャピュが企画し、一九八五年三月から七月までジョルジュ・ポンピドゥー国立芸術文化センターで開催された「非物質的資材 Les immatériaux」展の機会に、二十六人の作家をマイクロ＝コンピュータで結びつけるエクリチュールのネットワークがしつらえられた。ジャック・デリダはその作家の一人だった。そこで作家たちに求められたのは、展覧会のテーマに関連したいくつかの語に定義を与えることだった。それらの定義は、ティエリー・シャピュ、シャンタル・ノエル、ニコル・トゥチェフの編集で、『エクリチュールの試み』という題を付されてジョルジュ・ポンピドゥー・センターから出版されている。★1

私たちはここに、後続する「翻訳者の註」でジャン＝フランソワ・リオタールが言及している、ジャック・デリダによって与えられた定義だけを取り出して再録した。

カトリーヌ・マラブー

★1 Thierry Chaput et al. (éd.), *Les immatériaux* : *Epreuves d'écriture*, Paris, Centre Georges Pompidou, 1985.

捕捉 Capture　十月十日

例。定義とは捕捉、つまり辺縁を課すことに等しい。注解。それは別のジャンルに属する捕捉であり、あらゆる次元のエクリチュールは、署名でさえ、意味と他者に、一空間を割り当てる。「意味場」[★2]。一。**領土**（辺縁、コード、体、エクリチュール、住む、鏡、像、ネットワーク、など）。二。**性**（欲望、身振り、誘惑する、など）。三。**罠**（人工物、コード、不死性、言語活動、母性、蛇行、補助器官、シミュレーション、など）。四。**幻惑**（ファサード、像、相互作用、インターフェース、光、鏡、シミュレーション、同時性）。エクリチュールの母型。私たちの捕捉とは、規則の作者のネットワークと母型と母性の内部への捕捉である。この捕捉がいっさいに署名している。水の捕捉、語の恣意的な堰止め、エネルギーや意味や記憶の相乗作用、集積。罠、ある捕捉**のため**の罠。それはもはや、他者（捕捉されたものであろうと、囚われ人であろうと、虜《とりこ》であろうと）の死に向かっていきはしない。残るのは一つの署名だけ、つまり無だけだ。

捕捉 Capture　十二月五日

私たち二人がともに捕捉について述べていることから、私は次のような問いに移る。この捕捉という図式が、この経験において、つまり「非物質的資材」を通じて、私たちの関係の法であるのはいかなる点においてなのか？　しかじかの身体が不在であるときに、誰が誰を、何を捕

★2　以下、括弧内に列挙されるのはどれも、「エクリチュールの試み」の参加者が定義するように求められた語である。以下、多義性が問題になるため原語を記しておく。〔 〕内は、他の可能な訳語である。辺縁〔果て、極致〕confins、コードcode、体〔身体、物体〕corps、エクリチュールécriture、住む〔住みつく〕habiter、鏡miroir、像〔譬喩〕image、ネットワーク〔網〕réseau、欲望désir、身振り《ジェスチャー》geste、誘惑するséduire、人工物artificiel、不死性immortalité、言語活動〔言葉遣い〕langage、母性maternité、蛇行méandre、補助器官prothèse、シミュレーションsimulation、ファサードfaçade、相互作用interaction、インターフェースinterface、光lumière、同時性simultanéité。

捉するのか？　崇高と昇華についてのまた別の経験か？　捕捉の、彼が言うところの「脱物質化」、それは崇高なフェティシズムを経由するものであるとされる。他者は像の、煙の、香りの記憶に護られているとされる。他者はまた、与えられた、あるいは発明された名の記憶、つまり、灰をまぶし、現前化不可能なものとして自らを現前化するものの記憶に護られているとされている。それは、見られずに見る視線によってもうまく「行《い》か」ないし、視線なしでもうまく「行《い》か」ない。それはただ二重の幻惑のなかでおこなわれる。この幻惑は、遠隔音声 téléphonie あるいはテレックステクスト性 télextextualité という外見上の不可視性において、外に運ばれうるものなのだ。ここでもまた、この遠隔機械じかけの陰謀 télémachination のなかで、次の対立がもはやうまく行《い》かなくなる。すなわち、捕捉されたもの／捕捉するもの、主体／客体、形式／物質、人工物／自然物、フェティッシュ／事物、現前／不在などの対立だ。弁証法ももはやうまく行《い》かない。それ自体がすでに人を捉えて離さない捕捉の真実は、これまで思考されたことがなかった、というわけだ。思考された pensé ことがないというのは、語源にしたがって翻訳すれば、対立あるいは弁証法に虜にされた哲学によってしかるべく**宙吊りにされた** suspendu ことがいまだない、ということだ。効果的かつ実際的な捕捉は何も護らない、それは宙吊りのままでなければならない。それゆえ、**思考されて**いないもの、それはまた誘惑、愛、喪、体、与えられた名でもある、つまり君のため、私のなかの他者のために置かれたものでもある。その他者は私のなかの、しかし喪の外の他者だ、あるいは相互えて、私の外にあり喪のなかにある他者だ。とはいえいずれにせよそれは、相互性なしの、可能な対称性なしの他者ではある。それゆえSYN-MATなしの他者……。私はここで「提示*」[★3]を参照しておく。「念のために言えば、サンスクリット語 mâtram は、物質と尺度ということである（語幹 mât：手を用いておこなう、測定する、構築する）」

コード Code　十月十日

私のコード、すなわちここでは私の署名。つまり、措定され課されたコードとの、私の署名した契約で提案されたコードとの折衝で残るもの。航海すること。[★4] エクリチュールの蛇行。あるコードが屈しうるのはそれよりも強力なコード、より包括的な母型に対してだけなのか（息子よ、私がお前を包みこみ理解するように）？　後者のコードは、私が、そう、定義するために、のみならず注解するために問いを立てることを、あるいは定義し注解する代わりに問いを立てることを認可してくれるだろうか？　定義づけられていない次元の言表を数多く口にすることを認可してくれるだろうか？　もし、コードの彼方だけに贈与があるのなら（このことも確かではないが）、贈与はあるのだろうか？　贈与は到来するのか？　他に何が到来しうるのか？　与えることが、受け取ることが、愛することが（署名することが、ではない）できるようになるため——つまり何かが到来するため——それだけのためにいっそう強力な母型に住みつくこと。矛盾だ。贈与は、到来はプログラムされる＝前に記される programmer ことがない。そしてもし、すべての（提案され＝前に措定された proposé）戯れがコード化され暗号化されているとすればどうか（Mで始まるすべての言葉を見よ）？　一人のための、**そして同時に複数**

★3　「提示*」は、企画チームがパフォーマンスの準備段階で作成して関係者に配布した資料『非物質的資材』第二号（一九八四年四月）のこと。以下に収録されている。*Présentation**, in Thierry Chaput et al., *Les immatériaux : Album*, Paris, Centre Georges Pompidou, 1985, pp. 16-27.

★4　「航海すること naviguer」は定義すべき語の一覧に入っており、これは、その項を参照するようにという指示と読める。

238

のためのエクリチュール。そこからコードが発する。たとえば、翻訳すること。★5 もし、誘惑す
るためにこれらの文がコード化され（符号化され）ているというなら、あなた〔たち〕はどう
するだろう？ Si je vous dis, pour séduire, ces phrases sont codées (chiffrées), qu'en ferez-vous?

コード Code／辺縁 Confins　十二月五日

そう、辺縁は「私たちの背後にも存在している」。コードの破壊あるいは迂回はたぶんある仕
方でそれを利用することに存するのだろう。ここで私たちがなすように、コードの定義というものを
何か？　それも背後から a tergo？　それはまず、あるコードによるコードの定義というものを
受け容れることだ。「これらの特徴はあるもろもろの微分的隔たりに従って分配され、そうし
た隔たりがメッセージのコードを形成する」、あるいは「母型はメッセージのコードだ」（「提
示 *」）。さて、私たちはこのコードを受け容れるふりをする、そしてそこから逸脱するため計
略を用いる。私たちは辺縁をつけられる、私たちの背後に至るまで、これこれのジャンルの文
へと、しかじかのタイプのエクリチュールへと、記号の数と時空間によって、あるいは与えら
れた語と拒否された語によって私たちは制約されている。しかしそのような私たちはまた辺縁
をもてあそんでもいる。私たちは書いている。もし私が「signe」と言うなら、彼らはそれを
どう理解し翻訳するか？　名詞で、それとも動詞で？　英語なら問題ない。★6 しかし他のすべて
の言語ではどうか？　私たちの欲望。それは母型の調子を狂わせたいという欲望だ。哀れな欲望。機械はあなた〔たち〕に、私が
れを欲望に向けて折り曲げたい、という欲望だ。

★5　「翻訳すること traduire」も一覧に入っており、この箇所は、その項を参照するようにという指示とも読めるし、以下の一文を翻訳せよという指示とも読める。

★6　フランス語「signe」は、名詞 signe の単数形と解すれば「記号」、動詞 signer の活用と解すれば「署名する」（直接法現在）あるいは「署名せよ」（命令法）と訳される。「英語なら」問題ないとデリダが言うのは、英語では同じ多義性を sign という綴りで示すことができるから。

今「哀れな欲望」と言ったその語調について何かを語るだろうか？ つまり、このほんの二語によって私が言いたいことについて？ そしてもし私が、一息の溜息に複数の語調を含ませて、同時に複数のことを言いたいのだとしたら？

辺縁 Confins　十月十日

二者のあいだ。標記された二つの空間のあいだ（領土）、あるいは標記と非標記とのあいだ、**二者はけっして対立しあうわけではない**。私の国と君の国とのあいだ、あるいは私たちの国々と、砂漠（そんなものがあればだが）や大洋や限定されない空間とのあいだ。このようにして人は、物質や自然とその他とのあいだの限界を定めてきた。辺縁は定義づけ、また無限定を定める。辺縁は、まさにここでの私のエクリチュールのように、逃げ腰でぼんやりしている。物質、それはXへ対立するその辺縁によって規定されることもあるし、無規定**として**規定されることもある、つまり他国として規定されもするし、非国として規定されもする。そうすると、「非物質的資材」は、対立の彼岸にある以上、非概念、国境なしという、定義されないものだ。つまりそれは、標記、痕跡、（『争異』で考察された意味における）文、位置ずらし、国境それ自体のエクリチュールのようなものだ。なぜ、辺縁 confins（フランス語の固有語法）は複数形で書かれるのか？ まさにそのせいなのか？ それはぼやけている、**地平** horizon（語源的には限界それ自体、非限定）に似て。

体〔身体、物体、死体〕Corps　十月十日

落ちる。落下という偶然、まさにここで、「corps」の少なくとも二つの意味のあいだへの落下。それらは一方が他方の上へと（君と私）落ち重なるのだが、しかし一致して落ちる。そしてそれらは多かれ少なかれちゃんと、そしてちょうど落ちつく。一。いわゆる「固有の」体、そちらにある君の体、ここにある私の体、それぞれの中央と想定される点にある君の国と私の国、人がそこをけっして離れず、それゆえ誰かがそこに到来することも再来することもけっしてないということ、それだけから定義されている体。二。それ以外のもろもろの体、（人が言っていたところの）自己への関係を欠いた「対象」としての体。林檎のように落ちる体。それらはより一般的な集合を形成するらしい。「固有な」体（君が「これが私の体だ」と言う体）は、その集合の一部をなしそこに住みつくことができる、しかしまたそれを含み理解し、その上を航海し、それを翻訳することもできる。パン、ワイン、パイプの煙、香り、これらは体だ。それと同じようにエクリチュール、記号、署名も体だ。しかしそれらはまた私や君の諸断片にもなる、それらは私たちの外へと落ち、昇華され、上昇し、非物質化する（あるいはその逆。ありそうもない不死性）。他者の母型とコードを通じて私の欲望（私の体、私の身振り、私の声、私の息）を君がそれと認めるためには、どのようなエクリチュールを発明すればよいのか？

★7　「落ちる tombe」には「墓」の意味もある。ここでの「落下」は、まずはニュートン物理学でいう「物体 corps」の落下のこと。「墓」の場合は、精神の器としての、つまるところは「死体」となる「身体」が念頭に置かれているものと思われる。

欲望 Désir　十月十日

それは欲求に**対立する**ものではない、近代的伝統はそう信じさせたがっているが（この差異は再考されるべきだ）。君を欲望していると私が言うとき、私たちが欲望を定義するとき、じつは欲望の方が私の位置を定め、私たちを定義し、私たちにある**場所**（これこれの場所、日付、時刻）を与えているのだ。欲望。誘惑、シミュレーション、原初的反復などについてのいかなる近代的な言葉遣いも、その野生的肯定を息切れさせることはないだろう。欲望は始まりよりも古い。それは何ものも欠いていない。それは私にあらゆるエクリチュールを吹きこむ。つねに多数で、そのたびに二者性にしたがっている。第三者は欲望について、その像やファサードに止まるようなことは、何も言うことができない。一つひとつの身振りにおいて、記号から記号へとすすむうちに、欲望は再誕生する。住居、諸コード、体、法権利、固有語法、貨幣の彼方での贈与、証拠なき不死性の歌、宗教なき祈り、涙――こうしたものを発明しなおす欲望として。

法権利〔右の、まっすぐ〕Droit　十月十日

形容詞、名詞、それとも副詞か？「語の一覧」はそれをはっきりさせていないので、私たちは、その三者のあいだを、それらの意味のあいだに想定された統一性のうちで航海するように誘われる。この同名性はあらゆる言語で可能なわけではない。言語活動の捕捉。すなわち、あ

る法権利 droit（「戯れの規則《ゲーム》」）を基礎づけるために ある言語を割りあて、諸記号からなるネットワークのなかへと囲いこむ身振り、それは法権利 droit に従ってはいない。語と作家たちを選ぶ権利 droit を授与され、それをもっていたのは誰なのか？　誰がその人に授与し、その人を派遣しているのか？　ここで私があるエクリチュールを提出することを合法化し、認可しているのは誰か？　その人はあなた〔たち〕に先回りし、あなた〔たち〕より先に法をなしているのだ（私と同様、あなた〔たち〕もまたこの法の前にいる）。……の権利 droit de？　……への権利 droit à？　フランス語文法。ここで試みられている哲学的位置ずらし、あるいは哲学的なものの位置ずらしは、法権利 droit を抹消しない。ある種の想像的野生性への、不可能な回帰。

法権利〔右の、まっすぐ〕Droit　十二月五日

このような経験において（私たちは展覧会のことを、公衆のことを考えなければならない、本を利用してはならない、機械によって早く書かなくてはならない、など）、アカデミックな、もしくは「専門的な」諸言及、たとえば哲学者への参照を数多くおこなう権利 droit はあるのか？　私はシュレーゲルのドロテアへの手紙、女性と大衆哲学に関する手紙を引用してもよいものだろうか？　君はアリストテレスを引用している（「君」で呼びあう権利 droit はあるのか？）。ところで権利＝まっすぐなもの droit と曲がったものに関しては、私はカントを引用してもよいかもしれない。だが、もし人がこの機械のうえにカントの引用が来るようにさせたら、どうなるか？「法論」（『人倫の形而上学』）において、ここでカントはそもそも「本とは

何か」という問いにも答えており、その答え方は「非物質的資材」展で扱われるに値するかもしれないのだが、カントはそこでただ権利＝まっすぐなもの droit を曲がったものに対置させるだけではなく、傾いたものにも対置させている。「法権利 droit (rectum) はここでまっすぐなもの ce qui est droit (gerade) として、一方では曲線に、他方では斜線に対立している。[★8]」ここでは、私はより先に進む権利 droit をもっていない。その諸帰結は……

エクリチュール Ecriture　十月十日

ありそうにない、**非難に耐えそうにない**、支持《がまん》できないもの。それはつねに哲学によって、記号の（つまり声の）記号として、人工的な身振りあるいは補助器官として、息の時間を空間へと追放するものとして思考されてきた。それ以来人は、この形而上学的コードを誘惑し、伝統的ないし近代的な辺縁の彼方へと「エクリチュール」という記号の使用を迂回させる権利をもった。痕跡や標記は、主体、実体、支持体に後から到来するものなのではない。それは属性でも、偶然的事故でも、形式でも記号でもない。リオタールのいう意味での「文」？

空間〔宇宙〕Espace　十月十日

それは欲望を開き限界づける、それゆえ欲望に息を吹きこむ。それはまた同様に、言語活動を開き限界づけ、言語活動に息を吹きこむ。**ここ**。すなわち、「戯れの規則《ゲーム》」により調整された回線と記号の数。空間の計略。それは、省略、節約《エコノミー》、家 oikos の法だ。どのように君はこの語

★8　以下を参照のこと。イマヌエル・カント『人倫の形而上学』、『世界の名著39』加藤新平・三島淑臣訳、中央公論社、一九七九年、三五七―三五八頁。

の一覧に住みつき、その戯《ゲーム》れのなかで署名するつもりなのか？　戯《ゲーム》れを制御せず、また、そこに最大限の言語活動あるいは意味を可能態として（空間、時間、速度、ネットワーク、相互作用）集積させずに？　空間を他者の連鎖にまかせること。今日の空間の**私**の経験、体の受苦、欲望の好運。それは、電話的補助器官、声の準同時性、一見無限の速度において、どんな言語活動も、それを吹きかける。テレビ電話の欲望。残り。間取り、chōra〔場所〕。別のコード。地球外の宇宙 espace、新しいコミュニケーションの媒体（衛星、新法）。別の固有語法。お留守になっている être ailleurs（散漫で、少しおかしい）。抜けている spacy、ぼうっとしている spaced out。さらには、ぽかんとする blank out、放心 Zerstreuung、余地 Spielraum など。

身振《ジェスチャー》り Geste　十月十日

いかなる「言語モデル」も捕捉し、辺縁づけ、翻訳できるように思われないもの。言語学あるいは言語哲学が、**その学**のなかに語用論を住みつかせることができず、あるいはまったく単純に、**その学**のなかに学自体が話す言語を住みつかせることができない、というのと同様に、である。たとえば、言語の身振り、エクリチュールの身振りといったもの。「身振り」のより厳密で習慣的な意味はこうである。すなわち、自分（主体）を自由にできると、それゆえまた声（抑揚）を自由にできると想定された（動物的あるいは人間的）身体の、コード化されたエクリチュールである。（少なくとも）フランス語の固有語法。身振《ジェスチャー》りをしなさい。ここで法をなしているその固有語法において、人はそのようにして平和や和解を呼びかけるが、そこに許しはない。許しはどのような身振《ジェスチャー》りをすることもなく、自分たちは悪を抹消するのだ、と言うことすらしてはならないのだろう。許しはすでに悪を、**おのずから**抹消されるがままにまかせたのだ。それが、私がエクリチュールと呼ぶものだ。

身振《ジェスチャー》り Geste　十二月五日

「あなたが招待されたのはこのためです。」身振りはコード化されている。しかしそれは、誰もあなた〔たち〕の代わりにおこなうことができないものだ。身振りはあなた〔たち〕の作用、主体の作用であるというよりむしろ、あなた〔たち〕をある秩序のなかに位置づける。絶対的に計算された身振りはありえない、たとえ反省されているとしても、自分に向けた人差指（この私）においても、私の指あるいは私の唇が触れあっているときでも。私を指し示す身振りにおいて、私は私を見ていない。他の何にもまして、「身振りの美しさ」は反省を消尽させる、それでも反省を排除はしないのだろうが。

住む〔住みつく〕Habiter★9　十月十日

希少な語。一覧の四つの動詞の一つ。他動詞かつ自動詞（私は君の知っている町に住みついている j'habite la ville que tu sais、私は君のところに住んでいる c'est là que j'habite, chez toi）。他方、他の三つは、他動詞か（誘惑する séduire、翻訳する traduire）**あるいは**自動詞（航海する naviguer）かどちらかだ。ところで住むこと、それは一つの主体がおこない、決定し、あるいは「行為する」こと

★9　habiterは、自動詞の場合「住む」、他動詞の場合「住みつく」と訳し分けた。他動詞的用法では、幽霊が古城に憑くようなニュアンスが強まる（デリダが「取り憑く hanter」と比較しているのはそのことによる）。ただし、自動詞的用法と他動詞的用法をとくに区別せずに用いることも多い。

が最も少ないことだ、それは一つの行動《アクション》ではない。私は遠隔化のなかにしか住まない。それは次のことを考えるための唯一の仕方なのだ。すなわち、エクリチュール、記憶、言語活動が、私から住むことを奪いつつも、しかし住むことをもたらし、また住むことに根拠の場を与えているのだということを考えるための。私が君とともに赴きまた再来しようと思うのはただそれらの場所だけだ。回帰（再来すること、よみがえり）の、回帰する道の、輪の、オデュッセイアの取り憑き。取り憑くことと住みつくこととの差異は？

像 Image　十月十日

君の像が私のなかにある、この文の作者には誰でもなりうる、誰もがそれを理解する。きわめて単純なことだ、しかし哲学も「実証」科学（神経生理学、脳および光学的痕跡の蓄積に関する言説など）も、結局のところこの文について満足のいくことをまったく何も言っていない。同じことが音像についても言える。きわめて単純な問いだ。その他すべてに対しては私たちは専門家だ、以上。語ることができることについては、**沈黙**しなければならない。

不死性 Immortalité　十月十日

不可能なことそのものの形象。もはやこれを欲望しないこと、自分に対しても、他の人々に対しても、つまり、いまだ私たちを**彼らのなかで**護りうるとされる人々に対しても不死性を欲望しないこと、それをどのように「学ぶ」べきか？　遺言的ではないエクリチュール[★10]）、回帰な

★10　「遺言的ではないエクリチュール écriture non testamentaire」には、聖書 Testament 的ではないエクリチュールという意味もある（大文字の「エクリチュール Ecriture」には聖書の意がある）。

き死、あるいは「生死に無関係な状態」としての「不死性」（「提示＊」p. 10）を肯定するエクリチュール、それは、人間としての人間〔男性〕に与えられているのか？　それとも女性だけに与えられているのか？　彼は言う。不死性は私に複数回到来した、と。不死性への欲望と不死性それ自体とを区別する人はみな、愛したことも約束したことも一度もないのだ。両者を混同する人もそうだ。結論？　死ぬことが目に見えている君と私とのあいだに不死性がある。以下を翻訳すること。私たちは死ぬのが目に見えている nous nous verrons mourir.[★11]

不死性 Immortalité ／記号 Signe　十二月五日

この二つの記号に私は「速度」を加える。[★12] 不死性、記号、速度という三つの記号になる。不死性が今日「学問的な」ものだとも、単にそれがある種の「素朴さ」をもったテーマだとも私は考えない。「非物質的資材」が物質の反対物や別ものでないのと同様、ある種の「不死性」は、死という最も疑いえない経験に対して疎遠ではない。ここでその名詞を速度や記号という名詞と結びつけるため、私は、灰化、計略、そして愛について語ることにしよう。それらが、自明なときに、不死性の欲望に息を吹きこむのだ。愛。他者を、その残り、場所、名、墓碑によってふさいでしまわないこと。より多くの場所があれば、それだけより多くの喪がある！　しかし、栄光ある非物質性という崇高な計略もまた存在する。死者が死者の居場所にきちんととどまっているということを確かめることで（たとえば書いてしまうことなしに）、他者たちは平和に生き、喪の作業をおこなうことができる。だが、そういった作業を可能にする割りあてら

★11　「私たちは死ぬのが目に見えている nous nous verrons mourir」は、「私たちはお互いが死ぬのを見るだろう」「私たちは死ぬのを見られるだろう」「私たちは自分が死ぬのを見るだろう」の意味にとれる。
★12　「速度 vitesse」も、後出するとおり、定義すべき語の一覧に含まれる。

れたこの場所をもはやもたない火の記憶、あるいは灰は、あらゆる場所を占める。少なくともそうする傾向がある。そしてそれは、精神的に喪を禁止し、もはや他者たちを平和に委ねることはない。人はつねに灰とともに書き、署名する。より多くの場所があれば、それだけより多くの喪がある！　全速力で、自らを不死にするために、火の時間に人は署名する。非物質的資材の時間はまた、日本では長らくそうだったように、死体も墓穴もない墓地の時間だ。かろうじて、ワード・プロセッサーと小さい骨壺だけがある。もう少し休息しよう。私たちはまだ、本当には私たちの新しい機械のうえで書いてはいなかった、私たちは自分の古い機械、電動だろうがそうでなかろうがタイプライターのうえで手で書き、それから苦労して転書したのだ。にもかかわらず、確かに、ある残酷さは感覚可能だったことだろう。私の最初の諸言表が「把握された」とき、私がそれらを読みなおすにあたり、あるいはそこに一つの語調、一つのリズム、声や手を措定する一つの仕方を再認するにあたり感じた困難さ、それらはすべて私に次のことを理解させた。すなわち、すでに私は書いてしまっていた、電信的＝遠隔書法的《テレグラフィック》に、諸記号を節約しつつ、この新しい機械じかけのために、この新しい世界のなかで、戯れ《ゲーム》の規則に則りつつ、全速力で、そしてもはや私のものではないある速度において書いてしまっていた。人はあるきまった速度においてしか署名しない、誰もが自分の速度をもっており、そしてそれは名前の長さによらない。結論はこうである。大地を、人間的埋葬を受け容れること、自分の場所に止まること、そして次のことを要求すること（心のなかで微笑）。すなわち、自分がそれほど混乱をきたさないこと、そして、速度、記号、死性をもった自分の諸習慣、それを乱さないことを。

相互作用 Interaction　十月十日

もし、**事実**、「一般的相互作用」（「提示＊」p. 4、語調が最も「ライプニッツ的」になったある瞬間において）があるのならば、断絶、分離、異種混合性、共約不可能なもの、まったくの他者をどこに**位置づける**べきか？　争異をどこに位置づけるのか？　非対称（dissymât）をどこに？　位置づけ不可能なのか？　どのようにして相互作用を、関係の中断**とともに**考えるべきなのか？　どのようにしてこれを関係性 férence とそのあらゆる様態の断絶ないし遠隔化（有限－無限）とともに、つまり差異とともに考えるべきなのか？「作用 action」という語に対する私の疑いはおそらくここに由来する（私は自分のアレルギーについて話さねばならないだろう）。私がこの語を単数で用いるのは、たぶんはじめてのことだ。私は「行為 acte」のほうが好きだ（彷徨する出来事、ときおりは、痕跡あるいはさらされたアルシーヴ、灰あるいは主体なき行為、灰を祝福する行為（ツェラン）、偶然の不可逆性）。私はとりわけ「あいだ entre」のほうが好きだ。相互作用 interaction における、さらには幕間 entr'acte における「あいだ」の行為 l'acte de l'entre のほうが好きだ。だから、あいだ entre, donc[★13]。翻訳すること。

母性 Maternité　十月十日

（場の性を変えるには遅すぎる！[★14]）。対立はない。無限の聖なる倒錯の場所。母性は、何ものの

★13「だから、あいだ entre, donc」は、普通に読めば、戸口にいる人に対して「まあ入れ」と勧めるときに用いられる日常的表現。
★14「場 place」は女性名詞。ギリシア語の「場 chōra」も女性。

にも対立しないということから、その崇高な全能性を引き出す。「メッセージの発信者の機能」(「提示*」p. 6) を除いたすべて。母性は何ものをも決定する déterminer ことも、運命づける destiner ことも、決断する décider こともなく、そうして前もってあらゆる種類の de を運び去り、すべてに署名する。思考のための場所である母性は、何ものも決断せず、宙吊りにする。ラテン語では思考を何と呼ぶのか？ 受苦のなかで「宙吊りになっている」(pendere)、だ（アガンベン『思考の終わり』を参照せよ）。思考する Denken、感謝する Danken、思惟 Gedanc、追想 Gedacht とは別の固有語法、別の語族、別の母。

物質 Matière　十月十日

一。「語の一覧」のなかに、なぜMのつく記号が最も多いのか（十七の大文字があるなかで、五〇のうち十二がMである）？ 「非物質的資材」という母型に対して、明白な直接の関係はないものもあるかもしれないが。M。偶然か？ 戯れ《ゲーム》の**規則**のうちに、それゆえ**尺度** mesure のうちに、**mât** な何かが私たちから隠されているのか？ 二。この語によって、今やぶしつけなものであると言われているある諸対立の記憶を護るよう私たちを駆り立てるもの、それはいかなる欲望か？ 物語を求めるいかなる欲望、そして見捨てられた言語に住みつこうとするいかなる欲望が、依然としてあるというのか？ なぜ「喪」と「悲嘆」なのか（「提示*」）？ 三。物質。すなわち、実体という意味でではなく**残る**もの。客観性としてではなく抵抗するもの。それは、逆説的なことだが、規則の傍らに、必要性の、度外れた尺度の、それなしには何ものも存在しないであろう偶然的尺度の傍らに身を置いている。ここに経済的限界、エクリチュールの条件がある、もしかりに人がそれを超過するとしても（五〇語、これこれの数の記号と回線、これこれの日付に）。

記憶〔請求書〕Mémoire　十月十日

一。フランス語では、意味が数と性にしたがって変わる（請求書 *le mémoire*、記憶 *la mémoire*、回想録〔複数の記憶〕*les mémoires*（男性ないし女性）[★15]。三者の異種混合性についての、ある終わりなき言説の経済。二。私の好運。不幸の唯一の形態は記憶を失うことなのであって、記憶を護ることではない、という好運（護りそれ自体に対する視線、真実の真実。それゆえ真でない真実）。三。「提示*」は言う。「念のために言えば、サンスクリット語 mâtram は、物質と尺度ということである（語幹 mât：手を用いておこなう、測定する、構築する）」。ところで、非物質的資材の思考にとって、この記憶というのは何なのか？　ポストモダンが期限を切り、失格させ、のみならずただ位置づけたらしい、そのものというのは？

鏡 Miroir　十月十日

例。その朝、私は君のうしろにいる、君は君の鏡の前にいる、君を見る私を君が見るのを私は眺める。それは誰もが理解する文だ。その文は今ここで君に向けて話され、君はそれをわかることができる。「私たちは鏡で見えている Nous nous regardons dans un miroir」[★16]は、フランス語では多く

★15　les mémoires は mémoire の複数形だが、定冠詞 les からは、この名詞が男性であるか女性であるかはわからない。男性名詞の場合は「回想録」、女性名詞の場合は「複数の記憶」の意味になる。

★16　「私たちは鏡で見えている Nous nous regardons dans un miroir」にある少なくとも三つの意味は、「私たちは鏡で見られている」「私たちは鏡で自分を見る」「私たちは鏡でお互いを見る」。

の意味をもっている、少なくとも三つの意味とその接木がある。翻訳すること。いかなる写真的表象（光のエクリチュール）も、いかなる表象一般も、対面状態を不意打ちすることはできない、鏡のなかでさえできない。私たちはここで第三者を狩り出している、その人に私たちの鏡を差し出しながら。

変異 Mutation　十月十日

記憶なき変身、反復なき差異。それは可能か？　恐怖のなかに私が探しもとめるものだ。ここで変異は、私たちに根本に至るまで忘れさせなければならず、mât は残りなく抹消される、とされている。私に**まったく別の**言語を教えてほしい、そこでは今日の私が完全に啞であるような言語を。無音 Mute。すべてを翻訳することの彼方に、なんらかの「意味場」のための尺度（mât）なしに。機械は、ここでどのように「無音 mute」を翻訳することになるだろうか？　私は「翻訳すること」と書くたびに、mât の問いを、より正確には資材 matériau の問いを立てている。

航海する Naviguer　十月十日

それはこれらの語のあいだで夢を見させる。ストックの四つの動詞のうちの一つ、他には、**住む** *habiter*（たとえば船に）、**誘惑する** *séduire*（道を外させる、迷わせる、「船に〔計略に〕乗せる mener en bateau」）、**翻訳する** *traduire*（Uebersetzung, Uebertragung〔翻訳〕）。『技芸に対する私たちの究極の感謝の念』において、ニーチェはある詩を終わらせようとして、要するに次のことを言っている。すなわち、私たちが「**生成の川の上流**」で翻訳し、移転し、つまり転移させている（uebertragen）もの、私たちはそれが女神だという感情をもっているということをニーチェは言っている。（検証の必要あり）。二。島国の住人たちの伝説的な経験主義、航海の技芸。計算の最大値、束縛変数**と**確率変数の最大値を考慮に入れて。予期不可能なものをふまえて計算すること、目的地をもてあそぶこと、とりかえしのつかない形で目的地を失うかもしれないという危険を冒すほどに。肉眼で航海すること（私がここでやっていること）。三。「船に乗る水先案内人のようには」体のなかにない魂（あるいは主体）、と彼は言った。したがって、感情とサイバネティックスを、選ばねばならないのか？　四。航海すること。仕事、しかしながら何も生産しない、物質をもとにしたいかなる客体も生産しない操作。それは移転し、隠喩化し、翻訳する。修辞における船と帆の位置。翻訳と同じく、航海は**位置づけられた**主体の計算だ。この計算は風に、与えられた力に、二つの国のあいだの流れにしたがってのみ制御する。莫大な計算、可能な唯一の、たえず新しくされているエクリチュールと読解、ある種の受動性のもつ発明的な天才。五。大きかろうが小さかろうが、複数の湖しか存在しない。翻訳すること、それは罠だ。

命令〔秩序、順序、次元〕Ordre　十月十日

ここにネットワーク化された二つの意味を、一方を他方のなかで翻訳すること。一。**与えられ**

与えられた順序た命令 ordre。ゲームしなさい！　書きなさい！　規則を守りなさい！　二。与えられた順序 ordre、たとえば一連の語のアルファベット順 ordre という意味で。私がこの二タイプの ordres を受け容れまたこれに副署するとき、そこには契約がある、しかしその前に、私がそれを受け容れそれを理解しうるためにあらかじめ取り決めがあった。戯《ゲーム》れの作者たちは、**彼らのその二つの ordres を与えるために、**取り決めを、すでに設立されてある秩序 ordre を考慮に入れねばならなかった。彼らは住み、航海し、誘惑し、翻訳せねばならなかった、それは、実効性をもつ行為遂行的なもののいっさいの語用論的条件だ。結論。順序 ordre（二）は、もう一つの命令 ordre（一）を、必ずしも法律的ではない意味において遠隔制御（remote control）するとされる。ありそうにないことを別にして。

証明 Preuve　十月十日

それは私の興味を一度も惹きつけたことがなかった——そう思う。しかし私はまた、人はそれを放棄するべきではないとも思う。ありそうにないことをその究極の辺縁において、他者の辺縁において救い出すためには、つねにより多くの理由と光が必要なのだ。私は信仰のみを愛する、もしくはむしろ信仰において、その非宗教的試練を愛する。二。リオタールによる害＝過ち tort と争異 différend の定義はこうだ。「損害を証明する手段の喪失をともなう損害［……］証明することの不可能性」（『争異』pp. 18-25[★17]。過ちを犯すこと avoir tort（それはつねに証明に根拠の場を与えうる）は、害をなすこと faire tort ではない。自分のなす害をそれとして認め証明するこ

★17　ジャン－フランソワ・リオタール『文の抗争』陸井四郎他訳、法政大学出版局、一九八九年、一五—二一頁。なおこの本の原題は *Le différend* であり日本語訳の題名はいささか一般的でないと思われるので、本文中では題名は『争異』とした。

と、それは可能か？　否、それゆえそれは唯一の興味深いものごとなのだ。それはけっして証明可能ではない。誰かが過ち tort を白状しなかった、ただその損害をそれと認め説明しただけだった、そういうことは人はつねに証明できる。しかし（求められたにせよ、授けられたにせよ）許しには証明はない。二者が**同じ**害 tort、対称的な（syn-mât）一つの害 tort を互いに与えあったということはありうるか？　定義上、否——証明せよ Prove it！

補助器官 Prothèse　十月十日

すべて（たとえば人間、主体、など）を代置しつつ、かつ**同時に**、幻影肢の「なか」においてと同じように自分の補助器官においてさらに欲望、愛、苦しみ、痛みを感じ、その補助器官と対話する、そういうことが人はできるか？　君は言う、明らかに否。ここで私たちは求められる。補助器官的なものの拡張において一跳びする、一跳びだけする「非物質的資材」、それとともに「悲嘆」を、「喪」を、「不安」を、「賢いメランコリー」などを（「提示*」p.8）理解するよう求められる。また私たちは、それらを本当に痛切に感じるよう、それらに付き添う疑問を「強化する」（p.3）よう求められる。実際は、補助器官が苦しみを感じうるのかどうか、愛しうるのかどうか、などと自問するべきではない。必要上知らなければならないのはその逆だ。補助器官なしには、受苦も、愛も、欲望も、声も、「生」も存在しない、ということだ。ただ一つ、補助器官的代補という母型的可能性だけが、誘惑し、翻訳し、欲望に委ね、苦しみを感じさせ、喪に服せしめ、生きることができる。省略。中央には子供。そしてさらに、子供をなしてしまうことがけっしてないであろう署名。

ネットワーク Reseau 　十月十日

「一般的相互作用」。接続、それゆえ絆、義務。それは通常、「糸／息子 fils」の表象を通過する。しかしながら、別の「意味場」が前述の意味場に結ばれてもいる。中心的主体の非明確化ということによって。秘密性、秘密結社化、間仕切られた抵抗運動（レジスタンス）、隠洞、秘密、私的なもの、陰謀、失地回復運動的分離（イレデンティズモ）。君と私、共謀。ネットワークをなすこの二価値に対し、ポストモダンは同等に愛着を感じていると思われる。それは二価値をネットワーク化することができない。ポストモダンの概念はそこから分離されているのかもしれない、それは分離そのものの概念だ。

誘惑する Séduire 　十月十日

主体を主体から、いわゆるデカルト的制御から逸らせ、主体を主体の企図から、住居から追い払うように追い払い、主体を不安定にし道を誤らせることで、私は主体を誘惑し、自分の方へと惹き寄せる。君はもはや君の住処をもたない、来い、私を愛せ、やって来い、私のところにやって来い。一緒にさまよおう。しかし私がこのように呼びかけるのは、誘惑の蛇行の彼方、私の署名と修辞の諸コードの彼方、つまり定義上「私」の、「私のところにやって来い」の「私」の彼方に対してのみなのだ。君もそうだ。君は私を誘惑するために来るのではない。もし「ポストモダン的」誘惑がまっすぐな道を外れてもはや誘惑者としての主体へと迂回しないのであれば、私たちは誘惑を失ってしまった、ということになるのか？　その場合ポストモダンはもはやそれ自体では誘惑的なものではないわけだ。ただし、もし誘惑が別ものだったりそれ自体以上のものだったり、あるいはもし「近代の伝統」がいまだ手管をもっていたりするならば話は別だが。ポストモダンはいまだにポストモダンの人工言語であり、私たちを誘惑し船に〔計略に〕乗せるためのまた一つのシミュレーションだというわけだ。古典的な船だ。私は君の記憶そのものを誘惑し、そこに住みつきたかった。私がそこにいるのは君のためではない、という瞬間に至るまで。

意味〔感じる、感覚、方向〕Sens　十月十日

諸例の語用論的な経済。一。「**嗅いでごらん** *Sens*、これは私たちが一緒に選んだ香水だよ」。二。「**水浴びの後**、私はいい**匂いになる** *je sens bon*」。三。「私の手、なんて熱いのかしら、**触ってみて** *sens*」。四。「私は君を**五感** cinq *sens* で愛する、そしてさらに、この甘い狂気のなかで、共通**感覚** *sens* commun によっても愛している」。五。「この**方向** *sens* は進入禁止」。六。「歴史に**意味** sens はあるのか？」七。「**文だけが意味** *sens* **をもつ、語がではけっしてない**」とオースティンは言う。八。「私が君だけに宛て、にもかかわらず君が署名し、君が受取人（彼なら母親と言うところだが）であるこれらの語、そこに私が刻みこんだもろもろの**意味** *sens* の多数性を彼らは理解する」。九。「**サンス** *Sens*？　一緒に行ってもいいけど、住みたくはないな」[★18]。十。「これらの文の

★18　サンス Sens は、フランス中北部の地名。

意味 *sens* は、それが文の価値でない以上、「sens」と書かれた記号の異種混合的諸用法の例を提供することだ。それらを逐語的に翻訳し、ある語をある語の代わりにし、一つを他の代わりにあてる、そういうことはけっしてありそうにない。★19

記号〔合図、仕草、署名する〕Signe　十月十日

記号〔記号〕Signe！　一語での命令。それは、あらゆる命令のなかに含まれているように思われる。署名せよ〔記号〕Signe　名詞は動詞よりも厄介だ。署名せよ〔記号〕Signe！　一語での命令。

名詞は動詞よりも厄介だ。署名せよ〔記号〕Signe！　一語での命令。それは、あらゆる命令のなかに含まれているように思われる。命令を理解せよ、署名することでそれを示せ、服従の条件。にもかかわらず「署名せよ！」はあの、最も自由であるにちがいないとされる身振りであると、自由の範列《パラダイム》であるとされている。二。固有語法。「合図する faire signe」における「する faire」とは何か？　あるいはまた別の身振り、「記号をなす faire *un* signe」においては？　三。もしすべてが記号ならば、つまりすべてがまた別の事物への、制度的補助器官へのコード化された回付であるならば、記号と事物とのあいだにもはや**現実的**対立は存在しない、ただの機能的対立があるだけだ。もはや代置すべき（「何かのかわりの何か aliquid pro aliquo」）**何ものも存在しない**、ただ代置すべき諸記号、代置作用（人工物、補助器官）、もろもろの場所と用地があるだけだ。「近代の伝統」の完遂なのか、それともポストモダンなのか？　四。連絡してくれ、私の日常用語よ、泣いてしまうよ un signe de toi, ma langue quotidienne, ce pour quoi je pleure。翻訳すること。

★19　「　」が閉じていないのは、原文どおり。

同時性 Simultanéité　十月十日

つねにありそうにないもの。吹いている！　山を越え湖を越えて、そして同じ瞬間に、電話という補助器官のなかを、目立つところもなしに吹いている……。私の「感情」は、くぼんだ確実性という岩は次のようなものだ。すべてのずれの、差異的な遅れないし中継の彼方に、あらゆる種類の「相対性」の彼方に、幾分の同時性が存在する。その同時性については、それ自体を口にするということと、同時性が他者とのあいだに護っている窮極の結びつきを口にするということ以外、何も言うべきことはない。争異がいかなるものであろうと、そのことに変わりはない。「時を同じくする人たち」がいる。還元不可能な同時性によって、私はア・プリオリに彼らにだけは結びつけられて（?）いる。最も卑劣な人々も私と同じ世界に投げこまれている、ここ、今という同じ世界に。一度だけ。二つ。全速力で、ほとんど無限な速度において、『争異』の「同時 hama」と（p. 111）[20]「献辞」の「aAMma」とを一気に結びつけなおすこと。記号。翻訳すること。[21]

時間〔天気〕Temps　十月十日

時間を——とくに時間を——定義するには、あまりにも多くの時間が必要なのだろう。定義されるものが定義するということのうちに含まれている。定義されるものが、「解釈学的循環」によって前了解されており、定義をおこなうほうを、定義されるほうが定義するので、それは

★20　リオタール『文の抗争』（前掲）、一五〇頁。
★21　「記号。翻訳すること Signe. Traduire」は、いずれも一覧に含まれる語であるため、それらの項を参照せよという指示とも読めるし、「signe」を翻訳せよという指示とも読める。「signe」は、「記号」「署名せよ」などと読める。

充分には定義しない。もしくは定義しすぎだ。文は、明確な像《イメージ》を与えはするが、それはぼやけている（それはある種の省略＝楕円 ellipse による焦点外れ out of focus、つまり二重焦点だ）。これが、一覧の語を定義するために一覧の語をできるだけ多く、またできるだけきちんと用いる、ということで私が論証しようと試みてきたことだ。トートロジー？　一般的相互作用？　純粋に分析的な操作？　私はただ、定義するかわりに代補的ないくつかの語を用いて「注解」しただけ、ということになるだろうか？　それらの語によって私は自分の失敗に、私なりの仕方で署名してしまったのだろうか？　この失敗、それは私のものか？　この質問はあなた〔たち〕に時間を委ねる、あるいは与える。時間 temps を与えるとは何か？　**がある**〔彼がそこにもつ〕il y a (es gibt) という時間 temps だろうか、それとも、**である**〔彼がなす〕il fait という天気 temps なのだろうか？　君は私に「である〔彼がなす〕il fait」のほうの天気 temps を与えている。もし君が私の言いたいことを理解するならば if you see what I mean。

翻訳する Traduire　十月十日

例。本質的なことは、私たちがこれこれのことを、つまるところ、つまるところの言語に待ちかまえていたということではなく、私たち、君と私とが、つまるところ、私たちの国の言語でお互いを待っていた、ということだ l'essentiel n'est pas que nous nous attendions à ceci ou à cela, à l'arrivée, dans la langue d'arrivée, mais que nous nous attendions, toi et moi, à l'arrivée, dans la langue de notre pays。このような「宣言」をあなたは翻訳できるだろうか Could you uebersetzen such a «déclaration»？　二。翻訳することは一度に一つの言語のなかでしか定義されない。それゆえ、翻訳を定義づける署名つきの定義は、**翻訳不可能な**文だ。それは愛によって、言語への愛によって書かれている。すなわち言語を誘惑し翻訳を誘発するために書かれている。つまりそれは〔また〕**翻訳を導く**[★22]、**翻訳されるべき**文でもある。機械に時間を与えること。

速度 Vitesse　十月十日

測定されうる——「押さえつけ mater られうる」とでも言ってみようか——すべてのものの尺度。ここで私たちに提案されているものは、空間的装置とネットワーク化とを利用して時間を最大限に稼ぐことだ。そのネットワーク化は最大の（だがいったい最大のなんだというのか？）を、可能なかぎりの速度で集積することを可能にする。そこでは、あらゆる種類の mât（語、概念、コード、発信者、宛先など）のよく計算された選択が必要になる。次のような人は何をするか？　すなわち、本当は自分は拒否しているのだ、ということを言わんとするために受け容れたふりをするような人がやっていることは、何なのか？　それに、私は自分の時間のすべてを（つまりまずもって、感覚不可能で計算不可能な時間の、速度のないリズムの、カント的ではない意味での理念を私に与えてくれるものを）君に割きたい、など言う人がやっていることは？　二。実際、人は、「行為遂行的なものの絶対速度」について語ることができる（「提示＊」p. 9）。しかし、言語がなければ、というより標記がなければ、行為遂行的なものは存在しない。ところで、標記なるものがすでに時間を割き、時間を与え、時間を委ねている。

★22 「翻訳を導く traductible」は、翻訳されることを自ずと導き要請する、と意味する造語。すぐ後にある「翻訳されるべき à traduire」と同義。

声〔態、票〕Voix　十月十日

エクリチュールの一種！[★23]（なぜ彼らは依然としてそこに侮辱を聞き取るのか？）一。それは聞かれる、ここでさえ。よくは聞き取れないが。小声の限界、他者の声としての内なる声の限界とはいかなるものか？　合成音声？　二。ポストモダンの「非物質的資材」と**文法**。いわゆる西洋的文法における能動的「声」と受動的「声」と中間的「声」〔能動態と受動態と中動態〕の彼方？　三。ポストモダンの「非物質的資材」と**政治**。ポストモダンのありうべき政治は存在するか？　この主題について、「提示＊」はかなり慎重だ（p. 9）。その政治はいまだ「声を与える＝票を入れる donner sa voix」ことに存するのだろうか、「投票すること」のポストモダン的意味はあるのか？　声を与える＝大声で話す donner *de la* voix は、また別ものだ。翻訳すること。ある日のことだが、君は私に君の声を与えてくれたことがある、と私は君に言った。だが、それもまたまったく違うことだった。それは、私の喉の奥に植物のように生えた、一種の野生的な擬態なのだった。

★23　「エクリチュールの一種 Espèce d'écriture !」は、日常的には「エクリチュールの糞ったれ！」といった罵倒の表現。

翻訳者の註

ジャン＝フランソワ・リオタール

（高桑和巳訳）

裏をかく Déjouer

虜にされてしまうことへの、大雑把かつ詳細なあなたの恐怖（あなたは私に「あなた vous」という呼び方、きちんとした慇懃な節度を委ねた）。してやられることへの恐怖。それはここでは、ネットワークによって十倍化され、契約されひきつった、それ自体制約された諸制約によって十倍化された恐怖だ（「命令 Ordre」）。十倍化されたあなたの感覚、欠損への、畏怖された鎧に走る断層への、機能不全への、そこからものごとが逃れ去る場へのあなたの感覚。脱構築することにはこのモチーフが、逃げるというモチーフがあるというわけなのか？　脱構築すること、それはまた恐怖を軽減し、昇華し、ユーモア化する。あなたのなかで虜にされている者、あるいはそう自分で考えている者はこう口にする——私は脱出用の命綱を見いだすにしても、外部はない、私は外部にいるとしても、ネットワークに虜にされている以上、外部にいても内部にいるようなものだろう、と（「コード Code」）。というわけで、あるのは作用 action でも相互作用 interaction でもない。あるのは、作用する acter あいだ entre だ（「相互作用 Interaction」）。

「エクリチュールの試み」の命令と指図に従ったこのネットワークに関していえば、あなたは、課された制約のすべてを律儀に尊重することになった。とはいえ、それらの制約にいま一つの制約を、つまり、課された語彙をあなたのテクストのなかで最もうまく「利用する」ための一つの制約を付加せずにはいない（「時間 Temps」）。そのようなことは要求されていなかった。服従のなかの不服従。諸制約をこのように豊かにすることは、感づかれずにすむだろうか？ あなたのネットワークは、課されたネットワークを二重化し、そこにものを詰めこみ、闇に潜るのか？（「ネットワーク Réseau」）。しかし、あなたはそのことを指摘する。あなたは自分で自分を裏切っている。告白は恐怖によるものではなく、うまく導かれた恐怖の論理によるものである。虜にとっては、自分を裏切るのは、つまり翻訳するのは、黙るよりも安全なことだ。あなたの計略――解体すること――は、あなたの母語において、語にじかに働き、また語を文へと配置することにじかに働く。語と文は翻訳不可能であり（「翻訳する Traduire」）、「つまるところ」回復可能ではない。このように、ネットワークはネットワーク自体の虜になっており、ネットワークの諸規定はネットワークの母性的物質の無規定性へと引き渡されている。その母性的物質は何も決定せず、すべてに署名し、思考を宙吊りのままにし、思考するがままにする（「母性 Maternité」）。

翻訳不可能なものは、「翻訳を導く traductible」ものを幾分残す。これもまた翻訳しなければならない。「私たちがこれこれのことを、つまるところ、つまるところの言語に待ちかまえていたということ que nous nous attendions à ceci ou à cela, à l'arrivée, dans la langue d'arrivée」が本質的なのではなく、「私たち、君と私とが、つまるところ、私たちの国の言語でお互いを待っていた、ということ

que nous nous attendions, toi et moi, à l'arrivée, dans la langue de notre pays」が本質的なのだ（私はこの「君と私」を差延化する）。s'attendre——これは再帰的なのか、他動詞的なのか？[★1] 裏をかくこの遊びをどう翻訳すればよいか？ それが書かれている言語において。あなたを虜にする言語への愛があってはじめて、あなたは捕捉に抵抗する。言語が両義性によって人を捕捉するので、あなたはその両義性を標記する。その言語を誘惑するために。自分が言語を虜にするためにではなく、言語を自分に惹きつけるために（「誘惑する Séduire」）。言語を宙吊り状態へと呼び戻すために。「効果的かつ実際的な捕捉は［……］宙吊りのままでなければならない」（「捕捉 Capture」）。本質的捕捉とは、言語のもつ、その言語において「翻訳すべきもの」であり、宙吊りであり、思考である。言語のなかで思考するもの、それは「sens《サンス》」という語のもつあらゆる意味《サンス》の裏をもかくものだ（「意味 Sens」）。あなたは、人がそれを分別を失ったことと呼ぶのを、許しはしないのだろう。

まだ〔依然、さらに、とはいえ〕Encore

私はここで、さまざまな制約に従っている。特集号という制約、祝賀記念論文集 Festschrift という制約、これはいかなる祝祭のエクリチュールなのか、あるいはいかなる堅固さをもったエクリチュールなのか？ 私は接近を試みる。あなたは私にあなたの声を与えてくれている（「声 Voix」）。しかしあなたは与えるべき何ものももっていない。ただ宙吊りを除いては、だ。私は宙吊りを試みる。しかしそこで自分を宙吊りにしてはならない。それに、「なす」べき身振り

★1 s'attendre は、再帰的用法と解すれば「待ちかまえる、覚悟する」、他動詞的用法と解すれば「お互いを待つ」となる。

もない（「身振り Geste」）。私の接近のなかには、あまりにも多くの身振り geste がある。寛大な身振り《ジェスチャー》？　私の宙吊りはあまりにも重すぎる。自重、パスティッシュ。少なくともあなたはそれを恐れはしないだろう。あなたは微笑するだろう。また一人、間違えてしまう者がいるわけだ。私が私たちに差し出す鏡のなかで、私があなたの視線を眺めるのをあなたは眺める（「鏡 Miroir」）。つねに外部にネットワークがあるように、つねに後ろに誰かがいる。辺縁は「私たちの背後にも存在している」（「コード Code ／辺縁 Confins」）。正面性は幻想だ。それゆえ接近も幻想だ。取るに足らぬ諸対立もだ。**二者はけっして対立しあうわけではない**（「辺縁 Confins」）。私たちは包囲される。住みつかれる、つまり取り憑かれる（「住む Habiter」）。私たちがもつのは、母型の調子を狂わせたいという欲望ではなく、それを欲望に向けて折り曲げたい、という欲望だ（「コード Code ／辺縁 Confins」）。「哀れな欲望」。機械は、「哀れな欲望」の語調の何がしかを復元することができるのか？　しかし「哀れな欲望」が一つの語調しかもたないと推定することさえ、またあまりにも哀れなことだ。「一息の溜息に複数の語調を含ませて、同時に複数のことを言」う（同箇所）、ということの裏をかかなければならない。「まだ encore」はあることとその反対物とを言う。つまり、堪えかねている語調が、嘆願するものであるか苛立ったものであるかによって、不充分を言いもするし過剰を言いもする。しかし、過剰が不充分であったり、過剰が過剰であったり、などということもありうる。そしてさらに、疑問の「まだ encore」（まだもっと some more ？・）、命令的「まだ encore」（もう一度 again ！・）、譲歩的「まだ encore」（とはいえ although）、などがありうる。「まだ encore」は欲望に大いに関係している。欲望が「何ものも欠いていない」

とはいえ（「欲望 Désir」）。それが、時空間的諸条件といった、それを窒息させる当のものからさえ息を吹きこまれるにしても（「空間 Espace」）。

しかし、戯れ《ゲーム》の母型を欲望へと折り曲げようという欲望には時間が足りない。あなたはこのことを嘆く。あなたは息切れしている（それでも、なんという迅速さだろう）。母型を折り曲げよう（折り曲げさせよう？）というあなたの欲望に時間が足りないかどうか、それを見るために私は急いで「時間 Temps」に駆けつける。「時間を——とくに時間を——定義するためにはあまりにも多くの時間が必要なのだろう」（「時間 Temps」）とくに？　いかなる特性があるのか？　時間に関しては、「定義をおこなうほうを、定義されるほうが定義する」。アオリストを参照すること（「辺縁 Confins」）。したがって、「それ［定義されるもの、つまり定義するもの］は充分には定義しない。もしくは定義しすぎだ」（「時間 Temps」）。

ここにもまた「まだ encore」が、嘆願が、支持《がまん》できないものがある。エクリチュールそれ自体の「まだ encore」、なかでもとりわけ「支持《がまん》できないもの」と呼ばれているエクリチュールの「まだ encore」だ（「エクリチュール Ecriture」）。そこにも何も足りないものなどはない。時間をのぞいて。時間？　否、エクリチュールとは時間のことなのだ、足りない il se manque かぎりにおいて。足りない il se manque を翻訳すること★2。あなたの不可能な「同時 hama」（「同時性 Simultanéité」）（あなたはこの「同時 hama」によって私を籠落しようと試みる。しかしできない）。いや、不可能なのではない、ありそうもないのだ（同箇所）。しかしながら、あなたはそれに抗してあなたの「感情」を、あなたの反抗を、あなたの計略を宣言する——時間的に差延化されたあらゆるものの

★2　「足りない il se manque」は、非人称的用法では「足りない」であるが、その他、「自分に関して（自殺）しそこねる」の意味になる。

彼方に、幾分の同時性がある、と。「全速力」が幾分、ほぼ無限の速度が幾分ある（同箇所）。それが共時性を、たとえば政治的同時代性をなす。これは「卑劣」でさえある共時性だが、ネットワークの外部でともに存在する者の、赦免された絶対的な「同時」である。これは「二者性」をなし、第三者を逃れる（「鏡 Miroir」）。それ、それが「君」だ。私はそこにあとで立ち返ることにしよう。

この速度にとっての電話の重要性。プルーストは愛をこう要約する。愛、すなわち心に感受できるものにされた空間と時間、と。電話もそれを感受可能にするが、別のやり方でだ。電話的感情を〈囚われの女〉の看守の感情と比較すること。その感情は何にせよ「まだ encore」と呼ばれる――あらゆる語調で、またあらゆる息吹で。メッセージが電話によって到達し、まめまめしさによって到達するときに、メッセージの期待とその目的とを分析すること（あなたは「まめまめしさ」については、まだ、何も解体していないのか？）。あるいは、これもまたまめまめしい愛撫によって、メッセージが到達するときに、メッセージの期待とその目的を分析することだ。可能な同時性、いわば差延を逃れた同時性、あらゆる dé から横取りされた同時性、そこにあるあなたが言うところの「くぼんだ確実性」は（「同時性 Simultanéité」）、つまり全速力は、特権として、つまり猶予と延期との虜によって少なくとも予測されてはいた解放として、あるいはまた欲望自体による欲望の追いこみとして、欲望のもつ「まだ encore」の抹消として、絶対的非忍耐を模倣した忍耐という計略として取るべきなのか？　決断。それは断ずるとされる。君と私とともに、それは断ずる。

君 Toi

対立が特権であるにせよシミュレーションであるにせよ、対立の裏をかくべきである。人が苦しみを模倣するのは、人がシミュレーションの無限の可能性に苦しんでいるからだ（「シミュレーション Simulation」）。人が特権を模倣するとき、その人にシミュレーションに関する幾分の特権がある、とあなたは言うだろうか？　あなたはもちろん、こう言うだろう。シミュレーションに関しては、決断を模倣することに関しては、人は断固としている、と。ヴィトゲンシュタインは、ある感情と、その感情の模像とのあいだの差異は何かと問うている。原型をあなたは模像の「分身」にする（「シミュレーション Simulation」）。あなたの計略がここで待ちうけている。つまり、あなたはこの戯れ《ゲーム》の試練を受け容れるが、それは、これを拒絶するということを言わんとするためだ（「速度 Vitesse」）。とはいってもそれは、その戯れ《ゲーム》ゲームを発明した莫迦者たちを欺くためではない。諸コードの裏をかくため、何にせよ決められた目標があなたの目標のほうへ折り曲げられるようにするためだ。それがあなたのエクリチュールのための試練そのものであり、あなたのエクリチュールの試練そのものだった。エクリチュールを、すでに定義されている諸規則に従属させること、エクリチュールを定義の諸要求に従属させ、どこか他のところから発して止め置かれている語彙に従属させ、満たすべき空間と尊重するべき期限の定義に従属させ、一つないしは複数の外在する問題系に従属させ、エクリチュールのパートナーたちに従属させることである。それらのパートナーは課され、未知で、あらゆる対面的同時性から切り離されていた（「コード Code ／辺縁 Confins」）。つまり、彼らのうちの誰も君ではありえなかった、ということだ。「『君』で呼びあう権利 droit はあるのか？・」（「法権利 Droit」）私にその試練を蒙らせる、そういう「授与された権利」を誰がもっていただろうか？ 私がいかにしてそれに署名することができるというのか？

署名する人とは君のことだ、それは君だけだ。「私が君だけに宛て、にもかかわらず君が署名し、君が受取人（彼なら母親と言うところだが）であるこれらの語」（「意味 Sens」）。彼がそう言ったのは大きな間違いだ。母性とは、メッセージの発信者の機能「を除いたすべて」のことだ（「母性 Maternité」）。君、君は何も規定せず、何も決定せず、何も運命づけない。母性は「前もってあらゆる種類の de を運び去り、すべてに署名する」（同箇所）。それは何ものにも対立しない。このことこそ、母性の「崇高な全能性」にして「無限の聖なる倒錯」であり（同箇所）、「おそらくは場 chōra」の倒錯であり、感覚不可能性であり、「諸対立の彼岸」にある「手に負えない」残余性である（「物質 Matière」）。以上が君のためのいくつかの名だ。私がエクリチュールを自分に引き受けるとき、それは「君とともに」だ（同箇所）。しかしそれらは与えられた名、「君のため、私のなかの他者のために置かれた」名だ（「捕捉 Capture」）。「君の像が私のなかにある」、これは、人が今までまったく何も言ってこなかった「きわめて単純なこと」だ。しかし、これが言うべき唯一のことだ（「像 Image」）。それが、思考がものを宙吊りにするにまかせ、人が思考するにまかせるものなのだ。語ることができるすべてのことについて沈黙すること（「母性 Maternité」）。ただ語れないことのみを語ること。君に、「私は自分の時間のすべてを割きたい」

（「速度 Vitesse」）、私に「私に『である〔彼がなす〕il fait』のほうの天気 temps を与えている」君に、だ。

「もし君が私の言いたいことを理解するならば if you see what I mean」（「時間 Temps」）。

「死ぬことが目に見えている君と私とのあいだに不死性がある Il y a l'immortalité entre toi et moi, qui nous verrons mourir」（「不死性 Immortalité」）。翻訳すべきものだ。だがあなたは自分で（?・）翻訳している。

「本質的なことは［……］私たち、君と私とが、つまるところ、私たちの国の言語でお互いを待っていた、ということだ l'essentiel［est］que nous nous attendions, toi et moi, à l'arrivée, dans la langue de notre pays」、と（「翻訳する Traduire」）。これもまた翻訳すべきだ。やってみよう。しかし私は、あなたに、そして私に一つのテーゼを強いることが怖い。君というものの、君というものについての一つのテーゼを、そしてまず無駄な議論を強いることが怖い。あなたの恐怖から生まれたあなたの計略から生まれた恐怖だ。私は翻訳する。私たちは互いに互いを待つだろう。君は私を待ち、私は君を待つだろう、つまるときに、つまるところで。あるいはまた、私はこうも翻訳する。君と私は一緒に、一つのつまるところが、否、「つまるところ」なるものがあるだろうと考える。私たちは一緒に、そんなこともあるだろうと、岸辺は到達されることになろうと予期する。しかしそれはいかなる岸辺なのか? 「私たちは死ぬのが目に見えている nous nous verrons mourir」。君は私が死ぬのを、私は君が死ぬのを見るだろう。あるいはまた、私はこうも翻訳する。死ぬことは私たち二人に一緒に到来することだろう、そして私たちはそれを一緒に知ることだろう。岸辺というのは、私たちが航海している湖の反対岸だ。「大きかろうが小さかろうが、複数の湖しか存在しない」（「航海する Naviguer」）。それら湖を横断して、私たちは「女神」のような何ものかを転移（翻訳）する（同箇所）。あなたはそのようにニーチェに言わせる。女神、それは君だ。航海を終えた私たちは、反対岸でお互いを待っていたことになろう。そして私たちは、反対岸に存在するというものを一緒に待ちかまえていたことになろう。私は航海する、私は書く、君のために。しかし署名するのは君だ。君はすべてに署名する、君はあらゆる小舟の上に、あらゆる飛行機の上にいる。私は湖のなかで、綱のなかで、罠のなかで航海する。君は私の小舟のなかにいて、私は君に取り憑かれている。書くとは翻訳することだ、「それは罠だ」（「航海する Naviguer」）。君と私とのあいだには不死性がある、なぜなら私たちは一緒に、自分が死ぬのを見るのだろうから。他者のための死者はけっして存在しない。しかし、私は不死を欲望する。そう、横切って操縦し翻訳し書いている私は、不死を欲望する。しかし君は何も欲望しない。そう、倒錯した、聖なる、全能で黙した君は、何も欲望しない。「不死性への欲望と不死性それ自体とを区別する人はみな、愛したことも約束したことも一度もないのだ」（「不死性 Immortalité」）。欲望とは、湖をつねに横断することであり、水路を発見することであり、言語への愛である。不死の女、それは私のなかの君だ、しかし、私の向かっている君には東洋風なところはない。その君はそこに、同時に存在している君だ。私は女神を愛する、私は彼女に到達すると約束する、彼女を口にすると約束する。彼女とはつまり、口をきかない女性、mute〔無音〕だ（「変異 Mutation」）。彼女は愛する欲求（＝欲望）（「欲望 Désir」）をもたない。だが、「私に**まったく別の**言語を教えてほしい、そこでは今日の私が完全に唖であるような言語を」（「変異 Mutation」）。君の言語、君である言語。しかし君は私に何も教えてはくれないだろう。君は私を宙吊りのままにしておくだろう。「それは君に依存している、それは宙吊りにされた君の声のものだ」（「シミュレーション Simulation」）。何も言わない君の声。君と私とを混同している者は、つまり、不死性を、女神自身を、エクリチュールのなかで書く欲望と混同している者は、一度として愛したことがなく、約束するとは何かを知らず、あちら側に送るとは、つまり岸辺に、湖の辺縁に、前と後ろとに送るとは何なのか、つまるところの前につまるところを送付するとは何なのかも知らない。そしてもし人が言語とエクリチュールを区別するのであれば、それも愛が欠けているからだ、抽象のせいだ。能力／遂行、思考／言語活動、物質／形式といった対立的抽象のせいだ。あたかも私が航海することを望む（欲望する）ことさえでき、つまるところを待つことさえできるかのようであり、あたかも君は乗船していないかのようだ。あたかも君は岸辺で私を待っているかのようだ。君が船上にいるときに、だ。私の小舟に乗って湖にいるときに、だ。以上が、簡潔だが、私の翻訳だ。

そこで、私は「体 Corps」に飛びつく tombe。この語を注釈するにあたってあなたは、「tombe〔落ちる、墓〕」という多義的な語から始めている（「体 Corps」）。そして繰り返す。「『corps』の少なくとも二つの意味［……］、それらは一方が他方の上へと（君と私）落ち重なる」（同箇所）。私はこの、あなたが「corps」の第一の意味、「固有の」体を注釈してつぎのように解剖し展開した「君と私」に立ち止まる。「そちらにある君の体、ここにある私の体、それぞれの中央と想定される点にある君の国と私の国、人がそこをけっして離れず、それゆえ誰かがそこに到来することも再来することもけっしてないということ、それだけから定義されている体」（同箇所）。

つまるところの、つまるところから発しての期待のテクストに私を送り返すもの、私が目的を「忘却」することで今しがた翻訳しようとしたもの――「〔……〕つまるところ、私たちの国の言語で」(「翻訳する Traduire」)。私は反対の意味に取ってしまったか?「私たちの国」などというものは可能なのか? つまるところの私たちの国? もしその国に人がけっして到達しないのならば、そしてもし、体である以上、国がけっして分有されないとすれば? 私たちの国は、不死の女性である君にとっての、そして君の欲望である私にとっての国、それは私たちが互いに落ち重なりあうときに存在する。私たちが同時に、しかしけっして一緒にではなく湖を横断したときに。結局は出会うのか? 不吉な性交、私たちはそれを待ちかまえている。つまるところの岸辺で、私たちは死ぬのが目に見えている nous nous verrons mourir(ここで私は断ずる――この「se voir」は、非人称的で再帰的でない用法だ。たとえば「戦いは結局、二人の決闘になった La bataille se vit réduite à un duel」といったたぐいの)。なぜなら、君のもつ君の体と私のもつ私の体、それらには君も私も到達することができないのであり、私たちはそこに到達することができないのであり、私たちは他の体に到達してしまうからだ。それはまた別の国だろう。暗い。★3 翻訳すること。そこでは私たちはお互いを〔自分を〕見ることができない。そこではただ私たちはお互いが〔自分が〕沈んでいくのを、盲目になるのを、非-書くのを、翻訳者と渡し守に引き渡されるのを見るだけだろう。私たちが「私たち」であるのは死後においてでしかない。君と私、私たちは「私たち」を待ちかまえている。それは、言語がいつか沈んでいくだろうということではない。言語はあらゆる搭乗に乗りあわせているのだから。そうではなくて言語は、私

★3 「暗い sombre」は、「沈んでいく」とも読める。

のなかのそのイメージである。つまるところとは、言語が私に出くわすときのことだ。私たちは沈んでいく。つまりそれは、私は沈んでいき、言語は、他者たちの虚しい手へと約束されて、すでによそにいっているだろう、ということだ。しかし私は、「私は君の記憶そのものを誘惑し、そこに住みつきたかった。私がそこにいるのは君のためではない、という瞬間に至るまで」(「誘惑する Séduire」)。君が他の者たちとともにエクリチュールの大洋を通過する一方で、君を私の船に永久に乗せてしまうこと。私のなかにあって君を呼ぶものは、「『私のところにやって来い』の『私』の彼方」にある(「誘惑する Séduire」)。君は私の署名とともにこの欲望に署名するか?

喪 Deuil

「連絡してくれ、私の日常用語よ、泣いてしまうよ un signe de toi, ma langue quotidienne, ce pour quoi je pleure。翻訳すること」(「記号 Signe」)。これはすでに翻訳されている。君は私を泣かせる、私は君ののちに泣く、私もつまるところに至るまでずっと泣くだろう、と。喪はないだろう。記憶は護られるだろう。「私の好運。不幸の唯一の形態は記憶を失うことなのであって、記憶を護ることではない、という好運[……]」(「記憶 Mémoire」)。私にとっての好運とは、君が忘れられないものだという、この意地悪な不運だ。君は私に取り憑く。虜になるというのが私の好運だ。君は私を護り、私は、君が私を護っているのを眺める。「護りそれ自体に対する視線、真実の真実。それゆえ真でない真実)」(同箇所)。真であるよりも真のエクリチュール。諸定義の真実の裏をかき、諸対立の真実の裏をかくエクリチュール。それは、それらが不適切になってしまったということではない。それは一度として不適切なことはなかった。失われたと想定されているこの真実の、「なぜ『喪』と『悲嘆』」なのか（「物質 Matière」）？「物語を求めるいかなる欲望、そして見捨てられた言語に住みつこうとするいかなる欲望が、依然としてあるというのか？」（同箇所）私が泣くのは、この、想定される喪失のためではない。そうではなく、君の現前――言語、けっして打ち捨てられてはいない言語――のせいで、その現前のあとで、私は泣くのだ。君というのはつまり、私が場を外れて書いたことになる一方で場をつねにもったことになる者だ。この隔たりが涙に場＝理由《リユー》と時間を与える。

君のあらゆる記号が、私に害をなす。「自分のなす害をそれとして認め証明すること、それは可能か？　否、それゆえそれは唯一の興味深いものごとなのだ。それはけっして証明可能ではない」（「証拠 Preuve」）。私が君の無差別な全能から蒙る害、私はそれを証明せず、実感するだろう。書くことによって私が君に蒙らせる害、君はこれを証明することができない。「二者が同じ害 tort、対称的な（syn-mât）一つの害 tort を互いに与えあったということはありうるか？　定義上、否」（同箇所）。私たちの争異を清算することは不可能だ。赦しあうことは不可能だ。「（求められたにせよ、授けられたにせよ）許しには証明はない」（同箇所）。あなたが脱臼しながらもここで従っている試みは、あなたに「身振り《ジェスチャー》をしなさい」と要求する。こうして試みは「平和や和解を」呼びかける（「身振り Geste」）。しかし試みは損害しか惹き起こさない。それは赦されるに値しない。人はあなたに「私たちは悪を抹消するのだ」（同箇所）、エクリチュールの悪を抹消するのだ、と要求する。しかし損害は係争と決定しか呼び起こさない。呼び起こされるのは赦しではない。赦しは規約を逃れる。赦しはただ害のみを赦す。しかしそれは身振りではないし、またいかなる身振りをおこなうものでもない。赦しは「すでに、［害が］**おのずから抹消されるがままに**」してしまっている――「それが、私がエクリチュールと呼ぶものだ」（同箇所）。だから、害には証明がないのだ。私が書く一方で、君は私に害をなし、私は君を赦す。しかし、それはけっして証明されないだろう。私の涙によってさえも証明されないだろう。君の聖性がなに一つ要求することのないままに、君が私のエクリチュールに取り憑く一方で、私は君に害をなす。君は私を赦すのか？　誰がそのことを証明するだろうか？　唖の女性が、だ。

非対称な負債が、語から語への翻訳によって、それらの「代置」を通過させる（「記号 Signe」）。つまりエクリチュールを、だ。私たちは湖を通り過ぎる。一緒に、あるいは別々に通り過ぎる――というのも、〈一緒に〉と〈別々に〉は二人にとって、つまり忘れえぬ君と終わりある私のそれぞれにとって同じではないのだから。「小声の限界、他者の声としての内なる声の限界とはいかなるものか？」（「声 Voix」）君は私に君の声を吹きこみ souffle、私は君から君の声を吹き飛ばす souffle。私は君の「代補」であり、「補助器官」である（「補助器官 Prothèse」）。だからこの隔たりがあり、「メランコリー」があり、宣言された赦しを超過しエクリチュールのなかに自ずと消費され焼尽される害があるのだ。君はそれについてはいっさい欲求を感じない。それが、喪がけっして明けず火災が消されない理由なのだ。灰化によって、君の把握不可能性を果たすことを予期するのは無駄だ（「不死性 Immortalité ／記号 Signe」）。一瞬の火のなかでのエクリチュールの焼尽によって、灰での署名によって君の把握不可能性を果たすことを予期するのは無駄なことなのだ。この署名の猿真似。灰もやはり物質だ。私は腐植土のなかに署名する。非人間的な女について、私は埋葬された者として証言する。偽の証言者たち。「私は信仰のみを愛する、もしくはむしろ信仰において、その非宗教的試練を愛する」（「証拠 Preuve」）。

「脱《デ》」の賽《デ》を投げて

ルネ・マジョール

（高桑和巳訳）

「［……］現れると否まれ閉ざされるが溢れ出す
それもつまるところ
薄まりつついささかいちじるしく拡がることで［……］」
マラルメ『賽の一振りはけっして偶然を廃棄しないだろう』[★1]

ここで、いくつかの言葉だけを口にするにはどうすればよいのか？　偶然性の低い交歓の期待と約束のなかにあって、つまりは、冒険的であるとはいえ保証された交歓の期待と約束のなかにあって、賽の二振りのあいだの言葉をどのようにあえて口にしようか？（括弧に入れて言っておくが、「賽《デ》の二振りのあいだ」とは計《プログラム》画的な題だ。この題は、彼の固有名の二つの音素を利用している。デリダがこの題を、まさに「二重のセッション」のとあるページの脚注で告知している[☆1]のは偶然ではない。そこではプラトンにおける書記空間の中性性が問題にされ、諸事物との類似や相違の関係が生起するのは「隠された言葉を文筆家が転記するとき［……］」、彼がかつて心理の皮に刻みこんでいたものを外部の書物へ、すなわち「固有」の意味での書物へと転記するとき」だ、と言われている。痕跡のこの原初的刻印はエクリチュ

★1　Stéphane Mallarmé, *Œuvres complètes*, Paris, Gallimard, «Pléiade», 1945, p. 473.〔『骰子一擲』秋山澄夫訳、思潮社、一九八四年、三三頁〕

☆1　Jacques Derrida, *La dissémination*, Paris, Seuil, 1972, pp. 211-213.

ールが再生産ないし模倣するものであり、『国家』では、詩人は模倣形式への依拠の様態によって、つまり複写様式の使用によって判定される。というわけで、プラトンはホメロスに尊敬と賞賛の念を寄せているにもかかわらず、模倣を**実践している**かどで彼を断罪する。また他方、もう一人の父祖パルメニデスは、模倣を**看過している**という正反対の理由で同様に有罪とされる。つまり、**父の措定**が「分身（偶像、影像、模倣素、幻影）の増殖（を説明すること）」を禁じているから、というわけだ。この長い——長いのは当時デリダのお気に入りだった——生死耳伝記的 otobiothanatographique な注は、「[**模倣**概念の]網目と論理とを三つの核心をめぐって再構成する」ことを約束している。その三つの核心とは、**父の二重の殺害**、**二重の記入**、**非有罪的模倣**である。模倣術とは（二重の記入においては）生産の技法であるとともに固有化の技法であり、二項対立に抵抗する。二項対立は脱構築される。というのは、模倣が事物の分身を生産する場合、模倣する側は——それが原型に類似していようといまいと——原型に付け加わり、原型を増加させるからである。そしてこの模倣者は、原型にはけっして全面的には類似しない。プラトンとマラルメのあいだ、**模倣**《ミメーシス》と「黙劇《ミミック》」のあいだに、間取りと脱トポス化の光景が展開される。この光景はある作用に到達するが、その作用においては、ある光景の多様な働きしか、すなわち模倣される出来事、痙攣、笑い、享楽しか起こらない。（「脱《デ》」の）賽《デ》の二振りのあいだの（笑いの）炸裂。現前と表象とは、互いに類似しているわけでも相違しているわけでもない。（エクリチュールの）光景が描き出すのは「欲望と成就のあいだの、犯罪の遂行とその追想のあいだの」理念に他ならない。それは「ここでは先まわりし、あそこでは思い返して、未来形で、過去形で、**現在形という偽りの外見のもとで**」[☆2]、なのだ。欲望と成就のあいだ。それはすなわち「婚姻膜（そこから〈夢〉が生ずる）のなか」であり、内部と外部のあいだであり、夢の欲望が貫くことを欲する膜であり、もろもろのシニフィアンの宝を秘蔵している宝石箱であり、いかなる現在も事前に先行したり事後に後続したりしなかったことになる夢のエクリチュールの空間の限界を画定する縁ないし境い目である。「二重のセッション」（この題はマラルメのテクストから採られ、犯罪遂行の一撃ののちに第三者によって与えられた）は言う。「婚姻膜（差異あるものの焼尽）は、この語の意味がまったく決定不可能である以上、起こらないときにしか起こらず、何も**真実**起こらないとき、暴力なしに焼尽が、一撃なしに暴力が、マークなしに一撃が存在するとき、［……］膜が**引き裂かれることなく**引き裂かれるとき、つまりたとえば人が誰かを死なせたり笑わせて悦に入らせたりするとき以外には起こらない。」この例については私は目を閉じることなく、括弧を閉じる。）

この括弧は偶発的なものではなかったことになる。私がこの前置きにこだわっているのには、少なくとも二つの理由がある。まず、婚姻膜の表記、ないし「隔たりと接触とを保証する間取り、空白と空白のあいだを通過する白い膜」が、真理の隠蔽／曝露の対立を乱し、意味のマークを散種することで意味の曝露の層を削ぎ取るから、というのが第一の理由である。去勢概念（ポウの「盗まれた手紙」についてのラカンのセミネールで言われる「真理去勢」と「真理としての去勢」のこと。男根という超越論的シニフィアンに対応するシニフィエ――原初的かつ最終的シニフィエ――としての去勢）は、散種概念と分離することができなくなる。フロ

☆2 S. Mallarmé, «Mimique», in *Œuvres complètes (op. cit.)*, p. 310.〔「黙劇」渡邊守章訳、『マラルメ全集Ⅱ』筑摩書房、一九八九年、一七九頁〕

イト読解の方向に向けられ、あるいはフロイト読解として迎え入れられるこの作用は、精神分析の領野に暴力的に介入し、この領野を検地する。「散種とは、去勢の作用の**視角**『である』。これは自ら意味することもなく、シニフィエとしてもシニフィアンとしても構成されず、自らを現前化することも表象することもなく、自らを示しも隠しもしない。したがって、この視角は真理（適合ないし曝露）も覆い膜も内にもたない。」[☆3] 構造主義版の言語学－精神分析の領野を対象とするこの脱検地（「脱《デ》」の賽《デ》を振る賭けをお許し願いたい）は、熱のこもった解釈のすべてを問いに付す自由な地帯――空白ないし空間――をしつらえるだけではない。加えてこの脱検地は、テクスト的光景と精神分析的言説とを、相互閉鎖の状況から解放するものでもある。エクリチュールは、**いや、のみならず**パロールもこの対立にはなく、テクストは断固としてこの対立を脱構築する（「テクストを制御するいかなる妥当性もこの対立にはなく、テクストは断固としてこの対立を脱構築する」のだから、エクリチュールとパロールの対立にはけりをつけよう）「連鎖を再起動させずにすでにして意味作用における代置行為に落ち着いてしまっているシニフィエのうえにとどまることが、一連鎖にとって不可能であること」と定義される以上、終わりなき代置を肯定する散種は、ある恒常的な作用を保証するものである。この作用を**脱トポス化** dislocution（言葉や場所の分離・ずらし）と新語で呼ぶことができるだろう。それに相関して、マークが意味作用の統一性との繋がりを断つ可能性と、象徴秩序に統合されない（とはいえ、象徴秩序に対する**単純な**外在性を構成するのでもない）あらゆるものを構想する可能性とが開かれる――これは言い換えれば、意味作用の連鎖の二分化の構造に属し、文字の二重化に属し、三角構造から四角構造への物語の移行に属する

☆3 J. Derrida, *Positions*, Paris, Minuit, 1972, p. 121.〔『ポジシオン』高橋允昭訳、青土社、一九八一年（一九九二年）、一二九頁〕

もの、つまり一言で言えば、分身の法則に属するものである。［精神分析の領野においてこの作用がもたらす理論的かつ実践的帰結について、また理論を創設する光景に対してそれがもつ関係については、他の場所で☆4検討したのでここでは立ち戻らない。］

第二の理由は、去勢概念を散種概念および反復概念に――したがって死の欲動の概念および脱拘束概念に――結びつけるものである。この理由は、反復に関するある種の（新たな）構想を――間取り・変化・差延・複写の過程から発して――**模倣**《ミメーシス》の価値に関係づけるものである。「黙劇《ミミック》」において語りの声は、その声の読んでいるあるテクストから発して白いページの上に書くのだが、そのテクストには、白いページの上に書かなければならない、と書いてある。ここで人は、全面が鏡張りのテクストの迷宮に入りこむ。エクリチュールの痕跡は反射され、マークは二重化され、この二重のマークは、差異的構造をそのうちに保存しながらも、模倣の**禁止**の裏をかき、同様に模倣の**要請**の裏もかく。そうすることで、二重のマークは、エクリチュールを同じエクリチュール自体へ回付するとともに、他のエクリチュールへも際限なく回付し、エクリチュールがエクリチュール自体に閉鎖されてしまうことを逃れる。それによってこの二重のマークは少なくとも真理の過程を混乱させ、場違いとされている場でシニフィアンの円環的回帰を混乱させる。ポウの小話にとってそうであるように、いかなるものであろうと張り出した位置は可能ではなく、手をつけられるやいなや、手紙の行方は送り手をも宛て先をも逃れてしまう。「黙劇」はマルグリットの台本を、銘を参照するように参照するが、マルグリットの台本自体がテオフィル・ゴーティエの『死後のピエロ』から銘を引いており、以下

☆4 René Major, «La parabole de la lettre volée», in *Etudes freudi-ennes*, n° 30, Paris, octo-bre 1987, pp. 81-130.

同様に続く。つまりそれはまるごと、テクストの接ぎ木の体系、固有名のマークの体系であり、ここ（私の書いているテクストのなか）で一つの題「『脱《デ》』の賽《デ》を投げて」（これは一つならざる理由から、一つならざる名を喚起している）が、そしてマラルメの銘（加えて「薄まりつついささかいちじるしく拡がること」という撞着語法）が、そして占めうるかぎりの部分を占めた脚注[☆5]の呼び声が、この体系を再生産する。

散種は去勢と分離することができない。これはどういうことか？　それは明らかに、散種が「父に**帰着しない**もの［父のほうもそこには由来しない］」の形象をなし、それは発芽においても去勢においても帰着しない」ということである。言い換えれば、「主観性の効果、主体化、固有化といったものに［……］すなわちラカンが『象徴界』の秩序と呼ぶものに、際限なく抵抗する――そしてまたそれらが抵抗する――**最大にして最小のもの**[☆6]」である。散種とはしたがって「象徴秩序の一般的構造**および**諸変容において、社会や『家族』や文化の一般的**および**規定的諸形式において、象徴秩序を脱構築し［……］解《ほど》く可能性[☆7]」でもある（**象徴秩序を解《ほど》く**découdreということの表現――それは結び目を解くことでもあり、問題を解決すべく組んず解《ほぐ》れつの喧嘩をすることでもある――に聴き分けられることについては、あとで立ち戻ることにする）。

散種――つまり脱構築――と死の欲動とのあいだに関係があるのかという問い[☆8]に対しては、然り、と躊躇なく回答されている。これに関する明確化は、「思弁する――『フロイト』について[☆9]」で長く展開されている。事実『快楽原則の彼岸』の思弁的行程は、物理的・心理的エネ

☆5　J. Derrida, *Positions* (*op. cit.*), p. 112.〔『ポジシオン』（前掲）、一六一頁〕
☆6　*Ibid.*, pp. 112-120.〔同書、一二六―一二八頁〕
☆7　*Ibid.*, pp. 116-118.〔同書、一二七頁〕
☆8　ギー・スカルペッタがデリダにした質問。*Ibid.*, p. 121.〔同書、一二九頁〕
☆9　J. Derrida, *La carte postale*, Paris, Aubier-Flammarion, 1980, pp. 275-437.

ルギーが集約され、それによってある問いを理論面でも実践面でも制御することができるようになるということを必要としている。問いとはすなわち――この問いこそまさしく問いというものだ――、エネルギーは拘束されるのか拘束を脱するのか、反復欲動の過程が快楽原則に対して依存しているのか独立しているのかという問い、つまりは制御そのものへの問い――および権力への問い――である。快楽原則の彼岸では、つまり最終審級では、権力はたしかに「心理的」制御としてふたたび現れる。しかしこれは思考過程の制御としても現れる。理論的解決とは、同時に、解くべき問題が集結させていた心理的緊張を解くことでもある。『快楽原則の彼岸』の言説ないしエクリチュールは、それ自体がその言説の思弁の対象の一部となっている。このことはちょうど、この言説の観察対象・叙述対象である子供――フロイトの孫――と同様である。しかしこの孫は、対象を制御するすべを――鏡のなかの自分の「固有」像の出現と消失の儀式を通じて自らの出現と消失を体得することで――獲得しており、フロイト的思弁とその遺産を遠隔制御してもいる。

分析の行程は客観化を目指していると主張することもあるが、この客観化にしてもやはり、主体的な源泉によってマークされ、基礎づけられている。ここに精神分析理論の独自性がある。とはいえこれにも、精神分析の横断する自己反省を精神分析自体が考慮に入れる、という条件が付帯している。この自己反省こそが精神分析をどこか別の場へ、転記へ、つまりは翻訳の代補へ、分析の代補へとたえず導く。制御は、拘束 Bindung がすでに結びつけているさまざまな結合――あらゆる種類の――を用いて、つねに事前に結ばれている。☆10 たえず形成しなおされ

☆10 ここでは私は図式的なままでいなければならない。別の場所で「権力原則」（近々発表の予定）について展開させるものをここでまた扱うことはできない。

るこうした結合を脱拘束することなしには、いかなる分析もいかなる分析の代補も存在しない。この脱拘束は、脱拘束を可能にしている拘束を脱拘束することにまで至る。脱拘束はフロイトの議論では死の欲動の働きに属するのだが、ここでの脱拘束は死の欲動を生のために用いている。この作用は、作用のたびごとに、固有なものを保証していた制御を脱固有化する運動（この運動内では生と死とはもはや対立しあわない）を要請する。言い換えよう。「主体」にとって脱構成化は構成的要素であるが、脱固有化の運動とは「主体」からこの脱構成化への移行のことであり、自ずと脱存されるのではなく**自ら脱存**するような「状態」「場」へと移行することである。また別のデリダ的な「脱《デ》」の賽《デ》を借用して言うなら、この移行とは、「主体」のさまざまな同一化作用から自ら脱措置するような「主体」が**脱存過程《デジスタンス》** désistance **にあるものとして**「見いだされる」ような足場である。模倣が主体を従属させるのはこの脱安定化に対してである。模倣にとって「固有」なこととは、固有なものをもたないことだからだ☆11。

散種（薄まりつつ拡がること）や脱構築（部分を総体から脱集約すること）と「脱拘束」ないし（今ではすたれてしまった言葉で言えば）「脱結合」との関係は、前述の文脈ではおそらく支持することができるだろう。しかし、これらの概念が介入しているもろもろの文脈のあいだに存する諸差異を強調することは必要である。生物学的な水準においても心的装置の中心においても、脱拘束概念には共示として拘束概念による反作用という含みがある。これが、安定化された諸形式・諸表象網へと固着するエネルギーをふたたび流通にまわす。反作用を含みこんだこうした脱拘束は、自我のさまざまな形成を脱安定化させる。また、さまざまの無意識的

☆11 J. Derrida, «Désistance», in *Psyché*, Paris, Galilée, 1987, pp. 597-638; Philippe Lacoue-Labarthe, «L'écho du sujet», in *Le sujet de la philosophie*, Paris, Aubier-Flammarion, 1979, pp. 217-303.

な幻想が、他者への関係や社会的な結びつきや理論的思考といったものを秩序づけているが、脱拘束はこうした幻想の配備をも脱安定化させる。「脱構築」という語およびこの語の指す働きは、ある読解とエクリチュールの作用に組みこまれており、その作用においては、それらは「エクリチュール」「痕跡」「差延」「代補」「婚姻膜」「パルマコン」「余白」「手をつけること」「パレルゴン」といった一連の用語[☆12]によって規定されている。しかし私がここで興味があるのは、脱構築ないし脱拘束がしかじかの決定を待たずに起こる場合、つまり意識による熟慮や「主体」による再把捉を待たずに起こる場合、「脱構築」と「脱拘束」のあいだで何が起こるのか、ということである。たしかに、こうしたことを説明しようとしても、どのようにしたところでさまざまな構築や拘束が含みこまれてしまう。しかし、構築や拘束には、それ自体のうちに自己解体する可能性が保存されているかもしれない。精神分析の言語が分析対象に適用されるような仕方で無意識へと適用されるとすると、この言語は精神分析のうちに無意識を反映し、同音異義的な諸関係を織りなす。この諸関係は、他のいかなる同音異義的な関係とも比較できない。精神分析に「固有」な諸概念は――それらは一般的な言語から発して固有化されているが――精神分析固有の言語によって脱意味化されている。すなわち、固有言語において精神分析が操作する定訳群によって脱意味化されている[☆13]。脱構築的固有語や脱構築的署名に対する関係は、「脱構築」という語を定義・翻訳するにあたっての困難さを手がかりにして素描していくことができるだろう。「いかなる賓辞、いかなる定義概念、いかなる語彙的意義にしたところで、直接的にせよ間接的にせよやはり脱構築されるし、あるいは脱構築可能である。一

☆12　J. Derrida, «Lettre à un ami japonais», in *Psyché* (*op. cit.*), p. 392.〔「〈解体構築〉DÉCONSTRUCTIONとは何か」丸山圭三郎訳、『思想』四月号、一九八四年、二五頁〕

☆13　この主題に関しては、Nicolas Abraham & Maria Torok, *L'écorce et le noyau* の英訳に付された序文 «Moi — la psychanalyse»(«Me — Psychoanalysis» (Richard Klein, trans.)) を見よ。これはまず *Diacritics*, vol. 9, n° 1, Baltimore, Johns Hopkins University Press, Spring 1979, pp. 4-12 に掲載され、次いでフランス語版が *Confrontation*, n° 8, Paris, Aubier, 1982, pp. 5-15 に発表された。以下に再録。J. Derrida, *Psyché* (*op. cit.*), pp. 145-158.

時的にこの定義や翻訳に適していると思える統辞的な分節化もいろいろとあろうが、そうしたものも例外ではない。」[☆14]したがって、いかなる読解や解釈の方法論であろうと、脱構築たる脱構築には、脱拘束たる脱拘束には連結することができない。とはいえこのことが意味するのが、脱構築や脱拘束の概念や動機はつまるところ厳密さを欠いた無責任なものだ、ということでないのは当然である（言わずもがなではないか？）。まったく反対である。

脱存《デジスタンス》の思考（今回は「脱存過程 désistance」ではなく「脱存 désistence」と書いておこう）は、「出現」や「自己現前」や「共出現」の否定的なヴァリアントなどではない。これは、立つ ester の否定的な共示や、**外存** ex-istence に対して与えられている一規定のことではない。コジェーヴ的・ハイデガー的言語から派生したサルトルやラカンの思考との本質的な差異はここにある（とはいえ、翻訳におけるその思考と言語とのあいだの諸関係が断たれてしまうわけではないが）。脱存はつねにすでに真理のなかに、表象のなかにある。この表象はちょうど、さまざまな場を二重化し、場の措定を条件づけ、場を内部から狂わせ、思弁的な理論主義を同時に脱措置し、想像界と象徴界との分有を保証している思弁を混乱させる鏡のようなものだ。ラカン的な意味での**外存** ek-sistence には、主体の脱中心化を強調する（あるいは主体の内的分割を一般化する）あまり、これを脱存過程から引きあげ、脱存過程の通過する道の両岸に揚げてしまう、という逆説的な効果がある。主体の分裂―― Spaltung ――は、主体が脱存されることに対する自我の抵抗を明らかに示している。つまり自我のこの抵抗は、主体が「自ら」脱主体化してしまうことに対する抵抗である。この抵抗は分有における集約にまで至る。

☆14 J. Derrida, «Lettre à un ami japonais» (*op. cit.*), p. 392.〔「〈解体構築〉DÉCONSTRUCTION とは何か」（前掲）、一二四頁〕

では、「脱存過程にある主体」をさまざまな同一化が揺さぶりを受ける時間や空間としてのみならず、これを、父への愛のあらゆる結合を強化するさまざまな転移から脱却する時間や空間として、すなわち父自身の愛の硬直の間取りや差延としても構想するにはどうすればよいか？　パロールに対して生まれるのが**早すぎ**たり、到来が決定的に**遅すぎ**たりすることがこのように喚起される場合、脱理性のもつ諸力を解放せずに、この脱スタンス化や脱参与をどのように構想するのか？　また、スタンスや参与とともに理性を保証しているあらゆるものをも、どのように構想するのか？　模倣にあそびを設け、法との関係にあそびを設けることで――そうしたものの自己同一性の堅固さや真理の堅固さにあそびを設けることで――人は計算不可能な責任を引き受ける。この責任とは、社会性や他者との関係やエクリチュール・パロール・思考との関係やそれらに対する支配的規範との関係に関する規定的諸形式と、個々の文脈に応じて前提や計算をせずに関係を断ったり交渉をしたりしなければならない、という責任である。

象徴秩序を解《ほど》き、これと組んず解《ほぐ》れつの喧嘩をすることには（この問題に立ち戻るが）、また、象徴秩序が創設するものを解《ほど》き、これと組んず解《ほぐ》れつの喧嘩をすることには、危険がつきものである。デリダは少なくとも二度にわたって、こうした侵入にまつわる危険と運とを見積もっている。「プラトンの存在論イデオロギーは、痴呆ないし脱理性に抗して、つまり知性の欠如 anoia に抗して建立され、措置され、安定化されており、さらにはハイデガーによるプラトン解釈も同様である。脱存過程はたぶん、この知性の欠如を明るみに出すのだろう。スタンスの否定的様態に還元されない以上、たしかに脱存過程は狂気と混同されるものではない。しかし、理性を保証するあらゆるものを二重化し脱措置するという点からすれば、脱存過程は痴呆に類似しうる。狂気に抗して狂気を、だ。[☆15]」彼はこれ以前にも、他の場所で言っている。「しかじかの外部からの力に由来する、象徴界を脱秩序化し脱組織化するあらゆる可能性は、すなわち象徴界を**力ずくでこじ開ける**あらゆるものは、思弁的で鏡像的なもの（「想像界」）に属するのか？　さらには、『不可能なもの』と規定されている『現実界』に属するのか？　分裂病ないし精神病に？　その場合、そこからいかなる帰結を引き出さなければならないのか？[☆16]」これに注が続く（またも脚注だ）。この注は、一**秩序**の堅固さとしての「象徴界」の構成を問題化してはいないが、次のように明言している。「散種が形象化するものを人は容認するが、とはいえ人は、『象徴界』を、また想像界／象徴界／現実界という三分割を、超越論的ないし存在論的な構造の変容不可能な構成要素にしてしまう必然的な傾向がある（この主題については以下を参照のこと。*De la grammatologie*, p. 90）[★2]。」それでは、侵入が脱マーク化的であるとともに再マーク化可能でありうるように、この三分割にそのマークを付与するのはいったい何なのか？

この諸概念が固有名というマークとのあいだに有する関係について、数語にせよ、どうすれば語らずにいられるだろうか（ここで私は文法に由来する不確実さを利用している。言わないためにはどうすればよいのか、ないし、語っている私は語らねばならない以上、どうして語らずにいるなどということができるものか）？　言説の総体がどのようにその言説の名において主人の座を占めたのか、この名がどのように一連の用語を固有のものとして独占し、そうした

☆15　J. Derrida, «Désistance» (*op. cit.*), p. 620.
☆16　J. Derrida, *Positions* (*op. cit.*), pp. 118-119.〔『ポジシオン』（前掲）、一二七頁〕
★2　J. Derrida, *Positions*, Paris, Minuit, 1972, p. 119.〔『ポジシオン』高橋允昭訳、青土社、一九八一年（一九九二年）、一七二頁〕引用文中で参照を求めているのは翻訳では以下に相当。『根源の彼方に』（上）足立和浩訳、現代思潮社、一九七一年、一二二―一二三頁。

用語を喚起することがラカンの名を声高に口にすることに等しいまでになったのか、これらの過程を再認する責務はラカンに帰せられる。「象徴界、想像界、現実界、［……］これらはつまるところ私によって、フレーゲが**固有名**と呼ぶものになった。［……］こうしたものすべてにおける唯一の固有名は、私の固有名である。象徴界・想像界・現実界という三つの用語が存することができるのも、ラカンがこれらを拡張したからである。☆17」ここでは**私**なるものが、自分が言語ととりむすぶ関係に自分の刻印をこれほどにも強くマークしているわけだが、その一方で、まずはじめに言語によってどのように自らが作りあげられたかをそれと関連して検証するということをしていない。こんな**私**とは、こんな**自我**とはどんなものなのか、という問いが立てられるだろう。しかしさらに問題なのは、科学の領域で（たとえそれが憶測にもとづく科学であるにせよ）、一固有名によって画定されているような諸概念の外延とは結局のところどんなものなのか、ということだ。表現は強烈だ。「［……］三つの用語が存することができるのも、ラカンがこれらを拡張したからである。」それらの用語は、互いを結びつけているラカンという名がなければ、堅固さを失ってしまう。これこそ、名に関する転移の効果、および名によって創設される理論に関する転移の効果のすべて——これらの効果はしたがって個々に分離できない——とともに、すなわち、二重の転移の効果（一方から他方へ、息子から父へ、父から息子へ、「反復される反射」としての転移の効果）とともに、あるいはさらに一般に言って分身の転移の効果とともに、決定的な条件ではないだろうか？

ラカンが言外に言っているのはおそらく、いかなるものであれ固有名にマークされていない

☆17 *Ornicar?*, n°s 12-13, Paris, 1977, p. 7. 私はこの問題をまた別の文脈で取りあげなおしたことがある。«La logique du nom propre et le transfert», in *Confrontation*, n° 15, Paris, 1986, pp. 147-162; «La psychanalyse comme nom propre». 後者は«Die Psychoanalyse als Eigenname»の題で*Fragmente*, n°s 29-30, Kassel, 1989にドイツ語で発表された。これは、仏独二ヵ国語対照本 *Between the Devil and the Deep Blue Sea*, Freiburg, Kore, 1987に収録されたものに修正を加えたものである。

ような結合は存在しえない（ボロメオの結び目ももちろんそうだ）、ということだろう。固有名は原初的な結合の操作子である、というわけだ[☆18]。しかし固有名は、それを言語に結びつけなおすものによってシニフィアン（つまり想像界の固有性）のマークを付されるとしたところで、いずれにせよ（象徴界においても、と言ってもよいが）無意味なマークであることに変わりはない。意味することなく指示するこうした固有名は（ただ一つの同一の名であるにもかかわらず）、さまざまな異なる「主体」をマークすることに際限なく奉仕することがありうる。しかしその場合にも、存在における親密的な部分（「現実界」と言ってもいい）には到達しない。この固有名のマークはさまざまな幻想の思いこみをこのように養うことで、現実界が自らの参照対象であると主張することができる。固有名は三つの力域の内部でそれぞれに機能し、それらのあいだに同音異義的な関係を打ちたてる。したがって固有名は、最も原始的な様態においてさえそれらを共存させる。しかしこの固有名は、「主体」が表象されるための、またセクシュアリティ一般（とりわけ男根の機能）が意味作用としてそこに記入されるための前提条件であるにもかかわらず、シニフィアンとしては「主体」（言語の諸効果が有する効果）を表象することがない。この条件の欠如が、脱理性――ないし精神病――を出現させる。そこでは、容赦ない論理のなかで言語活動の総体が自ら脱意味化し、総体が固有名として機能する。こうした言語活動に欠けているのは理性ではない。この手の言語活動が保有するのは理性以外のものではない、とさえ言える。こうした言語活動は、基本語のもつ諸規範と諸法則とを用いて、最強の合理性を生産することができる。主体の脱存過程が、脱理性を生むモティーフにい

☆18 この仮説はさらに展開する必要があるが、私はこの仮説を、最近始めたフランソワ・ボードリーとの対話に負っている。

ささか類似していることがあるのは、理性と理性の生産する症候とを結びつける「自我の」堅固さを中断することとしてである。しかし、理性に何かが起こるには、何かが理性に到来する好運があるには、次のことが律動的で宙吊り的で中断的な仕方でおこなわれるのでなければならない。すなわち、理性の命令をマークする固有名が自ら脱マーク化することが必要であり、言語活動が固有名を通じて自ら脱意味化し、それによって自らを意味しなおすことが必要であり、ある脱結束が作用し、それによって、堅固な統一的単位――シニフィアン／法／不可能なものとか、見せかけ／秩序／現実界といった――が、特異的・集団的、歴史的・文化的を問わず個々の規定による結合を解かれ、また法権利・道徳・政治的なもののこれこれの状態による結合を解かれることが必要である……

……というか、思考や理論のもつこうした状態や規定の堅固さは、固有名以外には由来していない。これはまた、集団的なものの存在様態、知的共同性・政治的共同性の存在様態でもある。存在様態、すなわちスタンス。主体の脱存過程はというと、これは非意味的審級からしてすでに、以下のものと密接に関係している。すなわちそれは、（さまざまな意味作用のなす）結び目の主体化および脱主体化と関係し、同音異義的縫合の形式下に統合されないにもかかわらず断絶といったたぐいのものとして外在性を構成してしまわないものと関係し、自分の住みついている空間に照らして名を自由化することと関係し、そして、この名のもとに形成される言語に対してこの名がつねにある種の仕方で異質――内在翻訳不可能 intra-ductible ――であるという事実と関係している。固有名は主体をマークする――「その」思考や「その」さまざまな無意識的な幻想をマークする——のだが、脱存過程にある主体は、そうした固有名から自らを脱マーク化し、それによって、それら主体の思考や幻想が別の仕方で自らをマーク化しなおすことを可能にする。この再マーク化はある隔たりをともなうが、とはいえこの隔たりはそうした思考や幻想の痕跡を失うことはない。

もし脱構築や脱拘束や脱トポス化や散種や脱マーク化や脱結束がいちじるしい薄まりのなかでさえ起こるなら、もし「それが脱構築され」、それが脱拘束され、意識による熟慮も自我の内省もないままに出来事が生産されるなら、もし、脱存の思考（一言で言えばそういうことだ）が一モティーフや一主題になってしまったり一理論によって集立されてしまいそうになった場合にもこうしたことが起こるなら、またもし（言い換えれば）、しかじかの固有名によって存立させられることなしにことがなされるなら、これこそ理性の好運、つまり、理性の原則にも主体の計算可能性の原則にも規則づけられない一理性の——一責任の——好運である。

それがどのように脱存するかを書くことで〈私〉が脱存するのだ、ということを、どのように言い、どのようになせばよいのか？　それが自伝の光景や他の光景に他の仕方で書かれるということを、どのように言い、どのようになせばよいのか？　私は私自身が言うことからも、なされることからも、起こることからも逃れられないのだ、ということを、どのように言い、どのようになせばよいのだろう？　ここで私は中断しなければならない。私は〈私〉を中断するがよい。間取りするために。そして、そこに立ち返るために。

暴力の経済、経済の暴力（デリダとマルクス）

カトリーヌ・マラブー
（高桑和巳訳）

「もちろん、経済的なものを思考することが残っている。」
J・デリダ「生き延びる」翻訳者への注
（*Parages*, Paris, Galilée, 1986, p. 213.）

「僕は毎晩、夜を徹して、気違いのように、経済学研究の取りまとめにかかっている、大洪水の来る前に［avant le déluge : 原文フランス語］、せめて要綱だけでもはっきりさせておこうと思ってね。」
（K・マルクス、エンゲルス宛一八五七年十二月八日の手紙）[★1]

しばしばデリダは、「政治的思考」をもっていないといって非難される。彼はこうした非難を意識しており、「解読する能力がなく、［デリダが］身体をさらすこともなく強迫観念もなく政治的地震もなく戦闘的危険もないまったく庇護された生を送っていると信じこんでいる」[☆1]すべての人々について、『郵便葉書』で悲しくうんざりしつつ言及している。実際、デリダの思考を戦争への恒常的な呼び掛けとして「解読」せずにいられるというのも奇妙な話だ。デリダがたえずおこなっているこの戦争は、一方では、戦争がある種の顔を見せる場合には、戦争自体

★1 『マルクス＝エンゲルス全集29（書簡集1856–1859）』大内兵衛・細川嘉六監訳、大月書店、一九七二年、一八二頁。
☆1 Jacques Derrida, *La carte postale*, Paris, Aubier-Flammarion, 1980, p. 48.

に抗するものとしておこなわれる。それはつまり、戦争が帝国主義的テロリズムの顔や、抑圧や拷問の顔を見せるときであり、ある人種の他人種に対する、ある言語の他言語に対する、ある性の他の性に対する、ある種族の他種族に対する支配の顔を見せるときであり、また、哲学する一方法が他の方法に対する支配の顔を見せるときである。

この戦争が「政治」に充分に関与しうるものであるのに、そう見えないのには理由がある。それは、おそらくまずは、デリダがそうした戦争をおこなうにあたってつねに、平和や和解の約束のすべてを、解放の理念のすべてをたえず揺るがせにし、そしてとりわけ、「共通の世界」や「自由」や「人間の権利および義務」や人間概念そのものや政治自体および「政治的なもの」自体といった、実践的領野における公理上の明証性のすべてをたえず揺るがせにしているからである。

デリダによれば、戦争や抗争には、政治的起源がない。戦争があるのは、まさにまったく起源がないからであり、起源がないということが最初の暴力なのだ。これは「超越論的暴力[であり、]倫理的解決や倫理的自由に由来するものではない。[☆2]」これは最初の暴力であるが、最初だからといって、そこにいかなる優先性があるわけでもない。というのも、これは、つねにすでに差延化されているからであり、痕跡で**ある**わけでもないのに痕跡としてつねにすでに抹消されているからである。

政治的暴力を、デリダはさらに「政治的差延」と呼ぶ。「階層化、[……]集団間・階級間・権力水準間の区別、[……]権威の委任、差延化され資本化の器官に委ねられた勢力[☆3]」は、暴

☆2 J.Derrida, «Violence et métaphysique», in *L'écriture et la différence*, Paris, Seuil, 1967, p.188.〔『暴力と形而上学』川久保照興訳、『エクリチュールと差異』(上) 若桑毅他訳、法政大学出版局、一九七七年、二四八頁〕
☆3 J. Derrida, *De la grammatologie*, Paris, Minuit, 1967, p. 190.〔『根源の彼方に』(上) 足立和浩訳、現代思潮社、一九七一年、二六二頁〕

力が既に存在するという背景（底無しの暴力という、既に存在すること）から身を引き離し除去されるよりほかはない。

それはつまり、政治的闘争においては、正義を不正に、平和を戦争に**対置する**のは無駄だということだ。ここでもまた、原初的な暴力（非原初性の痕跡としての）は還元不可能である。暴力に抗して闘うには暴力を用いるしかない。というわけで、「できるだけ小さな暴力」へと向かう以外にはない。「暴力に抗して暴力を」とデリダは言う。「暴力の節約《エコノミー》」[☆4]、と。「暴力の節約《エコノミー》」が「政治」に充分関与しうるにもかかわらずそう見えないということには、おそらく理由がもう一つある。その第二の理由とは、この節約《エコノミー》がまさに一**経済**《エコノミー》だ、ということである。事実、デリダに向けられる非難は、端的にいって、政治を経済に「従属させて」しまっている、というものかもしれない――この「従属させる」という動詞は、デリダによってその論理をたえず脱構築されてきたものではあるが。**結局、デリダに対する不信はマルクスに対する不信と同様のものではないか？**　ここでマルクスというのは、ハナ・アーレントが批判するマルクスのことである。引用するのは彼女だけにしておくが、アーレントは、マルクスが「公共領域」の圏域と経済の圏域とを隔てている（隔てていた）境界の廃絶を加速し、そうして戦争を、もともとは「暴力とは無縁」な（政治的）「活動の世界」の中心に侵入させるのに貢献した、と言っている。[☆5]

ここで我々はこの仮説を本当に真剣にとらえることにした。

それは**第一に**、デリダにおいてはマルクスにおいてと同様、経済に関する思考は、という

☆4　J. Derrida, «Violence et métaphysique» (*op. cit.*), pp. 191 & 172.〔「暴力と形而上学」（前掲）、二五一、二二五頁〕

☆5　Hannah Arendt, *Condition de l'homme moderne* (Georges Fradier, trad.), Paris, Calmann-Lévy, 1961 (1983), pp. 35 & 42.〔『人間の条件』志水速雄訳、ちくま学芸文庫、一九九四年、四六、五四頁〕

か、経済と暴力とのある種の関係に関する思考は、明らかに、政治を暴力の起源ないし地平として、また暴力の還元の起源ないし地平としてとらえることへの批判を実際に経由しているからだ。一方における**暴力の経済**と他方における**経済的暴力**の理論とでもいうものは、どちらも言い換えれば、非形而上学的な政治的思考として現れる。さらに、形而上学においてこそ思考の「ジャンル」分けをしなければならないのなら、それらはある意味では政治的でもない。加えて、「哲学の終焉」といったものを思考する哲学者たちのなかにあって、マルクスとデリダだけが、まさに経済の問題からこの終焉をとらえようとしている。

そして**第二に**、この共通点はまさに、暴力として経済を了解するにあたってのマルクス主義的な立場とデリダの立場との根源的な差異をかえって強調するからである。そしてまた、この共通性と差異との作用が開く批判的空間は、あらゆる予想に反して、見通しとしては閉じたものである政治的討議の未来の可能性を開くものと思えるからだ。

エクリチュールの思考と〈資本〉の思考とのこうした討議が二つの経済《エコノミー》のあいだでなされうるということ――ここで我々が示そうとするのはこのことだが、それは「解読する能力のない」人々を説得するためではなく、我々自身が、我々の現在においてかくも混乱して生起する出来事からもう一度、未来といったものを解読するすべを学ぶためである。

この議論にとりかかるにあたって、我々は、デリダがマルクスの哲学に対して見せるある種の躊躇から出発することにする。この躊躇は明らかに、すでに述べた共通性と差異とに由来する躊躇である。これはある種の沈黙で表現されており（デリダにはたとえばヘーゲルやフッサール、ハイデガーに関する「大部一巻」の注釈がそれぞれ存在しているが、マルクスについてはそれがない）、それはまた二重の態度でマークされている。

まず第一に、マルクスにはたしかに形而上学を還元する身振りがあることを認識しつつも、デリダは同時に、その還元が、経済に関しても暴力に関しても、最も形而上学的な規定の名のもとにおこなわれているのではないか、とたえず問うている。事実、デリダによれば、経済は隠喩と意味とに関する伝統的思考において特権的隠喩の役を演じるものである。それは、経済はまず一般に流通の運動を指すから、すなわち住居（「オイコス（家、寝室、墓、隠洞）」[☆6]）のなかで磨耗によって、**固有性**つまり**所有**の諸効果を生産し、その脱形象化の過程で固有なものをまもり蓄積する運動を指すからである。さて、マルクスの考えているような経済が、古典経済への反動から発して思考されているとしても、こうした固有なものの形而上学を脱しているかという点については、デリダは疑問視している。むしろ逆にそれは、固有なものの形而上学を確かなものにすると思われる。たとえば**フェティシズム**の問題系がそれを明らかにしている。デリダは、隠喩の問題を扱った大きなテクストの一つである「白い神話」のなかで、この問題系への批判をおこなっている。この批判の検討およびこの検討の批判が、我々がここで展開するデリダ－マルクス討論の第一部となる。

マルクスにおいて経済が依然としてあらゆる意味で所有の理論、つまりは固有性の理論であるとすれば、同時にそれはつまるところ、暴力（固有なものの終末論をおびやかす暴力）を揚棄してしまう理論以外ではありえない。マルクスは資本主義における経済的暴力を思考するに

☆6 J. Derrida, *Parages*, Paris, Galilée, 1986, p. 121.

あたって、彼自身がなんと言おうと、そうした暴力の消滅の可能性および必然性を前提し、つまり絶対的な非暴力を目指しているということになる。だからこそ、『グラマトロジーについて』でデリダが極度の留保をしつつも示しているとおり、レヴィ＝ストロースは『悲しき熱帯』で隷従ないし「人間による人間の搾取」に原初的無垢状態を対置するためにマルクスを参照することができ、暴力を、諸起源の「全き気ままさ」に対して外部から作用した偶発事故とすることができるわけだ。暴力のマルクス主義的分析についてレヴィ＝ストロースとは異なる読解を提示すること、その読解をデリダの「原暴力」の思考と対比して検討すること、これが討論の第二部をなす。

ここで我々はつつましく、デリダのテクストそのものから、どうすれば「マルクス主義的批判を悲惨や暴力に対する他のすべての批判から分かつ［……］マルクス主義的批判の独自の厳密さ」[☆7]を明らかにできるかを見て、そこから振り返って、どのようにすればその批判が、「厳密さ」において、デリダ自身への批判になりうるかを検討したいと思う。

暴力に抗して暴力を。我々がここで捧げる賛辞は、この経済《エコノミー》を遵守するもの以外ではありえなかった。

「白い神話」において、フェティシズムは、意味と隠喩に関する、また隠喩としての意味に関する、伝統的な哲学的思考を完成するものとされている。この思考は、相矛盾する二重の運動において組織化される。この運動のことをここで想い起こしておく必要がある。それはまず、

☆7 J. Derrida, *De la grammatologie* (*op. cit.*), p. 175.〔『根源の彼方に』（上）（前掲）、二四四頁〕

この思考が、言語のなかで働いている磨耗現象としての隠喩過程一般を特徴づけるものだからである。それはつまり、「原始的意味を間断なく汲み尽くすこと」であり、「意味の規則的喪失」である。この思考はそれ自体が記述していると称する対象である法に、逆に従っている。というのもこの思考は、この記述を実際のものにするために、言語的なものの**隠喩**に必ず依拠するからだ。この隠喩は、経済においてはまったく適切である。磨耗《ユジュール》、つまり利子《ユジュール》という用語が示すとおりだ。事実、「貨幣の、すなわち銀や金といった金属の範例」こそが、類比によって言語的なものと経済的なものとを、つねに結びつけてきた。すなわち、意味が貨幣とともに分有している固有性とは、流通し下落し脱形象化するかぎりにおいてのみそれ自体としてある、つまりそのかぎりにおいてのみ**つまるところ固有なもの**として存在する、という固有性である。さて、フェティシズムの問題系は、まさに経済と言語とのこの交換の光景において分節化される。デリダによれば「マルクスにおけると同様にニーチェにおいても」そうである。フェティシズムとは、「二つのタイプのシニフィアン」すなわち言語的シニフィアンと経済的シニフィアンとが「代補しあい」、諸言説に従いながら一方が他方の参照先として働く、連続的運動の結果である。というわけで、一方のマルクスにおいては「参照はむしろ経済的と思われ、隠喩は言語的と思われ」、他方のニーチェは「これもまた少なくとも外見上は［……］類比の流れを転倒させている。[☆8]」一方のマルクスにとって、拝金主義的な表象様式に見られるフェティシズムの由来は、金や銀が言葉の権力に恵まれているということにある。他方、ニーチェにとっては、デリダが『哲学者の書』から抜粋している引用が表現しているとおり、言語自

☆8 J. Derrida, «La mythologie blanche», in *Marges*, Paris, Minuit, 1972, pp. 256-258.〔「白らけた神話」豊崎光一訳、『世界の文学38』集英社、一九七八年、四二五―四二六頁〕

☆9 「真理とは、幻想であることが忘れられた幻想であり、磨耗して可感的な力を失った隠喩であり、刻印 Bild を失った貨幣である。それは以後、貨幣ではなく金属と考えられるようになる。」

体が、そして言語の真理の力が、磨耗の一撃で、金属同様重く無意味なものになる。

したがって、一方では、意味と隠喩に関する伝統的な思考は、それ自体を隠喩化する他はなく、つまるところ、この終わりのない隠喩化の運動をフェティッシュとして示し、通貨記号を言語記号に、言語記号を通貨記号にたえず変換する譬喩の還元不可能性をフェティッシュとして示す。

しかし他方、意味の過程の形而上学的規定は、**それ固有の隠喩性をたえず祓い除けよう**とする。これが第二の運動である。つまり、意味の過程の形而上学的な規定自体を構成しているフェティシズムを還元してしまおうとする。このように、デリダにとっては、フェティシズムに関するマルクス主義的批判は（ここではニーチェによる批判はとりあえず脇に置いておくが）、つまるところ単純に「経済の科学を言語活動の作用に[☆10]同化させることを絶対的に禁ずること」依拠している。二つのタイプのシニフィアンは互いに交換することができるから、だからこそまさに、マルクスにとっては経済そのものを作用（譬喩の作用）から外し、経済を可能なあらゆる作用の参照先たる現実として措定することが必要なのだ。デリダはその証拠として、マルクスが『ドイツ・イデオロギー』でおこなっているシュティルナーの明快さに対する辛辣な批判を引いている。そこで批判されているシュティルナーは、たとえば、磨耗とは逆に、所有propriétéそのものの固有の意味へと、すなわち固有性propriétéへと語源を辿ってたちかえり、文献学的な手つづきを通じて経済的現象を説明しようとする。マルクスは言う。「語源に逃げ場を求める、こうしたすべての理論的な無意味さは、共産主義者たちが廃棄することを求めている

☆10 *Ibid.*, p. 257.〔同書、四二七頁〕

実際の私的所有がこの「所有＝固有性」なる抽象的概念に変形されなければ、ありえないだろう。」[☆11]デリダはこの語源批判を以下のように解釈する。マルクスにとって、固有なものの現実は、固有なものの意味の彼方に保存されているのであり、これは固有なものの固有な意味からも外されて取り置かれている。この解釈をすすめれば、マルクス主義的見地からすると、経済が言語活動のように構造化されていると言えるのは、経済構造の非言語的な本質なるものを確かなものとして取り置くかぎりにおいてだ、ということになる。言語構造についていえば、これが経済的なものと言われうるのは、反省のあとで、すなわち反射や隠喩によって、あるいはこう言ってよければ上部構造的に言われうるだけである。したがってマルクスにとっては、形而上学の全体が、フェティシズムの全体が、経済的な現実に由来している、ということだ。

しかし、デリダのこうした読解にとどまるとすると、フェティシズムに関するマルクス主義的な批判が現実をフェティッシュ化するあらゆる形式をたえず告発しているということをどのように説明するのか？　事実、マルクスにとって、フェティシズムの最も練り上げられた形式である資本主義とは何だというのか、**それがまさしく、経済的であると同時にイデオロギー的でもあるこの企図、類比ないし直喩の諸項の一つを類比ないし直喩そのものの参照物としての現実へと変形する企図でないとすれば**？

実際、たとえば『資本論』第一巻を読めば、マルクスが「等価物の謎の面」[☆12]と呼ぶものを、つまり類比・直喩・比例・交換・隠喩・類似といったすべての形式の由来を、全霊を傾けて分析しているのに気づき、衝撃を覚えるだろう。この等価物の謎から、資本主義において、あら

☆11　*Ibid.*, pp. 257-258.〔同書、同箇所〕『経済学批判』からの引用である。
☆12　Karl Marx, *Le Capital 1* (Joseph Roy, trad.), in *Œuvres Economie I*, Paris, Gallimard, «Pléiade», 1965, p. 588.〔『マルクス＝エンゲルス全集23 a（資本論 Ia）』大内兵衛・細川嘉六監訳、大月書店、一九六五年、七八頁〕

ゆるフェティシズム的錯乱が生ずる。

想い起こしておきたいが、マルクスはこの謎を舞台に掛けるにあたって、商品の支配および商品の交換の支配のただなかに置かれた価値の過程の曲折を辿っている。交換に関する問題のすべては知ってのとおり、この出発の困難さに関係している。すなわち、非類似物のあいだに尺度ないし共通性を見いだすこと、である。「諸商品は、それらに共通な何かへと、つまり商品がそれぞれに、ある場合はそれ以上を、ある場合はそれ以下を表象する何かへと導かれているのでなければならない」とマルクスは言う。実際、xクォーターの麦＝yツェントナーの鉄といったたぐいの価値の方程式は、どのようなものであれ三つの項を前提している。「したがって二つの対象は第三のものと等価であるが、この第三の対象は前の二つとはそれ自体としては同じではない。前の二つはいずれも、交換価値である以上、他方から独立して第三の対象へと還元可能である。」[☆13] こうした周知のことにかかずらう必要もないだろう。事実、知ってのとおりマルクスにとっては、方程式の第三項、つまり価値の源泉とは、労働時間、つまり力の消費の尺度である。問題は、資本主義においては「労働時間にしたがって価値量を規定することは［……］商品価値の一見した運動のもとに隠されている」[☆14] ということである。「価値量の規定」の真の源泉が隠蔽されるとき、実際には何が隠されているのか？　この大きな「秘密」とはどのようなものか？　マルクスの才知が明らかにしたとおり、その秘密とは、なんであれ尺度なるものはつねにそれ自体計測可能なものであり、等価物はそれ自体必然的に価値であり、商品を共約可能なものにするものは商品の側からも共約不可能ではない、という

☆13　*Ibid.*, p. 564.〔同書、五〇—五一頁〕
☆14　*Ibid.*, p. 609.〔同書、一〇一頁〕

ことである。事実、等価物は、体系の外部に置かれず、にもかかわらずその体系の「規整的な法」である、という条件においてはじめて等価物としての役を果たすことができる。このことが等価物に「謎」の性格を付与する。資本主義の生産様式において、この謎を補強し、秘密を隠さなければならないのは、資本主義の生産様式にとっては、逆に等価物のほうが**参照物**なのだと、つまり等価物は交換過程および価値過程そのものの外部に位置する**超越的現実**なのだとイデオロギー的に措定したほうが得だからである。

つまり、この生産様式では、労働はあまりに明白に計測することができるのでフェティッシュ化することができず、そうなると「等価形式」の役を演ずるのは労働時間ではなくなるということである。労働は時間で測られる。時間のみで測られる。これでは参照物の役を演ずることはできない。したがって「金持ち」は、労働力の消費が他の商品同様に商品の一つであること、労働力の消費が利潤の論理からすると価値を産出するものであるのみならずそれ自体交換価値をもっている、というかそれはそれ自体が交換価値である、ということを労働者に（自分にも）隠そうとする。だいたい、人々が尺度の**相対的**性格（マルクスの言う「社会的であって聖的ではない」性格）に気づいたらどうなるだろうか？　こうしたたぐいの問いを避けるには、労働力を単純な使用価値として、一種の契約形式のもとで賃金（金《かね》）と交換されるものとして提示しておくほうがよいのだ。

金《かね》。これが反対に、理念的な等価形式ということになる。事実、金《かね》はそれ自体が商品であるとはいえ、それでもそうではないと言われる部分が少なくともある。というのは、金《かね》はその本性だけから、つまり貴重だという性格のみから、等価物としての尊厳を引き出すように見えるからだ。これはフェティッシュになるにあたって最もうまく分布した商品である。なぜなら、「媒介の役に立つ運動」（つまり金《かね》という一商品をすべての商品に普遍的な等価物へと変形することを可能にする運動）は「その結果自体のなかに消え去り、まったく痕跡を残さない」[☆15]からである。金《かね》の輝かしい壮麗さは、金《かね》を、交換における相互性という俗な作用から取り除ける。というわけで、「ある商品において他の諸商品が相互に自らの価値を表現するからといって、その一商品が金《かね》になるわけではないと思われる。その反対に、その商品がまさに金《かね》だからこそ他の諸商品がその商品において自らの価値を表現するのだと思われる。[☆16]」

フェティッシュとは、結晶化して参照物へと、すなわち無価値ないし自己参照的価値へと物化した等価物のことだが、自己参照的価値というものは不条理である（実際、それ自体で価値をもっているものなど、ありはしない）。この不条理は実際には、偶像崇拝や迷信や錯乱においてしか起こりえない。資本主義で金《かね》の本質をなしているのはまさに**金《かね》の磨耗の不可能性**である。なんの変哲もない貨幣においてさえ、想像的審級で価値をなし、もしくは剰余価値をなしているのは、つまるところつねに金属である。というのは、金属は、金属特有の輝きを通じて、神のように、あらゆる事物の価値の永遠の秘密を保持するものと思われるからである。

さて、マルクスがこうした幻想に抗して示しているのは、彼はおそらくデリダにも同じことを言うだろうが、金《かね》が、他の任意の等価形式同様、つねにすでに磨耗しているということである。というのも、価値一般に**固有**なこととは、フェティシズム的表象においてのみ**比喩的な意**

☆15　*Ibid.*, p. 630.〔同書、一二四頁〕
☆16　*Ibid.*〔同書、同箇所〕

味すなわち可感的な意味をもつということだからである。唯物論は等価物の非物質性（非実質性という意味で）を肯定しつづけたことになる。「商品価値には、物質の原子は一粒も入りこんでいない」[☆17]とマルクスは言う。というわけで、たとえば、金《きん》は商品になると、流通する以上、表面や形象や意味を失っていく。しかし、商品でないほどには、金《きん》は完全に金《きん》でもないので、金《きん》はけっして形象をもたず、金《きん》の原初的な脱形象化のみに金《きん》としての実存を、というかいわばアウラを負っている。こうしたことは他のどのような商品についても言える。資本主義者にとって、商品の「とらえどころのない性格」「気紛れ」「キマイラ的存在」[☆18]をなすのは、この「形象化不可能性」なのだ。資本主義者は必然的にこうした事物に空想的な性格を付与している。こうした事物は使用価値であると同時に交換価値である。つまり、こうした事物は支持体がまったくないということを表明し、このように内在的な価値がまったくないということを支えきれず、もろもろの痕跡のなす網目でしかないことを支えられない。この痕跡の網目は有用性の痕跡、消費されたエネルギーの痕跡、**質**の痕跡の網目であるが、これらの痕跡は交換を目した**量化**過程において即座に抹消される。この量化はある標準原器に従っているが、この原器にしたところでやはり一商品でしかなく、つまりもろもろの痕跡のなす網目、マルクスの言う「ヒエログリフ」に他ならない。そこで、このキマイラに向かって人は自分の位置を定め、参照し、意味を見いだし、現実を見いだそうとする。

さて、経済学に現実性を与えるのはまさにこのキマイラであり、キマイラの非現実性である。マルクスにとって現実とは、参照物がないということである。経済学はまず、資本主義がる。

☆17 *Ibid.*, p. 576.〔同書、六四頁〕

☆18 第一巻にはこうした表現が頻繁に現れる。

が、物や意味や法や哲学といった参照性の支配そのものであることを示すことに専念する。物や意味や法や哲学といったこれらの用語は、資本 das Kapital という一語で翻訳することもできるだろう。したがって、この支配において商品が語ったり、合図をしあったり、商品の「可感的」表現（シニフィアンと呼んでもいい）が抽象（シニフィエ）へと向かったり、この抽象が自然（参照物）へと向かうように思われるのも驚くにはあたらない。どうあればそうでないことがありえよう？　前述のように経済が言語活動のように構造化されている、というのではなく、**資本主義経済が一言語学（あるいは言語学そのもの）のように構造化されている**ように見えるのであってみれば？

したがって、商品の大言壮語を読むにあたって、経済的なものと、今や言語学と呼ばなければならないものとを類比した二つの用語として規定し、経済的なものが言語学の参照物となる、とすることはできなくなる。理由は単純で、この二つは商品のように互いを鏡像として見るからである。ちょうど、第一巻のあの抗しがたいページに登場する布や住居と同じように、この二つは互いを肘で突きあい互いに色目を使う。この二つはちょうど共犯的生産者のように、剰余価値の利潤を順に受け取る。意味の経済の自称マルクス主義的形而上学を**裏づける**ものとしてデリダは以下のソシュールの文章を引用するのだが、マルクスがこれを読んだらどんなことを考えただろう？「経済学におけると同様、人はここ［言語学］で**価値**の観念に直面する。この二つの学のどちらにおいても、相異なる秩序に従う複数の事物のあいだに等価性を措定する体系が問題になっている。その事物とは、一方では労働および賃金であり、他方ではシニフィアンとシニフィエである。☆19」この類比もまた資本主義的な理屈の形式である、ということ以外に、マルクスは何を考えただろう?

とはいえそれは、マルクスにとって経済が、彼の考えるような経済が、労働でさえ、**比較不可能**であり、言語活動の作用とは比較できないほど現実的だ、ということではない(たしかにマルクスは、言語活動の作用をつねに真剣にとらえており、それが言語学的規定とは比較できないほど現実的なものであり、シュティルナーがあれほど無惨に思考する語源学的規定とも比較できないほど現実的なものだ、と認めてはいたが、それにしても)。まさにマルクスにとっては、すでに見たとおり、すべてが比較可能であり、比較の作用を逃れるものは何もない。比較そのものでさえ比較の作用を逃れられない。おそらくはこのことを言うために、彼はもう一度最後に哲学をするだけの価値があると考えているのだろう。

『ドイツ・イデオロギー』で、彼は「個の比較不可能性」を褒め称える聖サンチョに向かってこう言っている。「比較は内省が生む恣意的な産物などではない[……]すなわち、比較不可能性そのものが比較活動を前提している[……]比較不可能な個の行動が、ある規定された領域における**同類**の行動と区別されるということを前提している。ペルシアーニが比較できないほどの歌姫であるのは、彼女が**歌姫**であり、まともな解剖学的構造と音楽の素養とによって彼女の比較しがたい性格を認識する尺度となる耳をもった人々によって他の歌姫たちと比較されるからである。ペルシアーニの歌は蛙の鳴き声とは比較することができない。たしかに比較は可能かもしれないが、それは人間種と蛙種の比較になってしまい、ペルシアーニとこれこれの

☆19 J. Derrida, «La mythologie blanche» (*op. cit.*), p. 259.『一般言語学講義』からの引用。〔「白らけた神話」(前掲)、四二八頁〕

個別の蛙との比較ではなくなってしまうだろう。[☆20]」我々はこの長い引用をする快楽に逆らわなかった。この引用が示しているのは、この部分を含む一節全体も同じことを示しているが、マルクスにとって、思考するとはすなわち、比較し、関連づけ、諸類比を構築し、非類似物を測る尺度を見いだすことにつねに帰着する、ということだ。言い換えれば、**差異を節約《エコノミー》し、経済《エコノミー》化すること**に帰着する、ということだ。しかし、比較の経済が**記号の**経済に帰属しえないのは、まさにすべてが比較可能だからである。というのも、記号の経済は（デリダはこれを充分に示しているが）それ自体記号ではない一現実をつねに前提しているからである。マルクスはこの現実を「自律的実体」と呼ぶ。これは必然的にオイコスの「外」にとどまる（そして同時にオイコスを内《うち》にする）。この意味で、マルクスとデリダには、**割り当てることのできない弁別性**（**つまり隠喩性**）**を考えることになる**、という同一の問題がある。この弁別性は、所与の体系の諸要素を統括するのと同様に、互いに異なる「体系」間の関係をも、たとえば言語活動の体系と経済の体系のあいだの関係をも統括する、とされるものである。

マルクスにはさらに、この弁別性の経済的な現実と、差異の経済を還元不可能なしかたで経済的に規定することとが残っている。そして我々には、この「現実」に片をつけようと企てることが残っている。というのは、この「現実」なるものを単に便宜的に基礎や保証として考えることはできないと思われるからだ。事実、いましがたおこなった分析を考慮に入れれば、今や、マルクスにおいて経済の優位が単に参照的次元に属するものだ、と言うのはむずかしいように思われる。おそらくこの「経済的現実」を理解するにあたっては、マルクスに存在するあ

☆20 K.Marx, *L'idéologie allemande* (René Cartelle & Gilbert Badia, trad.), Paris, Ed. sociales, 1971 (1976), p. 446.〔『マルクス＝エンゲルス全集 13 (1845-1846)』大内兵衛・細川嘉六監訳、大月書店、一九六三年、四七六―四七七頁〕

る絶対的禁止から始めなければならないのだろう。その禁止とは、**機能の経済**（等価物一般の作用）を思考するにあたっては**経済的機能**（これこれの生産様式の物質的組織）を科学的に研究することをないがしろにしてはならない、という禁止である。この禁止は、「原経済」と、ふだん構想するような経済とを、つまり「一般的な意味での」経済とを区別することが不可能だということを明らかにする。ちなみにデリダはこれをエクリチュールに関しておこなっている。言い換えれば、マルクスにとっては、**すぐさま抹消するとしても**、「原経済」と「経験的」経済とを分割するものを考えることはできない、ということである。一方は他方とともに、即座に事実として（**還元不可能な**事実性において）与えられる。この研究の第二部で我々は、暴力の問いおよび「暴力の経済」と「経済的暴力」との差異の問いに取り掛かろうとするが、それは以上の仮説を検討することから導かれる。

我々はマルクスにおいて機能の経済を経済の機能に関する科学的研究の外で考えることが絶対的に禁止されている、と言った。しかしながら、等価物の作用および絶対的な比較可能性に関するマルクス主義的な諸分析が「一般経済」と呼びうるものを明らかにしていることはたしかだ。この「一般経済」は、それとしては実証科学の対象とはなりえず、経済を知の一「領域」として画定することもしない。

このことを確かめるには一八五七年の『経済学批判序説』を読むしかない。そこでマルクスは、この作用の構造をまさに分配する論理装置を提示している。この装置は生産・分配・交換・消費・流通といった、要素となる諸形式のあいだで「分節化された、ある複合的な全体」[☆21]

☆21 K. Marx, *Intro-duction à la critique de l'économie politique*, in *Contribution à la critique de l'économie politique* (Maurice Husson & Gilbert Badia, trad.), Paris, Ed. sociales, 1972 (1977), p. 151.〔『マルクス＝エンゲルス全集 3（1859-1860）』大内兵衛・細川嘉六監訳、大月書店、一九六四年、六一三頁〕

である。これらの要素は、それらのなす関係のなかで、「生産上のすべての時代に〔……〕共通な諸特徴[☆22]となる。これらの特徴はマルクスの言うように、個々の生産様式においてつねに機能する「普遍物」といったものを構成するのではない。それらの特徴は、ここでもまた弁別的構造を構成する。それを研究することはエピステーメーの伝統的な枠を超越し、むしろ、実際「原経済」として思考されることができるようなものだろう。言い換えればこの構造は、いかなる経済的体系において機能するとしても、それ自体の抹消を差延化し、そうしてこの体系が時間と空間のなかに布置されることを可能にする、そのような痕跡の運動と考えることができるだろう。

マルクスは自分の分析を古典経済への反動と位置づけている。古典経済は、こうした共通の特徴の分節化を「規則に従った三段論法」と考える。この三段論法では「生産は普遍性を構成し、分配と交換は個別性を、消費は特異性を構成し、この特異性において全体がまとめられている[☆23]」、という。こうした三段論法的な考えによると、「生産は一般的な自然法則によって規定されている。分配は社会的な偶発性によって規定され、したがって、多かれ少なかれ生産を励起する行動を起こすことができる。交換はこの二つのあいだに形式的な社会的運動として挟まれており、最終的到達点としてのみならず最終目的として構想される消費という最終行為は、それがふたたび出発点に反応して新たに全過程を開始するという点を除けば、じつのところ、経済の外に位置している。[☆24]」マルクスは古典的な構想をこのように整理する。そこでは、いわゆる狭義の経済に属する部分は分配と交換の作用の部分だということになる。つまり、分割の

☆22 *Ibid.*〔同書、同箇所〕
☆23 *Ibid.*, p. 155.〔同書、六一七頁〕
☆24 *Ibid.*〔同書、同箇所〕

問題（この問題にはあとで立ち返る）に結びついた社会的な暴力と恣意との作用の部分、ということだ。こうした暴力や恣意は、生産という「経済に先立つ事実」[☆25]の極と消費という経済の後にある事実の二極とのあいだに画定された戦場に戦いを導いていく、というわけである。

この論理を批判するにあたってマルクスは、この分節化の二つの審級のいずれも他方に先行しない、と口にすることから始めている。「どちらの審級も直接的に他方であるのみならず、また単に他方の媒介であるのみならず、さらに、両審級のそれぞれが、**自己完成することによって**〔強調引用者〕他方を創造し、自分を他方の形で創造する。」[☆26]この完成を強調する必要がある。マルクスはこれを実に特異なしかたで特徴づけている。彼はこれを弁証法の結果としてではなく、「フィニシング・ストローク finishing stroke」[☆27]の運動として特徴づけている。この表現をジルベール・バディアは注で「最後の一筆、とどめの一撃 la dernière touche et le coup de grâce」と訳している。このフィニシング・ストロークは磨耗の運動であり、いかなる十全さに手をつけるものでもない。事実、生産や分配やといった要素のそれぞれは、そこでは他の磨耗からのみ自らの形式を得るのであり、形式化される一方ですでに磨耗したものとして現れる。それは、マルクスの言うように、これらの要素のすべてがつねに、**原初的な事後性**のフィニッシュにおいて与えられている以上、どの一つを過程の出発点とすることもできないからである。

というわけで、たとえば「単独の個人」の観点に立つとすると（他の観点に立つことももちろんできるが）、分配こそが第一のものであり、それは「当然、生産のなかでの彼の位置を条件づける一社会法則として現れる。彼はこの位置のなかで生産をおこなう以上、この位置は生

☆25　*Ibid.*, p. 161.〔同書、六二三頁〕
☆26　*Ibid.*, p. 159.〔同書、六二一頁〕
☆27　*Ibid.*, p. 157.〔同書、六一九頁〕

産に先行する。[☆28]」しかし、分配法則ないし運命《モイラ》によるこの束縛は、磨耗および労働の反復を通じて、分配が現実には生産によって規定され、また資本（資本一般）の存在によって規定されているということを明らかにし、そうなると今度は生産が過程の第一の審級として現れることになる。ところが、「生産することで自らの諸能力を発達させる」個人は「同様に生産行為のなかでその諸能力を消費し消耗している[☆29]」のだから、今度は生産が、磨耗（消費）を通じて消費に場を譲ることになる。マルクスは付け加えて言う。「生産は、消費においてはじめてフィニッシュを受ける。何も走らない鉄道、つまり磨耗しない鉄道は消費されず、潜勢的《デュナミス》な鉄道でしかなく、現実には鉄道ではない。生産がなければ消費はない。しかし同様に、消費がなければ生産はない［……］。消費は、生産物を分解することではじめてこれにフィニシング・ストロークを加える。[☆30]」交換にしても、それは生産を使い古すものではあるが、それと同様に、「生産によって完全に規定され」生産法則によって規定されている以上、生産において使い古されるものでもある。というのも、交換はそれ自体生産活動であり、「生産物を作り出す手段」だからだ。最後に流通は、分節化を構成している五つの要素を相互に交換することができるような一般力学と同様に、交換のなかで起こる運動を性格づける。というわけで、なぜこれら五つの項のいずれにも論理的にも時間的にもいかなる優越性をも付与できないのかは明らかである。

こうした分析に照らしてみると、フィニシング・ストロークは、留保に先行する消費の過程のように見える。つまり言い換えれば、自らが消費するものを事後的に生産するような過程に

☆28　*Ibid.*, p. 161.〔同書、六二三頁〕
☆29　*Ibid.*, p. 156.〔同書、六一七—六一八頁〕
☆30　*Ibid.*, p. 157.〔同書、六一八—六一九頁〕

見える。この生産の運動は、経済的**差延**の運動として躊躇なく性格づけることができる。マルクスにとって、原初的留保などというものはない。生産と分配が互いをなかば差延化するものである以上、この二つを厳密に区別することはできない。したがって、たとえば、経済の言説のすべてにとって特権的な留保の場である大地を、単に生産の作用因であると考えることはできない。同様に、古典経済の言明するのとは反対に、収入ないし「賃金、利子、利潤」は、分配の圏内に単純に属するものではない。事前に分配され分割され分解され分断されている所与など、ありはしない。資本それ自体が、つねに「生産の作用因」であると同時に「所得の源泉」である。つまり、「規定しつつ規定されている分配形式」[☆31]である。資本の蓄積は、以下のような分配の散種のインフレーションに応じてのみ留保として構成される。すなわち、手工業の消滅、家内工業の消滅、多国籍企業の空間における増殖と分割、所有の分割、下請・孫請の世界規模での無名性、などである。

五つの審級の、つまり示差的な五つの記入の規則づけられた作用においては、富の汲めども尽きぬ源泉として作用の外に保たれているものはない。つまり、個々の生産様式において、均衡関係を打ち立てることを可能にし、フィニシング・ストロークの経済のなかに置かれる基準点を打ち立てることを可能にする尺度ないし等価物は、それ自体が経済外のものではありえない。繰り返すが、留保されているものは何もない。とりわけ、あまりにしばしば言われていることではあるが、労働力も留保されてはいない。労働力はまさに力として、差異の作用につねに横断されその作用を被り、力を構成する汲み尽くしにおいて貯蓄されることなく消費され、

☆31 *Ibid*., p. 160.〔同書、六二二頁〕

にもかかわらず力それ自体には返ってこない。というのも労働力は、消費するところで消費され、集約されるところで分配され、再生産されるところで交換され、休らうところで流通するからだ。

フィニシング・ストロークの経済が原初的欠落の経済である以上、磨耗のたえず差延化された磨耗であるフィニシング・ストロークが、どのようにしてデリダ的な意味で「エクリチュール」と呼ばれうるのかは明らかである。フィニシング・ストロークとは、マルクスの言うには、たえず自らの「枠をはみだす」[☆32]諸力の、つまり他性の作用において非固有性から溢れ出る諸力の、純粋な反復、ないし反復的流通である。この意味で、差異の、差異における反復は暴力的な**暴力の経済**でもある[☆33]。

事実、マルクスにとっては原初的な無垢の状態などは存在しない（エンゲルスが皮肉に言っているとおり、この無垢の状態からは「いずれにしても脱け出す値打ちはあった」）。そうでなければ、奴隷制度のような経済現象の出現を**政治的暴力**によって、つまりは自然の安穏な力を慣習によってたえず退廃させる人間の恣意および社会的偶然によって説明する諸理論に対するマルクスの批判をどうやって理解するのか（すでに引いた古典的な三段論法における分配・交換について述べた部分を参照すること）？　エンゲルスは『反デューリング論』において、この理論家に辛辣な攻撃をしかけている。この理論家にとっては「さまざまな経済現象が政治的原因、たとえば暴力で説明されるのは自明のことだ[☆34]。」ここで暴力というのは、もちろん狭い意味での暴力、つまり権力の行使、もしくはマルクスのいう「政府の悪意[☆35]」のことである。つ

☆32　*Ibid.*, p. 165.〔同書、六二六頁〕
☆33　Cf. J. Derrida, «Violence et métaphysique» (*op. cit.*), p. 219.「暴力は**分節化**とともに現れる」〔「暴力と形而上学」（前掲）、二八七頁〕
☆34　Friedrich Engels, «Théorie de la violence», in *Anti-Dühring* (Emile Bottigelli, trad.), Paris, Ed. sociales, 1971, p. 188.〔『マルクス＝エンゲルス全集20（反デューリング論・自然の弁証法）』大内兵衛・細川嘉六監訳、大月書店、一九六八年、一六五頁〕
☆35　K. Marx, *Introduction...* (*op. cit.*), p. 151.〔『マルクス＝エンゲルス全集13』（前掲）、六一三頁〕

まりそれは、原初的な非暴力から派生した暴力である。それに、ついでに言えば、レヴィ＝ストロースが非難しているのはこの悪意であり、とはいえ彼はこれをマルクス主義の見地から非難するのだが……、これを非難することで彼は人間がエクリチュールに隷属していることを説明しようとする。☆36ところがじつは話は反対なのであって、マルクス主義理論では、隷従の原因は政治的なものではない。「政治」という語がエンゲルスの言うように「自然に不正という原罪を植えつける」☆37ものを指すとすれば、そうである。人間の隷属は、つまり、人間による人間の搾取と呼ばれているのは、意識的なものであれ無意識的なものであれ決定の結果ではない。抑圧や疎外や悲惨に関する真の理論は権力の性悪的病因論に依拠してはならないということをマルクス主義は示した。事実、エンゲルスがみごとに言ってのけているように、「もし我々が悲惨や豪奢や飢餓や飽食の目にあまる矛盾をともなう現今の労働生産物の分配様式が転倒されることを信じるために、この分配様式は不正だがいつかは法権利が最終的勝利を収めるはずだという意識にまさる確信をもつことがないとすれば、我々の立場は相当悪く、かなり長く待つことになるだろう。☆38」

マルクスにとって政治的暴力とはつねにフィニシング・ストロークの原初的暴力との関係で派生するものである。さてそうすると、マルクスにおいてこの原初的暴力と、所与の生産様式における個々のタイプの政治的かつ経済的な暴力の行使とがどのように**互いに結びつき**うるのかをさらに理解しなければならない。つまりたとえば、不払労働の収奪は資本主義においては疎外および貧困化を生むが、これと原初的暴力はどのように結びつくのか、ということであ

☆36 J. Derrida, *De la grammatologie* (*op. cit.*), p. 192〔『根源の彼方に』（上）（前掲）、二六四頁〕に引用されている以下の文を参照すること。「こうして、文盲に対する闘争は〈権力〉による市民の統御の強化と一つになる。」
☆37 F. Engels, *Anti-Dühring* (*op. cit.*), p. 188.〔『マルクス＝エンゲルス全集20』（前掲）、一六四頁〕
☆38 *Ibid.*, p. 186.〔同書、一六二頁〕

る。

この結びつきを説明するには、デリダが『グラマトロジーについて』で暴力を産出する**流通**と呼んでいるものに頼らなければならないだろうか？　彼によればこの流通において、「原暴力」が「固有なものの喪失、絶対的な近しさの喪失、自己への現前の喪失」として、さらには「経験的暴力」「いわゆる戦争」「一般に悪・戦争・無遠慮・暴行と呼ばれているもの」[☆39]として分節化される、という。もしこの流通に頼る必要があるのなら、「一般的な歴史的諸関係がどのように生産に［つまりフィニシング・ストロークに］介入するのかを知る」[☆40]のがむずかしい、と告白するマルクスにとって、原初的暴力ないし原初的磨耗は、さまざまに異なる経済体系としての事実的および経験的な布置において、それ自体からして歴史的な形で与えられる、と言わなければならない。また同様に、そうすると、原初的分配は、層化した構造にしたがって、つまり複数の水準からなる系譜にしたがって自ずと分配される、とも言わなければならないだろう。つまりそうした構造ないし系譜が暴力の経済と経済的暴力とのあいだを分割し、象徴的暴力（固有なものの収奪の経済）と物質的と言える暴力（私的所有の経済）とのあいだを分割する可能性を開くわけだ。**マルクスだったらこの分割を受け容れただろうか、というのがまさに問題なのだ。**

今のところ答えは宙吊りにして、デリダによる暴力の分析のほうへと迂回しよう。この分析はレヴィ＝ストロースが『悲しき熱帯』の「家族生活」という章で報告している出来事から説き

☆39 J. Derrida, *De la grammatologie* (*op. cit.*), pp. 164-165.〔『根源の彼方に』（上）（前掲）、二二七頁〕
☆40 K. Marx, *Introduction...* (*op. cit.*), p. 163.〔『マルクス＝エンゲルス全集13』（前掲）、六二四頁〕

おこされている。今では有名になったこの出来事について、ここでざっと想い起こしておこう。それは次のようなものだ。民族学者が一群の子供たちと遊んでいる。ある女の子が友達をぶつ。ぶたれた女の子が彼のそばに逃げてきて、敵《かたき》の子の名前を彼に教える。これは最高の復讐だ。というのは、固有名は秘密にしていなければならないからだ。今度はもう一方の女の子が相手を「密告」し、そんなふうにしてレヴィ＝ストロースは少しずつグループの子供の名前すべてを知るに至る。この場面はデリダが暴力の層化された構造を分析することを可能にする。つまり実際、これで、いわば「系譜学的変異」によってどのようにして物理的暴力（平手打ち）が象徴的暴力（固有名を対象とする禁止の侵犯）にとってかわられるのかがわかる。デリダは注釈する。「黙りこくった一人の異邦人が身動きもせずに女の子たちの遊びを見ている。そのうちの一人が「友達」を「ぶった」ことは、まだ真の暴力ではない。もとの状態はまったく手がつけられていない。暴力は、固有名の親密さに強引に侵入することができるようになる瞬間に、はじめて現れる。[☆41]」

固有なものへの侵入の分析、この侵入の意味するものの分析については、マルクスはデリダにきっと賛成しただろう。理由はすでに見たとおりである。しかし、マルクスはきっと、この分析が**平手打ちを還元すること**を前提しているという点は受け容れなかっただろう。物理的暴力とはマルクスにとって還元不可能なもののことであり、暴力の経済《エコノミー》の名のもとにさえ、いや、その名においてはなおさら、節約《エコノミー》することができないものだ。平手打ちがもとの状態にまったく手をつけていないと言えるなどということは彼は受け容れなかっただろう。彼にとっ

☆41 J. Derrida, *De la grammatologie (op. cit.)*, p. 166.〔『根源の彼方に』（上）（前掲）、二二九頁〕〔マラブー〕

ては、**いかなる打撃であれ、暴力としての意味がある**。平手打ち、強制労働、疲労、飢餓、不衛生、機械による指の切断など、身体に与えられるあらゆる打撃が重要性をもっている。暴力が「まだ真の暴力ではない」などという契機はない。平手打ちはすでにあらゆる暴力を含んでいる。事実、ぶつことの可能性は、現実化にあたって無限に多様化するわけだが、この可能性が固有なものを磨滅させる可能性と同じように原初的であるということをどうすれば認識せずにいられようか、結局それは同一の可能性なのであってみれば？　したがって、物理的暴力が「経験的」なものだと言うことは依然としてできはするが、この経験性が還元不可能なものだということが明らかになっている以上、この経験性には、その還元を正当化する（あるいはしない）ようなもののすべて（始源《アルケー》的価値）があるということになる。**暴力の「一般的な意味」などは存在しない**。

デリダはこのことをよくわかっている。彼は「始源《アルシ》」を語るにあたってはつねに、超越論的なものと経験的なものを分割することの原初的な不可能性から出発して、テクストのなかでこれをつねに幾度も断言している。彼は言う。「超越論的な始源《ア》－《ル》統治《シ》の価値は、それ自体が抹消される前にその必要性を感じ取らせてくれるはずだ。☆42」この一節はやはり「真の暴力」を扱っており、この原初的な不可能性がこの差異を完全に祓い除けることの原初的な不可能性でもあるということを証している。「真の暴力」に関するこの一節は、この分割を抹消することそれ自体からして、必然的につねに、やはり何か**始源的《アルカイック》**なものだということを表明している。

暴力を産出する諸層には水準の違いはなく、同等であって、垂直性も突出もない。あんたが

☆42　*Ibid.*, p. 90.〔同書、一二三頁〕

あたしをぶつならあたしはあんたの名前を言う、あんたがあたしの名前を言えばあたしはあんたをぶつ。そんなふうに名前を呼ばれるのは痛いことだもの。それは大変なこと、それはぶたれるのと同じ。というわけで、もう決定的に二人はぶちあっている。できるのは、衝撃ないしショックの起こった正確な点を探すことだけだ。つまりその点では、諸起源の拳骨と磨耗の原初的暴力と殴打の力とがもつれあいながらぶつかりあっているわけで、これが今ここで我々を政治的かつ社会的な戦争へと拘束している。この衝撃の点とはマルクスにとってはまさに経済的組織化のことであり、知ってのとおりマルクスはこれを、**闘争**の場、と定義づけている。闘争とは還元不可能な事実であり、この場でこそ分割不可能な差異において、複合をなす諸要素（生産／分配／消費／交換／流通）間の原初的対立が分節化され、個々の生産様式において諸力間の関係がなす体系として組織化される戦闘が分節化されるということだ。子供の遊びはすべて、この戦闘を先取るものである。闘争とは、生《せい》の織り物の目のつまった点である。それはとても目がつまっているので、その点で、超越論的なものと経験的なもの（もう一度そう呼んでおくことにしよう）の糸を解きほぐして二つを引き離すことはできない。この二つもやはり、他のもの同様、絶対的に比較可能なものなのである。

マルクスが資本主義の暴力とその疎外の勢力を批判するにあたって、非暴力という共産主義の約束の地平から発してそれをおこなっているなどとは我々はまったく考えていない。もう一度言うが、闘争とは生《せい》の織り物である。マルクスが資本主義の暴力で批判しているのは、その暴力が、諸起源の平和と来たるべき平等という自然主義的なイデオロギーのなかに自分を隠し、そんな暴力などないといって、人間を破滅させ愚鈍にし滅ぼしているという事実である。この意味で、資本主義の暴力は受け容れることができない。まさしくこの意味で、資本主義の暴力に抗して暴力的に闘争し、暴力に抗してあらゆる暴力を行使しなければならない。これもまた経済ではあるが、**革命**の経済である。これで最後にするが、またエンゲルスを読むことにする。「歴史において暴力は［デューリングが演じさせているのとは］別の役を演じている。つまり、革命の役だ。」この暴力は「硬直し生命を失った諸形式[☆43]」を打ち砕き、死を節約《エコノミー》する。ここで「革命」という語で了解しなければならないものに手をつけたいなどとは言えないので、というか、その概念は我々に言わせれば依然としてけっして考えられてこなかったのだが、ここではただこう言っておこう――マルクスの思考における革命的なものとは、最も正しいものが正義ないし不正に関するいかなるイデオロギーも前提せずに勝利を収めうるのは暴力を通じて、暴力においてである、というこの考えだ、と。というのは、相対的、比例的、比較的には、**より正しいもの**は存在するからだ。そして、暴力の経済はどのような場合にも、この問いを節約《エコノミー》してしまうことはできない。さもなければ、これは最小悪の経済、妥協の経済でしかないということになってしまう。マルクスにとって最も正しいものとは、最も公正な等価物であり、つまりそれはすでに見たとおり労働力であり、したがってそれはまた**最も暴力的なもの**でもある。実際、「共通の生産物[☆44]」のただなかで正しい分配をおこなうことを可能にするのはまさにこの力であり、すでに述べたとおり、この力こそが絶対的な共約性を、原初的な磨耗を、そしてフィニシング・ストロークの不変の既在性を試練に掛ける。最も正しいものは最

☆43 F. Engels, *Anti Dühring (op. cit.)*, p. 211.〔『マルクス＝エンゲルス全集20』（前掲）、一九〇頁〕
☆44 K. Marx, *Le Capital 1 (op. cit.)*, p. 613.〔『マルクス＝エンゲルス全集23a』（前掲）、一〇五頁〕

も暴力的なものでもある——おそらくこれこそが、抑圧や「悲惨に関する他のすべての哲学」と比べてマルクスの哲学の特異性をなす特色である。

最後に付け加えておきたいが、暴力の一般的な意味といわば「俗でない」意味とを区別することができないということは、経済の俗でない意味と一般的な意味とを区別することができないということを含んでいる。フィニシング・ストロークの原初的経済は、これこれの実際の経済体系の外部にあってはいかなる意義ももたない。この体系が機能するということのほうが原初的経済にフィニシング・ストロークをもたらすのであり、このフィニシング・ストロークがなければ原初的経済は何ものでもない。まさに何も走らない鉄道のように、フィニシング・ストロークは、その事後性すなわちそれ自体のフィニシング・ストロークがなければ、潜勢的《デュナミス》なものでしかない。二重の磨耗の二重の磨耗の必然性——これこそがマルクスにとっての**経済的現実**の意味である。原初的磨耗について語るには、生産の組織化としての、つまり暴力の規定された行使としての経済における原初的磨耗の二重化から始めなければならない。

さらに、こうした経済の了解がどのようなしかたで伝統的な了解を超過したものであるかを示さなければならないだろう。経済の伝統的な了解とはつまり、家の法、家庭の天分、家属的組織化《ドメスティック》（ラカンなら男性属領的《ドメスティック》 d'hommestique とでも書くところだ）といったものであり、親密さ Heimlichkeit と不気味さ Unheimlichkeit が神秘的結合によって形成する対によって護られている。我々がしようとしたことは単に、二重の磨耗の経済が、実際にエクリチュールであり諸差異の作用であり筋として痕跡《あと》づけされたものであるという点で、どのようにして住居の法を超過するかを見ることだった。

とはいえこのエクリチュールは、自らの二つの意味の差異を、つまりその俗でない意味と一般的な意味、「広い」意味と「狭い」意味の差異を絶対的に読解できないものにしてしまうのであってみれば、謎に満ちたエクリチュールである。このエクリチュールは、マルクスの偉大な読み手であるシュルレアリストたちなら自動記述《エクリチュール・オートマティック》と呼んだだろうものだ。すなわち自動的なしかたで非超越論的なエクリチュール、自動的なしかたで非経験的なエクリチュールである。ブランショは『火の部分』で、自動記述とは主体へと生成した言語活動の経験のことである、と言っている。事実、このエクリチュールは言語活動をその道具としての機能から解き放ち、それを単なる切片ないし代理物とする伝統的規定から、より広大なエコノミーから、理性的動物のオイコスから解き放ち、そのことによって、言語活動とは原初的経済の潜勢力であって、これがなければ何も経済化されることはない、と断言しようとする。ブランショの示すところによれば、あらゆる問題は、言語活動が「伝達」という制約から解き放たれればそれだけ、言語活動は自身のための価値を増し、次第に**物質的**に、「具体的な丸玉、存在の塊」になってくる、ということである。自動記述では「あらゆる物理的なものが第一の役を演ずる。つまり、リズム、重さ、質量、形象、書く紙、インクのあと、本である。そう、幸運なことに言語活動は物である。それは書かれたものであり、一片の樹皮、岩の破片、一かけらの粘土であり、そこに大地の現実が存続する。[☆45]」言語活動としての、ないしエクリチュールとしての原痕跡が最も経験的な痕跡（生でどっしりした、還元できない存在、俗にいう物、**物質**）と

☆45 Maurice Blanchot, *La part du feu*, Paris, Gallimard, 1949, pp. 316-317.〔『焔の文学』重信常喜・橋口守人訳、紀伊国屋書店、一九九七年、四一五頁〕

曖昧に混同されるところでは、あたかも自動記述が極度に微妙で非現実的なこの極点を暴くかのようにすべてが起こる。シュルレアリスムとは唯物論の詩的表現であり、ここでは唯物論は不可能な解明の思考、不可能な批判の思考、痕跡どうしが互いに分節化しあうこの盲点の思考として了解される。偶然かもしれないが、とはいえ自動記述とは偶然のなかでも最も偶然的でないもの（つまり「客観的偶然」[☆46]）なのだが、ブルトンは『狂気の愛』で、この記述の経験において経済的イメージが頻出したことを指摘している。「我々が自動記述を実践しはじめたころ、我々のテクストのなかに**パンの木**とか**バターの木**といった言葉が頻繁に現れる傾向があることに私は大変驚いた。［……］天啓によるこの手の樹々がまさに出逢いの約束を交わしたかのような庭園の魅力にいかにして抗することができるだろう？[☆47]」言語活動の経済を、すなわち語彙の生産および交換の統辞を、それ自体のために、それも暴力的に機能させておくと、すぐさま経済的組織化の影が現れる。そこでは自然はすでに、自然が作りだしたのではない生産物の分配によって、使い回されることで磨耗する。そこでは自然は無垢なまま乱暴を受け、欲求と欲望が、すなわちブルトンの言う「快楽原則と**現実**原則」が思考不可能な差異のなかで互いを肯定する。経済と経済。

だから、経済から経済へ、なのだ。しかし、この不可能な行程で、我々はマルクスとデリダの対話の端緒を見失いかねない。というよりむしろ、マルクスのうちの一人とデリダとの対話である。そのマルクスは、一人デリダのみが我々に逢わせてくれることのできたマルクス、エクリチュールを思考する者としてのマルクスである。このマルクスは、避けて通ることのでき

☆46 André Breton, *L'amour fou*, Paris, Gallimard, «Folio», p. 127.〔『狂気の愛』笹本孝訳、思潮社、一九八八年、一二三〇頁〕

☆47 *Ibid.*, pp. 116-117.〔同書、一一九—一二〇頁〕

ない必要性を二人が示したことになるこの戦争の舞台で、デリダに逢わずにはいられなかった。その舞台は二人の奇妙な共犯性の舞台、二人の暴力的共感の舞台だ。それが共感だというのはつまり、双方にとって、この戦争の問いが政治的な問いだ（それ以外ではない）ということである。しかしこの問いはまさに、すでに述べたとおり双方にとって、政治の用語ではけっして立てることができなかった問いであり、この問いを思考するには、この問いの由来する経済的装置が明るみに出されることが要請される。この経済的装置には、さらにはこの問いを通じて、あらゆる政治哲学もまた由来している。さらに、二人の共感が暴力的だというのはつまり、一方は他方に対して、経済をあまりに形而上学的に、ないしあまりに概念的に規定しているといって非難しているわけだが、非難を受けたほうもまた、批判者による経済の規定に対して同じ非難を加えただろう、ということだ。賭けられているのはこうだ。一方が賭けているのは、暴力によって、かつ暴力において獲得される根源的な正義といったもの（「根源的」という語はマルクスが好きだった語だ。おそらく「根源的」が「絶対的」という意味ではないからだろう）を思考することの不可能性であり、他方が賭けているのはその可能性である。

この論議を閉じようなどということは考えられないことだ。我々にとって重要だったのはただ、こうした議論を開くことができるということを示すことだった。ここで我々のデリダへの賛辞は、この開口部を探すという形式をとった。事実、我々にとっては、脱構築が形而上学を還元しようとするフッサールおよびハイデガーの挙措に多くを負い、その負債をつねに認識するものであるとしても、哲学を哲学の伝統的な規定の内部で還元しようとするもう一つの試み、すなわちマルクスの試みとも無縁ではないと言明することは、脱構築の思考に賛辞を捧げることである。これは事実、開始性に関する問いにまったく依拠していないという点で、特異な試みである。この試みは、「ギリシア的エイドスに至る」[☆48]――もしくは戻る――ことができないということに発している。というのは、創設的光輝とその意味とは永久に失われてしまっているからだ。事実、マルクスは、遺贈者のない相続人の苦しみ、父なき息子の苦しみの見地に、ということはつまり、最初の者たちの亡き後に第二の時代の狼狽のなかで探求をつづける者の苦しみの見地に、自分を据えることで哲学に足を踏み入れることになる。事実、マルクスは、一八四一年の博士号取得論文で、エピクロスがプラトンやアリストテレスといった「力強い前提」の時代になんらの方法で戻ることもかなわず、その時代からの引き戻しを担い、それに堪えなければならなかったのと同様に、四〇年代のドイツ少壮派をはじめとするすべての人々は、今や沈黙してしまったヘーゲルの栄光の不透明な重みを担わなければならない、と断言している。事後的な状況にあっては、始源のアルコンに比べて二番めにきた者たちは、「ほとんど場違いな付属物」[☆49]という形をとる。しかし、若いマルクスは言っている。ここで「不運のなか［で］幸運」[☆50]をつかまなければならない、と。朝まだきの光の途方もない暗さのなかで、哲学はその本質的な務めを見いだす。それは切迫した状況のなかで合い言葉を作ることだ。この合い言葉はいかなる創設的価値をももたない（マルクスにおいて、実践は基礎づけではない）が、その刃を研ぎながら、それは脱構築の強力な武器であることを自ずと明らかにする。この合い言葉の意味は、現実的にはかなり単純なものであり、これはすでにエピクロスの

☆48 J. Derrida, «Violence et métaphysique» (*op. cit.*), p. 120.〔『エクリチュールと差異』（前掲）、三四一頁〕
☆49 K. Marx, *Différence de la philosophie de la nature chez Démocrite et Epicure* (Jacques Ponnier, trad.), Paris, Ducros, 1970, p. 217.〔『マルクス＝エンゲルス全集40（マルクス初期著作集）』大内兵衛・細川嘉六監訳、大月書店、一九七五年、一九三頁〕
☆50 *Ibid.* («Travaux préparatoires»), p. 179.〔同書、一六〇頁〕

四つの薬《テトラパルマコン》に予示されていた。マルクスはこれを論文に引用している。[★2]

神々を恐れることは何もない
死を恐れることは何もない
ひとは幸福に到達することができる
ひとは苦しみに堪えることができる

デリダにこの空間から発して話しかけることは、まさに彼に賛辞を捧げることだった。この空間は、彼の救急用薬箱にも取り置かれている。人はそこで影や悲惨や不運のなかにうごめくが、そこに幸運があり、約束がある。

★2　二世紀のエピクロス派の哲学者オイノアンダのディオゲネスの断片による。なお、マルクスはこの断片を引用していない。

省略的《エリプス》な意味《サンス》

ジャン＝リュック・ナンシー

（高桑和巳訳）

ジャック・デリダについて書く——それは私には暴力的なことに思える。これこれの人「について」書くこと、つまり作品や思考に関して書くこと、これほど凡庸なことはない。デリダ自身は、このことを自らに禁じてきたわけではない。しかし彼はここで、彼について書かなければならないということの機会に、罠を仕掛けてきた。彼の言葉遣いが、言語を用いるにあたっての彼のパッションが、言語に——つねに暴力的に——触れる彼の狂気が、**彼**について書け、と即座に私に指令する。つまりそれは、彼の身体について書く、ということだ。**資料体**についてではない。身体に付《つ》いて、身体の表面に書く、ということだ。彼の体を「流刑地」の機械に通し、さらには刺青を彫りこむ、ということだ。

彼にしても苦痛を免れることはできないだろう。薔薇、矢の刺さった心臓、鷲、碇《いかり》、楕円《エリプス》といった刺青を隠すすべを彼は求めずにはいられないだろう。そうした皮膚の手をつけられたところのすべてを隠したり見せたりするすべを。しかし、こうして身体は失われる。掻き傷、刺青。そこには「身体に直《じか》に」がある。そこで身体は自分を失い、ぴんと張った外皮を、内部を閉ざし、内部については口を閉ざす外皮を失う。（とはいえそれはどんな内部なのか？

魂？　ジャック・デリダの魂？　**プシュケー**？　愛する者の身体に――愛するもの、すなわち身体に――触れ、これを抱きしめるにもかかわらず、これを見ることを禁じられているあの彼女《プシュケー》？　デリダはつねに、攻撃者を見ることなく格闘してきた。）

私がつまるところそれ「について」書くことになるこの**失われた身体**、この**捨て身**（捨てみられた一致？）――これこそ、ジャック・デリダについて書くことを求められるにあたって、まず私に差し出されるものだ。「失われた身体」、それはすでにマークとエクリチュールを過剰に負い、そうすることで身体の有機性という荷を下ろした身体だ（ここで、デリダの上にドゥルーズと署名しておこう）。表面をなす身体。表面の他には、痕跡の他には何もなさない身体。

この暴力にはさらに別の面もある。「について書く」、これは、絶対的に書く、ということを避ける一つのやりかたではないか？　それは物そのものを書く代わりに他のエクリチュールに支えを求め、注釈を紡ぎだす一つのやりかたではないか？　しかし、物そのものに触れるのでなければ、注釈など何の意味があるだろう？　かりに物がエクリチュールに対して暴力を怠りなく行使するとして、その暴力を避けるにも、逸脱や拒否の暴力なるものがあるのではないか？　それに、**エクリチュール**が問題になっている物そのものだとしたらどうか？「*J. D.*」という署名と混同されているあのエクリチュールの思考が、エクリチュールや書記やグラムや痕跡を過剰に負うことを呼び求め要請して、ついには暴力的な判読不可能性へと至るのであれば？　しかしこの罠にしたところで、どのような計算の意のままにもならない深淵や沈黙へとまっすぐ導くにはあまりにうまく配置され、あまりに計算されているのではないか？　――私はこれらの輪郭を解きほぐすことはせずにおく。

つまるところ、暴力なしに書くことは虚しいことだ。今日、このことはいささか忘却されすぎている。もう随分と長いあいだ、デリダはこれ以外のことを喚起していない。

私は今までジャック・デリダについて書いたことがない。彼の身体についても、彼の作品についてもだ。一度だが、彼の思考において「義務」の声を聴き分けさせることができたものに向かって語りかけたことはあった。しかし私は、その思考「について書く」といったようなことはけっしてしなかったし、そのテクストに対する一つの読解を提示したわけでもない。それも当然だ。我々二人のあいだには過度の近しさがあり、私はしばしばこの近しさの空間のなかで、そのおかげで書いてきたのだから。とはいえ、それは必ずしも二人の収束や馴れあいを意味しない。近しさには**省略**《エリプス》の要素がある。というのは、近しさとは同一性ではないし、省略《エリプス》は単なる同一性が欠如しているということを痕跡《あと》づけ、楕円《エリプス》は円の変形ないし歪曲を痕跡《あと》づけるからだ。

円環性のこうした欠如、同一物の絶対的自己回帰をずらすこの隔たり、これはまた、デリダのテクスト――「省略《エリプス》」と題されている――が、ジャベスの書物（デリダのテクストはこれ「について」書かれているわけだが）とのあいだにもっている関係を支配するものでもある。

今のところ私はデリダについて書くことに決めている。あるいは少なくとも、そうすることを装う。しかしそれは近しさがそれ自体抹消されたからではない。むしろその反対であって、近しさゆえの省略《エリプス》の運動を、つまり楕円《エリプス》の運動を痕跡《あと》づけなおしてみたいという欲望が私に到来したからだ。それには、ヘーゲルの言う「友好的な運命」が私に機会を与えてくれるだけで充分だった。☆1 私には、自分がデリダのすべてのテクストのなかでも「省略」について書くだろう、ということがすぐにわかった。（「省略《エリプス》について書く」ことがどんなふうにデリダの**資料体**に属する言表・概念になりうるのか、まあ想像はつく。しかし、ここで我々は資料体を増やしたいわけではない。私はただ、身体の近くを通過したいだけだ。）私はこのテクストを愉しみから選んだ。次いで私は、この短いテクスト（これはデリダのいわゆる「厳密に理論的な」テクストのなかで――こんなふうに類別するのがどんなに暴力的なことかを忘れているわけではないが――おそらく最も短いものだろう）のなかに、彼が自分の思考の軌道の総体を省略《エリプス》的に叙述していることを理解した。とはいえ、彼がこの軌道全体をこのテクストに閉じこめた、というのではない。彼は、ある輪の二重化とずれとを記入している。彼の思考の軌道はその二重化とずれとを通じて、地球の軌道やその他のあらゆる思考の軌道同様に、自らとの同一性を保たず、捨て身で傾斜し偏曲する。

つまるところ、ここで私は好みで、友愛の快楽にしたがって書くだけだ。友愛、これもまた一つの省略ではある。

Ⅰ

カントにとっては、我々にはもはや知覚されない快楽が、思考の起源にある。というわけで、

☆1 このテクストの第一のヴァージョンは、かなりこれとは違うものであるが、ロドルフ・ガシェの招きにより一九八七年にペルージャでおこなわれた「現象学学院」のコロックで発表された。Cf. Jean-Luc Nancy, «Elliptical Sense» (Peter Connor, trans.), in John Sallis (ed.), *Reserch in Phenomenology*, vol. XVIII, Chicago, 1988, pp. 175-190.

「省略」の言うように、思考は「原初的にパッション化されている。」この快楽の痕跡は、あらゆる哲学に見いだされるとされる。それは起源そのものの快楽だ。源泉を発見する充足感や歓びであり、中心や原理に到達する充足感や歓びである。より精確に言うならそれは、起源がそれ自体、**自らを**見いだし自分に触れるときに感ずる充足感や歓びであり、起源自体が自らにおいて自らを起源化する享楽だと言える。

こうした思考の身振りは、まさにカントが**超越論的**と呼ぶことになったものだ。それは自らを見いだす理性であり、理性固有の可能性の原理を用意している理性である。超越論的なものについてはあとで語ることにしよう。今のところはこう言っておこう。「省略」は、起源について語り「起源（へ）のパッション」について語ることで、超越論的な位置に身を置いている、と。あるいは少なくとも、それに類似したものと見なしうる位置に。

この位置から発して、我々に可能性の条件が与えられた。この条件はそれ自体起源ではなく（それに、カントの「可能性の条件」における起源のこうした省略ないし蝕は、明らかに近代のあらゆる思考を揺るがしたものだ）、その反対に、この条件が起源そのものの可能性の条件を形成する。カント以来、我々の歴史とはそうしたものであり、起源はもはや与えられていない――起源の快楽ももはや与えられていない。起源は、理性が可能なかぎり、さらには不可能に至るまで遡行しあるいは進んでいく先となる。起源は、この歴史のなかで後にデリダが**差延**と名指すことになったもののなかへと入る。起源は差延化し、あるいは自らを差延化する。そのようにして起源は自らの享楽を、**パッション**をなす。捨て身で。

起源は――あるいは、起源とは定義上意味の起源のことであるとすれば、意味は――起源の意味を、つまり起源固有の意味を内に引きとどめ（かつ／あるいは差延化し）ている。起源はそれ自体、意味の固有の意味であり、意味の固有の場である。まさにそれは**意味**そのものであり、「省略」に書かれているとおり「あらゆる意味」である。

（このテクストで「意味」という語が現れるのはこの一箇所だけだ。一撃で、テクスト全体にとって、そのあらゆる省略について出現するこの語、**あらゆる意味**。いみじくも思考のテクストであるなら、これほどにも露出部分が少ないということはありえようがない。）

意味（として）の起源の可能性の条件は**エクリチュール**と呼ばれる。エクリチュールは意味を運ぶものや媒体ではない。というのは、エクリチュールはこの場合、意味の可能性の条件ではない（のであって、意味の伝達の条件だ）からだ。エクリチュールとは、ここでは、このエクリチュールのことではない。つまりそれは、起源や意味やエクリチュールに関する意味や論理を我々に伝えるデリダのこの言説のことではない（いずれにせよそれもそうした意味や論理が伝達可能だとしてのことだが）。エクリチュールとは、このテクストが締めくくり閉じる（『エクリチュールと差異』と題された）**書物**のエクリチュールのことではない（少なくともこの書物が締めくくられ閉じられるとしてのことだが）。というかむしろ、起源（として）のエクリチュールとは、このエクリチュールそのもの、この書物そのものだ。他のものは何もない、閉じられた書物の外には読むべきものは何もない。それに、エクリチュールには経験的なものと超越論的なものの二つがあるのではない。あるのは「エクリチュール」の「超越論的経験」だけだ。しかし、この経験はまさに自己非同一性を試練に掛ける。それは言い換えると、経験のないものの経験だ。エクリチュールと**は差異である**。

というわけで、エクリチュールは「起源（へ）のパッション」と言われる。このパッションは起源に生起するのではない。このパッションは起源そのものであり、このパッションが起源そのものをなす。起源とは、あるパッションである。それは自己の差異における自己（へ）のパッションである。それこそが意味を、**あらゆる**意味をなす。あらゆる意味はつねにパッションである。それは、この「意味《サンス》」という語のあらゆる意味について言えることだ。（カントの後を継いだヘーゲルはこのことをすでに知っていた。すなわち、（存在の）**意味**《サンス》は可感的な意味《サンス》、つまり感覚《サンス》でもある。彼にとってそれは**美学**一般の十字架であり受難《パッション》であった。したがってそれはエクリチュールの十字架や受難《パッション》でもあり、エクリチュールが哲学とのあいだにもつ関係の、またその関係の**意味**《サンス》の、十字架であり受難《パッション》でもあった。）意味において意味をなすのは、意味を起源化するのは、意味それ自体が自ら感覚していると感ずるということである。（意味を感ずる、意味の意味存在に触れること――それが気の狂《ふ》れたものであるにせよ――、これがデリダのパッションである。意味の身体に触れること。意味を身体に取りこむこと。掻き傷をつけ、手をつけ、刺青を彫りこむこと。すべてを焼き尽くし意味にしてしまうこと。ここで私はそれについてしか書いていない。）

意味とは、何か（世界や実存、あるいはデリダのこの言説）が意味を**もつ**ということではない。そうではなく、意味とは、意味が自らをとらえ、それ自体が**意味**として自分を把握するということである。

このことは、意味が本質的に自己反復するものだということを前提する。とはいってもこの反復は、「書物の再版」の場合のような、同一の仕方で二度にわたって措定されたり与えられたりすることでおこなわれるのではない。そうではなく、この反復は、「ある記号を他の記号に回付すること」において自己言及する可能性を自らの内に（自らとして）開くことでなされる。そうした回付において意味は意味として再認され、自らを意味として再認する。意味とは起源の複写であり、起源が起源において終末とのあいだにもつ開かれた関係であり、これは起源にとっては、起源が起源化する**ものを**享受する快楽である（それはつまり、起源が自らの起源となるものを、また、起源が起源化するということそのものを享楽する快楽だ）。

パッションとは、エクリチュール（へ）のあらゆるパッションとはこうしたものだ。意味が意味であるためには、というよりむしろ、意味が意味をなすためには、**自己反復**するのでなければならない。つまり、この反復《répétition》という語を第一の意味に解すると、**自らを要求しなおす**のでなければならない。意味は所与ではない。意味とは意味自らの贈与の要求なのだ。（このことは要求の贈与を前提する。しかしこの場合それはカント的な用語で言えば「超越論的なもの」と名指すべきものなのだろう。つまりそれは超越的なもの**ではない**。それが超越的なものであるとしたら、それは意味の純粋な現前であり、要求されもせず、要求可能でもないものだろう。）意味は新たに（しかし、この「新たに」においてすべてが始まる。起源は新たなものではなく、「新たに」である）自らを意味として要求し、要請し、呼び求め、祈り、請願し、嘆願し、望み、命じ、欲望し、誘惑するのでなければならない。エクリチュールとは、無限に更新され様相化されるこの要求に他ならない。意味はそこで意味を要求しなおす。それはちょうど、ヴァレリーにとって、詩において「意味が形式を要求しなおす」のと同様である。じつのところ、それは同じことだ。デリダのすべての詩、デリダのすべての哲学はこの要求に由来している。

したがって、意味は原初的にそれ自体に欠如している。「あらゆる意味はこの欠如によって変わっている。」エクリチュールとはこの変化の痕跡《あと》づける筋である。というわけで、この筋は「本質的に**省略的**《エリプス》**である**」、というのは、この筋は全円を描いて同一なものに帰着するわけではないからである。楕円《エリプス》。それは自己回帰における他者であり、それは意味の**歩み**《パ》が描き、意味**なし**《パ》が描く幾何学的なものである。

しかし、正確に言えば、何も変わってはいない。第一の意味なるものがあって、それが第二のエクリチュールによって逸らされ、壊乱され、意味の終わりなき喪失への嘆きへと定められ、あるいは意味の終わりなき再構成への労苦に満ちた期待へと定められている、というのではない。「あらゆる意味は変《か》わっている」、これがまず意味するのは、意味は**渇**《かわ》**いている**（意味は**渇いているものだ**）ということである。意味は自らに／自分自身の欠如に渇いている。そこに意味のパッションがある。（またそれが、言語に対するデリダのパッションである。ここで彼が用いているような「変《か》わる－渇《かわ》く」という語においては、意味の省略が意味をなし、意味の変化と過剰をなしている。）意味は意味それ自体の省略に渇いている。それはまるで、意味の原初的**譬喩**に渇き、意味を隠し隠匿して沈黙に付すものに渇いているかのようだ。省略とはつまり、意味の下を通過する意味の歩みである。あらゆる意味において沈黙の下を過ぎ越したもの、それが意味の意味である。とはいえ、それに否定的なところはないし、じつのところそれは沈黙してもいない。というのは、失われたものや沈黙させられているものなど何もないからだ。すべては言われている──それに、思考に関する他のすべてのテクスト同様に（いや、一般にすべてのテクスト同様に、か？）このテクストはまさに起源について口にしているし、起源全体を口にしてもいる。またこのテクストは自らを起源の知であると言っている。「ここ」というのがその最初の一語である。さらに先に進むと「今や人はそれを知っている」と読める。すべては言われている、今、ここで。あらゆる意味はこのエクリチュールにじかに差し出されている。すべてを即座に思考することよりまして労苦もパッションも伴なわずに思考する思考はない。絶対的に**享楽する**ことよりまして享楽できない思考の快楽はない。したがって、このテクストはテクスト自体を指し示しており、あるいはまた、テクスト自体が描く軌道を、つまり楕円《エリプス》を指し示している。つまりこのテクストは、まさにそれが一「体系」であるかのように、あるいはまた、起源そのものが「一つの場や機能に他ならない」ような体系**なるもの**として、そうした指示をおこなうのだ。

エクリチュールとは、この体系（へ）のパッションのことである。一般に体系とは、相互に分節化された複数の部分をまとめる連接のことである──さらに正確に言えば、哲学の伝統では、体系とは〈生きているもの〉の諸器官の連接であり、〈生きているもの〉の生であり、

〈生〉そのもののことである（ヘーゲルによればこの生は**感覚**《サンス》によって、つまり生自体が感じ、また自分の感覚作用を自ら感じているということによって本質的に性格づけられている）。エクリチュールの連接とは書物の「接合部」である。あるいは書物の生である。書物の生が作用する——「賭けられる」——のは、閉じた書物においてではない。それは「書物をもつ両手のあいだ」に開かれた書物において作用し、賭けられる。この書物とは一つには、デリダが開き我々に読解してくれている、このジャベスの書物のことだ。ジャベス、書物に関してしか、書物**について**しか書かない人。その書物とはまた、デリダが我々に向かって書き、我々に読解させる書物、デリダが我々の両手の楕円《エリプス》のなかに、つまりは両手の省略《エリプス》のなかにもたせる彼自身の書物のことでもある。

意味の　今《マントゥナン》　は、書物を「もつ両手《マン・トゥナン》」のあいだで自らを分節化し、自らを反復し、自らを賭けに投ずる。この「もつ両手《マン・トゥナン》」は現前を分割することで　今《マントゥナン》　を多数化し、現前を省略して複数化する。それは「我々の両手」である。これはもはや「私」の発言ではない。一個の**我々**の増殖であり分節化である。この接合は読解行為をおこなう生きているものの連接を超え出るものである。この接合は生きているものの連接を引き延ばし超過する。読む者は生きているものではない、かといって死んだものでもない。（それに書物も、死者でも生者でもない。）書物を、今、手にしているのは一体系である。その体系の体系性は自ら差異化し、自ら差延化する。「エクリチュールの今における差延」はそれ自体がエクリチュールの「体系」であり、その核心には起源は単に一つの「場」として記入されている。

差延とは、意味を終わりなく反復し、要求しなおすことに他ならない。それは意味が二重化することでも、つねに無限へと隔たっていく仕方のことでもない。それは、意味が意味固有の要求において意味へとこのように接近することであり、到達することのないこの接近のことである。つまりこの接近は露出した有限性であり、この外では「神は死んだ」のであってみれば、思考すべきものは何もない。

かりに意味が所与であるのなら、意味への接近が自ら差延化することがないのなら、それが自らを要求しないのなら（何も要求しないのなら……）、意味には、水の中の水、石の中の石、けっして開かれない書物のなかに閉ざされた書物ほどの意味しかないことになる。しかし、書物は我々の両手のあいだに開かれている。差延は概念化されることはない。差延は自ら書く。差延とはエクリチュールの要求であり、呼び声であり、懇請であり、誘惑であり、嘆願であり、命令であり、懇願であり、歓喜である。差延とはパッションである。

したがって《デュ・クー》――というのもこれは一撃《クー》、つまり起源自体によって起源にもたらされた一撃《クー》だからだが――「接合は裂開である。」ゆえに、体系はたしかに体系ではあるが、裂開の体系なのだ。これは体系の陰画ではない。これは体系そのものである。ただし、自らの集約 systasis の点に宙吊りになった体系である。裂開は接合を壊すのではない。反復においては「うごめいたものは何もない」。というか、接合はつねにすでに、接合そのものにおいて、接合として、つまるところ接合によって裂かれてしまっている。結合させるものが裂く。連接するものは分割**さ**

れている。裂開は接合の他者ではない。裂開は接合の核心であり本質でありパッションである。裂開は精確かつかぎりなく慎ましい限界であり、接合はこの限界上で分節化される。両手のあいだの書物、書物のなかの書物のこの襞。核心の核心はつねに鼓動であり、本質の本質は、本質固有の実存が引き戻すことに存する。

パッションが要求し要請するのはこの限界である。それは、自らであるためにであれ自己現前するためにであれ自らに帰着しないものの限界である。それは、輪になると同時に自らに欠如してもいるような円、つまり楕円《エリプス》だ。

省略的《エリプス》とは、自らに帰着しない意味ということである。それは**意味としては**、意味固有の意味を輪にしてしまわない意味である。というか、それは意味固有の意味を輪にはするのだが、それにあたって自らを反復し差延化し、意味の本質や真理に呼びかけ訴えるようにして意味の限界に呼びかけ訴える。それは、このパッションに帰着するようにして自らに帰着する。

限界に訴えるとは、領土の征服を企図するということではない。それは境界地域を固有化すると主張することではない。というのは、境界地域が固有化されれば、限界はなくなってしまうからだ。限界を**限界として**要求するというのはそうではなくて、固有化できないものを要求することである。それが要求するのは何でもない——つまりそれは限界上で起こる終わりのない露出であり、限界そのものであるこの空間なき空間へと身を投げ出すことである。これには限界はない。したがって終わりがないわけだが、だからといってそれは無限空間でもない。したがって、限界とは「終わりあるもの」でさえない。限界とは終焉そのものであり、有限性そのものである。

起源の思考、イコール終焉の思考、イコール起源の終焉の思考。この終焉は起源のなかで手をつけられる。すなわち、これがエクリチュールだ。

書物の最終ページ、テクストの最終行はこうしたものである——これは楕円《エリプス》のもう一つの焦点、冒頭の今ここ hic et nunc ののちに来るいま一つの焦点である——そしてこれが、この書物ないしテクストがたえず要求し呼びかけ誘惑するものを形成する。「省略《エリプス》」の楕円《エリプス》は、それ固有の円環性の差延のうえで輪になり、自己回帰しない再認の作用のうえで輪になる。デリダは最終行をジャベスからの引用で締めくくっている。それは署名である。先立つ断章ないし文章に付された署名——**レブ・デリサ** Reb Dérissa。テクストのもつあらゆる権威は——あらゆる意味とまでは言わずとも——この遊びによって変《か》わり渇《かわ》いたことになる。テクストは**私**を、つまりこのテクストの起源・作者・主体を、このような遊びに賭けてみることを欲する渇きでありパッションであったことになる。

テクストの締めくくりはこのように、他のテクストの引用であり、省略である。この引用は一つの署名のようだ。署名は諸記号の限界をなす。署名は諸記号の出来事であり、その出《しゅっ》来《たい》の固有性であり、その起源であり、あるいはまた起源の記号であり、特異な記号としての起源そのものでもある。この特異な記号はもはや合図を送りはしない。それは意味を分割する。デリダは署名する。彼は自ら脱署名し、それによって自分を指示する。彼の署名は反復可能である。この署名の「意味」はその反復のなかにその総体が存在し、意義をもたない。この署名の意味は反復であり、特異なものを要求することである。デリダは自らを要求し、自分に渇いている。特異性は二重化する。特異性はテクストの起源としての自らに渇いている。この渇きは常軌を逸している。それはすでに呑んでいる者の渇きであり、テクストのすべてを、そしてエクリチュールのすべてを飲んだ者の渇きである。彼の酩酊はさらに飲むことを要求する。デリダは酩酊したラビである。

テクストの体系を支配していた尊大な姿勢は、自分の固有名を一人の分身に委ねてしまう（この分身にしたところで非現実的な存在である。テクストがぬかりなく喚起しているとおり、ジャベスのラビたちは「想像」上の存在である）。分身はデリダ Derrida の**ダ** da の d の代わりに二つの s を置く——この s についてデリダはのちに「散種する文字」と書くことになる。これは**ここ**のふりをした他なる場であり、現存在 Dasein ないし実存のふりをした虚構の存在である。**デリサ**、この細く鋭利ですっぱりと照《て》り出《だ》す者は、一つの名の限界に触れ、また一つの身体の限界に触れている。この抵触は「蛇や魚のような、動物的で生き生きとし、静かで滑らかで輝いて滑走する運動によって」おこなわれる。これはちょうど、中心の「危険な穴」を埋めようとしてその穴に自らを導き入れてしまう書物についてこのテクストが言っているのと同様である。

この穴埋めは快楽を用いてなされる。それはこれが遊びだからだ。然り、これは笑いなのだ。エストス・デ・リサ Estos de risa、これは笑わせる。ここで笑いが炸裂する——笑いはまさに炸裂しかせず、自らを閉じこめてしまったりはしない——これは、デリダとデリサという二焦点のまわりに開いた口のような楕円《エリプス》の笑いだ。笑いは模倣する。しかし、笑いは何を模倣しているのか？　何でもない、その炸裂を模倣するのだ。起源は笑う。そこには超越論的な笑いがある――それに、このテクストはエクリチュールの一種の「愉楽」に幾度も反復して言及していた……。

超越論的な笑いとは何か？　それはまったく、記号を逆転させることではないし、思考が必然的に要請する真面目なものに適用されている価値を逆転させることではない。この笑いは真面目なものを笑うことはない。この笑いは真面目なものの限界で――意味の限界で――笑うのである。それは、いかなる知ももたらさない可能性の条件の知である。ここには滑稽なものはない。それは無意味でも皮肉でもない。この笑いは何か**を**笑うのではない。それは何を笑うわけでも、何かわけがあって笑うわけでもない。この笑いは何でもないもののために笑う。これは何も意味しないが、だからといって不条理でもない。笑いは、その笑いの炸裂であるということ自体を笑う。笑いはデリダ、デリサと笑う。このことは、笑いが真面目でないという意味ではないし、この笑いに苦痛が伴わないという意味でもない。リサ、リダ――これは真面目なものと不真面目なものの対立の彼方、苦痛と快楽の対立の彼方にある。というよりむしろ、この笑いは、こうした諸対立の接合部にあってこれらを分ける限界である。この限界はそれ自体これら諸項の限界であり、諸項の意義の限界に他ならない。諸項の意義はまさに諸項の意義としてこの限界へと露出しているのである。言い換えれば、苦痛と快楽が愉楽を分有する同様の限界は――デリダなら**こうした限界**と言うだろうが――崇高なものの場である。私は、それほど美学的でない言葉遣いではあるが、それは露出の場所である、と言いたい。起源は露出している——起源でない、ということへと。

ある種の愉楽が、というか陽気さとも呼べるものが、哲学の限界につねに存在してきた。それは滑稽でも皮肉《アイロニー》でもグロテスクでもユーモアでもない。しかしまた、この愉楽はたぶん、これらの意義のすべてを混ぜ合わせたものでもある。しかしそれはまた、こうしたすべての「有意義的滑稽」（ボードレールによる表現）の省略でもあり、これは、テクストが名指したこの「奇妙な落ち着き」にむしろ属している。この落ち着きの内にあって、この落ち着きを通じて、知は知という自らの重みを軽くし、意味は、「それ自体重みが何もなく」「書物を書物として思考しその重みを計量する」「同一なものの外への脱出」のこの極端な軽さとして自らを認識し——感覚する。言語のなかに記入されている思考と計量のこの作用は、思考を量ることとして、また試すこととして口にしている。[★1] ここで書物とその接合部とが量られ試されるわけだ。

そう、たしかにそうだ。これは何かを**言う**ものであり、本義 etymon の滑走という、意味に充ちた作用《あそび》のもとで何かを言ってはいる。しかしそれが言っているのは何でもなく、それには何も**言わんとする**ことなどない。それは本義 etymon に属するものを固有化することがまったくない。意味の原初的固有性などというものを固有化することはないのだ。これと同様に、デリダ／デリサの楕円《エリプス》はいかなる親族関係も自ら固有化しない。思考は重みを計量されはしないし、重みは思考されることがない。そこにあるのは——そこに何かがあるとしてだが——笑い

★1　思考 pensée と計量 pesée は、フランス語では語源を同じくしている。

の軽さであり、この微細で終わりのない軽さである。しかし、繰り返し言っておかなければならないが、この軽さは**何を**笑うのでもない。これは**これ自体が**意味の軽量化**なのである**。いかなる滑稽の理論も、いかなる機知の理論も、この軽さを統御することはできなかったことになる。ここにある理論は、理論それ自体を笑う理論である。デリダは、起源とエクリチュールをつねに笑ったことになるだろう。その笑いは暴力的な軽い笑いだ。

意味の軽量化というのは、意味の荷を下ろしたり解いたり濫用したりすることではない。意味は**意味として**、まさに意味の呼び声の核心で、まさに反復される意味の要求の核心で、自らを軽量化し笑う。意味の軽量化とは（これは軽減ではない）、意味の限界を資力としてもつということであり、意味固有の有限性という無限を**意味として**もつということである。

こうした意味、「あらゆる意味」のもつこの意味は、意味の変《か》わりそのものから、つまり意味の渇《かわ》きそのものから作られる意味の全体性である。この全体性において全体的であるとは、全体化されない（とはいえ全面的に露出している）ということである。こうした全体性は、「言葉遊び」とか言葉のアクロバットとか悪戯とか、結局のところ表面的で無意味なざわめきといったものに性急に翻訳されるきらいがつねにある。しかしだからといって、言語のこうした作用《あそび》を「揚棄」しようとするのも、やはり間違いだろう。それは、ヘーゲルが弁証法自体を「揚棄」という語の作用《あそび》から取り除けるのとちょうど同じことになってしまう。言語の精神《エスプリ》などありはしないし、言語のなかに精神《エスプリ》があるわけでもない。「生きた言葉」が現前へと引き渡すような、語に先立つ語の起源などありはしない。ことはもっと果てしなく軽く、もっと重大である。言語活動は独り存在する――それはまた「エクリチュール」という名が言わんとするところでもある。つまりそれは、言語活動が意味を捨てて、意味を脱出不可能な生きた沈黙の声に託したときに、なお言語活動のなかで、言語活動に残っているものである。

「言語活動は独り存在する」とは、それだけが存在するという意味ではない。一口大に切った「生」とか「具体物」の「意味」とかいったものを差し出してくれない思考――つまり名づけてくれない思考――を「言語活動に閉じこめられた哲学」として告発する者たちは、そういう意味だと純朴に平然と信じているのだが、これはそういう意味ではない……。「言語活動は独り存在する」というのはそうではなく、言語活動はこれこれの実存でもなければ実存一般でもない、ということである。そうではない。言語活動とは実存の**真理**である。つまり、実存が存在の意味であるなら、意味の存在は、言語活動が**独り**これを指し示す。言語活動は意味の存在を**言語活動固有の限界として**指し示す。

実存とは、これこれの事物の「そこにある」である。そこにある**ということ**、これこそが起源であり意味である。この「そこにある」という語のなかで、言語活動は燃えあがり、笑い、消える。しかし、そこにあるのは、一般に任意のものの「そこにある」のための言語活動だけである。この「そこにある」とはとりわけ、すべての「そこにある」の「そこにある」であり、それは我々を凍りつかせ驚かせ不安に陥れるものであり、「**そこに**、しかし**彼方に**存在する」「そこにある」である。つまりそれは存在の真理であり、実存であり、超越性の内在性でありーーあるいはまた、内在性と超越性とがなす形而上学的カップルに挑みこれを脱構築するものとしての有限性である。この「そこにある」は現前そのものであり、経験にじかに触れているものであり、我々の両手に今からもう触れている現前である。しかし、「そこにある」が「そこに」であるからといって、「そこ」とか「彼方」といった場が定置されるわけではないし、他なる場とか、しかじかの内部性のうちにある、もっと近い場とかが定置されるわけでもない。「そこに」が「合図をする」場には、もはや記号はないーーあるのはただ、記号の要求の反復である。この反復は記号から記号へ、あらゆる記号を通過して、ついには実存が露出する限界に至る。「そこに」はかぎりなく軽い。それは接合にして裂開であり、すべての体系の軽量化であり、すべての循環の省略であり、エクリチュールの薄い限界である。人がそこで触れる現前とは、もはや**自己現前**ではなくーー到来する現前を反復し要請しなおすことである。(デリダは、存在論全体の余儀のない命令の省略形としてーー存在論を欠いた省略としてーー「来い！」と言い、書くことになる。)テクストは言っている。「未来とは、将来の現前ではない。」つまり未来とは来たる**べき**ものであり、「そこに」が「そこに」において到来すべきだということである。だから、「書物の締めくくりの彼方は、期待すべきではない」のだ。それは「そこに、しかし彼方に」あるのであり、したがって、今ここでそれに呼びかけなければならないのであり、限界上に召喚しなければならない。呼び声は、反復される要求は、愉しい懇請は、このように言うーー「ここに**すべての物が到来せん**ことを。」**すべてがそこに到来するべき**であり、あらゆる意味が今ここに到来し変《か》わり渇《かわ》かなければならない。今ここにとはつまり、私が書いているこの点、私が気も遠くなりながら書いているこの点、我々が読んでいるこの点のことだ。エクリチュール（へ）のパッションが被っているのは、これ（へ）のパッションに他ならない。

II

したがって、実存の「そこにある」において、そして現前に「そこで到来する」ものにおいて、問題なのは存在であり、存在の意味である。超越論的なものは、二つの大きな哲学的形式のもとで、存在の留保を、つまりその引きこもりないし引き戻しを指し示している。アリストテレスのいう存在とは、数ある範疇（述語的ないし超越論的な範疇）のこちら側か彼方に留保されているもののことである。そうした範疇を通じて存在は「数ある仕方で」言われる。存在は、この多数性において差し出され、またこの多数性へと引きこもる。そして、カントのいう超越論的なものとは、経験の可能性の条件のみに関する知を、この経験を支えている存在に関する知の代わりに立てる、ということを指し示している。存在はこの条件において差し出され、またこの条件へと引きこもる。この条件は、ある主体性である。この主体性は実体として到達されることはなく、要求として自らを知る（自らを判定する）。

存在の意味の問いは、自らを存在の意味の問いとして哲学のなかに――というか哲学の限界上に――記入しなおしたが、それは、超越論的なものに無理な力を加えたり、超越論的なものを超越したり、引き戻しの留保のなかに浸透したりするためではなかった。そうではなく、ハイデガーにおいてそれは、この**引き戻し**そのものを本質として、存在の意味として問うためだった。存在とは、存在するもののことではまったくない。実存が存在の賭けなのである。これが「存在論的差異」である。つまり、存在するすべてのものと存在とのあいだの差異とは、存在の意味の（有限性における、有限性としての）賭けとして実存を露出するものそのものである。

こうした条件下で、（起源の引き戻しの）超越論的なものと（起源における資力の）存在論的なものとの対立ないし相補性は、問いのあらゆる妥当性を失った。必要となったのはまったく別の存在論であり、あるいはまったく別の超越論的なものであり、というか、さらにはそうしたものではないものだ。つまり、この二者の省略《エリプス》が必要となった。それは存在の引きこもりでもなければ、存在の所与の現前でもない。そうではなく、それはこの現前そのものであり、存在としての存在そのものであり、それは痕跡として、また筋として露出している。それは、現前を引き戻すが、それとともにこの引き戻しを痕跡《あと》づけなおし、引き戻しを現前化し、しかもこの現前化を、現前化不可能だというその固有性においておこなう。この固有性とはまさに絶対的固有性**そのもの**であり、絶対なものの固有性である。有限性における絶対としての絶対なもの――〈無限〉のなかに集約したり揚棄したりすることのすべてから分離されてあること――は、筋の出来事において、すなわち固有化不可能な固有性を固有化すること（たぶんそれは生起 Ereignis だ）において、自らを与える。

（絶対なもののこうした逸脱や歪みのもつ歴史的・倫理的・政治的な目標のすべてを強調する

必要があるだろうか？　神が死に、神とともに〈理念〉や〈精神〉や〈歴史〉や〈人間〉が死んだときにあって、あるのは「実存の意味」の問いだけである。いや、この問いの前に、この問いの彼方に、実存の意味のあらゆるパッションもある。完全な円環をなす意味から楕円《エリプス》的で省略《エリプス》的な意味へ。しかし、どのようにこれを思考しこれを生きればよいのか？　この点には言い添えておかなければならない――まさに、誰が何と言おうと、哲学は過ちを犯してきたわけではないのだ、と。デリダと他の数人は、時代の不安と瓦解のなかにあって、実存の意味への配慮に至る道に疎通を設けたことになる。この道は、つねに新たに疎通を設けられなければならない道だ。）

エクリチュールの思考（文字の意味の思考というよりは意味の文字の思考。それは解釈学の終焉であり、開けであり、意味に手をつけることだ）は、存在の意味の問いを記入しなおす。存在と文字との省略《エリプス》、この二者のなす楕円《エリプス》。この再記入によって何が起こるのか？「省略」でなされているように、「書かれた存在」や「記入された存在」を起源において指し示すとき、何が起こるのか？　ここでは総体的な回答を与えることは問題ではない。そこで「起こる」ことは、起こるということに今もって終止符を打たれてはいない。デリダは自分自身の回答を逸らせたり変形したりすることをやめないし、おそらく「回答」自体、エクリチュールの運動のなかにあるのであって、また、彼「について」書きまた「我々」について書く我々には、このエクリチュールの運動を反復する責務もある。

とはいえ、ここで次のように言うことはたぶん可能だろう――存在と文字との省略《エリプス》、この二者のなす楕円《エリプス》においては、つまり存在の意味の差延においては、存在はもはや単に存在と実存者との差異のなかに引きこもったり、その隔たりのなかに引きこもったりはしない。存在論的差異が**中心的**なものとして受け取られることがありえたとしても（しかしどの程度までそうだったのか？　ハイデガー自身にとっても？）、また、〈存在〉という接合を中心とする、つまり〈存在〉固有の差異において立てられている一つの〈存在〉という接合を中心とする**体系**を、この存在論的差異が作ることができたのだとしても、今やそうしたことは決定的に不可能である。（存在の）差異は、それ自体が差延化的である。差異は差異それ自体から引きこもり、そして依然として自らを呼んでいる。差異はまるごと後退しており、それは、いかに「〈存在〉の差異」へと（あるいは「差異ある〈存在〉」へと、もしくはまったくの〈他者〉へと）割り当てることで後退させうるよりもさらに奥に後退している――そして差異はまるごと**来たるべきもの**であり、いかなる告知が言いうるよりも、さらにそうなのである。のちにデリダはこう書く――「存在論的差異という決定的な概念においては、**すべてを一筆《いっぴつ》で思考しなければならないわけではない**。」一筆ならず二筆三筆で、一度ならぬ運筆 ductus で（この語を提案してくれたのはジネヴラ・ボンピアーニである。これは古文書学用語で、ある文字を痕跡《あと》づけるために用いられる輪郭の一本一本を指す）。これは輪郭の多数化や延性、つまり接合での裂開を意味しているが、それとともに――こうした出来事の条件としては――輪郭なるものの抹消を意味してもいる。それは一本の輪郭にも満たず、自らに固有の延性のなかに溶解してしまう、ということだ。つまりそれは、差異の、差異**における**運筆を意味する。ちょうどそれは、内部性をもたない差異の「内部」のようなものだ（それは、実存者に対する存在の内部性の引き戻し**である**）。それは、外部へと**到来する**内部だ。

存在論的差異の意味とは、この差異**である**ということではないし、**これこれやしかじか**の差異であるということでもない。その意味は、到来すべきだということであり、出来《しゅったい》しなければならないということであり、生起する sich ereignen のでなければならないということであり、固有化不可能なものを自らの共約不可能性から発して自らへと固有化しなければならないということである。存在は、存在「固有」の実存の**襞**の外や以前では、**何でもない**。襞とはつまり、我々の両手の支えるあいだにある書物の折れ目だ。この襞は輪郭を多数化し、書物をエクリチュールへと開く。差異は、ある**到来**においてのみ存在する。その到来は、差異が痕跡《あと》づけるとともに抹消する、終わりのない引き戻しに等しい。それは「**そこに**、しかし**彼方に**」存在する。

変わり渇《かか》《わ》いた意味である実存は、**そこ**で、実存の「彼方」を要求し、呼び、召喚する。省略的な意味である実存は、実存の意味を通過する。実存は意味を引き戻し、意味に対して過剰なものとなる。

それが、書くということだ、と彼は言う。

存在（の襞）の彼方には定義上何もなく、このことが絶対的な限界をなしている、ということを、たぶん他の仕方で言っておかなければならないだろう。しかし、絶対的な限界というのは外部のない限界であり、外国のない国境であり、外面のない境界である。したがってそれはもう限界ではない。というより、それは何でもないものの限界だ。こうした限界は、限界もなく拡大することと言えるかもしれないが、存在それ自体が何でもないものなのだから、この拡大は、何でもないものから何でもないものへと拡大することだということになる。これが、**有限性固有の無限**である。この拡大は限界のない掘削であり、この掘削はエクリチュールそのものである。すなわち、**自らを掘削しなおす空虚**である（と、「省略」中のジャン・カテソンの引用は言っている）。

このように、空虚は空虚自体のなかに沈みこみ、**それとともに**自らを明るみに出す。エクリチュールは、いかなる哲学的洞窟よりまして深い洞窟を掘る掘削機である。それは、いかなる領野をも掘り返すブルドーザーにしてキャタピラーである——それは機械のパッション、機械状パッション、機械的パッション、巧《たく》まれ企《たくら》まれたパッションである。**J・D印《じるし》**のこの機械は中心に向かって掘削し、腹に向かって掘削する。腹とは、変《か》わり渇《かわ》いた空虚である。この機械は腹を切り裂くが、この切り裂き自体がヒステリックだ。エクリチュールのヒステリーとは、いかなる腹も含みこむことのない存在のこの限界を、内臓摘出と分娩の真正な模像によって明るみに出す（この白日の明るみは堪えがたいものであるが、にもかかわらず単純でもある）、ということである。エクリチュールはこれに執念を燃やし、精魂を汲み尽くしてしまう

——**捨て身**で。

とはいえ、エクリチュールは何を**する**というのでもない。むしろエクリチュールは、機械装

置のなすがままになり、巧《たく》みな企《たくら》みのなすがままになっている。この企みがエクリチュールに到来するのは、つねにエクリチュールよりも遠くから、つまり何でもないこと――エクリチュール固有の来たるべき差異以外ではないこと――（へ）の存在のパッションからである。そしてこの企みはつねに**そこ**に――彼方がそこにあるその場に――到来する。

このことが意味するのは、エクリチュールの問いにおいて（存在の）意味の問いは問いとして変《か》わり渇《かわ》き、もう**問い**としては現れることも自らを現すこともありえない、ということでもある。問いというものは通常何がしかの意味を前提し、応えにおいてその意味を明るみに出すことを目指すものである。しかしここでは、意味は意味への呼び声として前もって前提されている。それは、意味への呼び声という気の触れた意味であり、つまるところ何も輪にすることなしに呼びかける省略《エリプス》である。つまりそれは「開かれた口」であり、そこにおいては楕円《エリプス》自体もその幾何学も一声の叫びをもって蝕されてしまう。とはいえその叫びは沈黙の叫びである。つまりそれは、変《か》わり渇《かわ》いた意味に他ならない。

呼び声に応ずるのは応えではない。呼び声には到来が、現前への不意の到来が応ずる。ハイデガーにおいて、生起 Ereignis は、現前の非固有化に（おける）固有な現前の出来《しゅったい》を名づけていた。「エクリチュール」なら、この出来《しゅったい》自体における現在の省略を口にするのだろう。現在のこの省略**を通じて**出来事は起こる。出来事は、すべての「自然な場や自然な中心」の横滑り以外の場をもたない。その横滑りとはつまり、場そのものの間取りであり、「痕跡」の、また「我々の両手」の間取りである。

しかしエクリチュールは、エクリチュール自体の限界においては、つまりエクリチュールがエクリチュール**そのものではない**場においては、こうしたことすら「言う」ことがない。エクリチュールは問いの代わりに肯定を置くことはない。エクリチュールは何に何を代置するのでもない。それは、言説を変形したり加工しなおしたり評価しなおしたりといったことはまったくしない。エクリチュールの「体系」とは、意味「について」のまた別の言説などではない。それは運動であり、それはパッションであり、それは意味に、「あらゆる意味」に到来する焦燥である。

ある意味では、それも、ある常軌を逸した意味――省略《エリプス》の省略《エリプス》そのもの――では、言説や哲学といったものはありはせず、デリダの思考さえもありはしない。少なくとも、このことが彼のパッションだったことになろう。つまりそれは、エクリチュールにおいて思考を省略し蝕する、ということだ。もはや思考せず、到来し、到来するにまかせること。それにもちろん、こうしたことは「企図」をなしたり「思考の企て」をなしたりはしない。なすのは、こう言ってよければ「プロ－グラム」である――つまり、つねにそれ自体より前にある痕跡である。それは憔悴のプログラムだ。彼はこのプログラムを執拗に実行する。

自己差延化し――つまり自らの固有の差異を遅らせ（またそれと異なり）、実存の**同一物以外ではないものになり**――、自らに呼びかけ自らを要求し、実存ないし自らの差異**にじかに接して**「同一物」であることを自らに反復して要請し、**文字どおり意味にならない**意味の文字において、聖書 ta biblia のではなく開かれた書物群のラビをつねに想起する、そうした存在の意味は、したがってデリダの言説でさえなく、デリサの言説でも誰の言説でもない。それは、今日、今ここで（**つまり我々の歴史だが**）、あらゆる言説に、あらゆる言説において、言説の裂開した接合部に**到来する**ものである。とはいえ、この到来はそこに止め置かれうるものではない――逆にそこではこの到来はつねに到来しつつあり、出来《しゅったい》しつつあるのだ。

到来するとは、**享楽する**とは何か？　**愉楽**とは何か？　それはもはや「問い」ではない。それが問いではない**ということ**を哲学がまったく知ろうとしなかったにせよ、つねに知っていたにせよ（ここではスピノザがみんなのために語ってくれる）、いずれにせよそれは今まで、哲学にとっての問いであったことはけっしてなかった。そうではなく、それはまさに到来するということであり、限界に到来するということであり、到来の限界から発して到来するということである。すなわちこれが、終わりのない有限性である。

それが**どこに**到来するのか、**どこから**到来するのか、ということについて言えば、それは言説にも満たないものであり、エクリチュールでもない。というのもエクリチュールとは到来であり、到来の呼び声なのだから。どこに到来するのか、どこから到来するのか、ということ――それはその他すべての残余であり、その他すべての残余のあらゆる意味である。つまりそれは人が、世界、歴史、身体、五感、労働、技術、芸術作品、声、共同性、ポリス、パッション――そう、パッションもだ――と呼ぶものであり、それらをたぶん我々は徹頭徹尾書きなおさなければならないのだろう。

いずれにせよ、**問題外の**――とはいえ決定的ではない――この愉楽が、安易で保守的な言説の臭気を発しているなどとは言ってほしくないものだ。臭気を発するのは「幸福」だ。それは死体置場で、食料品店で、女の裂け目で腐って破裂した。我々は相変わらずずっとこの悪臭を吸いこんでいる。もちろんこの悪臭は蓄積されるといずれ爆発する。愉楽は、つまり実存の意味は、微細な要求ではあるが、この要求には反駁できないし、これを忌避することもできない。

Ⅲ

テクストをさらに問いなおし反復しよう。楕円《エリプス》のもう一方の端に回帰しよう。変《か》わり渇《かわ》いた輪をそのはじめにおいて問いなおしてみよう――輪にはじめがあるとして。

「ここで、あるいはそこで、我々はエクリチュールを見分けてきた Ici ou là, nous avons discerné l'écriture」――すべてはそこに、この簡潔な書き出しにおいて、一挙に与えられている。この書き出しにおける肯定は、というより肯定性は、慎ましい韻律に支えられている（**ここでは、この一文をきちんと句切って読みなおさなければならない**）。すべてはこの単純で当たり障りのない一文に意味を過剰に積んだ言語のパッションにある。この一文がどこかある慎ましい場において変《か》わり渇《かわ》き、変化を被り、音もなく裂けるほどに、パッションはこのじつに短い単旋律を和声で飽和させた。デリダは、言語への焦がれる渇きをつねに感じており、言語に裂け目を入れることをパッションをもってつねに欲望していたことになる。

ここで、あるいはそこで——テクストの最初の語「ここ」は、テクスト自体を入れ籠状に繰りこみ、このテクストが締めくくる書物をも繰りこむ。なされ**た**こと（エクリチュールを見分けること）はまさに**ここで**なされてきたし、したがってまさに今ここでなされて**いる**。それはすでに過ぎ去り手をつけられた現在だ。**いつ**我々は読みはじめたのだろう？　いつ彼は書きはじめたのだろう？　それはもうなされている、発見はすでに起こっている、原則はもう措定されている——この書き出しは結論であり、この書物の体系的結論である——が、にもかかわらずそれはここに、我々の眼前に、我々の両手のあいだにある。依然「ここ」と書かれている以上、それは賭けられつづけている。それは「過ぎ去った現在」ではない。それはエクリチュールの現在《プレザン》の移り行きであり（エクリチュールの贈り物《プレザン》・**贈与**。この贈与は、贈与者——**我々**が彼「について」書いているその当人——をも贈与せずには何も贈与しない）、**現在には存在しない**ものが現前へと到来することである。（現前に到来するものは現在に存在することに**なる**わけではない。）それはたえず**到来**し、限界に到来する。現前それ自体が限界に他ならない。そして、限界それ自体が現前への限界なき到来に他ならない——それは贈与でもある。それは現前の限界なき贈り物であり、現前の供物である。というのも、現前は**与えられる**のではけっしてなく、つねに差し出され、提示されるものだからだ。つまり現前は、現前を受け取るか否かという我々の決定へと差し出されている。

そして「ここ」は即座に二重化される。それはここで、**あるいは**そこでである。「そこ」、この「そこ」なるものはテクストの終わりに到来することになる。そして「そこ」のほうもそこで二重化することになる——「**そこに**、しかし**彼方に**。」ここ《イシ》、あるいは《ウー》そこ《ラ》ici ou là——これはすでにテクストの二焦点だ、これはすでにして楕円《エリプス》だ。省略《エリプス》はまさしくそこにある。

数年後、別のテクストの終わりにデリダはふたたび自分自身の署名（固有名の固有の意味の署名。事実、この固有の意味においてあらゆる意味は変《か》わり渇《かわ》くのだ）を添え、さらにその模像物としての副署を添えることになるのだが、そこで彼は、自分が署名をおこなう場所について、「ここ《イシ》だ。どこ《ウー》？ そこ《ラ》 Ici. où? Là」と書く。**ここ**は自ら住処を離れ、**そこ**は**そこ**固有の場を穿孔《せんこう》／遂行《すいこう》（遂行《すいこう》することで）穿孔《せんこう》する。デリダのテクストのすべては、彼の全作品は、自ら穿孔／遂行することに渇《かわ》いている。彼のテクストは癒せない渇きを覚えている。というより、彼のテクストは癒せない渇き**であり**、滲出する酩酊であり、自らが存在しない場へと自らを差し出す酩酊であり、自らが存在する場においては自らを禁ずる酩酊である。そのテクストは堪えられない。それは、そのテクスト自体によってしか堪えられない。このことは、時代の**意味**の——つまり**我々の意味**の——暴力的で絶望的で愉快な彷徨を要約している。この時代の意味は、西洋の外からの風の中に散種され、また、それ以来**無声**となっている我々の語の厚みのなかに凝固し滲みこんでいる。デリダの**すべて**のテクストは、聾唖のテクストである。

したがって今やすでに、ここに省略を記入するときである——ちょうど、題（デリダの題でもあり、それを反復して要求する私の題でもある）がすでにしているように。というか、より正確に言うと、もっとせずにはいられないのだし、果てまで、つまり省略の省略まで行くのでなければならない。

というのもデリダは、省略によって、彼の当然知らないわけがないこの語の譬喩的用法にしたがって、この語の意味を明確にすることを怠ったことになるからだ。（それに、「省略」という題からして、題の省略である。彼はこのテクストに署名することも題を付すこともせずにすませようと腐心している。）彼はこの語をギリシア語で記入し、欠如や中心からのずれや回避のもつ二重の価値を省略的に連結したことになるわけだ。「省略」、すなわち、私は回避する――私が書くものを。私は書くことで生きる。私は書くことを回避する。

（蝕《エクリプス》としての）省略《エリプス》の本義etymonは、欠如しているということ、正確さや精確さが欠けているということであるが、彼はこのことを言う（書く）のを回避したことになる。はじめ、幾何学におけるエリプスとは、（ペルガのアポロニオスの『円錐曲線論』において）我々の識っている楕円《エリプス》をとくに指すことになる前には、同一性を欠いた図形一般の総称だった。我々の識る楕円《エリプス》とは、全円の特性を一部欠いたものである。全円は半径が不変であることを特性とするが、楕円《エリプス》はこれを、変化しつづける二距離の和の不変によって換骨奪胎する。こうしたすべてのことから発して、つまり、このエリプスについての、というかいくつものエリプスについての歴史的・構造的・修辞的・文学的分析のすべてから発して、エリプスは作られたのだ。

とはいえ、「省略《エリプス》についての、省略《エリプス》された『省略《エリプス》』」、という思弁的な遊びが単に問題なのではない。「省略《エリプス》」と言い（これは「省略《エリプス》について」と題するのとは同じではない）、また**それとともに**、それ自体としては単純な、果てしなく単純な深層的思弁を露呈しながら、このテクストはもっと他のことを言い、書き、「エリプス化」して（蝕し暴露して）いる。このテクストは、テクスト自身がさらに、我々が知ることができずまた知ってもならない他のものの省略《エリプス》をなしているということを知らしめる。それはまた、我々は何かを真実、決定的に逃しているということを知らしめる。おそらく、多くのものを同時に逃しているのだろう。たとえば「デリダ」と「デリサ」**のあいだの**同一性がそうであり、あるいはまた、不可視で名づけえないものとして名づけられ指示され示されている「**この**他の手」がそうだ――加えて、それにつづく宙吊り符もそうだ……蛇の手、魚の手……。このテクストはエクリチュールについての、そして意味についての理にかなったすべてのことを言っており、また**それとともに**、他のものを隠して他の物語を語っているのだと言いもしている。しかしまたそれとともに、この秘密の露呈は何も隠しておらず、他の物語などありはせず、というより、テクスト自身、他の物語など識りはしない、とも言っている……。このテクストは痕跡《あと》づけるほどに抹消し、痕跡《あと》づけるに応じて抹消し、抹消を痕跡《あと》づけなおし、その痕跡も抹消する……。我々はたしかに進むべき方向《サンス》を逃してしまうだろう。意味《サンス》は我々を変え渇《かわ》かしたことになろう。J・Dのパッションとは、読者を変え渇《かわ》かすということである。エクリチュールにとってこれ以外のパッションがあるだろうか?

しかしそれにしても、まずは「ここで、**あるいは**そこで」である。これは、場なるものすべての省略《エリプス》であり、二つの焦点をもつ楕円《エリプス》だ。この二つの焦点はいずれもテクストの中心になることができず、我々の見分けたエクリチュールを定位することもできない。この二つの焦点、この二つの火、この二つの光、この二つの火傷《やけど》が我々に示され、我々を逃れた。それに、

「二つ」というのはじつは二つ以上であり、「二つ」は多数を開いている。「ここで、あるいはそこで」において重要なのは、**あるいは**という宙吊り・躊躇・合間である。この**あるい**《ウー》**は**は、エクリチュールが**どこ**《ウー》に存在するのかを言わない。いつ存在するのか、どのように存在するのかも言わない。「ここで、あるいはそこで」とは、定まった場がないということであり、「時折、時として、時には」ということでもあり、したがって「偶然に、好運によって、偶発的に」ということでもある。エクリチュールは好運によらなければ見分けられない。デリダがここで身を委ねていると見えるエクリチュールの計算――それは細密にして獰猛な計算であり、幾何学者の厳密さであり（デリダもまたペルガの出身なのか？　あの**羊皮紙**の町の？　この小さな秘密がここに掻きこまれているのか？）、意味の壊乱と散種の**体系的な**追求における規則づけられた執拗さであるが――この計算でさえ（いやじつのところ、とりわけこの計算は）言語の運に委ねられている。ここで、あるいはそこで、それは遊びに加担し、あるいは遊びを課す。かりに意味の円がきちんと輪になっているとすれば、それは至るところに場をもつか、あるいはどこにも場をもたないか、だろう。もはや遊びはなく、意味しかないということになるだろう。しかし、そうではない。意味の遊びは、その諸規則の偶然的省略を含んでいる。

明白な直義にせよ、それと同様にあからさまな「入れ籠状の繰りこみ」にせよ、それがテクストの意味をなすわけではない。そうしたものは意味の「全体」をなすこともなければ、意味の「穴」をなすこともない。そうではなく、それらはつねに新たに省略をなすのだ。その省略とはつまり、省略**としての**意味自体であり、それは一つの中心の周囲に配置されるのではなく、終わりなく限界に——ここに、あるいはそこに——到来しつづける。この限界において意義は蝕され、現前のみがその意味に到来する。それはラビであり、魚であり、羊皮紙である……さらに誰が、何が来るだろう？　現前のこの意味は愉楽であり、この現前を享受する愉楽にして苦痛であり、それは、意味することのできる意味（自己現前する意味）のあらゆる現前化と贈り物とのこちら側か彼方かに露出している。それの起こる場は、場が意味ある特権をもたない場であり、それはすべての現前の、すべての現前の差異の、慎ましい差異なき場である。ここで、あるいはそこで、和は不変だ。

好運によって起こる（起こった）ことは、**見分け**である（「ここで、あるいはそこで、我々はエクリチュールを見分けてきた」）。見分けとはつまり、微細で透徹した視覚ということである。鋭いまなざしは、「迷宮」や「深淵」を通じてエクリチュールへと滑走することができた。というより、「純粋な表面の水平性のなかに没入し、迂回に迂回を重ねて自らを表象する」ことでエクリチュールへと滑走することができた（というのも、エクリチュールの「書記素」にじかに接してでなければ、どこでエクリチュールを見分けるというのか？）。「脱構築された」言説の間隙において、鋭敏な一理論が、以前は見ることのできなかったものを見てとってきた。ここまでは、哲学的テクストの古典的書き出しである。しかし、見分けるとはまた、まさに**垣間見る**こと、目できちんと見ることを省略してほんの少しだけ見ること、見抜くことと同様のことでもある。観照 theōrein は、ここでは一つの極端へと還元された。つまり薄明のなかの残余へ、白日のではなく「不眠」の視覚へと還元されてしまった。
「我々は見分けてきた」――つまり我々は縁取りによって、二つの縁取りによって分割をおこなったのであり、輪郭と分割を痕跡《あと》づけ、輪郭としての分割を痕跡《あと》づけた、ということだ。（テクストでこれにつづく一文はこの「分有」を「描き出」そうとする――そして、この「分有」自体が自らを分有する。分有――すなわち分離にして交流、交換にして孤立である。）我々はエクリチュールの限界を、限界としてのエクリチュールを、痕跡《あと》づけなおした。我々はエクリチュールを書いた。それは目に**見える**ものではない。というより、ほとんど見えない。それは見られるのではなく書かれる。それは自らを痕跡《あと》づけ、それを見ようとする者の眼前で抹消される。このエクリチュールは、自らの諸痕跡をたよりに手探りで進む。とはいえ、その抹消はエクリチュールの反復をなす。つまりエクリチュールの抹消とはエクリチュールの要求にして呼び声であり、エクリチュールを横断する「あらゆる意味」であり、他の場から、どこでもない場から到来し、つねに他の場に、どこでもない場に到来し、我々を我々自身から隠しながら、我々に自らを差し出す。

しかし、この「我々」とは誰なのか？　エクリチュールを見分けてきたという**我々**は、というより、エクリチュールを「実際」見分けてきた**我々**は、作者の謙譲を表す「我々」でもあるし、哲学者デリダの威厳を表す「我々」でもある。しかしまたそれは、**我々を指す我々**、歴史内の共同性に属する**我々**でもある。「我々」というのは、エクリチュールの見分けの歴史性を口にしている。この見分けは、近代における、エクリチュールのある種の資格ないし書記の筋

（ベンヤミンとバタイユからブランショに至る）と同様に、最近になって現れたものであり、デリダはその哲学的記入を確かなものとし引き受けている（つまりそれは彼がその「文学」を発明しているということでもある）。**それとともに**、この見分けは、最初の哲学的記入と同じほど古くからあるものでもある。のちにデリダは、書物とテクストとの分有をプラトンに至るまで痕跡《あと》づけなおすことになった。その分有とはすなわち、西洋《オクシダン》の省略《エリプス》にして楕円《エリプス》である。**我々**はここで、この限界上にある。〈意味〉の没落《オクシダン》によって、つまり意味の二焦点がどんどん離れていくことによって、我々の終わりある実存の意味を思考する務めが解き放たれる（とはいえもう「思考する」とはどのような意味においてだろうか？）。

超越論的経験はここにある。この書き出しからは、場や契機の運とか、見分けの単純な事実性といったような、経験的なもののマークをもたらすものは何もない。この書き出しは、体系の起源および原則を経験の力域にもたらす。それは起こったのだ、それは我々に起こったのだ、という具合に。この書き出しはエクリチュールについての言説を開くのみならず、それにすでに手をつけてもいる（「手をつけること」はテクストのほとんど最後に現れることになる語だ）。書き出しは、エクリチュールについての言説を書き、理論上、幾何学的な仕方で more geometrico（つまり省略《エリプス》によって、楕円《エリプス》によって）露呈であるものを物語として差し出すことで、抑えがたい経験性をもってエクリチュールについての言説に手をつけている。したがって、エクリチュールの超越論的経験のほうは、フッサールのいう「超越論的経験」のことではない。フッサールの「超越論的経験」とは**純粋な**経験であり、経験性を還元し浄化するものである。

他方、ここでいうエクリチュールの超越論的経験のほうは不純であり——だからおそらく、「経験」概念も（少なくともこれが実験装置の加工を前提する以上）適しておらず、超越論的なものという概念（これは相変わらずア・プリオリな純粋さを可能性の条件として把握することの概念だ）も適してはいないのだろう。

ここではむしろ、我々に起こることを、出来事や偶発事故の不純さにおいて取りこまなければならない。歴史的なこの移行において、〈歴史〉のすべての意味が、つまり戦争が、人種殺戮が、表象の裂傷が、世界的技術となり平準化した政治が、漂流が、「もやいを解かれた半島」が、変《か》わり渇《かわ》くのである。

ということは、経験を、テクストの名づける「彷徨」「冒険」「舞踏」として、——そしてついにはパッションそのものとして、意味のパッションとして、口にし、思考しなければならないということだ。ここで「可能性の条件」となるのは（そして「存在論」ともなるのは）、パッションの秩序に属しているわけだろう。しかしこのパッションというものはつねに、不可能なものへと運命づけられている。パッションは不可能なものを可能なものに変形することはないし、不可能なものを統御することもない。パッションは不可能なものに身を捧げ、不可能なものへと露出している。不可能なものが到来する限界上にあって、パッションは受動的である。すなわちその限界とは、**すべて**が到来し、あらゆる意味が到来し、不可能なものが限界として到達されるような場である。

不可能なものとは、中心であり起源であり意味である。楕円《エリプス》は中心の省略《エリプス》、すなわち中心の欠落にして欠如であり、中心の「危険な穴」の露呈である。「この書物の不安な」欲望はこの穴の中へと「自らを導く」ことを欲望する。しかし、この書物の欲望がこの穴の中に導かれるとき、この欲望は、まさに自らが「純粋な表面の水平性」のなかに没入したのだということを見いだし、あるいは見分ける。円は穴をなし、楕円は表面をなす。中心に触れる者はエクリチュールに触れている。あらゆる意味は変《か》わり渇《かわ》いている――だが、表面上に逃れるもの（輝いて滑走する魚……）と穴の中に沈潜するもの（きっちりと巻かれた羊皮紙）とは同一のものではないか？　それは、変《か》わり渇《かわ》く同一物であり、さらには、倦まず変《か》わり渇《かわ》くあらゆる意味ではないか？　そして、中心に触れたい、エクリチュールに触れたいというパッションも同じものだろうか？　それはすべて同一の機械であって、それが掘削し、埋め、痕跡《あと》づけなおしているのか？

Ⅳ

おそらく、それは同一の機械なのだろう。この単一性が本質的には複数的なものであるとしても、かつてパッションが――不安が、愉楽が――一つならずあっただろうか？　中心（へ）のパッションは、中心に触れたいというパッションは、中心の触覚（へ）のパッションは、つねにJ・Dのパッションだった。すなわち、エクリチュール（へ）のパッション**としての**哲学（へ）のパッションだ。これは属格の、「（へ）の」という二つの価値の双方を指している。これら二つの価値は、一方が他方のなかに、他方を通じてある。これらはいずれも、言語に触れたいというパッションにおいて完遂され揚棄され沈みこむ。このことは、彼がのちに反復して語ることになるとおりである。舌《ラング》に、つまり言語《ラング》に触れるとは、痕跡に触れるということであり、痕跡の抹消に触れるということである。それは、「開いた口、隠された中心、省略的回帰」においてうごめき震えるものに触れるということである。それは、省略《エリプス》自体に触れるということであり――触れるものとしての楕円《エリプス》に触れるということである。ちょうど、軌道《オルビット》が宇宙論的体系の突端に触れ、眼窩《オルビット》が眼の体系の突端に触れるように。眼に、言語に、世界に触れる、この軌道《オルビット》の、眼窩《オルビット》の、奇妙な触覚。中心に触れ、腹に触れる触覚。

そう、それは同じ一つのパッションなのだ。**見分ける**とは、見て痕跡《あと》づけることであり、見るか痕跡《あと》づけるかすることであり、この見分けのなされる場で、眼と眼のあいだで、縁取りと縁取りが触れあう。見分けがなされるのは、視覚が触覚に触れる場においてである。これは視覚の限界であり――触覚の限界である。見分けるとは、触れあうほど似通いながらも異なっているものを見て取るということである。それはつまり、(自己)差延化する中心、つまり楕円《エリプス》を見て取るということである。見分けには、収縮の側面がある。視野は極端へと収縮し、鋭くなり狭窄する。彼は書物の上に置かれた自分の両手をつねに握りしめてきた。

それはさらには体系であり、体系(へ)の意志である(しかし、意志とは何か? 誰にそれがわかるだろう、誰が知っていると思っているだろう? 本質的に意志は差延化しないのか?)。それは触れようとする意志である。書物を通じて、書物によって、手と手が触れ合わんことを。自分の手と手が触れ合い、まさに自分の皮膚に達し、自分の羊皮紙に達せんことを。我々の手と手が触れ合わんことを、皮膚をあいだに立ててではあれ、いずれにせよ我々の手と手が触れ合わんことを。自分に触れること、固有化されるものもなしに我を忘れて自己にじかに触れられること。それがエクリチュールだ。それが愛だ。それが意味だ。

意味とは触覚**である**。意味において「超越論的なもの」（ないし「存在論的なもの」）をなすのは触覚である。それは暗く不純な不可触の触覚であり、「蛇や魚のような、動物的で生き生きとし、静かで滑らかで輝いて滑走する」。これは両手であるにとどまらない。皮膚の表面だ。ここで、あるいはそこで自己反復する皮膚だ。テクストはこれについて何も言ってはいない。皮膚の省略をしたというわけだろう。しかしそれは、皮膚などというものはない、ということである。皮膚はつねに欠如し欠落しており、そのようにして皮膚は覆い、覆いを取り、差し出す。

意味が出来《しゅったい》する場には、つねに意味のゆるみがあり、つねに省略がある。意味とはエクリチュールの皮膚（へ）のパッションである。意味は皮膚にじかに、体に体を合わせて、捨て身で、たえず自らを書いている。（というわけで、デリダ「について」書く者は、意味やエクリチュール「について」書くデリダと異なりはしないし、あれやこれやについて書く任意の人物と異なるわけでもない。人はつねにだれか一**人の**人「について」書き、皮膚の個々の特異性について、掻き傷をつけられ入れ墨を彫られているが滑らかな滑走する一表面に付《つ》いて、ある羊皮紙に付《つ》いて、一つの声に付《つ》いて書く。それは皮膚的なエクリチュールであり、ぴんと張ったり穿孔されたり生《き》のままだったり演出されたりしている意味の皮膚のみせるさまざまな運動やよじれや変化を模倣する術であり、何も模倣せず、与えられているいかなる意味をも模倣しないエクリチュールの模倣術である。人はつねに、〈意味〉の至高で崇高な〈模倣〉に我を忘れ、〈意味〉の模倣不可能な〈文体〉に魅せられて書くのであり、人はつねに、気の触れた者の身振りや舞踏を模倣して、捨て身で書くのだ。）

この「失われた身体 corps perdu」がヘーゲルにおいてフランス語で書かれていることにデリダはある日気がついた（『余白』の冒頭を参照してもらいたい）。この失われた身体とは、エクリチュール（へ）のパッションのことである。エクリチュールはこの身体を失うより他はない。身体に触れるやいなや、エクリチュールは触覚そのものを失う。この身体を痕跡《あと》づけるやいなや、エクリチュールは身体を抹消する。とはいえ身体は、「物理的」な現前であれ「具体的」な現前であれ、現前の単純な外在性のなかで見失われるというわけではない。その反対であって、身体は、意味に充ちた現前や意味の充ちた現前のあらゆる様態（物質的様態・精神的様態を問わず）のために失われるのだ。エクリチュールが身体を失い、失った身体へと我を忘れて向かっていくのは、エクリチュールが自らの現前を、現前の一般的様態すべての彼方に記入するかぎりにおいてである。現前を記入するとは、現前を（再）現前化することでも現前を意味することでもない。それは、記入自体が引きこもる（記入自体が自らを**外記する** excrire）限界上ではじめて自らを現前化するものが到来し出来《しゅったい》し生起するがままにまかせる、ということである。

デリダは――デリダの名のもとで、この名の変《か》わりと渇《かわ》きのもとで――失われた身体の現前をたえず記入したことになる。彼が言語に攻撃を浴びせかけたのは、言語に何か新たな権力を立ち起こすためでも、意味の何か新たな布置を言語に立ち上げてやるためでもない。その反対に彼はつねに、失われた身体をあらゆる言語活動の限界上でかける——舞台に掛《か》けるとともに博打に賭《か》ける。この異質な身体が我々の奇妙さの本体なのだ。

だから、この身体は、エクリチュールの言説や形而上学の脱構築の言説に対してさえ失われている。それも、それが一つの言説（一つの哲学、一つの思考そのもの）だからだ。しかし、「エクリチュール」と言われている経験とは、言説のこの暴力的な汲み尽くしのことである。この汲み尽くしにおいて「あらゆる意味」が変《か》わり渇《かわ》くのだが、それがまた別の意味に変わったり、他なる意味一般といったものに変わったりするわけではない。それは、この外記された身体へと変わるのだ。この肉体が、意味の資力と意味の十全さのすべてをなすのだが、しかしこの肉体が意味の起源や目的だというわけではない——とはいえ、この外記された身体は、場であり、場の省略である。

この身体は物質的で特異なものである——これはまさにジャック・デリダの固有の身体でもある——が、特異な仕方で物質的である。この身体は「物質」のように指し示すことや現前化させることはできない。これは現前の贈り物である。この現前というのは、エクリチュールの不可避な引き戻しの現前であり、そこではこの現前は現前自体の省略でしかありえない。そこ、彼方では。

そこで、彼方で、「デリダ」自身の彼方で、にもかかわらずここで、彼の身体上で、彼のテクスト上で、哲学は物質的にうごめいたことになり、**我々の歴史**もうごめいたことになる。哲学は、いかなる可能な変形にも、すなわち存在論の変形にも超越論的なものの変形にももはや属さない何かを（たとえ言説がいわばこうした変形操作に規則的に結びつけられるとしても）記入／外記したということになる。哲学は、慎ましく力強く震える運動をみせてうごめいたことになる。その運動は、言語活動の限界上に現前する失われた身体の運動だ。この身体をなしているのは肉であり、さまざまな身振りであり、さまざまな力であり、さまざまな一撃であり、さまざまなパッションであり、さまざまな技術であり、さまざまな権力であり、さまざまな欲動である。この身体は可能的かつ現実的であり、経済的、政治的、官能的、美的である——しかし、この身体はこれらの意義のいずれであるわけでもない。この身体は、何の意味も**もち**はしない現前である。この身体は、それ自体が意味であり、意味の省略であり意味の到来である現前である。

デリダ「自身」——ないしその省略——とは、この身体に我を忘れて狂い、この身体の現前に狂い、つねに痕跡《あと》づけなおされた限界上で笑いと不安に狂う特異性である。この限界上に、デリダの固有の現前がたえず捨て身で到来する——その失われた身体は、到来しようとしているすべてのものと同様に、慎ましく力強く震えている。

二重化

ジョン・サリス

（東浩紀・高桑和巳訳）

ひとは（それゆえ）すでに始めていることができない。

というのも、それに先だって二重化がつねにすでに始められてしまっているからだ。そのうえ始めるとしても、それはつねに再二重化することであって——つまり、まったく始めないことだろう（あるいは、そうだったことが明らかになるだろう）。

ソクラテス、哲学の始まりのこの範例的人物に対してすら、このことは当てはまる。彼は（彼もまた）自分の努力を再二重化せざるをえず、ふたたび始めながら、「第二の横断 deuteros plous」から出発しながらでなければ始めることができない。死に直面して語られた彼の最後の言説は、言説への二重の回帰的依拠、[☆1]複数のロゴス logoi への依存を扱っている。その回帰的依拠はある舞台を描いている。形而上学の歴史が演じられることになる、あの舞台だ。というのもここで問題なのは、起源というめくらめく幻覚からの迂回だからだ。ソクラテスは「日蝕にさいして太陽を観察する者が陥る、この不運を警戒し」なければならなくなる。「というのも、この星の像 eikōn を水の中に見たり、あるいはこれに類似したしかじかの方法で見たりするのでなければ、視覚を失う者もいるだろうから。」それゆえ、それは複数の像への回帰的依拠だ。

☆1 このテクストで頻繁に用いられている語 turn はここでは「回帰的依拠 re-tour」と訳されている。フランス語の実詞 tour〔回りこみ、言い回し〕は、英語の turn の意味のうえでの戯れすべて（たとえば turn to〔……に立ち返る、依拠する〕）をカヴァーすることができないので、テクストの精神に可能なかぎりとどまるため、tour によるこの合成語（re-tour）を用いなければならなかった。（フランス語翻訳者による注）

しかしそれはまた、複数のロゴス logoi への回帰的依拠でもある。「私はこの危険のことを考えた。それから私は、諸事物 ta pragmata を目で見て、五感のそれぞれを通じてこれら諸事物との接触を図ると、魂が完全に盲いてしまうのではないか、と心配になった。そこで私は、複数のロゴスへと逃げこみ、その内に諸事物の真理を見てとらなければならない、と思った。[☆2]」『パイドン』におけるつづく（基礎づけ hypothesis としてのこの依存の結果を解釈する）言説は、『国家』の中心近くに置かれた言説がそうであるのと同じく、『パイドン』の軸をなす一節に結びついているが、その結びつきはより直接的だ。

それらの箇所は次のことを論証することを目指している。複数のロゴス logoi への依存は、起源への道を再二重化し、そのつど物自体 to prāgma auto[☆3] をエイドスとして措定し、そして諸原型《オリジナル》への漸進を（再）出発させる手段に他ならない、と。したがってそれはまさに、複数の像への単なる依存である。即座に理解されるように、哲学はこの回帰から始めようとするのだが、二重化がこの回帰そのものに取り憑いてしまう。その回帰は、起源への前進を可能にするという点では原初的であるが、**それとともに**――ギリシア語で hama と言うほうが適当かもしれないが――我々を複数の像へと向かわせるという点では後退的でもある。そして、それらの像を通じて――それらの像のなかでというのではないにしても――我々は、一種の二重幻覚の助けを借りなければ進むことができないわけだ。それゆえこの二重の回帰的依拠は、ひとを起源に導くとともに、また、複数のエイドス eidē と意味《センス》的事物とのあいだに差異の空間を開きもする。そのとき複数のエイドス eidē は、ある意味でのみ、意味自体のなかで、意味としての意味のな

☆2　プラトン『パイドン』99d-e.
☆3　プラトン『第七書簡』341c.

かでのみ、意味《センス》の諸事物を二重化するのであり、そうして意味の意味そのものを二重化することになる。

ニーチェ以降——プラトンがすでに、存在の彼方 epekeina tēs ousias を記入し、また言うまでもなくコーラ chōra を記入したとき以降、とは言わないまでも——、ひとはもはやこの二重化を統御し、限界画定的起源に送り返すことでそれを限界づけることができなくなった——つまり、そんなことはかつて一度もできたことがないことが明らかになった。というのも、真の世界が最終的に寓話になってしまえば、真の起源だけではなく（というか、真の起源はもはや真の起源ではないわけだが）意味の二重化そのものも漂流しはじめるからだ。エクリチュールの意味自体からして、ある意味では意味を二重化することであり、今やエクリチュールは、開けた海に漂うように、「真理の国」の彼岸、「自然によって一定不変の限界をめぐらされている島」の彼岸で、つまるところ「波たちさわぐ渺茫たる海」[☆4]を漂流する他はない。

あたかも、これもまた「第二の横断」であるかのようだ。しかし今度のほうが、二重化に対してよりさらされている。二重化の国のエクリチュール。

それは（また）、ミメーシスの一種の解放の——属格「の」の二重の意味で——エクリチュールを意味している。そのエクリチュールは、プラトンの諸テクストに記入されているようなたぐいの哲学と文学の関係の歴史をとりわけ支配してきたミメーシス解釈を越え出るものだ。いや、プラトン的解釈のなかでさえ、ミメーシス的二重化は、限界画定的記入に達しようとするいかなる努力をも裏切るメカニズムを含んでいるのであり、ここに含まれないのはたぶん、

☆4 Immanuel Kant, *Kritik der reinen Vernunft*, A235/B294-295.〔イマヌエル・カント『純粋理性批判』（上）篠田英雄訳、岩波文庫、一九六一年、三二九頁〕

そのメカニズムが解放するまさにその論理を（たとえばある種の対話のなかで）テクスト的にそれ自体二重化するものくらいだろう。最も単純に図式化すれば、このある種の「論理機械」——デリダは「二重のセッション」でそう呼んだ——は次のとおりである。ミメーシスは物自体の暴露を促すとともに妨げる。それは物自体に似ることによりこれを暴露するが、しかしその物自体を分身で置き換えることでこれを曇らせてもしまう。☆5『グラマトロジーについて』におけるソシュールについての議論の一つで、☆6デリダは前記と類縁関係にある別のメカニズムを縁取っている。その議論は、この二重読解の契機に属している。そこでは、テクスト自体に内在するある種の二重化の暴露が企てられる。その二重化によって、そこで明らかにされた形而上学的連携はある種の不安定化を蒙る。問題の連携は音声中心主義、すなわちエクリチュールのパロールへの従属だ。ソシュールによれば、この従属は表象としてのミメーシスの秩序の内部で保証される。「言語活動とエクリチュールは二つの区別される記号体系である。後者の**唯一の存在理由**は、前者を**表象すること**だ。☆7」エクリチュールはそれゆえ、広義での人間のパロール（言語活動）に、外部が内部に結びつくようにして結びついているわけである。エクリチュールは「内的体系に対し異質」☆8なものなのだから、それは言語学の領野から排除されねばならない。話される言語活動のみが、この科学の対象を構成する。このようにして言語学は厳密に限界画定されるだろう。「外的／内的、像／現実、表象／現前、こうしたものは、科学の領野を描き出す仕事に委ねられた古い枠組みである。☆9」というわけで、ソシュール言語学の、ある古い一連の形而上学的諸概念との連携も指摘される。この

☆5 デリダは述べている。「文字芸術の解釈のすべての歴史は、ミメーシスの概念により開かれた多様な論理的可能性の内部で、位置をずらされ、変形された。それらの可能性は、あまりに数が多く、逆説的でかつひとを当惑させるものなので、ある非常に豊かな組み合わせを解放してしまった。」デリダは一つの注を付け加える。それは、この論理を二つの可能的命題と六つの可能的帰結によって限界画定するものだ。そして結論する。「この図式は一種の論理機械を形成する。それは、プラトンの言説と伝統の諸言説のなかに記入されたすべての命題の原型《プロトタイプ》を、プログラムしている。」(Jacques Derrida, *La dissémination*, Paris, Seuil, 1972, p. 213.) ここで私が示唆している単純な図式は、次でも論じられている。John Sallis, *Delimitation : Phenomenology*

指摘のある種の二重化を産出するのは、エクリチュールを単に捨象してしまうことがソシュールにはできない、ということである。「それゆえ、エクリチュールは内的体系に対し異質なものではあるが、言語《ラング》をたえず形象化している過程を捨象しきることはできない。☆10」ひとは、たとえそれが外的存在であるにしても、エクリチュールを捨象することはできない。というのも、それは実際には単に外的なものなのではなく、話される言語活動をつねにすでに汚染し、内部を浸食し、話される言語活動に固有の役割を簒奪してしまっているからだ。ソシュールは、自然的関係のこの転倒を告発し、それを修復するため、パロールをエクリチュールの暴力的侵入から防護することを提案せざるをえない。とくに告発されるべきなのは、この簒奪行為である。エクリチュール（パロールの純粋な表象、あるいは像）はパロール（現前、現実、原型）とあまりにも緊密に結びついているので、転倒、あるいは倒錯が存在し、結局のところそこではパロールがエクリチュールの像だと思われるようになる。原的現実と像的表象とのあいだの厳密な区別の代わりに、原型と像との混合、ソシュールが危険な関係として告発する他のない混乱が生じる。危険、というのは、それが起源を起源自体から引き離すことで曖昧にしてしまうからだ。それゆえ次のようなメカニズムが帰結する。「もはや単なる起源は存在しない。というのも、反映されるものは、単にそれ自体への像の付加としてだけではなく、**それ自体において**二重化されるからだ。反射、像、分身は、それが再二重化するものを二重化する。思弁の起源はある差異になる。自己を見ることができるものは、一つではない。表象への起源の、あるいは像への事物の加算法則は、一たす一が少なくとも三だということだ。ところで、現実

and the End of Metaphysics, Bloomington, Indiana University Press, 1986, chap. 1.

☆6 J. Derrida, *De la grammatologie*, Paris, Minuit, 1967.〔『根源の彼方に』（上）足立和浩訳、現代思潮社、一九七二年〕Ferdinand de Saussure, *Cours de linguistique générale*, Paris, Payot, 1980.〔『一般言語学講義』小林英夫訳、岩波書店、一九七二年〕以下、*G*は前者を、*C*は後者を指すこととする。

☆7 *G*, p. 46.〔六八頁〕; *C*, p. 45.〔四〇頁〕強調デリダ。

☆8 *G*, p. 50.〔七三頁〕; *C*, p. 44.〔三九頁〕

☆9 *G*, p. 50.〔七三頁〕

☆10 *C*, p. 44.〔三九頁〕

の諸権利のなかに像を据える歴史的簒奪や理論的奇矯は、ある単なる起源を**忘却**することとして規定される。[☆11]」

分身が自分を二重化し、そうすることで、自分がその分身であるところのものを再二重化するというこのメカニズム——単なる起源を忘却することとして規定されているこの二重化の操作は、ソシュールによっても、破局ないしは怪物性としても規定されている。デリダは『一般言語学講義』の一節を引用する。「言語《ラング》はエクリチュールから独立している。[☆12]」そしてソシュールの声（の一つ）を真似ながら、デリダはつづける。「それが自然の真理だ。しかしまた自然は、ある転倒により——外部から——触発される。そしてその転倒は、自然をその内部において変容し、自然を非自然化し、また自然が自然自体から疎隔化することを強制するものだ。自然は自ら非自然化し、自ずと**自然自体から**疎隔化し、自然にその外部と内部とを受け入れる。それは**破局**、つまり自然を転倒させる自然的出来事であり、**怪物性**、つまり自然内部の自然な疎隔である。[☆13]」それゆえ、まさにミメーシスの秩序において、破局や怪物性がこのような二重化の論理そのものによって解放される。あるいはむしろ、破局的、怪物的なものとしてのみ現れることのできるものが解放される——ある種のミメーシス解釈、形而上学とその歴史を支配し、またそれにより支配されてきたミメーシスの**こうした**絶対的解釈の直中で。

破局的二重化としてのエクリチュール。怪物的二重化のエクリチュール——ここでもまた属格「の」の二重の意味において。

では、いったいどのようにしてまた新たに「第二の横断」を企図すればよいのか？　プラト

☆11　G, p. 55.〔七八—七九頁〕
☆12　C, p. 45.〔四一頁〕
☆13　G, p. 61.〔八五—八六頁〕

ンのテクストに（『パイドロス』の軸をなす言説に最も簡潔に）記入された回帰的依拠、それはいかにして怪物的二重化のエクリチュールのなかにふたたび記入されうるか？　疑いなく、さまざまな形而上学的記入を標記しなおすこと、それらのテクストを二重の標記、二重の読解と二重のエクリチュールに従わせることによってだ。☆14 それらの記入のなかでも、ある種の特権を享受する記入がある。それはむろんデリダのたどる道自体によって説明される特権だが、しかしまた本源的に限界画定された特権でもある。というのも、フッサールのテクストの読解に☆15 おいて、デリダが論証を企図するもの——少なくとも確認し始めようとしているもの——は、「そもそも現象学的批判の方途は、その歴史的成就において、またその起源の、単に復元されたにすぎない純粋さにおいて、形而上学的企てそのものである」☆16 ということだからだ。『声と現象』においてデリダが二重読解に従わせるものは、形而上学の開始の決定的な再記入、まさにその分身において原型《オリジナル》を復元するという再二重化である。というわけでデリダは、フッサールのテクストを奇妙な幾何学の手法、たとえばの話、それらのテクストをその真ん中で綴じあわせることを可能にするかも知れない、そんな方法で互いに関連づけることを提案しつつも、次のことを認めざるをえない。「古典的な哲学的建築術からすれば、〈声〉（と〈現象〉）が筆頭というわけでしょう。☆17」

　声は、デリダのテクストのかなめだ。声は、表現された意義が純粋な理念性において自己現前することを可能にするため、パロールに力を与え、表現に透明化し自己抹消する能力を付与するものとされる。それゆえ表現は単なる指示から差異化されているわけである。後者はつね

☆14 「二重の**標記**のこの構造［……］は、そのなかでこれらのテクストが互いに位置ずらしをしている、すべての領野に働きかけている。それゆえその構造は、そこで働きかけられてもいる。ある規則にしたがって、それぞれの概念は必然的に二つの類似した標記——同一性なき反復——を、脱構築されたシステムの内部で一つを、外部でもう一つを受け取る。その規則は、二重の読解と二重のエクリチュールに場〔理由〕を与える。」(J. Derrida, *La dissémination* (*op. cit.*), p. 10.)

☆15 とりわけ、J. Derrida, *La voix et le phénomène*, Paris, PUF, 1967.〔『声と現象』高橋允昭訳、理想社、一九七〇年〕; Edmund Husserl, *Logische Untersuchungen*, Tübingen, Max Niemeyer, 1968.〔『論理学研究』第二巻、立松弘孝他訳、みすず書房、一九

に、この純粋な透明性の球体の外部に止まりつづける。したがってフッサールは、パロールとエクリチュールとのあいだのアリストテレス的差異化とこの差異化との近しさのもつ限界の内側で、またエクリチュールの古典的概念を権威づけるわけだ。それはつまり、パロールの可視的－空間的二重化としてのエクリチュールだ。ソシュールよりドグマ的でないとしても、またたとえ最終的に『幾何学の起源』☆18でエクリチュールと理念性とのあいだの決定的（かつ破滅的）連関が暴かれるのだとしても。他方でフッサールは、意義の理念性を他のすべての経験的汚染から防護するとされる。彼は表現を感覚的経験から厳密に差異化し、それらを区分された二層として定義し、そしてまさに以上によって、いまやプラトン的な回帰的依拠を二重化せんとする二重化を統御しようと図る。

すべては、フッサールが『論理学研究』第一部第一章で遂行しようと試みた還元に依存する。ここで問題になるのは、指示の還元だ。記号の一般的概念から始めつつ――とはいえある意味では、いや、というかいくつもの意味でそれは始まりではないのだが――、フッサールの分析は一連の「本質的区別」を生成する。その区別によって、非本質的で単に指示的にすぎないものが、意義に満ちた記号の概念から、つまり表現から切り離される。表現はこの還元を通じて、その本質において縁取られる。その還元は、効果においては――あるいはむしろ、意図された効果においては――言語活動の形相的《エイドス》還元だ。

デリダの読解は、同時期のインタヴューでの言葉を借りれば「諸概念の構造化された系譜をより忠実な、より内的な仕方で考えること」☆19を試みつつ、フッサールのテクストを跡づけなお

七〇年〕以下、Vは前者を、Lは後者を指すものとする。

☆16 V, p. 3.〔一三頁〕

☆17 J. Derrida, *Positions*, Paris, Minuit, 1972, p. 13.〔『ポジシオン』高橋允昭訳、青土社、一九八一年（一九九二年）、一一頁〕

☆18 Cf. J. Derrida, «Introduction», in E. Husserl, *L'origine de la géométrie*, Paris, PUF, 1962, p. 83sq.〔「序説」、フッサール『幾何学の起源』田島節夫他訳、青土社、一九七六年、一三二頁以降〕

☆19 J. Derrida, *Positions* (*op. cit.*), p. 15.〔『ポジシオン』（前掲）、一四頁〕

す。しかし同時にその読解は、その諸概念のなかに暗黙に存在するものを表に出しつつ、フッサールのテクストを二重の標記に従わせる。そのためにこの読解は、テクストがそれ自体から分岐する地点、あるいは「家の中で自由に使用しうるような諸道具もしくは石つぶてを、この大建築めがけて☆20」用いることが可能な地点を強調する。『グラマトロジーについて』は、脱構築が企てようとしていることについて、より正確でニュアンスに富む言明を提出している。「閉域の内部において、斜《はす》でつねに危うい運動によって、自分が脱構築するものの手前にふたたび落ちこむ危険をたえず冒しつつ、次のことがおこなわれねばならないのだ。すなわち、これこれの慎重かつ綿密な言説の批判的諸概念を取り囲むこと、それら諸概念の有効性の諸条件、場、諸限界を標記すること、脱構成を可能にする機械にそれら諸概念自体が所属しているということを厳密に示すこと、そして同時に、閉域外の微光をいまだ名づけえぬままに垣間見せている断層を示すこと。☆21」

　ここで、指示のフッサール的還元をデリダが脱構築的に二重化するその読解の流れを（ごく短くではあるが）思い起こしておこう。

　還元の第一段階は意義記号と指示記号とのあいだ、表現と指示とのあいだの区別に呼応する。フッサールは、意義記号が通常は指示記号に結ばれている（混ざりあいもつれあっている verflochten）ことを認める。あるいはむしろ、その差異はただちに実質的なというより機能的なものであることが明らかになるので、☆22 ほとんどの記号は両方の仕方で機能し、またほとんどの記号においてその二機能は混ざりあっているということが明らかになる。にもかかわらずフッ

☆20　J. Derrida, *Marges*, Paris, Minuit, 1972, p. 162.〔「人間の目的＝終末」高橋允昭訳、『現代思想』九月号、一九七九年、三一六頁〕
☆21　*G*, p. 25.〔三六頁〕
☆22　*V*, p. 20.〔四〇頁〕

サールは、意義記号の指示機能へのこのもつれ Verflechtung は本質的なものではない、と強調する。孤独な心的生活において im einsamen Seelenleben は、意義記号は何ものも指示せずに機能する。主にこの区別によって、フッサールが言語的記号（言説 Rede）と非言語的記号との差異を標記しようとしていることは、明らかだ。しかしデリダの読解が強調するように、この区別をフッサールが展開させるにつれ、その境界は区別の意味自体が変化してしまうくらいにまでずれていく。そのずれは、言説のしかじかの面を指示の側に、たとえば「伝達的意図なしに言葉《パロール》に自ずとともなう表情・身振り」[☆23]に貶めるフッサールの論述ではとりわけ明白だ。表現の圏域からのこれらの側面の排除は、ある程度は、それらが〈意味しようとする志向〉との融合を欠いていることで規定されている。フッサールにとって最も決定的に思われているのは、それらの非意志的特徴であり、志向の欠如なのだ。じつのところ、賦活的かつ意志的である志向の外側に落ちこむものはすべて、フッサールによって表現の圏域から排除されている。デリダはこの排除の拡がりを標記する。それは「表情、身振り、身体と世界的記入の総体、要するにいわゆる可視的なものおよび空間的なものの総体」を含む。事実、「可視性・空間性は、可視性・空間性としては、言表を開く、意志と精神的賦活という自己現前を失うしかないだろう。[☆24]」明らかに、それゆえ、問題はもはや言語的なものと非言語的なものの区別ではなく、言語活動内部の区別なのだ。「これらすべての理由のために、私たちには非言語的記号と言語的記号とのあいだの区別のように指標と表現とを区別する権利はない。フッサールの痕づける境界は言語と非言語とのあいだにあるのではなく、言語活動一般のなかで、明白なものと非明白なものとの

☆23　*L*, Bd. II, 1, S. 31.〔四一頁〕
☆24　*V*, p. 37.〔六八—六九頁〕

あいだに（それらのすべての共示とともに）ある。[☆25]」その区別は、言語活動において、意志的で透明で自己現前するものと、非意志的で外部的で自己現前しないものとのあいだで作用する。それはすなわち、純粋で精神的な志向、精神 Geist による純粋な賦活と、可視性と空間性を含む、言説の諸側面、いわば言説の身体的諸側面とのあいだの区別である。

このようにして、指示の還元は、意志的で志向的で自己現前的な生 Leben への言語の同化を作動させる。それは言語活動の本質を精神的なものの側に据え、精神 Geist の城に閉じこめ、外部からのあらゆる侵入から防護する。にもかかわらず、フッサールのテクストにおいて生 Leben と精神 Geist はともに依然として問題のあるものである。

還元の第二段階は、指示の最もありふれた機能としてフッサールが限界画定するものに関するものである。この機能、表明機能 Kundgebende Funktion あるいは単に表明 Kundgabe（デリダは **manifestation** と訳す）は、とてもありふれたものであり、あらゆる伝達的言説に混ざりあっている。この機能が、聞き手に対して、話し手の「思考」を指示する役に立つわけである。言い換えればフッサールの定式化においては、この表明は、「話し手の意味付与的な心的経験」を表し、「かつ伝達的志向に属する他のあらゆる心的経験をも表す。[☆26]」フッサールにとって、この表明機能を、〈言わんとする〉という機能から区別することは非常に重要だ。還元の第二段階の作動させる区別はまさにこの区別だ、というわけである。

表明へのこの回帰は、還元が単に可視的・空間的秩序に属するものの排除という問題ではないことを示すものだ。デリダは代わりに、その還元を実際に規定するものを同定する。「ひと

☆25　V, p.39.〔七一頁〕
☆26　L, Bd. II, 1, S. 33.〔四四頁〕

はここで指示の根に近づく。意味付与行為、賦活的志向、言わんとすることの生ける精神性が充分に現前していないときには、つねに指示が存在する。[☆27]」表情や身振りに欠けているのは、まさにそのような十全な現前性だ。それらは外部性の、非現前の要因を保っている。この欠如は他人の言わんとすることの場合に最も根源的である。他者の生きた経験は、根源的に非現前である。デリダは結論する。「現前の概念がこの論証の要だ。伝達あるいは表明 Kundgabe が本質上指示的であるのは、他人の体験の現前が私たちの原初的直観に対し拒まれているからだ。シニフィエの直接的かつ十全な現前が奪われたときにはそのたびに、シニフィアンが指示的本性のものになるだろう。［……］あらゆる言説は、というかむしろ、言説において、意味された内容の直接的現前性を復元しないあらゆる言表は、すべて非表現的である。[☆28]」

還元を規定するものは、現前に与えられたこの特権だ。言説における、意味された内容を現前化しないあらゆる契機、自己現前的志向に還元不可能なあらゆる契機は、非表現的であり、したがって指示的なものなのだ。

表現の全一性、表現と指示との本質的差異を維持するためには、孤独な心的生活における言説がいかなる表明からも離れてある純粋なものであることをフッサールが論証することが、絶対的に必要だ。この点において、彼の最も決定的な議論は次のようなものである。「独り言において語は、心的諸行為の実存の指標という機能の点で私たちに役立つのではない。何故ならそういう指示はいかなる目的ももたないであろうから。事実、問題の諸行為は、その同じ瞬間に im selben Augenblick 私たち自身により体験されている。[☆29]」孤独な心的生活における言説において

☆27　V, p. 41.〔七五頁〕
☆28　V, p. 43.〔七八頁〕
☆29　L, Bd. II, 1, S. 3637.〔四七頁〕V, p. 54〔九四―九五頁〕に引用されている。

表明されるものがいかなるものとして想定されようと、それは実際には、まさにその瞬間、同じ瞬間に生きられている。それゆえ表明は余分なもの、つまりまったく目的を欠いたもの ganz zwecklos というわけだ。その瞬間の内部には、表明により媒介されるべき差異はまったく存在しない。瞬間 Augenblick の内部には、指示機能により橋渡しされるべきいかなる他性もないのだ。「自己現前の現在は、**一つの瞬き**と同様に分割不可能というわけだ。☆30」

フッサールはまた、分節化された音声複合体と、それに加えてもちろん書かれた記号とを排除しないわけにはいかない。というのも、彼は感覚可能な記号と、表現を単なる音声以上のものにする諸行為、それによって何かが意味される諸行為とを区別するからだ。これが還元の第三段階である。ここでもまた、孤独な心的生活におけるパロールへの言及が決定的な役割を果たす。というのも、独り言においては、感覚可能な記号それ自体はある種の還元を受けるからだ。つまりそこでは、ひとは自分自身に**沈黙して**話す。とはいえ、語が完全に消滅するというわけではない。語が全面的に欠けているような表現は構想しにくいだろう。フッサールの論証は、非常に古くからある対立を、いかなる審議にかけることもせずに、作用させている。「我々の想像において、話された語記号あるいは印刷された語記号が喚起される——実際にはそれはまったく存在していないにもかかわらず。☆31」このようにして感覚可能な記号は還元される。まずその記号は、単に想像された場合には自己現前的志向に割り振られ、声に出される場合には指示に割り当てられる。純粋な表現を、十全な意義の本質それ自体として規定しようとする自分の意図にもかかわらず、フッサールの分析は語のはかない像、言葉の想像的分身だけ

☆30 *V*, p. 66.〔一一頁〕
☆31 *L*, Bd. II, 1, S. 36.〔四六頁〕

は手つかずのまま残しておく。そしてその原型《オリジナル》（現実の記号とでも呼びうるもの）の位置を指示の側、つまり外側へとずらしてしまう。このようにして原型《オリジナル》は、起源《オリジン》の領域そのものとされている領域の外側に据えられる。「というのも、指示記号と表現記号との冒頭の区別にもかかわらず、フッサールにとって指標だけが本当の記号であることはますます明らかだからだ。」[32]

脱構築的二重化は、一方で、フッサールのテクストを内部から跡づけなおし、その諸概念の構造化された系譜を思考するものだ。それにあたっては、本質的諸区別なるものの産出が、実際は言語活動の形相的《エイドス》還元、現前の特権によって支配された還元だということを示す、という方法がとられる。他方で、脱構築的二重化は、言語活動がそこに還元されるところの純粋表現なるものがあったところで、それは、すべての現実的記号が消え去っているような沈黙した独り言でしかないであろうことを強調する。それゆえフッサール的還元の結果というのは、最終的には、記号を抑圧することだ。つまりそれは、すべての記号作用に対し本質的に先行するとされる、自己現前の領域への、記号の形而上学的従属を再二重化するものである。

ここでひとは、フッサールの企図のなかに、形而上学的企図一般の再記入だけでなく、とりわけ、形而上学の始まりを標記する回帰の再二重化を描きだし始めることができる。というのも、すべての記号操作に先立っている純粋表現の領域への還元において、フッサールは実際には複数のロゴス logoi への回帰的依拠を遂行していたかもしれないからだ。複数のロゴス logoi は、始まりにおいてと同様、起源への前進を再二重化するのに役立つわけだ。ここでの問題は、こ

☆32　V, p. 46.〔八二頁〕

の領域が前言語的純粋性に無傷のままとどまりうるかどうかだ。あるいは、その回帰的依拠――ロゴス中心主義のこの契機――が意義作用に再転用されることがないかどうかだ。意義 Bedeutung は漂流しつつも、完全に自由というわけではない。脱構築によってそのような転用は、エクリチュールへの、もはやパロールの単なる像ではなくむしろその怪物的分身であるようなエクリチュールへの回帰的依拠として扱われる。

しかし、第二の横断 deuteros plous とは複数のロゴス logoi への回帰的依拠であるだけでなく、また意義と意味とを調和させる二重化、意味の意味の二重化でもある。そのフッサール的再記入において、この二重化は表現（指示から隔てられて純粋化されたもの）と意味（経験）とのあいだの並行性として現れる。純粋な表現への意義の還元に、フッサールは第二の還元を加える。すなわち今度は、意味、あるいは知覚の前表現的層をただ反映するだけの非産出的媒体へと、純粋表現が還元されるのだ。デリダの読解の目的は、この還元を可能にする条件を標記することだ。その条件が、表現を前表現的層の単なる反映と見なすこと、あるいは、理念性の次元における感覚的経験の層の単なる二重化と見なすことを可能にしている。そのような二重化は次のことを要請する。表現は、それ固有の水準において、意味の前表現的水準の特徴とされている現前および自己現前を再創造せねばならない。「表現という媒体は意味の**現前**を、まなざしの手の届く**対象の〈前にある存在〉としてと同時に、内面における〈自己への近さ〉としても**、保護し、尊重し、復元しなければならない。☆33」現前のそのような復元を可能にするものは、表現と声との本質的連関なのだ。現前をまもり、理念的意義を直接に現前的なものにする

☆33　*V*, p. 83.〔一四一頁〕

のは、声である。

「この直接的現前性は、シニフィアンの現象学的「身体」が、それが産出されたまさにその契機に抹消されるように思われるということから生じている。シニフィアンは、もうすでに理念性の境位に属するように思われる。それは現象学的に自己を還元し、その身体の世界的不透明性を純粋な透明性に変形する。感覚可能な体と身体の外在性のそのような抹消は、**意識にとっては**、シニフィエの直接的現前の形式そのものなのだ。☆34」

声においては、意味されるものの現前のため、シニフィアンは自らを抹消する。この抹消は、シニフィアンがけっして本当には自己現前を逃れないからこそ、声においては自己現前が保存されているからこそ、可能になる。「私が話すとき、私が話す時間に私が自分を聞いているということは、この操作の現象学的本質に属している。☆35」

繰り返そう。沈黙した独り言における指示の無目的性においてと同じく、ここでは時間秩序におけるある種の自己符合、つまり、ひとが自己外面化するとされるその瞬間の統一性そのものにおいてひとを自分自身に立ち返らせる、ある同時性が問題なのだ。瞬間の統一性が二つの還元を可能にしているため、それはまた、ソクラテス的回帰のフッサール的再記入を規定するものでもある。

それゆえある意味では――意味の二重化と意味の意味の二重化において――、フッサールの企図は時間の問いのうえで座礁する。そしてそこで、二重化に対してより開放的にさらされているもう一つの第二の横断 deuteros plous、二重化の国のエクリチュールを誘発するのだ。実際、

☆34 V, p.86.〔一四六頁〕
☆35 V, p.87.〔一四七頁〕

時間のフッサール的分析においてデリダが標記するもの、分析を分析自体に刃向かわせるような仕方で、その分析の古典的方向づけに抗するものとして標記しているもの、それはまさに、瞬間の統一性を断裂させる二重化だ。現在の現前は、一つの単なる起源なのではなく、むしろ現前と非現前との混合の産物、あるいは印象と過去把持との混合の産物であることがわかる。すなわち、瞬間の構成それ自体が、現在の今における先行する複数の今の二重化〈過去把持〉として、また、理念性における今それ自体の、現前の理念的形式としての今の二重化として生起する。この二重の二重化において時間が構成され産出されるのであるが、この二重の二重化（デリダはそれを差延と呼ぶことになる）は、それゆえ現在よりも原初的なものなのだ。それは「もし私たちが「原初的」という言いかたを矛盾なく保持でき、かつ即座に抹消できるのなら、現象学的原初性よりもさらに「原初的」なものだ、と言える。[☆36]」それはつねにすでに瞬間のなかに他性を導入し、〈同じ瞬間に〉im selben Augenblick と、この統一性のうえに立てられているとされている指示／表現／意味の並行性とのあいだの連関を断ってしまっているだろう。時間が始まるとき、すでに怪物的二重化は始まってしまっている。そして、ソクラテス的回帰が標記した意味の二重化が制御できると確信しうるのは、ただこのような破局を抑圧することによってのみだ。脱構築は洞窟から怪物を解放し、二重化の国で書き始めようとしている。

（アメリカ語からフランス語への翻訳：フランソワズ・バレ）

☆36　V, p. 75.〔一一六頁〕

歪んだ記憶

ベルナール・スティグレール
（荒原邦博・荒原由紀子訳）

「［……］このような姿見《プシシェ》は自らの軸の周りを旋回しているようだ。［……］ここで問題なのは、鏡について思弁することであり、またナルシシズムと平然と呼ばれているものの我々を困惑させる論理について、思弁することである。」

「プシシェ」

「プシシェ　他者の発明」が思弁しているナルシシズムの論理は、『明るい部屋』――『ポエティック』誌に初出ののち、『プシシェ』に収録された「ロラン・バルトの複数の死（者）」という、追悼文として書かれたバルト読解のなかで、ジャック・デリダが『エクリチュールのゼロ度』とともに特権化している書物――のテーマをも形作っている。『プシシェ』は、デリダの――あるとすれば「第二期」に属する――最近の著作である。

写真に向けられた眼差しのなかに、ある種のナルシシズムの論理を作動させている一冊の書物をめぐるこの思弁には、『視線の権利』――写真の賭け＝作用＝ゲームについての、あるいはそのなかでのテクスト、「他者の発明」において『プシシェ』の冒頭を飾っていたフランシス・ポンジュの『寓話』によって閉じられている光書記法《フォトグラメール》——がこだましている。

ここで問題となるのは、このプシシェの記述から出発し、「最初のデリダ」（ありうべき彼の「第一期」）ではないにしても、少なくとも最初の諸問題、あるいはむしろデリダの全コーパスを貫いて永続する、あるひとつの問題の最初の諸定式へと遡ることであろう。問題となるのは、デリダ自身によって執拗におこなわれている写真についての（光についての）考察から出発し——エクリチュールの問題が、現在幾人かの古代ギリシアの歴史研究家たちの関心を惹起しているという事実がとりわけそれを要請するのであるが——エクリチュールの問題をめぐる論議を、新規に再開することであろう。

それに加え、いかに新しいものであれ、エクリチュールについてのあらゆる考察は、ナルシシズムの一論理である代補の論理を問わずにすませることはできないということを、明らかにしたいと思う。

『明るい部屋』について、ジャック・デリダはこう書いている。

ベンヤミンのエッセイとバルトの最後の書物は、技術の近代性におけるいわゆる〈指向対象〉の問題についての、ありうべき二つの主要なテクストであろう。[☆1]

バルトが展開している、レアリスムとはいかなる関係もない〈指向対象〉のテーマ系は、写

☆1 Jacques Derrida, «Les morts de Roland Barthes», in *Psyché : Inventions de l'autre*, Paris, Galilée, 1987, p. 277.〔「ロラン・バルトの複数の死（者）」千葉文夫訳、『GS』第一号、一九八四年、三六九頁〕

真のノエマを構成する過去と現実とのあいだのある種の関係、つまり、死への関係、先取り、未来としての過去－現在の独特の関係を、提示している。「写真の近代的な可能性は〔……〕、同一の系のなかで、死と指向対象を結合させることにある。[☆2]」写真は「そのイメージの、またそのイメージという現象の構造自体のなかに、「死者の回帰」を含意する。[☆3]」

〈写真〉の明証を見いださなければならなかった。その明証とは、写真を眺める者ならば誰にでも見てとれるものであり、しかも彼の目から見て、写真を他のあらゆるイメージから区別するものである。

これがバルトが『明るい部屋』で着手した現象学の目的である。したがって、写真の**志向性**、それは写真に撮られたものが**かつてあった**という**確実性**としての〈指向作用〉なのである。

私が「写真の指向対象」と呼ぶものは、あるイメージまたはある記号によって指し示されるものであるが、それは現実のもので**あってもなくてもよい**というわけではなく、**必ず**現実のものでなければならない。それは対物レンズの前に置かれていたものであって、これがなければ写真は存在しないであろう。絵画の場合は、実際に見たことがなくても、現実をよそおうことができる。[☆4]

☆2 *Ibid.*, p. 291.〔同書、三八〇頁〕
☆3 *Ibid.*, p. 292.〔同書、三八一頁〕
☆4 Roland Barthes, *La chambre claire*, Paris, Gallimard-Seuil, 1980, p. 120.〔『明るい部屋』花輪光訳、みすず書房、一九八五年、九三頁〕

ディスクールが、あらゆる一般化の可能性でもある、自らが虚構であるという可能性をつねに準備し、携えていくのに対し、「写真の場合は、事物がかつてそこにあったということを私はけっして否定できない。そこには、現実のものでありかつ過去のものである、という切り離せない二重の措定がある。[☆5]」この**結合**は、**光《フォト》－書記《グラフィ》の確実性**の原理それ自体である。写真の志向性が構成されるのは、写真の本質であるこのような**照準**のなかにおいてであり、したがって還元すれば、写真のノエマは「〈それはかつてあった〉、あるいは〈手に負えないもの〉である[☆6]」と言うことができるだろう。

過去と現実の結合である写真の指向対象は、つねに〈ある特定のもの〉tel であり、**述部形成のなかにしか現れない主語である**――ベンヤミンの言葉で言えば、それは「ここと今と偶然との小さな火花[☆7]」がそのなかに蓄えられうるような効果である。述部形成とは一つの**奇蹟**であり、一度かぎりしか生起しなかったことの同一的反復の**奇蹟**である。**光《フォト》－書記《グラフィ》された**独特のもの、瞬間、特異なものは、永久に消失していると同時に、いつまでも**とどまるだろう**し、たえず**再来するだろう**―― **nevermore, always**〔二度となく、つねにある〕。このうえなく逆説的な、特異なものと偶発的なものの反復、死者の回帰と同様にありそうもなく、ア・プリオリに不可能な反復。

この瞬間が再来することは**ありうべくもない**。

この〈ある特定のもの〉は、**反復であるかぎりにおいて**、ひとつの**客観性**、光《フォト》－書記《グラフィ》の対物

☆5 *Ibid.*, p. 120.〔同書、九三―九四頁〕
☆6 *Ibid.*〔同書、九四頁〕
☆7 Walter Benjamin, «Petite histoire de la photographie», in *Essais 1* (Maurice de Gandillac, trad.), Paris, Gonthier-Denoël, 1971, p. 153.〔「写真小史」久保哲司訳、『ベンヤミン・コレクション2』ちくま学芸文庫、一九九五年、五五八頁〕

レンズの客観性を意味する。写真の客観性は、記録（光で書かれたもの《フォトグラム》はひとつの痕跡、記載、記憶化である）と「指向対象」との関係として構成される。この関係においては、バルトが言うように、指向対象は自らの痕跡に「付着」する。その結果様式化は、一般化と同様に、写真から排除される。この付着の**機械的**な関係（そしてまさにこの意味において**正確さ**の関係）は、〈現実的なもの〉の諸瞬間を、それらが〈ある特定のものであること〉talitéのなかに同定し、「〈現実的なもの〉の、あくことを知らぬ表現」☆8として〈ある特定のもの〉は同定される。

写真機は複数の技術を動員し、これらを補完的でありながらもはっきりと区別される二つの装置へと結集させる。一方では、対物レンズとシャッターという、光学器械および時計器械のシステム、そして他方では、対物レンズの対象がそこに現像〔啓示〕される化学的な支持体がある。現像された感光フィルム上での、化学反応による啓示〔現像〕としてのスペクトルムは、これら二つの技術システムのあいだの、そしてまたオペラトールとスペクタトールの視線という二つの視線のあいだの出会いであり、界面である。

ここで本質的なのは、スペクトルムが**遅ればせに**、**事後的に**しか現像〔啓示〕されないということである。対物レンズによる対象の把握の瞬間と、スペクトルム上に客観的に捉えられた瞬間によってスペクタトールが被る触発とのあいだの関係は、この瞬間の**遅延**、この瞬間の構想不可能な反復である**遅延**、「対象の化学的啓示〔現像〕（私は光明〔光線〕を**遅ればせに**受け取

☆8 R. Barthes, *La chambre claire (op. cit.)*, p. 15.〔『明るい部屋』（前掲）、九頁〕

るのである)」[☆9]として現れる。このような遅れのなかでこそ、写真のノエマ、〈それはかつてあった〉は構成され、このノエマは、

ある科学的事由（銀ハロゲン化合物の感光性の発見）によって、さまざまな明暗をもつ対象から発した光を直接とらえ固定することが可能になり、そのとき初めて［……］存在しえた。

「直接」、つまり遅れなしに、化学反応時間によって幾分緩和されてはいるが、光速で——この関係はポーズの時間、あるいはその精確さが時計に匹敵するような、シャッターを切る速度を許容する。

写真とは文字どおり指向対象から発出したものである。そこに存在した現実の物体から、放射物が発せられ、それが今ここにいる私に触れにやってくるのだ。伝達の時間的持続は大して問題ではない。消滅してしまった存在の写真は、あたかもある星から遅れてやってくる光のように、私に触れにやってくるのだ。写真に撮られたものの肉体と私の視線とは、へその緒のようなもので結ばれている。光は触知できないものであるが、写真の場合、光はまさしく肉体的媒質であり、一種の皮膚であって、私は写真に撮られた男や女とそれを共有するのである。[☆10]

☆9　*Ibid.*, p. 24.〔同書、一七頁〕
☆10　*Ibid.*, p. 126.〔同書、九九—一〇〇頁〕

かつて存在したものがその直接的な放射（その輝き）によって実際に触れた写真の表面に、こんどは私の視線が触れにいくのだ。[☆11]

写真における見ることとは、本質からして、ふたたび見ることとである。そこでは、遅れが根源的である。過去は、かつてそうであったあの現在として、全的に、消失なく、それでいて単なる残滓として、つまり発出・霊気・亡霊として再来する。それはたとえ**私の**過去ではありえないにせよ、私にとって現前する過去であり、つまり私が経験しなかったあるひとつの過去で**ありうる**。無限に隔たったある過去の闇から発出した、天体の光線。光《フォト》―書記《グラフィ》された光線は、私の現在を、私が知ることのなかった、匿名の、しかしあたかも時間の母性であるかのように馴染み深い過去へと、結びつける。光は、偶然に産出され、私の現在のなかに再産出される瞬間がそこで受胎された、時間の闇のなかの肉体的な環境なのである。このようなことは、対象のポーズの瞬間と、このポーズがいったいなんであるのかが把握される瞬間とのあいだの時間的同一性――シャッターを切る時間と、銀塩の化学反応の時間とのあいだの適合なくしては、不可能である。この適合はまた、**過去の瞬間**を、視線の**現在**のなかへと転嫁すること、ただし遅れとして転嫁することを可能にする。過去の転嫁とはすなわち、その**移行**のことである。

〈写真〉の本性の基礎をなすもの、それはポーズである。そのポーズの物理的な持続は大

☆11　*Ibid.*, p. 127.〔同書、一〇〇頁〕

して問題ではない。一秒の百万分の一の時間〔……〕であっても、ポーズは必ず存在したのだ。というのも、ここでポーズというのは、撮影対象の姿勢のことでも、〈オペラトール〉の技術〔露出《ポーズ》〕のことでもなく、写真を読み取ろうとする「志向」を表す名辞のことだからである。一枚の写真を眺めるとき私は、私の視線のうちに、宿命的にある瞬間についての思考を含めてしまう。**その瞬間には、どれほど短いあいだであっても、ある現実のものが目の前でじっと動かずにいた。**私は写真の現在の不動状態を過去の撮影の瞬間に転嫁するのであって、ポーズを構成するのはまさにそうした留め置きである。[☆12]

この転嫁が可能なのは、把握の瞬間が、把握される**もの**の瞬間と一**致**するからである。二つの審級のこうした**共-起**〔一致〕のなかでこそ、過去と現実の**結合**の可能性は打ち立てられるのだし、そこでは今度はスペクタトールの現在が、スペクトルムの出現と一致する。ところで、この結合は過去、避けようもなく失われた過去から現実的なものを抜き取ることであり、この抜き取りはまた、「あたかもある星から遅れてやってくる光のように」受け取られた発出でもあるのだ。写真における見ることのなかでは、過去は**自らを現前する**（これが〈現実的なもの〉の意味するところであり、ここでは〈現実的なもの〉は存在というよりは、むしろ時間にかかわる述語である）——ただし、過去は**遅れて**しか自らをそこに現前しえない。このような見ることは、ふたたび見ることでしかありえない。しかし、だからといってふたたび逢えるというわけではない。それは永遠の別れなのだ。

☆12 *Ibid.*, p. 122.〔同書、九五―九六頁〕

スペクトルム（光《フォト》－書記《グラフィ》の出現の支持体であるばかりでなく、現象それ自体でもある――**両者を区別することは、まさに不可能だ**）は、亡霊《スペクトル》つまり死者の回帰と、スペクタクルつまり鏡像性とを、同時に表している。バルトはここで（『明るい部屋』全体をさまざまな形で貫いている）〈歴史＝物語〉のテーマ系を、写真的ナルシシズムにかかわる問いとして導入する。写真のスペクトルムは鏡であり、バルトによれば、この鏡はスペクタトールが自らを映す数々の視線、幻影、表面の歴史の終点に位置づけなくてはならない鏡である。**この**鏡のなかでは、鏡としての〈歴史＝物語〉そのものが、割れてしまうことになるだろう☆13。

歴史が構成されるのはいかなる鏡においてか？　視線の歴史とは何か、この歴史の諸段階とはどんな段階か、最初の鏡とはどんな鏡か？　視線が写真のなかで自らを見つめるとき、視線に到達するのはいかなる歴史か？　これらの問いは巨大である。何よりもまず肝要なのは、絵画、詩篇、物語、エクリチュール、写真、映画、ビデオ、テレビ等のイメージの技術である**反射**の総体を通して、これらの問いを自己のイメージ、イマーゴの構成の問題として引き受けることであり――またこのような視線の「主体」の同一化と解体の様態について言及することである。写真とともに、新たな解体－同一化が配置され――新たな脱自 extasis、伸張 distensio、時間性、すなわちもうひとつの死の経験が配置される。

ナルシシズムに関するこのテーゼが我々に告げるのは、鏡像段階――その乗り越え（あるいは免除）が、つねに本質的に遅延している鏡像段階――の機器装置、鏡像段階の実際的かつ道

☆13　バルトは『明るい部屋』において、この仮説を検討している。私は以下の論文で、この可能性を探求した。Bernard Stiegler, «Une insensible incertitude», in *Cahiers de Fontenay*, n°s 51-52, «Des droits et des faits», Fontenay-aux-Roses, 1988, pp. 143-164.

具的な具体化が存在していることであり、自己が自らをそこで見、あるいは再見する装置、「我々にとって」自己を「即自的に、また対自的に」構成する装置が存在していることである。

対物レンズによって把握された写真の主体は、そこで魂を抜かれる。つまり客体化され、もの化される。主体はそこで幽霊のごときものとなる。死が目に見えるものとなるのは、何よりもまずポーズの事後性、遅れた、あまりにも遅れた事後性のなかで主体が光《フォト》－書記《グラフィ》された自己を再見するという、模範的な経験においてのことである。私を写真として見ること、それは必然的に私を再見することであり、遠－隔化Ent-fernung**のなかで**私を見ることである。**この遠－隔化はまさに過去と未来のあいだに差異を打ち立て、**時間の経過と自己への接近を可能にし、この遠－隔化なくしては、私が**私を**見るということは、けっして起こりえないだろう。つねにすでに遅れてくるこの鏡像性は、**ここ、**つまり光《フォト》で－書かれ《グラム》たものとしての私のなかに、死んだ私を私に見せる。

光《フォト》－書記《グラフィ》の遅延は、私と私の終わりとのあいだに比類のない関係があることを告げ、特異な形で私を時間化する。写真における〈終わりへとかかわる存在〉は、独特である。バルトは、彼の探求の多くの挿話のなかで、この関係について言及している。だが、写真による時間の脱自の特異性が端的に示されるのは、ルイス・ペインの肖像写真の前でのことである。

一八六五年、若いルイス・ペインは、アメリカの国務長官W・H・シューアードの暗殺を企てた。アレクサンダー・ガードナーが独房の中の彼を撮影した。彼は絞首刑になろうとしている。この写真は美しい。この青年もまた美しい。ストゥディウムはそこにある。しかしプンクトゥムはと言えば、それは、**彼が死のうとしている**、ということである。私はこの写真から、**それはそうなるだろう**という未来と、**それはかつてあった**という過去を同時に読み取る。私は死が賭けられている前未来を恐怖をこめて見まもる。この写真はポーズの絶対的な過去（不定過去《アオリスト》）を示すことによって、未来の死を私に告げているのだ。私の心を突き刺すのは、この過去と未来の等価関係の発見である。少女だった母の写真を見て、私はこう思う。母はこれから死のうとしている、と。私はウィニコットの精神病者のように、**すでに起こってしまっている破局**に戦慄する。被写体がすでに死んでいてもいなくても、写真はすべてそうした破局である。[☆14]

あらゆる写真はこの破局であり、あらゆるナルシシズムはひとつの死学であるが、写真におけるナルシシズムは独特である。それは終わりへの別の関係、別の時間の端緒を開く。

時間と死とが問題であるときにはつねに、写真機が見るための**時計**であることが明らかになる。この**見るための**時計、あるいはむしろ**ふたたび見るための**時計は、鏡でもあるイメージを産出する。私のイマーゴのこれらの支持体、界面、表面は、スペクトラ、つまり遅延しつつ光を発するイメージであるかぎりにおいて、**遅れを伴った鏡**なのである。

ハイデガー[☆15]においてと同様に、時計器械（何か、時間を**測定する**技術装置）は、我々を他処

☆14 R. Barthes, *La chambre claire* (*op. cit.*), p. 148.〔『明るい部屋』（前掲）、一一八—一一九頁〕
☆15 とくに以下を参照。Martin Heidegger, «Le concept de temps» (Michel Haar & Marc B. de Launay, trad.), in *L'Herne*, «Martin Heidegger», Paris, 1983 (Paris, Livre de Poche, 1986), pp. 33-54.

（誰か、終わり）へと**送付する**。しかしバルトにとっては、機器装置は偶有的ではない。というのも、現象、すなわち時間がそこで構成されるからだ。あるいはむしろ、時間的なものは偶有的にしかありえない。時間は技術性のなかで、あるいは技術性のように構成されるのだし、また技術性は原初的な偶有性として構成される。ハイデガーによって入念に作り上げられた時間の問題においては、〈すでにそこにある〉の記憶、私のものではない過去、したがって本質的につくりものでありうる過去の記憶がつねに、そして一義的に問題化されるという点からすれば、記憶とは**必然的に技術によるもの**なのであるが、この記憶への**到達**は、存在論的分析によって**通俗化**されている。「現存在 Dasein の過去は現存在の背後にはなく、つねに現存在に先立つ」とすれば、これは当然、過去に極限的な特権を与えていることになるのだが（ただし、「時間の本質的な現象は未来である」という措定がおこなわれてはじめて、このことは理解される）[☆16]、この過去への到達の諸条件は、ハイデガーにとっては透明である（**この意味において**、偶有的、不吉－凡庸である）。ところで、私が示そうとしているのはこの到達の技術的な諸条件が、先取りの**可能性**を規定しているということである。テクネーは時間を**与える**。そして、テクネー**としての**音声論理的《フォノロジー》エクリチュールは、本論においてのちほど、特別な留意に値するであろう。

写真のなかには、**客観的なメランコリー**がある。そこでは時間と技術が結びつく――ただし、時間的および空間的屈折（一挙に間隔化でも時間化でもある運動としての**差延**）の道具的かつ技術的な表面においてしか構成されない視線の歴史を貫いて、事情は同じであった。

☆16　*Ibid.*, p. 45.

プンクトゥムはある特定の写真への特別な愛着、写真的**経験**にとって本質的な情動のなかで感得される。この愛着は予見し難く、したがって分析しがたい。バルトはこの困難さに**冒険**という名を与えている。「ある写真は私のもとに不意にやってくるが、他の写真はそうではないのである」[☆17]のだから、到来、運動がある。動き、すなわち感情の動きがあり、ある二重の運動、いわば交差する二つの運動の動機と可動性があり、「とつぜん、ある写真が私を惹きつける。その写真は私を活気づけ、私はそれを活気づける。[☆18]」現象学が可能となり、〈写真〉の本質が引き出されうるのは、このような魅力、ある特定の写真からの、およびある特定の写真へ向けてのこのような運動においてのみなのである。この運動には、二重の起源がある。これは**鏡像状の**運動である――スペクタトールからスペクトルムへ（これがストゥディウム、すなわち教養である）、そしてスペクトルムからスペクタトールへ（これがプンクトゥム、すなわち剝奪およびノエマである）。

私のほうからそれ［プンクトゥム］を求めていくわけではない（私の至高の意識をストゥディウムの場に充当するわけではない）。写真の場面から矢のように発し、私を刺し貫きにやってくるのは、向こうのほうである。[☆19]

この冒険は、ストゥディウムを**壊しに**来る回帰であり、「ある写真のプンクトゥムとは、そ

☆17 R. Barthes, *La chambre claire* (*op. cit.*), p. 38.〔『明るい部屋』（前掲）、三〇頁〕
☆18 *Ibid.*, p. 39.〔同書、三一頁〕
☆19 *Ibid.*, pp. 48-49.〔同書、三八―三九頁〕

の写真のうちにあって、私を突き刺す（ばかりか、私にあざをつけ、私の胸をしめつける）偶然なのである。[☆20]」プンクトゥムは予見できず、蓋然性のないものである。**〈終わりへとかかわる存在〉における終わり同様に、無規定である。**プンクトゥムは「手に負えないもの」、固執するもの、抵抗するもの、我々がそれに抵抗することができないもの、倦むことなく、たえず再来するもの、つまり絶えることなきもの、必然的なものなのである。細部、結局のところプンクトゥムはこれを介して**垣間‐見られる**だけであるが、この細部は、終わりなきものの回帰へ向けての迂回である。終わりなきものは、その現前あるいは再現前においてつねに隠されたままである――したがってけっして現前されることも再‐現前されることもない。

写真を現像すると言うが、しかし化学作用によって現像されるものは、じつは展開＝現像しえないもの、ある本質（傷の本質）である。それは変換しうるものではなく、ただ固執する（執拗な視線によって）というかたちで繰り返されるだけである。[☆21]

我々がそれに対して抗することが困難なプンクトゥムは、名づけ得ぬものである。この不可能性が、真の乱れ〔疾患〕、胸をしめつける唯一の真の乱れ〔疾患〕なのである。

要するに、ストゥディウムは、つねにコード化されているが、プンクトゥムは、そうではない。［……］私が名指すことのできるものは、現実的には、私を突き刺すことができな

☆20 *Ibid.*, p. 49.〔同書、三九頁〕
☆21 *Ibid.*, p. 81.〔同書、六三頁〕

いのだ。名指すことができないということは、乱れを示す良い徴候である。[☆22]

それが、明瞭であるにもかかわらず、ときとして事後にはじめて明らかになる。[☆23]

化学的な啓示〔現像〕である事後性は、したがって、もう一つの事後性によって二重化されている。プンクトゥムは、描写不可能なものである。記載されうるのみであり、その描写は無限に、絶えることなく、そして名づけ難く遅延している。プンクトゥムはつねにかぎりなく接近しているが、けっしてそこにはない——終わりの無規定として。このような理由から、プンクトゥムは本質的に（絶えることなきものとして）遅れのなかに、不在のなかに多くの場合スペクトルムの不在のなかに）、そしてスペクタトールのなかへの記載、刻印あるいは傷として、自らを現すのである。プンクトゥムは**作用する**。差延として作用する。写真の本質的現象であるプンクトゥムは、喪の作業である。実際、バルトの探求を終始導いているのは、喪である。バルトの写真の現象学は、周知のように、彼の母親の喪でもある。〈温室の写真〉がこの喪の軸を構成している。写真の本質が時間の問いとして明らかにされるのは、〈彼女〉（この写真、母親、この母親の写真）を端緒としている。数々の部屋を巡りながら（「かくして私は、母の亡くなったばかりのアパルトマンで［……］」）、バルトは『明るい部屋』において、母親と母親の喪を語りつつ、写真というものを引き受ける。彼は喪と喪の作業を語り、時間の作用と本質的な喪としての時間、プンクトゥムの時間でもある時間を語る。喪の作業（時間）はなにも

☆22 *Ibid.*, p. 84.〔同書、六四—六五頁〕
☆23 *Ibid.*, p. 87.〔同書、六五頁〕

のをも消すことはなく、**遅延させる**（そして写真においてはプンクトゥムは、還元されてしまうことがない）。喪が形容不可能なのは、つねに再来するのであるからけっして出現することのない、謎めいた現象であるプンクトゥムの顕われが名づけられえないのと、同じことである。

ノエマは、〈それはかつてあった〉であり、〈手に負えないもの〉である。この過去形の現前は、写真の本質的な**確実性**の原理（「写真の場合は、事物がかつてそこにあったということをけっして否定できない」）であるが、この現前は、結合および共‐起〔一致〕として、現前性の確実性の内側自体における**分離**という試練、**確実性の核心および原理自体における不確実性**という試練となり、その結果この確実性は**すぐさま旋回し**、向きを変え、我々の向きを変え、我々を裏返しにする。「それはかつてそこにあった、がしかし、ただちに引き離されてしまった。それは絶対に、異論の余地なく現前していた、がしかし、すでに遅延している。[☆24]」我々を動揺させるこの確実性は、正確さ**以上**のものである。というのも、正確なものというのは、構築され、媒介され、練り上げられ、「贋造可能」なものだからである。**にもかかわらず**、私はこの確実性を、のちほど正確措定《オルトテーズ》orthothèse（ギリシア語の**orthotēs**、すなわち正確さから）、すなわち正しい droit 措定、過去の正しさ droiture、起こりゆくことの記録の正しさ、起きたことの記録の正しさ、**正しい記憶**、と名づけることになるだろう。（省みれば、まさに法 droit, orthos に実効性を与えるあのエクリチュールの形式のなかにも、すでにこのような記憶の方正さがあ

☆24　*Ibid.*, p. 121.〔同書、九四頁〕

る。）ところで、ここで問題となるのは、鏡像状においてのみ正しい記憶である——この記憶は、左右を逆転させるシンメトリーのなかに自らを映し出す。写真の鏡像＝思弁のなかでは右側 droite はつねにすでに左側 gauche であり（自分の写真を見つめるとき、私はついに、逆さになった姿でしか自分を見いだすことのない原初的な鏡像効果なしに、自分を見ることが**できるようになる**——つまり鏡像の鏡像として——にもかかわらず、そしてまさに**それだからこそ**）、そこではあらゆる正しさ droiture は、不可避的に歪んだもの gaucherie になる。また我々は、このことがあらゆる正しい記憶、あらゆる形式の「正確措定《オルトテーズ》」について事実であることを、確認するであろう。

写真が固定するようなこの鏡像的逆転〔思弁の逆転〕**は、現前のなかで作動する差延を、写真を介して明らかにする。**「異論の余地なく現前していた、がしかし、**すでに遅延している**」もの、それは差延という時間の試練——間隔化、差異化、遅延という時間の試練なのである。

この悲劇的な現象学は、フェリーニによって、『インテルビスタ』——このタイトルは、一義的でも、偶然に付けられたものでもない——のなかで演出された。この映画作品は全体としてもナルシシックであるが、フェリーニがマストロヤンニとともに自らを演出し、アニタ・エクバーグが現在住んでいるヴィラを訪ねる場面においては、なおいっそうナルシシックである。そこ、すなわちアニタ・エクバーグの家で、そして『インテルビスタ』のなかで、二人の俳優は、一緒に、三十年を隔てたのちに、『甘い生活』のあの名場面を**ふたたび見る**。彼らは、ローマのトレヴィの泉にいる自分たちをふたたび見る。アニタ・エクバーグとマストロヤンニは、**自分たちを**ふたたび見る。**アニタ**は、アニタをふたたび見る。彼女は彼女自身を見るのだが、このヴィジョンにおいては、**述部**——若かったという、**過去形**の述部——を添えられた彼女自身が現れる。また同様にして、彼女は現在形と未来形の述部を添えられた彼女自身を見る。歳を取った彼女は現在形で自分を見ながら——この現在において彼女は、「私は歳を取ったのね Je suis passée」と呟き、この現在において彼女はかつての現在、過ぎ去った現在をふたたび見て——**彼女は現在が現に、不可避的に過ぎ去っているのを見る**。ここで見いだされるのは、述部形成としての生であり、過去、現在、未来の彼岸で、これらの時制を与える時間によって、述部を添えられた生それ自体なのである。ここでは生は死んだ者として自分を見るのであり、若さや老いというものが可能なのは、ただ、**現に**自身の終わりへの道を辿りつつある、**やがては**老い**るだろう**、**かつては**若かっ**た**者にとってだけである。生に時間と経過と差異（過去、現在、未来のあいだの差異、それも時間の真理を遅延させるこれらの時制のあいだの差異）を与えるのは死なのであり、**そしてここではそれは一目瞭然である**。

このようにして、アニタはついに enfin 彼女自身を見るのであるが、これはむしろ「終わりに en fin」と書かなくてはならないだろう。彼女はそこで自らを、鏡の悲劇的な戯れのなかに見る。彼女は彼女の未来が、逆転しながら彼女の過去のなかに反射し、無規定なものとしての終わり、あらゆるフィルムの最後に大文字で書かれている終わり——**彼女の**終わりとして反射しているのを無限に見る。途方もなく果てしないシンメトリー。彼女自身を見るアニタは、ルイス・ペインの写真を見るバルトのように、「彼は死んでいる、彼は死のうとしている」、とは言わない（バルトはこの**陥入** télescopage の賭けをみごとに顕示している——そしてアニタが間違いなく経験しているのは、語源をいっさい考慮しないとすれば、**遠隔 - 視** télé-scopie でもある**陥入**、すなわち彼女が終わりに**彼女自身**を見ることができる唯一の場所である完全に不可避的かつ**必然的な**〈事件〉としての、鏡像の引き起こす騒乱なのである）。アニタは**彼**と言うにとどまらず、命題の順序を逆転しつつ、**私と言う**。「**私は**死のうとしている」、**そして**「**私は**死んでいる」——私は死に瀕して**おり**、**すでにして**死んでいる。**私は死すべきものである**。

（『インテルビスタ』において、『甘い生活』という過去のなかで自らを見、自らを語っているのは、フェリーニの映画それ自体なのである。私は死すべきものであり、私の遠隔 - 視は実効性を発揮する。しかもこれはテレビ télé-vision なのである。）

アニタを見る我々にとってこのスペクタクルは、位置づけることのできないものであるからこそ、いっそう衝撃的なシーンである。あそこにいるのは彼女でありながらも、彼女ではない。彼女は演じている（これは映画なのだ）のだが、それでいて彼女は演じていない（これは日常生活なのだ）。彼女は、もはやそこでは演ずることのできない演技を演じている。そこで指示される測り知れない不可能さに対して無頓着なままに、「彼女は彼女自身である人物を演じている」と言うこともできる。彼女はまさに、完全に自分という人物から逃れ去り——そして同時に我々からも逃れ去る者として自分という人物を演じている。このシーンでは、おそらく他のいかなるシーンにも優って、俳優とその演技とのあいだの絶対的な親密さが明らかにされる。我々はここではアニタを人物として見ることは**できない**。しかしながら、我々はアニタを人物として**しか見ることができない**。アニタ・エクバーグは、ここであらゆる演技に付随する絶対的な真剣さを演じている。その真剣さとは、演技＝賭けの終わり、彼岸、あるいは此岸において、演技＝賭けを**成立させているもの**、**演じられる＝賭けられることのできない**もの、すなわち賭金である。しかし、彼女はこれを演じている。女優アニタ・エクバーグによって演じられている「アニタ・エクバーグ」という人物が見るもの、それは魅惑的にそして耐え難く、自らが演じている人物に**付着している**一人の若い女優である。この女優は、**彼女にとっても我々にとっても**、『甘い生活』と同じように『インテルビスタ』においても人物に付着し、そしてまさに付着することによって、そこで自らを引き裂き、――現実的であるとともに虚構的かつ運動《シネマト》‐記述的《グラフィ》であるこのような瞬間のあいだにもはやはっきりと区別をつけることのできない我々へと、彼女が再来するのと同様に――自らの亡霊として彼女が彼女自身へと**再来**する本質的な遅れのなかで、彼女自身から自らを奪い取る。

俳優の肉体が人物の肉体と混ざり合い、フィルムの**上映**〔移り行き〕が**必然的に**この俳優の**過去**でもある映画においては、人物の生の諸瞬間はまた、**切実に**、俳優の過去の諸瞬間でもある。俳優の生は、**その記録において**、彼が演じる人物たちの生と混ざり合う。このことは、またしてもバルトが映画について述べていることを説明し、また**人物自身についても言えることである**。映画の写真性、そしてプンクトゥムであるかぎりにおいてあらゆる写真の現像＝展開不可能なものでありつづけながらも、そこで展開される感光性は、あらゆるカメラの原レアリスムの原則そのものであり、このレアリスムは対物レンズの客観性を通過し、銀ハロゲン化合物の錬金術のなかに刻印される。

映画は、二つのポーズ、つまり俳優自身の〈それはかつてあった〉と役柄のそれとを混ぜ合わせる。そのため私は（絵を見るときには経験しないことだが）、すでに故人となったことを知っている俳優の映画を見たり見なおしたりすると、必ず一種のメランコリーに襲われずにはいない。それは写真のメランコリーとまったく同じものである。（亡くなった歌手の声を聞いたときにも、私はこれと同じ感情を味わう。）[☆25]

『インテルビスタ』の特異性とは、我々の垣間見る俳優たちが死の**うとしている**ということを、我々に示していることにある。したがって、『インテルビスタ』は、映画についてバルトが挙げていた別の法を、侵犯している。

〈写真〉が動きだして映画になると、その〈写真〉のノエマは変わってしまう。写真の場合は、ある何かが、小さな穴の前で**ポーズをとり**、そこに永久にとどまっている（これが私の実感である）。しかし映画では、ある何かが、その同じ小さな穴の前を**通り過ぎていった**のだ。ポーズは連続した一連のイメージによって押し流され、否定される。これは写真とはまた別の現象学であり、したがってまた、写真から生まれたとはいえ、別の芸術が

☆25　*Ibid.*, p. 124.〔同書、九七―九八頁〕

始まるのである。[☆26]

ところで、ここでは、事後的に、虚構の諸瞬間の移り行きは現実の生の運動の諸瞬間の継起として我々に再来するが、この継起は人物の過去と未来を形成し、その人格を形作る、もろもろの現在の配列ないし連鎖として我々に残り、またこの継起は女優自身の（再来するもの＝幽霊としての）過去である。[☆27] この女優は自分の過去と未来と**共演**しつつ、自分の過去と未来を演じ、女優としての自分の過去のなかで人物としての自分の現在を演じ、人物としての自分の過去のなかで女優としての自分の現在を演じている。そしてポーズ、あるいはまた残滓、残余として現れるのは、**運動それ自体**である。つまり、かつてあったものは残るが、それは運動するものとして残り、運動自体が不動化され、運動はその不動性を端緒としてのみ（再）現前される。この映画は我々に、あらゆる運動の不動の動因を「現前」させる。

これが感情の動き（これこそ、『列車の到着』以来、映画がただちに我々に与えるものである）の極みであり、『インテルビスタ』における『甘い生活』という二重化されたシーンは、我々にとって二重に衝撃的なものである。我々にとって『甘い生活』は一つの**現実**であり、そのなかで、我々は『インテルビスタ』において、アニタとして我々を垣間見る。我々はアニタに溶け込み、アニタのなかに消失することによってのみ、アニタとして我々を垣間見ることができる。アニタ・エクバーグは、彼女の写真うつり《フォトジェニー》の良さという感光性の鏡を介して、自らを見つめ、自らの死を底なき底として、彼女のナルシシズム、彼女の精神《プシュケー》の耐え難き支持体と

☆26 *Ibid.*, pp. 122-123.〔同書、九六頁〕

☆27 この観点から、ベルイマンのいくつかの映画（『ペルソナ』『鏡のなかにある如く』『ファニーとアレクサンドル』『リハーサルの後に』）を見なおすこともできるだろう。

して垣間見る。このアニタ・エクバーグを見つめるとき、**我々が**我々の内に、『インテルビスタ』のなかに**垣間見る**ものは、なんであろうか？

映画の人物の過去は、俳優の過去と一致する。俳優の生は、我々にとって本質的に非人称的であり、人物の生、そして誰でもない者の生である。ベンヤミンは、映画の技術から出現する非人称性を、以下のように分析している（そして『俳優に関する逆説』は、このカメラ・オブスクラに照らして読まれるべきである）。

映画俳優が、カメラの提示する彼自身のイメージに対して抱く違和感は、ピランデッロが述べているように、鏡に映った自分の姿を見つめるときに誰もが抱く違和感に似たものである。しかしもはや、鏡のなかの彼のイメージは彼から**分離し**、持ち運び可能なものになったのである。[☆28]

イメージとイマーゴを孤児と化する分離、この分離は一致、結合、そしてこの一致と結合が運び去る光《フォト》－書記《グラフィ》の視線、これらすべてが映画によって動因となる不動性へと高められることに、起因している。映画の登場人物が俳優の非人称性、俳優の本質的な匿名性を語っているから**こそ**、俳優の過去でもある登場人物の過去は、**我々の**過去にもなりうる。人物と俳優と観客は、映画のノエマを構成する結合的で遅延した一致においては、**本質的に一体となって**、同

☆28 W. Benjamin, «L'œuvre d'art à l'ère de sa reproductibilité technique», in *Essais 2* (M. de Gandillac, trad.), Paris, Gonthier-Denoël, 1971, p. 107.〔「複製技術時代の芸術作品」久保哲司訳、『ベンヤミン・コレクション2』（前掲）、六一〇―六一一頁〕

一の写真的**瞬間**‐**性**に属している。この瞬間‐性は映画によって溶解され連鎖されてはいるが、映画のみせる虚構的運動によって運動段階へと「高め」られ、三つの等価な過去、三つの等価な移り行き（三つの等価な現在、三つの等価な未来）ともなっている。すなわちそれは人物の移り行き、俳優の移り行き、観客の移り行きである。**このような理由から**、我々はあの二重化されたシーンに、**これほど**衝撃を受けるのである。**我々にとって**、『甘い生活』は**単なる**虚構ではありえない。このフィルムは、その美しさ、アニタとマストロヤンニの美しさのおかげで、フェリーニの天才のおかげで、我々のものである現実のなかに存在している――『甘い生活』が、**虚構のなかにおいて**現実として作動するのを見るとき、我々はこのようなことを見いだすのである。『甘い生活』は、共有された過去である。我々がこの映画において見るのは我々の過去、アニタ・エクバーグが彼女の過去へと向ける視線のなかに自らを再見し、自らを映し出すものとしての、我々の過去なのである。『インテルビスタ』のなかで二重化されたこの虚構は、明らかに現実のものとして現れ、また我々がフィルムを見ながら、これは映画にすぎない、と思うときに我々が居を定めているあの対立を**超え**、**包括**する虚構における現実として、現れるのである。

人物／俳優／観客間の同種の関係が、ウッディ・アレンによって、『カイロの紫のバラ』のなかで演出されている。これは『カイロの紫のバラ』というフィルムの、観客席を前にした上映をめぐる映画、このフィルムの人物たちと俳優たちをめぐる映画、そして彼らと観客とのあいだの関係をめぐる映画である。この映画のなかでは、人物‐にして‐俳優なる者がシーンから出、観客がシーン上に入る。このような事態は、『カイロの紫のバラ』というウッディ・アレンの映画の観客である我々の眼前で生じるのだが、我々は——観客席を照らし出している光の作用のもとで、あたかも銀ハロゲン化合物のように——自らをこの映画のなかに沈殿させ、結晶化させることによって、我々自身をこの映画のなかに**投影**する。[☆29] 今日の映画とはこのように、多かれ少なかれ幸せな仕方で、きわめてナルシシックなのである。ただし映画は、我々の時代に内在するナルシシズムを反映しているにすぎず、このナルシシズムとは、幻影、反射、陥入、遠隔視《テレヴィジョン》にまつわる、我々の時代のテクノロジーの総体に起因している。

俳優と彼のイメージの分離、およびその分離に起因する非人称性と運搬可能性は、

映画俳優の頭から一瞬たりとも去ることのない事実である。記録装置の前にいる彼は、自分が関係するのは最終的には観客であることを、知っている。彼は労働力だけでなく、自分の肌を、髪を、心臓そして腰を、市場に売り渡す。彼が自分に定められた特定の作業を遂行するとき、彼は、工場で製造される商品同様に、その作業がいったいなんであるか、思い描くことができない。[☆30]

役者にとっては観客が不在であり、観客にとっては役者が不在であり、録画による関係、遅延(差延)として生起する関係のみがあるのだが、それでいてこの関係は、現前**として**のみ生

☆29 ジャン=ルイ・ヴェスベルクは、この映画の分析を以下の論文で試みている。Jean-Louis Weissberg, «Retour d'image-fantasme et simulation interactive», in Alain Renaud (éd.), *L'imaginaire numérique*, Paris, Hermès, 1986, pp. 302-304.

☆30 W. Benjamin, «L'œuvre d'art à l'ère de sa reproductibilité technique» (*op. cit.*), pp. 107-108.〔「複製技術時代の芸術作品」(前掲)、六一一頁〕

起する。現前のなかに不在があり、役者としての俳優と、非常に遅れてしか自らを見る、自らを再見することのない自分自身の観客としての俳優とのあいだについても、事情は同じである。マストロヤンニは、（あるインタビュー《インテルビスタ》のなかで）「この対物レンズの背後には観客がいて、この観客というのは、俳優が自分の姿を見つめる鏡なのだ」と語っている。自分という人格についてこの鏡が見せてくれるのは、人格というものの非人称性に他ならない。そこに見えるのは、何者でもない者である。対物レンズの非人称的な客観性は、非人称性それ自体がおのずから現前する不在を、「**あらゆる花束から不在であるもの**」として開示する――対物レンズの開口部は、**反復における**非人称的な公開性および解釈へと開かれているのだ。このフィルムの流れに沿って、ある独特な効果が産出される。『インテルビスタ』は、アニタ・エクバーグとマルチェロ・マストロヤンニが再見する過去を横切る移り行きであり、この移り行きを介して我々は我々を垣間見る。現実性の過剰さによって虚構的である『インテルビスタ』は、我々を突き刺す。いわゆる時事、「現実」の、写真や映画やヴィデオによる現前作用－記憶作用について、我々はここから多くのことを演繹することができるだろう。さし当たっては、『甘い生活』において新聞記者－報道写真家が演じている特異な役割や、『インテルビスタ』においてテレビが演じている役割を指摘しておこう。また、『甘い生活』において、アニタが（シルヴィアという名の）女優の役を演じているのに対して、作家にして新聞記者であるマストロヤンニがマルチェロという彼の実名で名指されているという事実も、指摘しておこう。

声ということに関しては、プルーストが（ここでのバルトのように、音で書かれたもの《フォノグラム》についてのみならず）電話について、同様の効果を挙げている。彼がこの器械を初めて使ったとき、彼の祖母の声が遥か遠くから聞こえ、彼にとって、このとき初めて祖母は**すでに**死んでいるように思われた[☆31]。初めて、というのは、彼女の最期が、初めて彼に思われたということである。デリダは『郵便葉書』[☆32]において、電話について似たようなことを語っているが、デリダによれば電話は幽霊、霊の再来を産出する機械、しかも現在においても、そしてまさに不在のこの現在を端緒として**幽霊**を産出する機械である。そしてまたデリダは蓄音機、『魔の山』の「音楽の小棺」[☆33]についても語っており、この蓄音機から、『ユリシーズ・グラモフォン　ジョイスに二語』[☆34]の全篇を通じて自らに**語りかけ**、**書き**、**見**、**見せる**あの声が、湧き起こる。（自らを（再）読しつつ自らが語るのを聞くこと、自らを見ながら自らを聞くこと、エコーとナルシスのあいだで「書く」こと。）写真、映画、蓄音術、電話、テレビ、問題なのはすなわちアナログ技術と呼ばれているものであり、そこでは見本も前例もないナルシシズムを開始する関係——あらゆる幻影同様に、終わりへの関係である反射——が、結ばれる。「脱構築」あるいは「グラマトロジー」のあらゆる可能性は、**この**テクノロジーの地平に由来している[☆35]。

ラカンにおいては、鏡は人間性を人間性たるものとして構成し、人間性を動物性のなかから際立たせる。人間はそこで、人格として、ペルソナとして、自らを認知する。心理の発達における鏡像「段階」は「状況的統覚」として、幼児が、「道具的知能」において彼を凌駕している

☆31　Marcel Proust, *Le côté de Guermantes*, in *A la recherche du temps perdu II*, Paris, Gallimard, pp. 132-138.〔『失われた時を求めて　ゲルマントのほうI』井上究一郎訳、ちくま文庫、一九九三年、二一九—二二八頁〕

☆32　Cf. J. Derrida, *La carte postale*, Paris, Flammarion, 1980, *passim*.

☆33　Thomas Mann, *La montagne magique* (Maurice Betz, trad.), Paris, Livre de Poche, pp. 401-425.〔『魔の山』佐藤晃一訳、筑摩書房、一九五九年、四七三—四八五頁〕

☆34　J. Derrida, *Ulysse gramophone : Deux mots pour Joyce*, Paris, Galilée, 1987.〔『ユリシーズ・グラモフォン』合田正人・中真生訳、法政大学出版局、二〇〇一年〕とりわけpp. 84-101.〔九五—一二〇頁〕p. 27〔二四頁〕ではデリダは、「『幾何学の起源』序

チンパンジーに対する**遅れ**を取り返すことを、早くも投影する瞬間である。しかし「鏡像段階」は、鏡像のなかに自らを見いだすことの不可能性の発見であるにすぎない。そこにあるのは、自我の欠如の反映でしかない。鏡の赤裸々な反射性は、懇願ではないとしても要求しか送り返さない。鏡像段階は、いわばけっして超えられることはなく、反射されるだけであり、**理想我**を許容するのみである。

私というものが原初的な形態へと急転換していく［……］。［この形態は］**自我**という審級を、社会的に決定される以前から、単なる個人にとってはいつまでも還元できないような虚像の線のなかへ位置づける、——あるいはむしろそれは、主体の生成に漸近的にしか合致しないのです。☆36

主体がけっして知ることのない瞬間、彼の死の瞬間において、同一化のプロセスはようやくあらゆる虚構から**純化**され、**現実として**遂行されるであろう。この瞬間は、あらゆる運動を、あらゆる自動運動を奪われた、すなわちアニマを、プシュケーを奪われた物質の瞬間である。ラカンはこの漸近線を、「無視の機能」と名づけているが、この漸近線はそれに**よって**ことが始まる、耐えがたい鏡の裏箔なのである（あの『寓話』——「によってという言葉によって、かくしてこのテクストは、始まる［……］☆37」）。

鏡は、果てることのない、**自己の産婆術**を創設し、そこでは外在性が構成機能を果たしてい

説」ですでにジョイスへの参照があったことを喚起している。

☆35 脱構築の技術性の地平のこの特異性は、以下の書物において明瞭に語られている。J. Derrida, *De la grammatologie*, Paris, Minuit, 1967. たとえば pp. 20-21.〔『根源の彼方に』（上）足立和浩訳、現代思潮社、一九七二年、二九頁〕

☆36 Jacques Lacan, «Le stade du miroir comme formateur de la fonction du Je», in *Ecrits* 1, Paris, Seuil, «Points», 1966, p. 90.〔「〈わたし〉の機能を形成するものとしての鏡像段階」、『エクリI』宮本忠雄訳、弘文堂、一九七二年、一二六—一二七頁〕

☆37 ジャック・デリダは、以下の書物でポンジュのこの著作を引用している。J. Derrida, *Psyché* (*op. cit.*), p. 17sq.; *Droit de regards*, Paris, Minuit, 1985,

る（欲望する身体は、原初的に道具化されているのであるから）。この産婆術は、ゲシュタルトを反射し、このゲシュタルトは逆転したシンメトリーにおいて産出される。このシンメトリーにおいて主体は自らに遅れをとり、自らの後を追いかけ、自らのイメージ（ポーズ）の不動性のなかに、自らの運動性を見いだす。

このように、主体が幻影のなかでその能力の成熟を先取りするのは全身の形態によってなのですが、この形態はゲシュタルトとしてのみ、すなわち、外在性においてのみ主体に与えられるものであって、そこではたしかにこの形態は構成されるものというよりは構成するものである一方、それ以上にこの形態は、主体が自分でそれを生気づけていると感じているところの騒々しい動きとは反対に、彼を凝固させるような等身の浮彫りとして、また彼を逆転させる対称性のもとであらわれるのです。[38]

雌バトの生殖腺の成熟、あるいはバッタの群棲化においてナルシシズムが機能を果たしているという事実は、「美の意味を、形成作用、あるいは性刺激作用として提示することが内包するであろう、同種形態的同一化の次元に属する」[39]ものである。このことから、『甘い生活』の美しさ、アニタ・エクバーグとマストロヤンニの美しさ、フェリーニの作品の**我々にとっての**美しさについて、どのような結論を引き出すべきなのだろうか？　ここで無形の状態から発し、形を取り、形成され、形を失うものとは何か？　これらの問いは、技術を介した外在化

p. xxxvi.〔『視線の権利』鈴村和成訳、哲学書房、一九八八年、一八五頁〕

☆38　J. Lacan, «Le stade du miroir...» (*op. cit.*), p. 91.〔「〈わたし〉の機能を……」（前掲）、一二七頁〕

☆39　*Ibid.*, p. 92.〔同書、一二八頁〕

が、ヒト化の契機として、原動力となっている幻影の現実化として意味するものの分析を、要請するだろう。かくして、ラカンいわく、我々のなすべきは、

鏡像段階の明らかにする空間における受信という行為のなかに、人間が［……］有機体として不全であることの結果を認めることです。［……］鏡像段階の機能はそれゆえ我々にとって、生体とその現実との関係［……］を打ち立てるという、イマーゴの機能のある特殊な場合として明らかになります。けれども自然とのこうした関係は人間では生体内部のある種の裂開、［……］〈原初的不調和〉、人間における出生時の特有な未成熟によって変化させられます。［……］**鏡像段階**はその内的進行が不十分さから先取りへと急転する一つのドラマなのですが――このドラマは、空間的同一化の罠にとらえられた主体に向けて、さまざまなファンタスムを策略をもって配し、これらのファンタスムはばらばらに寸断された身体像から、**肢体矯正**《オルトペディ》的と称すべき全身の形態へと及ぶのです。☆40

このようにして、遅れが主体を（その時間性と空間性、つまりはその遠‐隔化 Ent-fernung を）構成するのであるが、この遅れは幻影のシンメトリーのなかで前もって逆転されており、また――（機能不全が先取りへと化するがゆえに）終わりへの関係として――人間の出生時において刻印されている。このような力学は、原初的な外在性（というのも、一方では、この外在性は内在性を構成するのであるから、いかなる内在性とも対立しないという点において、幻想を

☆40　*Ibid.*, pp. 9394.〔同書、一二八―一二九頁〕

抱かせる。また他方では、この外在性は、「肢体矯正的《オルトペディ》」形態を練り上げる影像、幽霊、自動人形のイメージを反射するばかりの「おとり」であるという点において、幻想を抱かせる）に由来するがゆえに、生において**人工器官性**として、引き受けられる。鏡像段階は本質的な未完了であり、鏡に映るものは変形である。つまり鏡とはつねに変形するものであり、鏡とはつねに、視線と時間のもろもろのテクネーを形成する表面であるにすぎないのである。記憶はつねに歪んでおり、記憶とは、正しいにしても、いや正しければ正しいほど、歪んでいるのである。私がここで展開している論の主旨に従えば、この人工器官性を同定し、特定すること、そしてまたこの人工器官性が、技術《テクノ》－論理《ロジー》が生み出す情動として、私がここで賦与せんとしている意味において正確《オルト》－措定的《テーズ》になったときに産出する肢体矯正《オルトペディ》を同定し、特定することが問題となるであろう。

記憶化のテクノロジーとしての写真と映画の固有性を構成するものが十全に考察されうるのは、**アナログ**〔類似にもとづく〕テクノロジーのたぐい（写真、蓄音術、映画等がそこに属する）のみならず、記憶にかかわる、**リテラル**〔文字にもとづく〕テクノロジー（線条的・アルファベット的エクリチュール）やディジタル〔数値にもとづく〕テクノロジーの総体をも特徴づける概念のもとでである。この概念とは、**正確措定**《オルトテーズ》の概念、すなわち、正しいあるいは正確なorthos, orthotēs措定 thesis である。音声論理的《フォノロジー》・線条的エクリチュールから写真、蓄音術、映画を経由し、情報処理に至るまで、あらゆる正確措定的《オルトテーズ》な記憶は、「正確」あるいは「正しい」記憶なのである。

ある種の「正しさ」——ハイデガーにとっては、正確さ orthotēs である以上、記憶に纏わる不吉さ、真理 a-lētheia に纏わる不吉さである。[☆41] ハイデガーは、この正しさが**記憶の**正しさであるかぎりにおいて、正しさに関する立場——(『国家』の)プラトンにおいてまさにハイデガーによって批判されている立場——を、じつのところ、(『パイドロス』の)プラトンと共有していると言える。この立場とは、ある種の正しさはつねに、そして本質的に、ある種の歪みを生み出す、というものである。この歪みとは、すなわち差異——そしてさらには、存在の歴史、すなわちヘロドトスがその**書物**を開設した〈歴史＝物語〉の時間として作用するものであるかぎりにおいての、存在論的差異——である、不適合のことである。西洋において発生した、記憶が被るこの不吉 sinistre さ、この**事故**(sinistre という語は、つねにこのような意味をもつ)は、記憶を「救う」ものである。

それにまたこの問題は、音声《フォノ》‐論理《ロジー》的な原エクリチュールの歴史における**線条的**なエクリチュール(「記憶の、文字(どおり)のテクノロジー」)の**特性**にも、かかわるものである。この音声《フォノ》‐論理《ロジー》的な原エクリチュールの、痕跡の歴史における特性を、ジャック・デリダは否認しないまでも、しばしば曖昧にしているように思われる。**グラマトロジー**は、徹底して、その端緒からエクリチュールという姿見《ブシシェ》が物語る『寓話』に対する告発である。『グラマトロジー』の冒頭を飾る三つの銘文(ある書記、ルソー、ヘーゲル)は、

☆41 M. Heidegger, «La doctrine de Platon sur la vérité» (André Préau, trad.), in *Questions II*, Paris, Gallimard, 1968, pp. 117-163.〔「真性についてのプラトンの教説」、『ハイデガー全集9 道標』辻村公一・ハルトムート・ブフナー訳、創文社、一九八五年、二四七—二九一頁〕

エクリチュールという概念をつねに至るところで支配してきたにちがいない民族中心主義に対して、［また］根本的には［……］このうえなく独自かつ強力な民族中心主義であった［……］ロゴス中心主義［に対して］注意を喚起する[☆42]ことから始めている。

この民族中心主義は、アルファベット的エクリチュールを「即自的かつ対自的に最も知性的である」とみなすと**同時に**、そのエクリチュールを「充溢したパロールの外に」放逐する。それは、声 phōnē として了解されたロゴスの前でエクリチュール一般を貶下すると同時に、アルファベット的エクリチュールを、最良の、より悪質でない、あるいはほとんどエクリチュールでないエクリチュールのレヴェルに高めるロゴス中心主義である。

そこから、グラマトロジーは以下のことを明らかにする。パロールは「つねにすでにエクリチュール」であり、エクリチュールとパロールは原エクリチュールの概念のもとに思考されなくてはならない。すなわち、思考は現前の喪を、引き受けなくてはならない。原エクリチュールとは、原初的な代補性の論理であり、「現前の形而上学」の脱構築としての、非原初性についての省察である。「現前の形而上学」——ハイデガー的な脱構築が、時間性がそのなかで与えられる技術的な通俗性の彼岸に原初的な時間性を目指す時はとりわけ、依然として大幅に帰属している対立システム。

だが、ある種のエクリチュール——声の背後で消される、まさしく音声論理的《フォノロジー》なエクリチュ

☆42 J. Derrida, *De la grammatologie (op. cit.)*, p. 11.〔『根源の彼方に』（上）（前掲）、一五―一六頁〕

ール——を**特権化することなしに**、エクリチュールを**抑圧せず**におくことなどできるだろうか？ というのも、「エクリチュールの音声化［は、］科学のと同様、哲学の歴史的根源、構造的可能性であり、エピステーメーの条件である」[☆43]からだ。たとえ「以前からずっと、またますます頻繁に、非音声的なエクリチュールに（科学が訴え）[☆44]」、「純粋に音声的なエクリチュールが不可能であり、またそれが非音声的なものと手を切ったことはけっしてない」[☆45]としても、それでもやはり、あらゆるエクリチュールのなかで、エクリチュール自体の存在（人類自体の存在）以来通用している音声化とともに何かが**開かれる**ならば、この運動の完成と見なさなくてはならない、アルファベット的エクリチュールの完遂とともに、一つの時代が創設される。

数学的なもの、政治的なもの、経済的なもの、宗教的なもの、技術的なもの、法的なもの、等々の本質に関する反省は、最も内的な仕方で、エクリチュールの歴史に関する反省と事実的探求とに関連する。ところで、あらゆる反省分野を通じて循環し、それらの根本的統一性を構成する絶え間のない水脈は、エクリチュールの音声化の問題である。この音声化は一つの歴史を有しており、どんなエクリチュールもこれを絶対的に免れているということはない。またこの進化の謎は、歴史概念によって支配されているのではない。この歴史概念は、周知のごとくエクリチュールの音声化のなされた、あるきまった契機に現れたのであり、本質的な仕方でそれを前提している。[☆46]

☆43 *Ibid.*, p. 12.〔同書、一六—一七頁〕
☆44 *Ibid.*〔同書、一六頁〕
☆45 *Ibid.*, p. 134.〔同書、一八六頁〕
☆46 *Ibid.*〔同書、一八五—一八六頁〕

音声化はつねにすでに始まっており、そしてまた「音声的エクリチュール」と（誤って）呼ばれている、エクリチュールのあるきまった契機は、歴史概念の出現の契機でもある。ところで、少なくとも、アルファベット的エクリチュールの即自的・対自的優位性の断言を疑問に付すのみならず、アルファベット的エクリチュールの還元不可能な特異性の断言をもまた疑問に付さなければならないだろう。これらの断言には、音声中心主義がつねにすでに隠れている——優越性へと無媒介的に転ずることのない特性を言表することが、あたかも不可能であるかのように。グラマトロジー的な操作のこの本質的な傾向は、音声中心主義的、ロゴス中心主義的、民族中心主義的なあらゆる反射的動作のつねに切迫した回帰に対する、基本的な慎重さとして理解されうる。その先に、グラマトロジーの、まさに発見的な原理として、この最初の問題化に含まれるある分析的必要性が挙げられる。エクリチュール（とりわけアルファベット的で音声論理的《フォノロジー》なエクリチュール）という狭い概念の彼方に原エクリチュールの問いを立て**なくてはならないかぎりにおいて**、そして声に最も忠実なものとして、代補の**抹消**として、**声**phōnēへと**帰着**する位置として、アルファベット的エクリチュールに一般的に認められた特権が、現前の形而上学に必然的に密着する**かぎりにおいて**、線条的なエクリチュールの特性を攪乱し、そしてなんらかの仕方で**切り開く**こと、このことは、パロールに最も忠実なエクリチュールを介してパロールに認められたあらゆる形而上学的特権を土台から侵蝕し、突き破ることにはならないにせよ、少なくとも**抹消する**ことにはなるだろう。

しかし、ここで問題となるのは、このことによって、エクリチュール自体の代補性を同時に抹消してしまわないようにすることである。実際、この戦略は矛盾を免れないのである。グラマトロジーは、代補的な偶有性が原初的である（根源が欠如している）、**代補の論理**を作り上げる。したがって、重要なのは代補の**歴史**を——偶有的で、不吉で、歪んだ歴史**として**——是非とも考慮することである。

音声論理的《フォノロジー》エクリチュールの特性をたいがいは曖昧にし音声論理的《フォノロジー》エクリチュールのなかで展開される**ほぼ**すべてのものがすでにそこにそれ以前から存在していたと概して示唆し、そしてしたがってこの特性を中心的な問いとして取り上げないことによって（グラマトロジーは徹底して、ある見方からすれば、このような問いを**追放する**ことへと、必然的に帰着するのではないだろうか?）、グラマトロジーという目論見は、あらかじめ弱体化されてしまうのではないだろうか? 結局のところ代補は**事実としては**なにものでもないのだろう、という反論を可能にしてしまうのではないだろうか?

ナルシシズムは、遅れて作動する多形的なもろもろの鏡、非人称が具象化される記録のもろもろの表面において織り出される。人称が誰でもない人となること、映画的なイメージのなかで俳優と観客とが耐えているこの非人称性は、視線の歴史というものに属しており、書物は、その歴史に特有の一つの「段階」を構成している。「書物の非人称的な知」は、モーリス・ブランショによれば、「ある一人の思考によって保証されることを要請しない。ある一人の思考はけっして真ではない。というのも、あらゆる人の世界においてしか、またこのような世界の到来自体によってしか真理とはなりえないからである。」またブランショは次のように述べている。「このような知は、あらゆる形態の技術の発展に結びついており、パロールやエクリチュールを、一つの技術にする。」[☆47] **技術としての**エクリチュールにおいては、非人称的な知、作者なき権威が発言する。**ここで**問題となっているのはヘロドトスによって開かれた書物の、線条的で音声論理的《フォノロジー》なエクリチュールである。このエクリチュールは、「近年の情勢を読むに」、その終結が予感されるような一つの時代を創設する――それとは別の非人称性、非人称性のそれとは別の了解が到来している。

我々がヘロドトスを読むとき、そこに一つの転回点を感じるのが事実であるとしても、我々はまた、近年の情勢を読むに、それよりもはるかに甚大な変化が起こりつつあることを確信しているのではないだろうか？　我々に差し出される数々の出来事が、我々が歴史と名づけ習わしてきたやり方ではもはやなく、我々のまだ知らない別のやり方で結合されているという、変化である。[……]我々の遭遇している出来事はある基本的な特徴、非人称的な勢力という特徴を有しているが、この力は、大衆現象の介入によって、機械の作用の優位によって、そして第三に物質の構成にはたらいている力の奪取によって表象される。これらの三つの要因は次の一語で名づけられる、すなわち、近代の技術、である。[☆48]

☆47 Maurice Blanchot, *La bête de Lascaux*, Paris, Fata Morgana, 1982, p. 13.
☆48 M. Blanchot, *L'entretien infini*, Paris, Gallimard, 1969, p. 396.

『メモワール ポール・ド・マンのために』において問題となっているのはこの近代の技術、**記憶としての**科学技術となった技術と科学であり、

記憶としての思考と記憶作用の技術的次元とのあいだの還元不可能な関係［……］である。思考と技術との（すなわちまた［……］思考**と**科学技術との）記憶を介したこの結合を喚起するとき、ド・マン的な脱構築は［……］、（その人間学的規定の此方あるいは彼方で）世界に対する我々の関係全体に、かつてないほどの速度と規模で、［……］**しかも、未来に対するあらゆる関係に影響を与えるような変容において**今日影響を与えている、人工的な記憶に関する広大な問いを、**記録保存の近代的な諸様態**に関する広大な問いを、思考の外部の、下部の暗闇へと排除しない方法を権利上自らに与える。この驚嘆すべき変異は、人工的と言われる記憶の大きさ、量的な組織ばかりでなく、その質的な構造をも増大させる。☆49

問題となるのは当然、科学技術のこの驚嘆すべき変異の名のもとに、いったいいかなる質、そしてまた**未来に対する関係**のいかなる**変容**が語られているのかを知ることであろう。科学技術のこの驚嘆すべき変異は、

ハイデガーの次の一文と、それが前提しているものすべてにもはや同意することのできな

☆49 J. Derrida, *Mémoires : Pour Paul de Man*, Paris, Galilée, 1988, pp. 108-109.

いような状況へと、おそらく至らしめる。その一文とは、Die Wissenschaft denkt nicht、科学は思考しない、である。[☆50]

科学について言えることは、技術についても言える。「近代科学は、技術の本質に基礎を置いている。[☆51]」

「記録保存の近代的な諸様態」とは何か？　すなわち、前近代的な記録保存から、またとりわけ、ヘロドトスによって実践され、また彼が記述し、描出し、その場所で彼が記述をおこなった都市国家によって実践された記録保存から、それらの諸様態を区別するものとは何か？　したがって、ヘロドトスを可能にする（記録という狭義の）記録保存技術の固有性とは何か？　すなわち、音声論理的《フォノロジー》で線条的なエクリチュールの固有性、しかも**未来に対する関係という点に関する**固有性とはどんな固有性なのか？いかなる点において、このエクリチュールは、しかるべき時期に、未来に対する関係を**変容**させたのか？　問題となっているのは、**本質的に技術－論理的なその諸様態のもとでの**、記憶としてのエクリチュールなのである。

引用したブランショのテクストによれば、**音声論理的《フォノロジー》で線条的なエクリチュールとともに**、断絶、創設、あるいはエポケーがある。この出来事は、差延における特有の性格の出現、人工的な記憶のある新たな**働き**の出現によってのみ可能となる。私は、この働きを**正確《オルト》－措定《テーズ》**の概念のもとに描出することにするが、これによって当然、ヘロドトスが開く未来に対する関係が

☆50　*Ibid.*
☆51　*Ibid.*, p.110.

意味するはずの断絶をも、特徴づけるつもりでいる。アルファベット的エクリチュールとともに創設される記憶のこの正確《オルト》－措定的《テーズ》な働きは、(アナログ的またデジタル的な)「記録保存の近代的諸様態」において保持されると同時に変化を蒙る——というのも、これらの諸様態が担う「未来に対する関係」は、この保持と変化の双方を可能にするからである。

ハイデガーは orthotēs、正確さ、という語を用いて、プラトンの真理をめぐる「教説」を特徴づけているが、この教説とは存在の忘却への第一歩、そしてまた存在の歴史の第一歩でもある第一歩を構成する理解である。一九四〇年のテクストによれば、ハイデガーは、この第一歩が洞窟の神話において踏み切られているとみなしている。

> 洞窟の内部において、解放された人は、影に背を向けて事物の方に向かうが、彼はそのときからしてすでに単なる影よりも「より多く存在するもの」へ眼を向けている。「このようにしてより多く存在するものに向かっているので、彼はおそらくより正確に見るであろう pros mallon onta tetrammenos orthoteron blepoi。」一つの状態から他の状態へと移ることは、より正確に見るということである。オルトテース、見ることの正確さということに万事が懸かっている。[☆52]

アレーテイアをオルトテースと読むこの新たな解釈は、形而上学の開始そのものである。

☆52 M. Heidegger, «La doctrine de Platon sur la vérité» (*op. cit.*), p. 153.〔「真性についてのプラトンの教説」(前掲)、二八二頁〕

以後、真理の本質は、隠れなさの本質として自らの存在の充溢から展開されることをやめ、むしろ〈イデア〉の本質と一致すべく移行するようになる。真理の本質は隠れなさというそれまでの基本的特徴を放棄するのである。[☆53]

［……］隠れないものに関する問いは移行し、以後、明証性の顕現へ、またしたがってそれに対応する見ること、つまり見ることの的確さと正確さへと向けられる。［……］プラトンの教説のうちには［……］両義性が存するが［……］この両義性は真理の本質に介入した変更を立証するものである。

この両義性を最もはっきりとしたかたちで示しているのは、プラトンがアレーテイアについて論じ、語っているにもかかわらず、オルトテースについて思考し、これを決定的なものとして措定しているという事実であるが、これらすべてのことがまったく同じ思考過程のうちに含まれているのである。[☆54]

真理はもはや、隠れなさとして存在そのものの基本的特徴なのではない。むしろ真理は、〈イデア〉への従属ゆえに正確さとなった以上、以後は存在するものを認識するさいの、識別上の特徴である。[☆55]

☆53　*Ibid.*〔同書、同箇所〕
☆54　*Ibid.*, p. 154.〔同書、二八三頁〕
☆55　*Ibid.*, p. 158.〔同書、二八六頁〕

この変更は、確実性と安全性への欲望として定義されるヒューマニズムの可能性を開くものである。このことは、主観性の形而上学の展開としての近代技術において明らかになる。[☆56]

一九六二年のテクストにおいて、ハイデガーは、ソクラテス以前の哲学者たちにおいてすでに、このようにしてアレーテイアがオルトテースとして理解されていたと、認めている（だからこそ「ギリシアの超克」は「思考の努め」となる）。というのも、存在の歴史**は**存在の忘却**なのである**。それにまた、「運命のなかに安らう存在は、もはや思考すべき固有のものではなくなるのである。[☆57]」新たな問題、（ギリシアによる）存在の歴史の創設以前へと退行することによって見いだされる「別の思考」に関する問題が、出現する。というのも、

現前の非－退却という意味でのアレーテイアは、すでに初めから、表象の正確さと発話行為の的確さとしてのみ感じられていたことを、我々は認めなくてはならない[☆58]

からである。

（存在の）真理が原初的にオルトテースとして理解されるのは、何故なのか？　**オルトテースとしての、また未来に対する関係**の変容**としての**存在の歴史の創設とは何か？　私はマルレーヌ・ザラデールが**差延**の概念に加えている反論に注目することによって、この問いの名辞をしっかりと定めたいと思う。

☆56 *Ibid.*, pp. 160-161.〔同書、二八八頁〕

☆57 M. Heidegger. «Protocole d'un séminaire sur la conférence "Temps et être"» (Jean Beaufret, trad.), in *Questions IV*, Paris, Gallimard, 1976, p. 74.〔「講演「時と有」についてのゼミナールの記録」、『思索の事柄へ』辻村公一他訳、筑摩書房、一九七三年、七八頁〕

☆58 M. Heidegger, «La fin de la philosophie et le tournant» (J. Beaufret, trad.), in *Questions IV (op. cit.)*, pp. 136-137.〔「哲學の終末と思索の課題」、『思索の事柄へ』（前掲）、一三五頁〕

デリダとその信奉者たちにとって、原初的な間隔化と還元不可能な裂け目として理解された差延の原構造は、ハイデガー的差異を「含有している」。差延はハイデガー的差異を含み込み、ハイデガー的差異を説明するが、それと同時にまたこれをもっと遠くへと運んで行き、よりいっそう決定的に形而上学の地平からこれを引き離すというのである。しかしながら、差異をめぐるこの構造論的アプローチは、ハイデガー的アプローチの特性、すなわち歴史および時間にかかわるその還元不可能な次元を、まさに説明しえていないように、我々には思われる。ハイデガーにとって差異は、我々の歴史の曙にギリシア語において与えられた、存在のあの最初の湧出と不可分である。すなわち、差異は創設的地位を占めているのだ。差異は、一つの「原初的な構造」であるどころか［……］、一つの歴史を、存在の退却の歴史としての西洋の思考の歴史を、創設するのである。☆59

デリダ的概念の雑駁な理解とともに、（存在論的差異があらゆる現存在を刻印づけており、また存在の歴史以前、「我々の歴史の発端」のギリシア人以前にも、現存在があるのだとすれば☆60）ハイデガーのテクストの異論の余地ある解釈を示しているこの反論は、それでいて、真の問題を提起している。差延における（存在の歴史の）創設性の記載の問題、**そしてまた**、原エクリチュールという概念におけるアルファベット的エクリチュールの地位の問題である。さらに一般化すれば、未来に対する、すなわち終わりに対する関係、ということは時間性がそこにおいて展開され、**差異化される**ような、あらゆる記録保存の実効性をもった技術的側面が、問題と

☆59 Marlène Zarader, *Heidegger et les paroles de l'origine*, Paris, Vrin, 1986, pp. 143-144.
☆60 M. Heidegger, *L'être et le temps* (Rudolf Boehm & Alphonse Wahlhens, trad.), Paris, Gallimard, 1964, p. 37. ドイツ語版ではS. 20.〔『存在と時間』原佑・渡辺二郎訳、中央公論社、一九八〇年、九〇—九二頁〕

なる。

プラトンにおけるオルトテースという語に注目するとき、ハイデガーがエクリチュールについて考えていないことは明らかであるし、また同様にして、存在の歴史としての**絶対的創設**（マルレーヌ・ザラデールは正当にもこの絶対性を強調している）を、アルファベット的エクリチュールという技術的‐歴史的事実によって「説明」しようとするのは愚かであろう。それにひきかえ、ギリシア人が、また現代の西洋の世界性が真理を正確さとして理解する**可能性**が、この事実のなかに潜んではいないだろうかと、問うてみなくてはならない。原エクリチュールと差延という概念の浅薄な解釈に場を譲りたくなければ、この問いを避けて通ることはできない。

線条的エクリチュールは、パロールの**通過**への（つまりパロールの過ぎ行く現在への）、**そしてまた**パロールの過去への（つまりパロールの過去**としての**現在への）文字（どおり）の到達を、初めて（この初めてというのは、「非人称的な知」、ヘロドトスによって開かれた書物、幾何学において実現される）可能にするものである——文字どおりで正確《オルト》‐措定《テーズ》的なこの到達は、フッサールによって思念された理念性の、そして一義的には幾何学の理念性の、条件それ自体であるように私には思われる。この条件とは、「誰にとっても、かぎりなく永続しうるような」[☆61]理解可能性のことであるが、これは、それ自体が理念性の条件でもある、意味の再活性化の条件である。ところで、「誰にとっても」というこのような理解可能性は、「先史時代のもろもろの秘義と埋もれた諸文明の沈黙、喪われた諸志向とあかされなか

☆61 J. Derrida, «Introduction», in E. Husserl, *L'origine de la géométrie* (J. Derrida, trad.), Paris, PUF, 1962, p. 87.〔「序説」、フッサール『幾何学の起源』田島節夫他訳、青土社、一九九二年、一三五頁〕

ったもろもろの秘密の埋葬、墓碑銘の解読不能性［……］☆62」によって、まさに拒絶される。このような理解可能性は、意味作用の**記録の正確さ**を要請するのである。したがって、どんなエクリチュールもが、科学の理念的言表の共有化を可能にしうるというわけではない。それは生起したこととして思考されたことを**正確に**、正確《オルト》な‐綴り《グラフ》で**措定し**、ライプニッツの言葉を借りるなら「時間をかけて検討する」ことを可能にする、エクリチュールなのである。自らに対して、完全に到達可能なそれ自身の過去であるような、思考の自己検討――とはいえ、この到達可能性は、透明さを意味するわけではない。というのも、文字（どおり）に思考するとは、自己同一的に、正確に、正確《オルト》な‐綴り《グラフ》で、そこにつねに**再‐到達**できるという**事実**――この事実は、差延のあるひとつの体制を創設する――**からして当然**、言語の原初的な書記性の**差異化**の作用に到達することを意味するからである。

ひとつの〈歴史〉（理念性の唯一可能な地平）の開始である、未来に対する関係の変容が根を下ろしている、アルファベット的であるか否かを問わない**あらゆる**エクリチュールにおいては、もちろん志向性というものが作動している。したがって、ここで正確措定的《オルトテーズ》な記録と呼ばれていることの分析は、痕跡の作用としての、死のエコノミーとしての、原エクリチュールにおける差延としての、この志向性の分析がまずおこなわれることを、前提としている。つまり、「音声中心主義の脱構築」を、前提としているのである。

この脱構築が正当にも強調する事実は、

☆62　*Ibid.*, p. 85.〔同書、一三四頁〕

科学の実践が、以前からずっと、またますます頻繁に、非音声的なエクリチュールに訴えて、ロゴスの帝国主義に抗議することを［……］けっしてやめはしなかった[☆63]ということである。

それにまたもろもろの算術的記録の正確さは、アルファベットの正確さに先行するものである。バビロニアとエジプトの記数法の正確さは、文字よりも先に、天文学と算術を可能にする。[☆64]この意味において、文字によらない数のエクリチュールのこれらのシステムは、すでに正確措定的《オルトテーズ》である。だがまさに、この正確さは、いまだ数の正確さでしかない。理念性の初めとしての幾何学は、計算の正確さだけでなく、演繹の文字化、すなわち証明を、前提とする。[☆65]中国の幾何学は、この観点からすれば、フッサールにとってはおそらくいまだ一つの幾何学ではないのであろう。というのも、中国の幾何学は証明を用いないからである。

したがってここでは、アルファベット的エクリチュールに特性を認めることによって、音声－論理－中心主義的特権を復旧しようとしているわけではない。というのも、文字（どおり）の正確措定《オルトテーズ》が意味しているのは、自己への現前としてのフォーネーに対する忠実さではなく（これは言ってみれば、鏡もまた必然的に産出するファンタスム「でしかない」）、**過ぎ去ったものとしての**過去、文字の**通過**、あるいはまた文字**を介した**パロールの**通過**としての過去の、文字（どおり）の記録――つまりエクリチュールの作用のもつ、〈かつてあった〉ではないに

☆63 J. Derrida, *De la grammatologie* (*op. cit.*), p. 12.〔『根源の彼方に』（前掲）、一六頁〕
☆64 Geneviève Guitel, *Histoire comparée des numérations écrites*, Paris, Flammarion, 1975.
☆65 Giuseppe Cambiano, «La démonstration géométrique» (Giulia Sissa & Marcel Detienne, trad.), in M. Detienne (éd.), *Les savoirs de l'écriture : En Grèce anci-enne*, Paris, PUF, 1988, p. 251sq.

しても）〈かつて生起した〉のなんらかの反復可能性の様態なのである。

ここで問題となっていることが、写真と映画をめぐってすでに提起された問いと似通っているのは、この意味においてである。写真のノエマを構成するのは、現在同士の技術を介した一致と結合から得られる、正確で、客観的な記録である。『明るい部屋』で描出されたいかなる効果も、『インテルビスタ』で作動しているいかなるナルシシズムも、過去と現在とを一致させ、結合させるような再生がおこなわれるのだという確信が、写真的ないし映画的視線の志向を突き動かすことなしには、不可能であろう。同様にして、いかなる幾何学、歴史学、哲学の書物の読みも――ユークリッドの『原論』も、「歴史の父」の『歴史』も、そこにあるのはプラトンの思考なのだと信じ切ってハイデガーが読む『国家』も――ある思考に生起したことの正確さへと、読みによって到達することができるのだという確信、すなわち、アルファベット的記録固有の**感情移入**なしには、不可能であろう。

バルトによれば（ジャック・デリダは『視線の権利』において彼のこの見解に賛同しているように、私には思われる）[☆66]、光《フォト》‐書記《グラフィ》には、絵画には不可能な、〈それはかつてあった〉というる独特の志向性があるということを、思い出そう。「私が「写真の指向対象」と呼ぶものは、あるイメージまたはある記号によって指し示されるものであるが、それは現実のもので**あっても**なくても**よい**というわけではなく、**必ず**現実のものでなければならない。それはカメラの前に置かれていたもの［である］。」写真的視線の**志向**は、ア・プリオリにこのような必然性を措定する。絵画はこのようなア・プリオリを前提としない。同様に、アルファベット的エクリチュ

☆66　J. Derrida, *Droit de regards* (*op. cit.*), p. xxxv.［『視線の権利』（前掲）、一八二頁］

ールは、思考の文字（どおり）さ、すなわち思考「それ自体」、いわば「生身の」思考へと、読みを介して私が到達できることを、ア・プリオリに前提としている――ア・プリオリ性、私見では、パトリス・ロローによってみごとに解説されたこのア・プリオリ性は[☆67]、先史時代の秘義のなかにも、解読不能な墓碑銘のなかにも、存在しない。読者のこのような**志向**なしには、このような**必然性**なしには、フッサールが**共有化**と呼ぶものは不可能であろう。また、バルトが言う、書かれたディスクールは本質的に虚偽の可能性をも含んでいるという事実は、別の問題であり、アルファベット的な読みのこの**必然性**をけっして切り開くことはない。

このことが意味しているのは、当然、前アルファベット的エクリチュールが絵文字的であるということではないし、また、絵文字が絵画のような「事物表象」だということでもない。このことが意味しているのは、アルファベット的な記録の技術は、いささか軽妙さに欠ける隠喩によって今日我々がディスクールの「文字（どおり）さ」と呼ぶであろうものを読者が確立するにあたって、記録のコンテクストを知ることをこの読者に免除する、ということである。**この**「文字（どおり）」は、無媒介的に自給自足状態にある――これは、前アルファベット的エクリチュールの場合には妥当しない[☆68]。

またこのことが意味しているのは、写真の志向性が、このことによって文字の志向性に還元されてしまうということでもない。アナログ的正確措定《オルトテーズ》は絶対的な独自性をもっているのだ（また、この観点からすれば、声のアナログ的記録としての蓄音術は、反対に、写真にきわめて類似している）。しかし、双方とも正確措定《オルトテーズ》であるということが、問題となる。すなわち、

☆67 Patrice Loraux, «L'art platonicien d'avoir l'air d'écrire», in M. Detienne (éd.), *Les savoirs de l'écriture* (*op. cit.*). とくに p. 422.
☆68 Jean Bottéro, *La Mésopotamie*, Paris, Gallimard, 1987.

〈かつてあった〉がエコーのように、「ある星から遅れてやってくる光のように」再来するのだという、ア・プリオリな確信によって開かれた（死のエコノミーとしての先取りにおける）ある過去とある現在との関係が、問題なのだ。したがって、アルファベット的エクリチュールと写真には、**時間**という共通の問いがある。『明るい部屋』において開かれた時間の問いが写真を大きく超え出ていることを、デリダはすでに『プシシェ』において指摘していた。

インスタント写真自体が、この装置がよってたつ技術の近代性における、より古い瞬間性の最も鮮やかな換喩でしかないだろう。この瞬間性は、テクネー一般の可能性とけっして無関係ではないにせよ、これよりも古いものである。細心の注意を払って差異化をおこなうのならば、我々は、あらゆる印にはプンクトゥムがあるのだと言うことができるだろう。［……］我々に**興味をもたせ**、我々の最も賢明で最も知的な読みを突き動かすのは、独特で置換不可能ななんらかの指向対象への関係、すなわちすでに分割されながら一度だけ生起したことへの関係である。［……］この還元不可能な指向性を、写真装置はきわめて強力な陥入のうちに我々に喚起する。☆69

［同一の系における死と指向対象との］この結合と、複製技術、ないし技術そのものとの本質的な関係は、写真の出現を待たずとも、成立したのだ。☆70

☆69 J. Derrida, *Psyché* (*op. cit.*), p. 299.〔「ロラン・バルトの複数の死（者）」（前掲）、三八六頁〕
☆70 *Ibid.*, p. 291.〔同書、三八〇頁〕

この結合は確かにまた、アルファベット的、音声論理的《フォノロジー》エクリチュールの出現を待たずとも成立した。しかし、写真が未来に対する――つまり終わりに対する――あらゆる関係をこのうえなく根源的に切り開くことによって、この結合の還元不可能なプリントを我々に提示するのと同様、音声論理的《フォノロジー》エクリチュールはこの結合の新たな組み合わせを創設する。その帰結の広がりを算定し、そこに設置されるナルシシズムの力学を把握することが、課題として残される。

作家はエクリチュールのなかで**自らを触発する** s'affecte。作家はそこで自らに遭遇し、自らを見、聞き、反射する。ところでこの自己触発 auto-affection は、いわゆる自己触発ではない。というのも、この自己触発は作家の外部を通過し、あらゆる読者にとって反復可能であり、再活性化可能であり、散種可能だからである。今こそ『幾何学の起源』を再活性化させるときである。

フッサールによれば、理念性は、道具性の表面あるいは界面において到達可能である。カントとは異なり、「フッサール的直観は、数学の理念的対象については絶対的に構成的であり、創造的である。つまり、この直観が思念する対象ないし対象性は、この直観以前には存在しなかったのだ。」[☆71] 記録としてのエクリチュールの地平が、フッサールにおけるこの構成作用を条件づけている。顧みれば、『幾何学の起源』のテーマは、初めてということ、ある開始、歴史の開始、**なかでも**幾何学の歴史の開始であり、それればかりではなく、**道具性**の開始でもある。

☆71 J. Derrida, «Introduction» (*op. cit.*), p. 23.〔「序説」(前掲)、三五頁〕

はテクノロジーの界面において維持している関係をめぐる、幾人かのギリシア文化研究者から市民たちが、互いのあいだで、またエクリチュールというテクノロジーを媒介として、あるいて幾何学者、地理学者、哲学者、抒情詩人、悲劇詩人、医者、歴史家、法律家、政治家そして

ところで、**この**「文化世界」が今日要請するであろうことは、**一方では**古代ギリシアにおい

向ける。[☆74]」

てという一般的形式のもとに現れてくる過去の全体へと、多かれ少なかれ直接的にたえず差し析にもまた類似した構造を、呈示している。この歴史的現在は、「それに住みついてつねに企とによってのみ先取りし、この過去のみを先取りするというハイデガー的現存在の実存論的分りではなく、先取りという様式においてのみ本来的に存在し、したがって自らの過去であるこ「文化世界」がそれから成り立っている「歴史的現在」は、『内的時間意識の現象学』にばか**ロセスと、同一的ではないとしても、それに類似したものである**。[☆73]

てこちらから尋ねる可能性が、私に提供される。[☆72]」この伝達のプロセスは、**内的時間意識のプ**読み取りうる文書から、伝承を通して私に手渡されたものの原初的で最終的な志向をあらための、距離を隔てた通信といった意味合いをとどめている。［……］Rückfrage という語は、「郵便や書簡など

この道具性は、問い返し Rückfrage の可能性を開く。

ないのである。

関与しない幾何学など、考えられないからである。すなわち、**道具的過去把持性なき幾何学は**というのも、「〈すでにそこにある〉」の**現前化の技術**によって可能となる共有化のプロセスが

☆72 *Ibid.*, p. 36.〔同書、四七頁〕

☆73 *Ibid.*, p. 44.〔同書、六七―六八頁〕

☆74 *Ibid.*, p. 46.〔同書、七〇頁〕

近年提供された、素材の分析である。このようなことの総体が**他方**で要請することは、「発明者」の過去把持的‐未来把持的構造としての、また**理念的**未来把持として遂行されるあらゆる過去把持がそうである、テクノロジーを介して到達可能な過去の検討としての、「発明」の道具性と時間にかかわる問いである。

それでは、最初のほうから始めよう。デティエンヌにとってエクリチュールとは、一つのテクノロジーである。

> 書き留めること、記録すること、記憶の限界を広げることは、性急に凡庸化されてしまった、書く行為における最も無意味な部分なのではないか？　我々は別の仮説を選択することにした。社会的実践としてのエクリチュールは、一つの思考法であり、認識活動であり、また、知的操作を介入させる。[☆75]

> 学校、[……]用語集、辞書、目録などの未曾有の手段の出現とともにしか、テクノロジーはありえない[……]。書記の実践において練り上げられたこれらの**新たな道具**こそが、ある一定の条件のもとで、知の新たな組織において活発な役割を演じ、新たな知的体制の到来に貢献することができるばかりか、さらに——ギリシアの場合はそうなのだが——**新たな対象を発明し**、あるいは今度は知性の前進を明らかにするような問題を措定することができるのである。[☆76]

☆75　M. Detienne, «L'écriture et ses nouveaux objets intellectuels en Grèce», in M. Detienne (éd.), *Les savoirs de l'écriture* (*op. cit.*), p. 10.
☆76　*Ibid.*, p. 12.

新たな対象を発明すること、それは優れてフッサール的なテーマ系である。しかし、ここで問題となっているのは、数学の理念性ばかりではない。「六五〇年ころに［……］、書かれたものが都市国家に登場する。これはかなり広範な面積にわたって記され、主として政治的な目的のために用いられた。」「公開性の担い手」となったエクリチュールは、**政治的領域を構成する**。「それらが定める意向に各人が従うようにするため、エクリチュールは都市国家における生活の基本的な諸規則を記念碑的なもの、可視的なもの、完全に読み取り可能なものと化す。」ここで獲得されたのは、**同一性の定着**であると言える。というのも、「ザレウコスの最初の発明のうちの一つは、法の言表において刑罰を定めたことであった［……］。エクリチュールは厳密さと正確さとをもたらすが、それはエクリチュールが［……］公開性というその力を行使するかぎりにおいてである。[☆77]」

イソノミア〔市民同権〕が出現するのは、識字化による共有化というコンテクスト、法がありのままで出現するのを可能にする、過去の正確な《オルト》‐措定《ポジシオン》というコンテクスト、道具的な実践による、またポリテイア〔共和国〕の空間と時間それ自体として立ち現れるテクノロジーによる、過去の一般化された同定というコンテクストにおいてである。「法が成文化されると同時に、法を解釈する権利が各人に賦与される[☆78]」ということは、以上のようにして理解すべきなのである。ところで、この出現が**同時に**、西洋に特有な知のあらゆる形式の出現でもあることを、デティエンヌは示している。「成文法の前での平等という意味でのイソノミアは、政治的

☆77　*Ibid.*, p. 17.
☆78　*Ibid.*, p. 17, n. 16.

綱領以上のものである。イソノミアは、知的活動の新たな体制を創設する。[79]」

共有化が解釈の、すなわち差異化の可能性を開き、また要請さえするのは、きわめて一般的な事態である。正確な、「正確《オルト》‐措定的《テーズ》な」同定は、**一つの差異**の生起を強い、最終的な読解の無限の遅延を強いる。記憶のパラドックスとは、記憶が正しければ正しいほど（正確であればあるほど）、いっそう歪んでしまう（つまり、いっそう遅れ、違うものになる）というものである。人工的な記憶の正確《オルト》‐措定性《テーズ》が、すなわちまた、その人工手段なしには何ものでもない記憶そのものの正確《オルト》‐措定性《テーズ》が特別に分析するに価するのは、このような理由からなのである。

この**差延的な同定**は、テクストの**エクリチュールの瞬間からしてすでに**十全に働く。書く者は、自らの現在を過去として記載し、きわめて個別的な〈すでにそこにある〉という、特異で、人工器官的で、正確措定的《オルトテーズ》に人工器官的な形式のもとに、自らの現在を**自らに対して**現前させる。**文字**（**どおり**）**に同一化された**このような〈すでにそこにある〉は、書く者の理性の働きを、誰よりも先に書く者自身が「時間をかけて検討する」ことを可能にする。書き手が書いている最中に起こっていることを検討している我々には、これから書かれるもの、後続の文章が、この〈すでにそこにある〉の読解として、そして**また**〈**すでにそこにある**〉**書かれたもののなかに潜む差延**の読解、解釈、そして最後には（新しい文章という形をとった）記載として、過去‐現在において書かれたものを話題として取り上げるように、思えてきはしないだろうか？　**ある意味では**ライプニッツの言う〈普遍記号〉の願望そのものである、検討の時間的

☆79　*Ibid.*, p. 20.

余裕は、デティエンヌがアルキダマスを引用しつつ示しているように、言ってみればギリシア時代からしてすでにそのようなものとして高く評価されているのである。☆80

公理的であるかぎりにおいて理念性の純粋形式とみなされる、幾何学のエクリチュールというフッサール的テーマ系がふたたび現れるのは、ここにおいてである。「ユークリッドの『原論』は以後何世紀にもわたり、公理的な幾何学、すべてが文字によって書かれた幾何学の権威を認めさせることになる。☆81」これらの変容はまた、ヒッポクラテスの医学（症例の累積による症状の記述性）、地理学と地図学、そして我々の知るような悲劇をも可能にする。チャールズ・シーガルの示すところによれば、「悲劇は、都市国家によって開催されるコンクールの規則に忠実に従って、最初から最後まで書かれたテクストである。☆82」――このようにして、真理というつねに開かれた問いが**悲劇を介して持久する**という事態へと、到達することになる。そしてシーガルもまた、正確措定的《オルトテーズ》に定着されたテクストを検討する可能性、時間をかけて再検討する可能性を、ここで強調している。

ハイデガーは『形而上学入門』において、歴史の地あるいは「起源」（Geschichte〔歴史〕）としての都市国家とともに、神々、神殿、司祭、祭儀、競技、詩人、思想家、王、長老会議、民会、軍隊そして海軍が同時に出現したことを語っている。☆83 このような同時性が認められるのは、ポリスが時間から出発して思考され、しかもその時間がここでは「複数の様態で」与えられているからである。しかしながらハイデガーがまさに指摘していないのは、王の退位、公開性の世俗化、この時間性の地平としてのイソノミアである。そこで問われなくてはならないの

☆80 *Ibid.*, p. 21.
☆81 *Ibid.*, p. 23.
☆82 Charles Segal, «Vérité, tragédie et écriture» (Stella Georgourdi, trad.), in M. Detienne (éd.), *Les savoirs de l'écriture* (*op. cit.*), p. 330sq.
☆83 M. Heidegger, *Introduction à la métaphysique*, Paris, Gallimard, 1967, p. 159.〔ハイデガー『形而上学入門』川原栄峰訳、理想社、一九六〇年、一九六頁〕

は、時間とテクネーとの関係である。（存在論的）差異は、「差延的同一性」の公開性の地平のなかで、**この**差延として働く。差延はヘルメネイア〔解釈〕であり、このヘルメネイアは時間としての時間の不断の到来である。このような時間の問題系によってこそ、なぜ、そしていかにして「プリュタネイオンに、あるいは共同集会場の庇護のもとに成文法を預けることが、ある政治的実践を作動させ、社会関係に介入し、公的生活を変容させることになるのか」☆84を、理解することができるのである。

このような実践によって、書き手は時間をかけて検討する「ばかり」ではなく、「望む者の検討に身をさらす」こともできるようになる☆85。都市国家においては、「エクリチュールの実践は政治的権利の行使と相伴っており」☆86、「読者は筆者と異なりはせず」☆87、また、フッサールの言う共有化が起こりうるのは、現実になされる読みが（潜在的にではあれ）本質的には、約束されたエクリチュールとしてのみ価値づけられるという、このような原理的な可逆性ないしは相互性においてのみである。実際、フッサールが人工器官的で正確措定的《オルトテーズ》な共有化として措定しているものは、このような等価性を**根拠としており**、そればかりではなく、このような等価性はつねに実現され**ない**ことも**ありうる**ということを根拠としているが、これは**読みに二つの地位**を賦与する。この地位とは、**受動的**もしくは**能動的**な総合である☆88。**能動的**な読みは、たとえば定理に対する、機械的な再理解であるだけではない。能動的な読みはこの定理の**再活性化**、この定理の**原初的な明証性の再開**であり――ここから先取り的なプロセスの作動が可能となり、このプロセスは新たな幾何学的言表を、すなわち幾何学という道具によって開かれた差延

☆84 M. Detienne, «L'écriture et ses nouveaux objets intellectuels en Grèce» (*op. cit.*), p. 39.
☆85 *Ibid.*, p. 44.
☆86 *Ibid.*, p. 46.
☆87 *Ibid.*, p. 48.
☆88 E. Husserl, *L'origine de la géométrie* (*op. cit.*), p. 187.〔『幾何学の起源』（前掲）、二七三頁〕

において一つの差異を、産出することになる。しかし、**受動的**な再理解もまた、いずれにしても送信者と受信者とのあいだの、テクノロジーに関する相互性を前提としている。というのも、原初的な明証性からはずれた、非再活性化的な再理解は、それでいて一つの理解であることには変わりがなく、このかぎりにおいて、受動的な再理解は、幾何学的言表の術語が受信者によって幾何学的術語**として**理解されるという条件のもとでのみ、可能であるからだ。ところで、このような理解が可能なのは、この受信者がエクリチュール**における**自らの言語の行使を介して、この言語に**分析的に**到達するということを、たとえば**術語**とは何かという概念それ自体を、すでに習得しているかぎりにおいてである。このような習得は**道具的実践**を前提としているが、**この道具的実践はイソノミア——の条件であるし**、同時にこれは、アウトノミア、すなわち**政治的なだけではなく、科学的、哲学的、文学的、芸術的等々のイソノミア——**語の**完全な意味での市民性**の開始でもある。

共有化はハイデガーにおいては、「存在の歴史」における歴史性である。また、歴史性の意味するところは、〈すでにそこにある〉である過去による報告、すなわち事実性としてのこの〈すでにそこにある〉から出発する〈終わりへとかかわる存在〉へ向けての先取りである。〈終わりへとかかわる存在〉においては、「現存在は、その事実的存在において、それがすでになんであったかであり、またいかにあったかである。顕在的であろうとなかろうと、現存在はその過去**である**。[☆89]」現存在はその過去**であるが**、しかしそれでいてその過去は**現存在のもの**ではない。現存在「**以前から**」〈すでにそこにある〉、現存在の過去は**この意味において絶対的につ**

☆89 M. Heidegger, *L'être et le temps (op. cit.)*, §6.〔『存在と時間』(前掲)、九〇頁〕

くりものである。先取りは、存在論的差異が**問い**として措定されるとき、「存在の歴史」を特徴づける先取りとなり、またこの問い**そのもの**となる。ところで、このような差異化はある危機の、ある批評の開始であり、〈すでにそこにある〉――**我々のもの**ではないが、それでいて我々がそれ**であるところ**の〈すでにそこにある〉――の、我々が描出してきたようなテクノロジー的共有化の外では、不可能なのである。したがって、**現存在がそれであり**、「先取りするもの」としての現存在が**それのみであるよう**な「〈すでにそこにある〉」への到達をめぐるテクノロジー的条件に関する問いが、措定される。**これらの諸条件は道具的である**。実存論的分析は、原理的にこのようなことを排除してしまう――そこでは、用具的有用性に還元された道具性は、**必然的かつ排他的**に気遣いの時間に属しており、時間の通俗化を挙行する。

ここで私があえて提示している仮説は――ジャン・グライシュの指摘が私に確証するように[☆90]――ポール・リクールによって開かれたもろもろの問いの領野と異質なものではないように思われる。リクールの『時間と物語Ⅰ』[☆91]においては、Sittlichkeit〔習俗〕がそこに成立する、「遺伝的調節が崩れてしまった地帯」に特有のプログラム系が問われている。同様に『時間と物語Ⅲ』においては、古文書と痕跡という視点から、そしてこの意味では〈すでにそこにある〉のアポリアとして、ハイデガーの時間性が**まさに**分析されている。[☆92]しかしながら、そこで問題となっているのは、**技術性**のなかに宿っているであろう時間の根源的なアポリア性であるよりは、暦法や、日付可能性、延長性、公開性にかかわるあらゆる装置などの**宇宙的な**結合子である。[☆93]それ自体は論じられていないこれらの結合子の技術性は、このような検討から逃れ去

☆90 Jean Greisch, «La trace, l'historialité, le destin», in *Confrontation*, n° 17, Paris, Aubier, printemps 1987, p. 143.
☆91 Paul Ricœur, *Temps et récit I*, Paris, Seuil, 1983, p. 93.〔『時間と物語Ⅰ』久米博訳、新曜社、一九八七年、一〇八頁〕
☆92 P. Ricœur, *Temps et récit III*, Paris, Seuil, 1985, p. 90sq.〔『時間と物語Ⅲ』久米博訳、新曜社、一九九〇年、一〇七頁以降〕
☆93 *Ibid.* とくにpp. 133-144.〔同書、一八九―二一八頁〕

る現象学的時間それ自体の内奥なのである。

政治的－歴史的時間の**特徴的な界面**とは、エクリチュールというテクノロジーであろう。技術とはここでは、差異化と遅延としての、差延化された時間としての時間を反射する、この差延的表面、道具的鏡である。

フッサールの分析に不十分な点があるとすれば、その不十分さは、幾何学というものに内在する遠隔交流のプロセスを、幾何学者たちの間主観性という唯一つの領域に限定してしまうことに起因する。言ってみれば、エクリチュールは幾何学を正当化するために**最初から**必要であるが、それにもかかわらずこの必要性は、発明者の**継承者たちにとっての**正確措定《オルトテーズ》的な記録保存の必要性として、**事後的に**しかやってこないのである。しかし顧みれば、検討のこの時間的余裕は**発明それ自体の地平**であり、発明の反復の地平であるばかりではない。むしろ（過ぎ去ったこと（＝生起したこと）としての〈すでにそこにある〉の）反復**は**発明**なのである**。「文化の共同世界における伝統の沈殿化の機能は、個人的意識の過去把持の有限性を乗り越えるところにあるだろう」[☆94]というのが正しいとしても、（記載あるいは記録としての）「共同世界における」過去把持の有限性の超克とは、発明の契機**からしてすでに**必要であり、あるいはむしろ、**何にもましてこの契機のこと**なのではなかろうか？

「意味は他の主観にとってそうである以前に、同じ主観の別の契機にとって同一な対象の理念性なのである」というのが正しいとすれば、そしてまた間主観性が「まず、ある仕方で、私と

☆94 J. Derrida, «Introduction» (*op. cit.*), p. 45.〔「序説」（前掲）、六九頁〕

私、私の顕在的な現在ともろもろの他の現在そのもの、すなわち他のものとしての、そして現在としての（過ぎ去った現在としての）それらとの非経験的な関係[☆95]であるならば、「私自身」の正確措定的《オルトテーズ》な〈**すでにそこにある**〉は逸失される他ありえない。というのも、人工器官性としてのあらゆる〈すでにそこにある〉の本質的な刻印とは、欠陥――そして欠陥の「なくてはならない」性であるからだ。これには、同一的な（正確措定的《オルトテーズ》な）定着も含まれるし、その場合にはなおさら顕著である。

話し言葉によるコミュニケーションのみでは、「〈絶えることのない存在〉および存続する現存」が不可能であることが正しいとすれば[☆96]、そしてまた根本的に、またあらゆる瞬間において、原初的に再活性化可能なものとしてのみ自らを与えるような理念性に到達するためには、〈すでにそこにある〉そのものが定着され、記録されなくてはならないということが正しいとすれば、このことは発明自体につきまとっているということになる。それゆえ、オルガノンなき「理性」あるいは「理念」などはないと言わなくてはならない。エイドス、イデア、そしてロゴスはつねにすでに技術－論理的なのである。この技術論理《テクノロゴス》は理念性と科学一般の、さらには科学ばかりでなく、時間そのものの、とりわけ政治的、芸術的、哲学的、（エートスの時間という意味で）倫理的な時間の、すなわちあらゆる実用知の、処世知の時間の、界面、支持体、あるいはヒュポケイメノンなのである。

正確措定的《オルトテーズ》なものとしての線条的エクリチュールの現象学、パトリス・ロローのみごとな表現

☆95 *Ibid.*, p. 82.〔同書、二二〇―二二二頁〕
☆96 E. Husserl, *L'origine de la géométrie (op. cit.)*, pp. 185-186.〔『幾何学の起源』（前掲）、二七二頁〕

を借りるとすれば現象記述 phénoménographie が、ジャン・ボッテロのいくつかの分析が示すように[☆97]、しかもこれらの分析が明らかに囚われている「論理中心主義」の再来の彼岸で、音声論理化《フォノロジー》が特異な仕方で措定するような、**コンテクスト**をめぐる困難な問いに取り組むはずであろう。それをおこなう余地が本論では我々に残されていないし、「記録保存の近代的諸様態」を特徴づけるもろもろの「正確措定《オルトテーズ》」およびそれらの「正確措定《オルトテーズ》」が切り開く未来に対する関係を特定する余地は、なおのこと残されてはいないのである。

☆97　J. Bottéro, *La Mésopotamie (op. cit.)*, p. 111.

ハイデガーの〈基礎的存在論〉における「声」と「現象」

ジャック・タミニオー

（愼改康之訳）

『存在と時間』におけるフッサールへの言及は、本文においても脚注においても比較的少ない。カントへの示唆よりもそれは少なく、いわんやアリストテレスへの参照と比べるとはるかに少ない。数におけるこの控えめさは内容においても同様である。あるときは師への、先駆者への謝意が、非常に一般的なかたちで表明されるにとどまる。またあるときは、現存在の分析論によって導かれたいくつかの記述がフッサールのいくつかの分析と比較しうる——あるいは対決させうる？——ということを、読者に指摘するだけである。いずれの場合においても、そのようなかたちでの示唆は読者に不満を残す。現象学は『論理学研究』においてその「打開 Durchbruch」をなしたということ。フッサールは、基礎的存在論の研究がそのうえで可能となった「土台」あるいは「地盤 Boden」を築いたということによって敬意を表されて然るべきであるということ。[☆1] したがって、基礎的存在論の著者が「『事象自身』の開示におけるいくらかの前進」をもたらしたのはフッサールのおかげであるということ。[☆2] あるいはまた、フッサールのア・プリオリ主義には「構成主義」的なものは何もなく、それは「すべての真正な哲学的経験主義の意味」を活性化するばかりであるということ。[☆3] 以上のことに対して、読者は難なく同意

☆1 Martin Heidegger, *Sein und Zeit*, Tübingen, Max Niemeyer, 1927, S. 38.〔『存在と時間』、『世界の名著74 ハイデガー』原佑・渡辺二郎訳、中央公論社、一九八〇年、一一五—一一六頁〕

☆2 *Ebd.*, S. 38.〔同書、一一七頁〕

☆3 *Ebd.*, S. 50.〔同書、一三三頁〕

しうるであろうけれども、それが方法上の考察にとどまり、しかも非常に一般的な考察にかぎられているため、基礎的存在論が正確にはどのような点においてフッサールとの血縁を引き合いに出すことができたのかについて何も示してはくれない。他方、限定された諸分析の枠のなかで特定のテーマやテクストが取り上げられるとき言及が目指すのは、フッサールの問題系における欠落——たとえば、『厳密学としての哲学』と『イデーエンII』とにおける人格についての分析には「人格的存在」の問題を提起しなかったという欠陥があることが申し立てられる☆4——を指摘することであるか、さもなくば、非常に無味乾燥であるためにいわば使用法のわからないままになっている情報を届けることであるかである。後者についてはとりわけ、『存在と時間』第十七節と第三十四節の注にあらわれるフッサールへの言及の場合がそうである。第十七節の注は「記号 Zeichen とBedeutungとの分析のためには」『論理学研究』第一研究を参照、と指摘する。第三十四節の注は改めて「Bedeutung の理論に関しては『論理学研究』第一研究および第四—第六研究を参照」と指摘している。こちらの注には、それに加えて、「その問題系のいっそう徹底的な把捉のためには」『イデーエンI』第一二三節以下を参照という指摘がある。

使用法の欠如によって、これらの示唆は謎につつまれたままである。しかしながら少なくとも、それらが繰り返し述べられているというそのことによって、ハイデガーによってフッサールの Bedeutung の理論に与えられた重要性がそこでは告げられており、とりわけ『論理学研究』第一研究におけるようなかたちでの Bedeutung の理論の重要性が告げられているのだが、

☆4　*Ebd.*, S. 47.〔同書、一二八—一二九頁〕

この第一研究とはまさに、『声と現象』が比類のない厳密さと明敏さをもってその立論を吟味した当のものである。ハイデガーの『論理学研究』第一研究に対する関心には何が隠されているのだろうか？　彼が読者をそこへと差し向けるのは、何が現存在の分析論とそれを分かつのかということを読者に気づかせるためだろうか？　それとも逆に、読者にそれら二つのテクストのあいだの血縁関係のようなものを見つけさせるためであろうか？『存在と時間』にとどまっていたのでは、この著作がそうした問題に関して控えめである以上、これらの問いは解答不能のままにとどまる。しかしこの本が出版された時期におこなわれたハイデガーの授業はこの点に関してそれほど控えめではないということに気づきさえすれば、もはや解答が見つからないということはない。

かくして、『現象学の根本諸問題』に関する一九二七年夏学期マールブルクでの講義には次のような一節がある。「実際の研究において記号の問題が扱われるようになったのは、ごく最近のことである。フッサールは『論理学研究』第一研究「表現と意義 Ausdruck und Bedeutung」のなかで、記号 Zeichen、指標 Anzeichen、表示 Bezeichnung に関して、それらのすべてを Bedeuten と区別されるものとして、本質的な規定を与えている。書かれたものが語られたものに対して果たす記号としての機能は、語られたものが語り Rede のなかで bedeuten されているものに対して果たす記号としての機能とはまったく別物であり、また逆にそれは、書かれたものやエクリチュールが、それらによって目指されているものに対して果たす機能ともまったく別のものである。ここにおいて象徴的関係 Symbolbeziehungen の多様性が姿を現すのであり、それをその基本的な構造において把握するのは非常に困難であって、それには広範にわたる研究を必要とする。フッサールによる研究の補足物として、『存在と時間』（第十七節「指示と記号 Verweisung und Zeichen」）のなかに何がしかのものが、ひとつの原則的な方向性において見いだされる。今日、象徴という言葉がよく口にされるようになったけれども、それによって目指されているものについての研究はなされておらず、あるいはまた、象徴というこの驚くべき語のもとに隠されているもろもろの困難については何も感じとられていない。☆5」このようにして、第十七節の注の意味が明らかになる。この注は、ハイデガーのフッサールに対する境界画定を読者が自分自身で理解するようにと促すどころか、これはまさにひとつの血縁関係の告白である。その血縁関係は、次のように要約できる。すなわち、『論理学研究』第一研究によって提出された諸規定がハイデガーにとって「本質的」であるということ、そしてより正確に言えば、Bedeutung を一方に、記号、指標、表示を他方にというこの区別が、本質的であるということである。

我々が今引用した箇所が明確に述べているのは要するに、『存在と時間』の第十七節は、それがフッサールの探求を補完するものである以上、やはりこの「本質的な」区別をその支えとしている、ということである。留意すべきはただ単に、——もっともけっして単純なことではないのだが——この節が、フッサールの探求には欠けているとされる「原則的方向づけ」のなかに記入されているということ、つまり、端的に言ってこの節はフッサールの仕事に不在である現存在の存在論のなかに記入されているということである。

最後に、引用したページが同時に示唆しているのは、『存在と時間』のなかで語り Rede につ

☆5 M. Heidegger, *Die Grundprobleme der Phänomenologie* (*Gesamtausgabe*, Bd. 24), Frankfurt am Main, Vittorio Klostermann, 1975, S. 263.

いて、そしてその語りの場でありそれに生を与えるものとしての Bedeutung について言われていることがらが、『論理学研究』第一研究の教えを問題にするどころか、それを現存在の存在論によって要請された「原則的方向づけ」の方向に延長している、ということである。したがって、ここにおいても我々は、第三十四節の注は単なる情報の提供ではなく、それもまたフッサールとの血縁関係の告白を含んでいると考えるよう促される。

我々のここでの目的は、第十七節と第三十四節とにおける血縁関係のしるしについて目録を作成することではなく、むしろ、現存在の存在論によって採用された「原則的方向づけ」が、語り Rede の最も深層にある形態の分析、すなわちそれを良心と訳すのがはばかられる Gewissen の分析に到達するさいの、この血縁関係の維持について調査することである。ここで調査すべき事項は、マールブルクでのもう一つの講義によって課されているように思われる。というのも、その講義は、『存在と時間』の――とりわけ第十七節と第三十四節の――いわば最初のヴァージョンを提示すると同時に、そこへ導かれた探求が正確にどのような点においてフッサールからの相続をもち出しているのかについても語っているという、二重の利点をもっているからである。この講義とは、一九二五年の『時間概念の歴史への序説』であり、その序論部は、志向性の発見、範疇的直観の発見、ア・プリオリの原初的意味の発見という三つの決定的発見の功績をフッサールに帰している。我々の目的と最も密接にかかわるのはそのうちでも第二の発見であり、これによって我々は、我々が調査すべき事項を決定することができる。

概して言えば、この講義の序論部全体を通して、フッサールの教え――なによりもまず『論理学研究』の教え――と、アリストテレスの教えとが、交互に重ね合わされている。その大部分において、この重なり合いは語り Rede にかかわっている。この語り Rede とは、一方でフッサールによって用いられている語であり、他方ハイデガーはこの語によってアリストテレスのロゴスを訳している。

『命題論』によれば、[☆6] あらゆるロゴスは意味的 sēmantikos であるが、必ずしもあらゆるロゴスが命題的 apophantikos というわけではない。これについてのハイデガーの注釈は次のとおりである。ロゴスないし語りのすべては、一般に語りが bedeuten する、すなわち何かを意味するかぎり、「Bedeuten という意味において何かを示し、理解可能な何か Verständliches を与える」かぎりにおいて、意味的である。しかし、テオレインすなわち視線としてのロゴスのみが、命題的である。

したがって階層化された二つのレヴェルの提示があるということになる。意味的であるにせよ命題的であるにせよあらゆる語りは理解可能な何かを示し zeigt、そしてそこに最も一般的な意味における Bedeutung が存する。しかし願いや誓いないし祈りがそうするようなかたちで理解可能ななにがしかを示すことと、そのようにして示されるものそのものを直接見させることとは、別のことである。提示のこの二つのレヴェル、一方は理解可能なもの一般を与え、他方は何かを直接見させるという、この二つのレヴェルには、Bedeutung の二つのレヴェルが対応する。すなわち、一方は理解可能なもの一般を与えるのみであり、他方はそこに限定され

☆6 アリストテレス『命題論』第四章 17a1sq.

ることなくむしろ事象そのものをその本来的なかたちにおいて見させるものであり、事象の把握 sacherfassenden ないし事象そのものの視である。[☆7]

強力な直観主義的モチーフが右のようなアリストテレス読解を統御していることに疑いはない。そしてハイデガーのフォーネーについての解釈を決定しているのは、まさにその直観主義的モチーフである。ハイデガーによれば、「それが具体的に遂行されるとき、語りには、発話という性格、すなわち語のなかでの声による表明という性格がある」ということをアリストテレスがほのめかすとき、次のことを理解しなければならない。すなわち、「この性格（フォーネー、Stimme、声）がロゴスの本質をなすのではなく、逆にフォーネーの性格は、アポファイネスタイとしてのロゴスの本来的な意味にもとづいて、つまり語り Rede が本来的 eigentlich にそうであるところのもの——提示的であり見させるもの——にもとづいて決定される」ということである。[☆8] 声と現象とのあいだには絆があるが、現象のほうが声を統御しているのであり、したがって、声は、それが最も本来的な意味における現象を受け入れるのみにとどまるとき、それがもつ最も本来的なものにまでみずからを高める。ハイデガーが『命題論』と『論理学研究』の第一研究とをひとつづきに引用するということがある以上、[☆9] 次のように問うことができるだろう。すなわち、アリストテレスの論説のハイデガーによる読解を統御しているのは『論理学研究』第一研究によって提起された「本質的区別」ではないだろうか、つまり、ハイデガーによる意味的なものと命題的なものとの性格づけを決定しているのはその本質的区別ではないだろうか、と。

☆7 これらいっさいについては以下。M. Heidegger, *Prolegomena zur Geschichte des Zeitbegriffs* (*Gesamtausgabe*, Bd. 20), Frankfurt am Main, Vittorio Klostermann, 1979, S. 115-116.〔『ハイデッガー全集第20巻 時間概念の歴史への序説』常俊宗三郎・嶺秀樹・レオ・デュムペルマン訳、創文社、一九八八年、一〇二—一〇四頁〕

☆8 *Ebd.*, S. 116.〔同書、一〇三頁〕

☆9 Cf. M. Heidegger, *Die Grundprobleme der Phänomenologie* (*a. a. O.*), S. 263.

ともかくもさしあたっては、フッサールの決定的発見、すなわち範疇的直観 kategoriale Anschauung の発見についてハイデガーが他の何にもまして詳細に分析する際、直観主義的なモチーフがそこで中心的な役割を演じているということを認めるとしよう。ドイツ語の **Anschauen** はギリシャ語のテオレイン theōrein に相当する語であり、我々はアリストテレス的ロゴスをハイデガーが性格づけるさい、その中心にこのテオレインがあるということを指摘したばかりである。直観 Anschauung はフッサールによる語りの理論においてもやはり中心にあり、これはジャック・デリダによってなされた問いかけが最も執拗であったもろもろの点のうちの一つである。逆に、ハイデガーがこの点に関してフッサールの分析に同意しているということには疑いがない。

以上についてさらに詳細に検討してみよう。

フッサール的な意味における Rede（語り）がまず陳述的なものであるということ、語りは本質的にもろもろの陳述によって構成されており、ゆえにそれはひとつの論理学、ひとつの認識論 Erkenntnislehre に属しているということ、こうしたことは、ハイデガーがそれをそのまま支持することのけっしてないテーマ系である。『存在と時間』は、陳述は語りの原初的な様態などではまったくなく、語りとはまずもって解釈的な性質のものであるということを主張するだろう。語りとは何よりもまず事物の状態をしかじかのもの**として**把握することであり、したがって陳述とは、解釈的明示のひとつの派生的様態にすぎない。[☆10] 陳述の特権に対する批判と、解釈 Auslegung に対して派生的であるような陳述の性質についての論証とは、一九二五年の講義に

☆10 M. Heidegger, *Sein und Zeit* (*a. a. O.*), §33.〔『存在と時間』（前掲）、第三十三節〕

おいてまだそのようなかたちでは明言されてはいない。とはいえ、語りは現存在のひとつの存在可能性でありしたがって「**学的論理学**の意味とは、語りというこうした現存在のア・プリオリな構造 dieser apriorischen Daseinsstruktur を取り出すこと、解釈的説明の諸可能性や種類を取り出すことである［……］」と力説されることにより、そうした批判と論証とがそこには予告されている。[☆11] したがって論理学には、『論理学研究』のなかでフッサールが考えていたような究極的なものは何もなく、論理学は現存在の存在論へと送付される。究極的な地位をもつのはこの存在論なのである。

しかし、フッサールにおける認識論 Erkenntnislehre の優位が現存在の存在論の優位によって置き換えられたとはいえ、範疇的直観の教説が与えるような Bedeutung に関するフッサールの教えは、その意味をずらされながらも、無傷のままに残っている。その教説によれば、語り Rede は、それが bedeuten するかぎりにおいて、もろもろのイデア性――すなわち諸形式や諸範疇――の複合的総体によってみずからを支えており、そしてそうしたイデア性は、感性的知覚に与えられた事実的内容のすべてに対して余剰であるかあるいは超過であるにもかかわらず、ひとつの直観に与えられる。それが、感性的ではなくイデア的な直観、いわゆる範疇的直観である。したがって、語りが表現するもろもろの Bedeutung は、最終的にそうしたイデア性の直観的な視をみずからの根拠としている。語りにおいて表現が可能であるのは、イデア性の直観 Anschauung のおかげなのである。このことに関してハイデガーは次のように書いている。「あらゆる行為の諸表現 Ausdrücken や被表現性 Ausgedrücktheit のこの本来的な意味 eigentlicher Sinn を、

☆11 M. Heidegger, *Prolegomena zur Geschichte des Zeitbegriffs* (*a. a. O.*), S. 364.〔『ハイデッガー全集第20巻』（前掲）、三三一頁〕

原則的に、論理的なものの構造についての問いかけの前景に置いたのは、現象学的研究の本質的な功績である。」そして彼は次のようにつづける。「このことは、事実上我々の行為があまねく陳述によって成就され、そのつど特定の表現性において遂行されるということを考えるなら、驚くべきことではない。事実上また我々の最も単純な知覚や状態がすでに**表現されたもの**であり、それはさらに特定の仕方で**解釈されたもの**でもある。我々はそれほど第一次的また原初的に対象や物を見るわけではなく、むしろまずこれらについて語る。より正確に言えば、我々は見るものを言い表すのではなく、逆に人が事象について語ることを見るのである。[☆12]」

最も深層において、語ることはしたがって見ることである。この点において、上の数行は、ハイデガーにとってフッサールの教えとアリストテレスの教えとが合致しているということを意味している。またそれによって、『存在と時間』の第三十四節の注が何故『イデーエンⅠ』の第一二三節以降に卓越した徹底性という利点を認めるのかということも、理解することができる。つまりそれは、フッサールがそこで、純粋なままの表現すなわち論理的なBedeutungとしての表現を、「非生産的」なもの、そして直観に与えられた前表現的な意味を反映するだけのものとみなしているからである。[☆13] とはいえ、我々が引用した数行は、フッサールによって見るべきとされるものとハイデガーによって見るべきとされるものとが一致するということを意味しているわけではない。この数行は実際、忠誠と再我有化とを巧みに結合させており、したがって意味をずらしている。フッサールがBedeutungの「諸作用」について語るところでハイデガーは「諸行為」について語るのだが、それとともに現象学的探求の場をずらしてい

☆12 *Ebd.*, S. 74-75.〔同書、六七―六八頁〕
☆13 Cf. Jacques Derrida, *La voix et le phénomène*, Paris, PUF, 1967, p. 83sq.〔『声と現象』高橋允昭訳、理想社、一九七〇年、一四一頁以降〕

る。すなわち、問題となるのはもはや諸思惟作用 cogitationes ではなく、行為するあるいは実存するその仕方である。フッサールが表現について語る場所でハイデガーは解釈について語る。そしてそれとともに彼は、フッサールにおいて Bedeutung の「諸作用」が有する認識よりも深層に、了解 Verstehen があり、それが、実存する様式全体に生を与えるのだということを示唆している。そしてこのように意味をずらしているというそのこと自体が示唆するのは、ハイデガーによって決定的であるとして讃えられたフッサールの第一の発見、すなわち志向性の発見が、彼によってそのまま引き継がれたわけではないということである。というのも、志向性が性格づけるのは意識 Bewußtsein のみであり、志向性は思惟作用 cogitatio の思惟対象 cogitatum に対する構造的な関係以外の何ものをも指示することができないからである。

フッサールの決定的発見のうち第三のもの、すなわちア・プリオリの発見について言えば、これもやはりハイデガーによってそのままのかたちで支持されるわけにはいくまい。しかしそれが何故かということを理解するには、彼が範疇的直観についてのフッサールの教説とのあいだに交わした議論をより詳細に検討する必要がある。『論理学研究』が言及しているもろもろの範疇的直観のなかに、ハイデガーが非常に早くから引き受けていた理論的企図との関連において、まったく独自の重要性を備えていると彼の目に映ったものがひとつある。それはすなわち、「存在」の意味についての問いかけである。『論理学研究』には実際、「〈存在〉とは実在的述語ではない」というフッサールによって支持されたカント的テーゼだけではなく、「〈存在〉」はひとつの範疇的直観に与えられるという、むろんカントとは無縁のテーゼもまた見られる。

「存在」が実在的述語ではないということは、「存在」がひとつの存在者ではないということを意味しており、さらには、それが存在者的な何者でもなく、存在するものの〈もの性〉を決定するもろもろの述語とはひとつづきをなしていないということを意味している。「存在」がひとつの範疇的直観に与えられるという、このことこそが、ハイデガー自身その最後のゼミナールでそれを明かさねばならなかったように、基礎的存在論の「土台」を保証することになる。『論理学研究』における範疇的直観の理論が余剰ないし過剰としての地位を与えたもろもろのBedeutungのうちで、「存在」のBedeutungが彼の目には最も根本的なものであると見えたからこそ、ハイデガーは、彼が決定的であると考えたフッサールの三つの発見のすべてを同時に変容させたのである。まず志向性の変容。志向性よりも深層に、現存在の、それが存在しているかぎりにおいて存在者への、したがってもろもろの存在者の存在への、さらには現存在みずからがそうであるところの存在者の存在への、開示がある。つぎに範疇的直観の変容。「存在」がありきたりのBedeutungではなく、第一次的なBedeutungであるとするなら、範疇的直観の発見の最も深層にあるのは、存在の了解である。最後にア・プリオリの意味の変容であり、これも同様の理由による。存在が第一次的なBedeutungであるとするなら、そのときア・プリオリは、フッサール的意味での内在性の場であるところのノエシス－ノエマの相関関係にとどまることはできないであろう。ア・プリオリとはむしろ、「存在のひとつの名」であり、「もろもろの存在者の存在の存在構造」のひとつの性格である。[☆14] しかし、変容させられた三つの発見は互いに連鎖しあっており、その連関を決定しているのが直観主義的なモチーフである。ハ

☆14 M. Heidegger, *Prolegomena zur Geschichte des Zeitbegriffs* (*a. a. O.*), S. 101-102.〔『ハイデガー全集第20巻』（前掲）、九〇―九一頁〕

イデガーはこの点を、「ア・プリオリへの接近法」とは直観であり、ア・プリオリは「単純な直観のなかでそれ自身において提示されうる in einer schlichten Anschauung an ihm selbst aufweisbar」と述べつつ強調している。[☆15] それら三つの変容は結局、存在が現象学における現象**そのもの**であるということを意味しているのだ、ということを認めるとき、問題は、その存在という現象が、我々が見てきたようにそれ自身直観的な透視であるところのどのようなロゴス（あるいは語り Rede）に対応するのかを知ることである。そして、アポファイネスタイとしてのロゴスの本来的な意味にはひとつの声（フォーネー、Stimme）が対応している以上、問題は、存在という現象の透視に専心するロゴスにおいてどのような「声」が作用しているのかを知ることである。

しかしここで、『論理学研究』第一研究ともアリストテレスの教えとも無関係でないひとつの区別が是非とも必要である。我々がすでに見たように、ハイデガーは、Bedeutung と、記号、指標、表示との、フッサールによる区別を、本質的なものとみなす。彼は、我々がすでに示したごとく、その区別がアリストテレスによる命題的と意味的との区別に一致するように見えるということを示唆する。ところで、第一次的な Bedeutung が存在であるということが確かであり、その存在は我々がそうであるところの存在者によって直観的に了解されるということが確かであるとするなら、Bedeutung の理論は、現存在の存在論すなわち存在を了解する存在者についての存在論以外に、その「根」をもちえないであろう。[☆16] この存在論は、周知のように、本来的なものと非本来的なものとの区別、みずからを目的として実存することと日常的

☆15 *Ebd.*〔同書、同箇所〕
☆16 M. Heidegger, *Sein und Zeit* (*a. a. O.*), S. 166.〔『存在と時間』（前掲）、二九六頁〕

に実存することとの区別を、その骨組みとしている。この区別が、アリストテレスによるプラクシスとしての行為とポイエーシスとしての行為との区別から着想を得てそれを存在論化しているものであるということを、我々は他の場所で示そうと試みた。[☆17] 詳細に検討してみると、こちらの区別もまた命題的と意味的との区別と無関係ではない。実際、『ニコマコス倫理学』によれば、プラクシスが本来的にそれがそうであるところのものであるのは、それが自己本来の表明、自己本来の放射に専心し、自己本来の卓越を目指し、したがってそれが目的因 hou heneka となるような、そうした場合のみに限られる。そのような資格において、プラクシスはその根本において命題的である。逆にポイエーシスのほうは、自分自身のうちにその目的をもつのではなく、自分の外にひとつの制作物というかたちでその目的をもつような、そうした活動であり、この制作物は、いったん存在してしまえば、相対的な pros ti あるいはある特定の tinos 後の諸目的のためのひとつの手段にすぎない。そうした資格において、ポイエーシスはその根本において意味的であり、そのテロスすなわちその制作物はそこから逃れ去ることをやめず、指示の終わりなき循環のうちに記入されることになる。

この最後のモチーフこそ、『存在と時間』の第十七節「指示と記号」が開拓する当のものである。

日常的環境のただなかにおいて有用なものの制作と扱いとに専心するポイエーシスの活動に依拠しつつ、この節は次のことを明らかにしている。すなわち、記号とは、他の物を示すという関係のなかで物としての状態を保つような事物的な vorhanden ものではまったくなく、道具的

☆17 Cf. Jacques Taminiaux, *Lectures de l'ontologie fondamentale*, Grenoble, Jérôme Millon, 1989.

な zuhanden もののひとつの特殊なケースにすぎないということ、記号の特徴である提示的指示は、したがってそれ自体、あらゆる道具的なもの一般の存在論的な特徴である「何かのための有用性」という、より深層にある指示を基盤としているということである。道具的存在者Zuhanden を構成しているこのより深層の指示（のために um zu あるいはアリストテレスの言語における相対的 pros ti）は記号の存在論的な基礎であるから、「それ自身はひとつの記号としては把握されえない」[☆18]。とはいうものの、記号は、他の道具的なものに対して、環境世界を目立たせてそれをひとつの概観へ近づけるという特権をもっている。そしてこの環境世界こそ、日常において我々がそれと交流をもち、記号に生を与える我々の配慮的な気遣いと配視 Umsicht あるいは慎重さとがそれと関係をもつ当のものである。「諸記号が第一次的につねに示しているのは、ひとが『何のうち』で生きているかということであり、配慮的な気遣いが何のもとに引きとどまっているかということであり、そうしたものがいかなる適所性をもっているかということである[☆19]。」何かのもとで bei 何かとともに mit 存在することを可能にする関係としてのこの適所性 Bewandtnis こそが、道具的なものを構成する指示一般を存在論的に特徴づける。そして、いかなる道具的なものも、適所全体性のひとつの契機でしかない。しかし第十八節が強調するように、適所全体性はそれ自体、「最後にはひとつの用途性 Wozu へと帰ってゆくが、この用途性のもとではいかなる適所性ももはや得られず、この用途性自身は、なんらかの世界の内部で道具的に存在するという存在様式をとる存在者ではなく、その存在が世界内存在として規定されている存在者、つまり、その存在機構に世界性自身が属している存在者なのである。こうした第

☆18 M. Heidegger, *Sein und Zeit* (*a. a. O.*), S. 83.〔『存在と時間』（前掲）、一七八頁〕
☆19 *Ebd.*, S. 80.〔同書、一七四頁〕

一次的な『用途性』は、そのための目的であるもの Worum-willen である。しかし、目的性はつねに現存在の存在に関係し、この現存在にとっては、みずからの存在において、本質上、この存在自身を目的としてそれへとかかわりゆくことが問題なのである。[☆20]」この、そのための目的であるもの worumwillen とは、ハイデガーにおいて、アリストテレスのプラクシスの目的因 hou heneka と等価なものである。

しかし、これら二つの節においてなされた分析は、『ニコマコス倫理学』の決定的区別を再我有化すると同時に、記号、指標作用、表示作用を一方に、Bedeutung を他方にというフッサールの区別をも、当然その意味をずらしながらではあるが、再我有化している。そしてそこには、アリストテレスによる意味的と命題的との区別との融合がある。実際、記号や道具的なものの特徴である指示一般に対置されるものとしての Bedeutung が本来的にあるのは、そのための目的であるもの Worumwillen、すなわち本来的に自己であろうという意図に鑑みてのことであり、そうした関連においてのみである。日常的な配慮的気遣いがそこに没頭しそこで自らを見失うような諸指示よりも深層に、現‐存在 Da-sein の、非本来的な様態における存在しうることに対置されるものとしての本来的な様態におけるみずからの存在しうることへの、指示がある。現存在にとって、本来的な意味における Bedeutung とは、「みずからの存在と存在しうることとを、みずからの世界内存在に関してみずからに原初的に了解せしめる」ことである。[☆21] 自己の了解をみずからに与えるという、このことが、Bedeutung を原初的に構成しているのである。現存在にとって Bedeutung とは、原初的にみずからを有意義化する be-deuten こと、す

☆20 *Ebd.*, S. 84.〔同書、一八〇頁〕
☆21 *Ebd.*, S. 87.〔同書、一八四頁〕

なわちみずからに対してみずからの存在を「明るくする」ことであり、別の言い方をするなら、みずからがみずからの目的性 umwillen seiner であるということを明るくすることである。この原初的な明るくすることから出発し、原初の目的性 umwillen が徐々に遠ざかるひとつの連関に沿うことによってこそ、Um-zu（何々のために）、Da-zu（何々の方へ）、Wo-bei（何々のもとで）、Wo-mit（何々でもって）といったものが明るくされる。要するに、日常性において現存在に馴染み深いものでありハイデガーによって Bedeutsamkeit、有意義性あるいは意味形成性という名を与えられた、連鎖した諸関係の総体が明るくされるのである。しかし、環境へと伝播されあらゆる適所性に生を与えるこの有意義性は、そもそもの最初から現存在にとって馴染み深いものではあるとはいえ、「自己指示」という第一の Bedeutung に対しては二次的なものである。みずからの目的性 umwillen seiner こそが最初に明るくする be-deutet のであり、結局それだけが唯一重要な意義をもつのである（bedeuten というドイツ語のもうひとつの意味）。

我々にとっての問題は、ハイデガーが、『論理学研究』第一研究のフッサールによる「例の」本質的区別を支持しつつ、その第一の Bedeutung に直観的性質を帰属させているかどうか、またそれはどのようにしてであるかを知ることに尽きる。この Bedeutung が自己指示的であるということによってはまだ、それが直観的なものであるということにはならない。そして一見、この Bedeutung がひとつの了解 Verstehen に属しているという事実そのものが、それが直観的な性質のものではないということ、またそれが原初的な直観にみずからを与えないということを、含意しているようにも思われる。実際、第三十一節における了解 Verstehen の分析は、第十八節[☆22]に明確なかたちで予告されているように、「純粋な直観から dem puren Anschauen その優先権を」取り除くということを宣言しているのだが、言うまでもなくフッサールの方はその直観にこだわりつづけているのである[☆23]。それでは、範疇的直観と、とりわけ存在に関する直観の教説とに対する賛辞は、不実で悪意のこもった追従にすぎぬということだろうか。けっしてそうではない。直観 Anschauung の優先権を捨て去ること、それはただ単に、アリストテレスからフッサールに至るまでノエシス的相関物という資格で「事物的存在者 Vorhanden の伝統的な存在論的特権」に対応してきたものに対して、距離をとるということにすぎない[☆24]。それがアリストテレス的ヌースのなかにせよフッサール的意識 Bewußtsein のなかにせよ記入されると、その直観は、存在のある制限された意味、すなわちウーシアあるいは事物的存在性 Vorhandenheit にしかけっして対応しなかった。したがってこの直観 Anschauung は、現存在の「実存する」という意味での存在には対応しえないであろう。しかしそのように距離をとったからといって、現存在が現存在であるために目的とするような存在が、ひとつの視に与えられないということにはならない。かりにそうした存在が、現象として、ひとつの視に与えられえないということになれば、現象学としての現存在の存在論という企図そのものが、現象概念──『存在と時間』の名高い第七節が述べている現象概念──のなかで崩壊してしまうことになるであろう。確かに、直観的観想 Anschauung を了解すること Verstehen によって置き換えるということは、現実態に対して可能態が優位に立つということを含意している。了解するということ、それは、企投すること、みずからの存在しうることへとみずからを開くことであって、「了解することは、存在しうる

☆22 *Ebd.*〔同書、同箇所〕
☆23 *Ebd.*, S. 147.〔同書、二七〇頁〕
☆24 *Ebd.*〔同書、同箇所〕

こととして、隅から隅まで可能性によって貫かれている。[☆25]」しかし、この可能態の現実態に対する優先権は、もしそれが直観 Anschauung の伝統的な特権を取り除くとしても、見ることの特権に傷を入れるものではない。ハイデガーは以下のように書いている。「了解することは、その企投性格において、我々が現存在の視 Sicht と名づけるものを実存論的に構成する〔……〕。それは、現存在がそれを目的として umwillen dessen みずからが存在しているとおりにそのつど存在しているところの、そうした存在についての視である。第一次的に、また全体として実存に関係するこの視を、我々は透視性 Durchsichtigkeit と名づける[☆26]」。

直観的な性質をもつものとしての、あるいは変容させられた直観 Anschauung としての、この透視こそが、その最も深層におけるハイデガー的 Bedeutung の核心にある。

存在を了解する唯一の存在者としての現存在についての存在論が哲学者による純然たる構築物とならないため、フッサールのおかげでまた彼の教えを越えて「真正な経験主義の意味[☆27]」にたどり着くためには、原初的な Bedeutung の中心にあって、それによって本来的に存在しうることが了解されるような、そうしたものとしての視が、あらゆる現存在において存在的に証されなければならない。この証しを与えるものこそ、Gewissen という現象である。

Gewissen とは、相互－知識 con-science、自己の自己に対する知、内奥の知識を意味する。『存在と時間』の第五十四節から第六十節までを厳密に分析しようとすれば、それは我々の目的を越えることになるだろう。我々は、『論理学研究』第一研究と一致し、その延長となっている点をそこに見つけ出すだけにしておこう。そしてそれを、『声と現象』がたどっている基

☆25 *Ebd.*, S. 146.〔同書、二六八頁〕
☆26 *Ebd.*〔同書、同箇所〕
☆27 冒頭部参照。

軸に従っておこなうことにする。その基軸について、ここでは、きわめて簡略に触れるだけにとどめさせていただきたい。

ジャック・デリダは、際限なく**反復**されうるものこそが、フッサールにおいてイデア性という地位をもつものであるということを強調する。その究極的な形式は、超越論的生の自己への現前としての、生ける現前である。この超越論的生は、超越論的エゴと世界的な自我とのあいだの、それらの平行関係そのものにおける、ひとつの根本的な差異によって自らを支えている。この世界的な自我は超越論的エゴにその由来をもち、超越論的還元によって自由にそれへとみずからを不断に転換することができるとされる。そうした転換の可能性、すなわちイデア性と現前の全体との保存の可能性は、声の特権、現象学的声の特権に依存している。この声とはすなわち、「世界の不在のうちで、語りつづけ自己に対し現前しつづける――**自らを聞きつづける**――精神的肉体」である。[☆28] 記号にも、指標にも、表現にも、そして独語にさえまったく用のない、この沈黙で孤独の声、この声は、瞬く間 Augenblick の不分割におけるイデア性の純粋な現出である。

我々がここまでに示したように、現存在の存在論が、『論理学研究』第一研究の教えを本質的なものとみなし、それを再我有化しているということが確かであるとすれば、ジャック・デリダによって『論理学研究』のなかに標定された基軸が、現存在の存在論のなかにも標定されうるはずであろう。そして、分析論が、現存在のうちに、その最も本来的なものにおける存在論的了解の証し、すなわち、ハイデガーが特権化しそれを変容させつつ引き受けた範疇的直

☆28 J. Derrida, *La voix et le phénomène* (*op. cit.*), pp. 15-16.〔『声と現象』（前掲）、三二頁〕

観、「存在」という Bedeutung の直観の証しを記述するまさにそのときに、その基軸があらわになるはずであろう。この証しこそが Gewissen である。右に簡略に触れた基軸を、ハイデガーによる Gewissen についての分析のなかに標定することができるであろうか。

確かに、現存在分析のこの中心部において問題になっているのはもはや、もろもろのイデア性一般の際限のない反復可能性ではない。ここで問題になっているのは、存在の反復可能性、すなわち、それが実在的な何ものでもなくあるいは存在者的な何ものでもないそのかぎりにおける存在の反復可能性である。そしてより正確に言えば、派生的あるいは非本来的な意味における存在とは異なるものとしての、本来的な意味における存在の反復可能性が問題なのであって、非本来的な存在の方はと言えば、それは本来的な存在からの転落あるいは頽落でしかない。Gewissen はそうした反復の可能性を保証し、無際限にそれを保証する。そしてその反復を、Gewissen は、自己性の領界において、すなわち、現存在であるところの自分自身の純粋な領界において、保証するのである。しかし、本来的に存在しうることとしてのこの自分自身Selbst とは、「世人」のひとつの「変容」☆29でしかなく、したがって、反復は、日常的で公共的な世界の「世人」のなかにみずからを見失った現存在と、自分自身でありうることとしての現存在とのあいだの抜本的な差異によってみずからを支えると同時に、それらのあいだの緊密な平行関係によってもみずからを支えている。前者から後者への自由な転換については、Gewissen がその可能性を示すかあるいは証しするため、Gewissen はそれら各々において還元の可能性を保証する。この還元とはハイデガーがそれに与える新たな意味における還元であ

☆29 M. Heidegger, *Sein und Zeit* (*a. a. O.*), §54.〔『存在と時間』(前掲)、第五十四節〕

り、それによって現象学的視線は存在の了解という構成的企図へと転換される。こうした還元の可能性は、Gewissen に生を与える声の特権に依存している。Gewissen の声こそが、語りの究極の本質なのであり、そしてそれは、『論理学研究』第一研究において声の特権をなしているもろもろの理由そのものによって、すなわち、孤独、沈黙、自己への現前、純粋な現出という理由によってそうなのである。それに加えて、それらの理由のそれぞれにおいて問題になっているのが自己でありうることのみであり、もはや認知にかかわるイデア性ないしノエシス－ノエマの相関関係ではないということによって、声の特権はここでさらに強固になっている。Gewissen の呼び声は、語りの根本的様態として、あらゆるコミュニケーション、あらゆる表現、そしてついにはあらゆる独語をも省略してしまうわけだが、それに加えて、その呼び声は、その構造そのものにおいて、そもそも〈自己〉にしかかかわることがない。というのも、呼び声は自己から発せられるからであり、それはその自分自身 Selbst を目指して現存在に呼びかけ、現存在を沈黙の内にその自分自身でありうることへと召還することしかせず、そうしたことを現存在に対して聞かせることとしかしないからである。☆30 ここに、最も密接な仕方で、現象とロゴスとが結びつけられる。何故なら、その声は、みずからが聞かせるものを見せもするからである。すなわち、呼び声は開示することとそして覆いをとること以外の何もしないということであり、それは隅から隅まで開示 Erschließung なのである。☆31

残るは瞬間の特権である。確かに、フッサールによる内的時間意識の記述についてよりもなお、ハイデガーによる脱自的時熟の現象学について、そこには「還元不能のひとつの非現前に

☆30 *Ebd.*, §56.〔同書、第五十六節〕
☆31 *Ebd.*〔同書、同箇所〕

構成するものとしての価値が与えられており、それとともに〔……〕根こそぎにはできない非根源性がみられる」ということが言える。[☆32] 脱自的な時間性は現在の特権を蝕む。というのも、そうした時間性は未来の先駆において過去を取り戻すことへと本質的に投げ出されているからであり、その未来は、それが時熟するものの本来的な死である以上、けっして現在となることがないからである。このように多くの理由で「差延」という名を与えざるをえないようなひとつの運動の記述の中心部に、「瞬間の尖端」、瞬く間 Augenblick の不可分性という、それとは正反対のモチーフ、「瞬き」といったものがふたたび現れてくるのを眼にするのは、まったく逆説的なことである。この「瞬き」について、ジャック・デリダは、それがフッサールにおいて、原初的直観すなわち「記号の不在と不要性」、したがって「諸原理の原理としての非記号作用」の、源泉を形成しているということを示している。[☆33] 実際、Gewissen がそうであるところの内奥の知識は、現存在のただなかにおいて、決意性という、ひとつの際だった開示性ないし真理を証しする。[☆34] そしてこの決意性が覆いをとるものであるのは、「一瞬の視覚 Augen-blick」においてのみであり、それのおかげで現存在はみずからの自己になりうることを一瞬のうちにひきうけるのである。[☆35]

この「一瞬の視覚」を中心にして全体化、基礎づけ、支配といった、形而上学を規定するモチーフが全体として布置されているということ、このことは、一瞬の視覚というものが各人にしかかかわらないように見えるという理由によってにすぎないにせよ、とにかくただちに明らかというわけではない。しかし実際には、その一瞬の視覚にこそ、存在の諸意味の究極的な学

☆32 J. Derrida, *La voix et le phénomène* (*op. cit.*), p. 5.〔『声と現象』(前掲)、一五頁〕
☆33 *Ibid.*, p. 67.〔同書、一一五頁〕
☆34 M. Heidegger, *Sein und Zeit* (*a. a. O.*), §60.〔『存在と時間』(前掲)、第六十節〕
☆35 Cf. *ebd.*, S. 328 & 338.〔同書、五一八、五三一—五三三頁〕

としての基礎的存在論が最終的に依って立つのであり、そしてやはりこの一瞬の視覚のうちに、『存在と時間』の時代のハイデガーは、形而上学の解体された歴史全体についての鍵を探したのである。そういうわけで、マールブルクでの最後の講義への序文は、「哲学は歴史的想起から出発し、そのうちにおいてのみ、特徴づけられる」ということを強調したあとすぐに、次のようにつけ加えている。「しかし、この想起 Erinnerung は、自分自身についての瞬く間の了解において im augenblicklichen Sichselbstverstehen のみ、それがそうであるところのものであり、生あるものなのだ。」[☆36]

したがって、基礎的存在論はその原則において、還元を解体に優先させている。この解体は、ひとつの外、ひとつの「差延作用」、ひとつの意味論的分散へとみずからを開陳することはない。探索されるもろもろの古いテクストはいかなる点においても判読不能な書物などではなく、それらは、基礎的存在論を、ヘーゲル的想起 Erinnerung の道のごとく自己への現前の命題的な確実性へとふたたび導くばかりなのである。

☆36 M.Heidegger, *Metaphysische Anfangsgründe der Logik im Ausgang von Leibniz* (*Gesamtausgabe*, Bd. 26), Frankfurt am Main, Vittorio Klostermann, 1978, S.9.

本書は、以下の日本語訳である。*Revue philosophique*, vol. 115, n° 2 «Jacques Derrida», Paris, PUF, avril-juin 1990, pp. 129-408.

これは、冒頭に記されているとおり、カトリーヌ・マラブーが『ルヴュ・フィロゾフィック』誌編集部と協力して編纂したジャック・デリダ特集号である（マラブーについては後述する）。なお、この号の末尾二割ほどを占める書評部分は特集とは無関係なので訳出していない。

この翻訳の一般的な位置づけについては増田一夫さんによる解説をご覧いただくことにして、ここでは、翻訳者を代表して、作者についての情報、テクストの概要、書誌情報をまとめておく。解説の順序は、本文の配置と同様に作者のアルファベット順である。なお、説明の長短の差は、これらのテクストや作者の重要度を反映したものではない。

ジョルジョ・アガンベン（Giorgio Agamben, 1942-）は、マチェラタ大学などを経て、現在はヴェローナ大学で教授を勤めている。ヴァルター・ベンヤミン研究をはじめとする多彩な業績で知られる。近年は政治に寄せる関心を前景化させている。彼の仕事は、すでに以下が日本語で読める。『スタンツェ』岡田温司訳、ありな書房、一九九八年。『人権の彼方に』高桑和巳訳、以文社、二〇〇〇年。

ここに発表されたテクスト「パルデス　潜勢力のエクリチュール」（*Pardes* : L'écriture de la puissance）は、ちょうどアガンベンが政治への傾斜を強めた時期（彼の政治的思考のマニフェスト的な書物『到来する共同性』（一九九〇年）の書かれたのと同じ時期）に書かれている。これを読むことで、彼が言語活動と潜勢力に寄せる変わらぬ関心が、言語活動に対するデリダの立場を浮き彫りにする作業を通じて、政治の諸問題へと結びついていく過程に立ち会うことができる。

以下の英語訳、ドイツ語訳が存在する。«*Pardes* : The Writing of Potentiality», in G. Agamben, *Potentialities* (Daniel Heller-Roazen, ed. & trans.), Stanford, Stanford University Press, 1999, pp. 205-219; «*Pardes* : Die Schrift der Potenz» (Giorgio Giacomazzi, übers.), in Michael Wetzel & Jean-Michel Rabaté (hrsg.), *Ethik der Gabe*, Berlin, Akademie Verlag, 1993, S. 3-17. ここで底本としたテクストはジャクリーヌ・ラポルトによってイタリア語からフランス語に翻訳されたものだが、誤訳が散見されたため、原著者の指示にしたがって必要な修正を加えた。

ルドルフ・ベルネット（Rudolf Bernet, 1946-）は、ルーヴァン・カトリック大学教授。同大学に置かれているフッサール文庫《アルヒーフ》の責任者、『フッサーリアーナ Husserliana』、『フェノメノロギカ

Phenomenologica』、および英訳フッサール全集の編集責任者、「ルーヴァン哲学会」会長、「ドイツ現象学研究会」会長をつとめている。現象学の総体を関心対象とするが、とりわけ時間性、主体性、言語をめぐる問題を扱う。彼の仕事の一端は、エドゥアルト・マールバッハらとの以下の共著を読むことで垣間見ることができる。『フッサールの思想』千田義光他訳、晢書房、一九九四年。なお、以下の日本語訳もある。「フロイトの無意識概念の基礎づけとしてのフッサールの想像意識概念」和田渡訳、『思想』十月号、岩波書店、二〇〇〇年、一八〇—二〇二頁。

ここに発表されたテクスト「デリダ　師の声を聴く」(Derrida et la voix de son maître) が提示しているのは、すでに歴史的規定をもってしまったいくつかの読解の先入見から離れてデリダ『声と現象』(一九六七年) を読み、その射程をあらためて明らかにし、場合によっては問題点を指摘するという、慎ましいながらも必要な作業である。デリダの当初の目論見を知るために、『声と現象』の脇に置いて読むことができるだろう。ちなみに原題は、そのまま訳せば「デリダとその師の声」となるが、名詞「声」が何を受けるのかが曖昧になるのを避けるため、わずかばかり意訳した。題においては、「師」フッサールの「声」を聴き分けることに執心するだけの現象学者たちの姿勢が、まさしく「声」のありようを問うたデリダの著作を参照することで皮肉られている。

このテクストは、若干の加筆のうえで以下に再録されている。«La voix de son maître (Husserl et Derrida)», in R. Bernet, *La vie du sujet*, Paris, PUF, 1994, pp. 267-296. また、英語訳もある。«Derrida and His Master's Voice»(Nadja P. Hofmann & William R. McKenna, trans.), in W. R. McKenna & Joseph Claude Evans (ed.), *Derrida and Phenomenology*, Dordrecht, Kluwer Academic Publishers, 1995, pp. 1-21.

モーリス・ブランショ（Maurice Blanchot, 1907-）は作家、評論家。すでに作品のほとんどが日本語訳されているので、ここであえて一般的な紹介をおこなう必要もないだろう。ただし、ブランショの小著『私の死の瞬間』（一九九四年）を含む、それにデリダが寄せた論考が最近になって日本語訳されたので、それにはとくに触れておいてよいだろう。『滞留』湯浅博雄監訳、未來社、二〇〇〇年。

ここに発表されたテクスト「ジャック・デリダのおかげで（ジャック・デリダに感謝）」（Grâce（soit rendue）à Jacques Derrida）は、モーセと律法の物語を、「エクリチュール」の二重性に関するデリダの構想を喚起しながら読みなおすという試みを提示している。

なお、このテクスト中で言及されているトーラーの原初的二重化についてはすでに以下で扱われている。«L'absence de livre», in M. Blanchot, *L'entretien infini*, Paris, Gallimard, 1969, pp. 620-636.『終わりのない対話』の末尾に位置するこの「書物の不在」の最後に付された謎めいた注記にはこうある。「私は、書物の不在が自ずと約束されつつ産み出されている、あの――によって書かれたいくつかの書物に、このはっきりしない数ページを捧げるdédie（そして**前言撤回する**dédis）。だが、名が欠けていることだけが友愛のうちにそれらの書物を指し示すのであってほしい。」単なる興味本位の詮索は無用だが、この伏せ字がデリダを指し示している可能性が、このテクストの発表によってさらに高まるかもしれない。

レミ・ブラーグ（Rémi Brague, 1947-）は、CNRS（フランス国立科学研究センター）研究員、ブルゴーニュ大学教授を経て、一九九〇年からパリ第一大学教授。専門はギリシアおよびアラブ哲学。中世哲学の比較研究から近代を再考する作業をつづけている。数冊の著書がある他、マイモニデスの翻訳なども手がけている。

ここに発表されたテクスト「ストア派の狂人」（Le fou stoïcien）は、狂気の排除をめぐるフーコーとデリダの論争に見られた二人のすれ違いを議論の出発点として、紀元後五世紀ストア派のヨアンネス・ストバイオスによる狂気論を紹介し、検討している。したがってこれは、デリダの思考を直接に検討する試みではないが、狂気が問いの中心となった議論の重要性をあらためて証してくれている。

注に見られたいくつかの誤記について、原著者の了解を得て修正を加えた。

ジェラール・グラネル（Gérard Granel, 1930-2000）は、ボルドー大学、エクス－アン－プロヴァンス大学を経て、トゥールーズ大学（ル・ミライユ）で教授を勤めた後、出版社TERを主導していたが、最近死去した。遺された数冊の著書からは、政治への尖鋭なまなざしがつねに感じられる。ハイデガー、ヴィトゲンシュタインをはじめとする翻訳も多い。彼の仕事は、日本語でも以下が読める。「大学にかかわるすべての人々へのアピール」松葉祥一訳、『現代思想』七月号、青土社、一九八九年、七四―八七頁。「主体ののちに誰が来るのか?」安川慶治訳、ジャン＝リュック・ナンシー編『主体ののちに誰が来るのか?』現代企画室、一九九六年、二〇九―二二四頁。

ここに発表されたテクスト「スィボレート あるいは〈文字〉について」(Sibboleth ou de la Lettre) は、ギリシア的なものとユダヤ的なもののあいだの錯綜した関係を、デリダの思考とともに、またそれに抗して、問いなおそうとする試みである。題の「スィボレート」は、『旧約聖書』の「士師記」第十二章第六節に由来する。ギレアド人は、ヨルダン川の向こう岸に難を逃れようとしていたエフライムからの逃亡者を見分けるために、「シボレートschibboleth」という語(ヘブライ語で「流れ」の意)を発音するように言った。エフライム人はこの語を「スィボレートsibboleth」と発音して、殺された。近代ヨーロッパ諸語では「シボレート」は試し言葉の代名詞となっている。グラネルは殺されたエフライム人の発音のほうで表記している。

なお、このテクストは以下に、ほぼ同時に発表されている。«Sibboleth ou De la lettre», in G. Granel, *Ecrits logiques et politiques*, Paris, Gallimard, 1990, pp. 261-285. また、本文中で言及されている本人の仕事の多くも、この同じ本に再録されている。

ミシェル・アール (Michel Haar, 1937-) は、パリ第四大学助教授、パリ第十二大学教授を経て、現在はパリ第一大学教授。専門はニーチェおよび現象学。ガリマール版ニーチェ全集のための翻訳に加わるなど、翻訳も多い。十冊ほどの著書がある。

ここに発表されたテクスト「デリダにおけるニーチェの作用《あそび》」（Le jeu de Nietzsche dans Derrida）は、デリダが自らの思考の特権的な参照先としているニーチェの思考を再検討し、デリダとニーチェのあいだにある齟齬を、時としてデリダに抗しながら、丹念に浮かびあがらせようという試みである。題名は、「ニーチェのいう「遊びSpiel」がデリダではどのような姿を取っているのか」という意味と、「デリダのなかでニーチェの思考がどのように作用しているか」という意味に取れる。

なお、このテクストには英語訳がある。«The Play of Nietzsche in Derrida» (Will McNeill, trans.), in David Wood (ed.), *Derrida : A Critical Reader*, Oxford, Blackwell, 1992, pp. 52-71.（ちなみに、この『デリダ』という英語の論文集――後述のとおりナンシーとサリスのテクストの英語訳も収録される――には、デリダから執筆者たちへの「斜《はす》にかまえた回答」も収録されており、これは後にフランス語で単行本化された（一九九三年）。以下の日本語訳が刊行されている。『パッション』湯浅博雄訳、未來社、二〇〇一年。）

デイヴィッド・ファレル・クレール（David Farrell Krell, 1946-）は、デ・ポール大学（シカゴ在）教授。専門はニーチェおよび現象学。十冊ほどの著書がある。

ここに発表されたテクスト「最も純粋な私生児（行き場のない肯定）」（Le plus pur des bâtards (L'affirmation sans issue)）は、デリダが再検討に付していたプラトン『ティマイオス』の「コーラ」の思考を根底まで追求できる者を「最も純粋な私生児」というデリダによる逆説的表現によって指し示し、その特権的な例として、ヘーゲルの私生児ルイを紹介している。この試みは、それ自体がある時期のデリダの身振りをそのまま引き受けるものとも読める。なお、本文中、冒頭近くに現れる詩めいた一節は、引用ではなくクレールの創作である旨、本人の説明を得た。この箇所はこのままだと意味不明だが、後述の修正版では以下のようにわかりやすくなっている。「『然り然り！』と言う者たちもいる。／これに対して『否、否！　まったく違う！』と抗弁する者たちもいる。／だがこの、小心な妥協と抜け目ない正しさ《コレクトネス》の時代にあっては、『然り、かつ否！』と言う者が大多数だ。」

また、デリダからの引用で、数文字にわたって空白になっている箇所があるが、これは、自分の手紙を「送付」として発表するにあたってデリダが削除した部分にあたる。原文では一行弱の空白だが、ここではクレールにならって空白を短縮しておいた。

ここで底本としたテクストはフランソワズ・バレによってアメリカ語からフランス語に翻訳されたものであるが、問題は見受けられなかった。なお、このテクストは若干の修正を経て以下に収録されている。«Conclusion : Affirmation Without Issue», in D. F. Krell, *The Purest of Bastards*, University Park, The Pennsylvania State University Press, 2000, pp. 201-213. また、以下の風変わりな小説が同一の発想から書かれている。*Son of Spirit : A Novel*, Albany, SUNY Press, 1997.

ロジェ・ラポルト（Roger Laporte, 1925-2001）は作家、評論家。最近になって死去した。十冊以上の著書があるが、主著と目されるのは以下である。*Une vie*, Paris, POL, 1986. 日本語では以下を読むことができる。『プルースト／バタイユ／ブランショ　十字路のエクリチュール』山本光久訳、水声社、一九九九年。「パッション」小林康夫訳、『現代詩手帖』十月臨時増刊号、思潮社、一九七八年、二三八―二五五頁。「モーツァルト　1790年」笠羽映子・千葉文夫訳、『ユリイカ』八月臨時増刊号、青土社、一九九一年、一二四―一四二頁。

ここに発表されたテクスト「自分が話すのを聞く」（S'entendre parler）は、デリダの問題にした、現象学における音声中心主義を象徴的に表現する「自分が話すのを聞く」という行為に言及しながら、デリダの思考の検討からは離れ、自分の作品の朗読について思うところを開陳している。デリダ論としてよりは、作家ラポルトの思考を辿る資料として読めるだろう。

なお、このテクストは以下の論文集成に再録されている。«S'entendre-parler», in R. Laporte, ***Etudes***, Paris, POL, 1990, pp. 83-93. 再録にあたって、イザベル・バラディーヌ・オヴァルド Isabelle Baladine Hovald への献辞と、一九八九年という日付が付加されている。

ニコル・ロロー（Nicole Loraux, 1936-）は、ＥＨＥＳＳ（社会科学高等研究校）教授。ギリシア研究者。十冊ほどの著書があり、彼女の作品は、処女作である以下の作品からほぼつねにこの分野の基本文献と見なされてきた。*L'invention d'Athènes*, Paris, EHESS, 1981 (Paris, Payot, 1993). なお、日本語で読めるものに以下がある。「戦士の恐れと戦慄」下川茂訳、ジャン・ボードリヤール他編『恐怖』今村仁司監修、リブロポート、一九八九年、一七一―一九三頁。

「誕生を否認すること」大西雅一郎訳、『現代思想』十月号、青土社、一九九六年、一九〇―二〇九頁。「アンティゴネの手」吉武純夫訳、『現代思想』八月号、青土社、一九九九年、一三〇―一六〇頁。

ここに発表されたテクスト「隠喩なき隠喩　『オレステイア』三部作に関して」(La métaphore sans métaphore : A propos de l'"Orestie") は、デリダによって正当に提起された、隠喩をめぐる錯綜した問題設定を出発点として、ソポクレスの『オレステイア』三部作における隠喩のもっていたありうべき力にあらためて接近する厳密な試みを提示している。

ジャン＝フランソワ・リオタール (Jean-François Lyotard, 1924-1998) は、パリ第八大学の哲学科名誉教授だった。カリフォルニア大学アーヴァイン校教授を勤めたのち、アトランタのエモリー大学でフランス語と哲学の教授を勤めていた。著書のほとんどが日本語訳されているので紹介は不要だろうが、総括的関心に関しては、以下のように書くように本人から生前に回答を得ていた。「何かが抵抗し、執拗に存在している。それは、このポストモダンの世界の実証主義的な言説においてさえ抵抗を見せている。この『何か』は勘定することも、帳簿に記載することも、営利化することもできない。芸術的な仕事は、また文学的エクリチュールは、この『何か』の『現前』を、可感的なものや言語を通じて表明しようとしている。これに類似したもの――これそのものではないかもしれないが――が、法的規則や慣習がどのようなものであるにせよ、我々に、正しくあることを強いる。形而上学的な幻想に堕してしまうことなく、このまったく内在的な超越性を思考すること、これ以外のことを私はしようとしたことがない。私はこの思考を、現象学、マルクス主義、構造主義、精神分析、実存主義、批判哲学とともに、またそれらに抗しておこなってきた。」

ここに発表されたテクスト「翻訳者の註」(Notes du traducteur) は、マラブーの注記に読まれるとおり、リオタール他によって企画され一九八五年におこなわれたパフォーマンスによって残されたデリダの挑発的エクリチュールに対して、遅ればせながら応えようという試みである。デリダも、デリダの文体を模倣するリオタールも、固有語法としてのフランス語に可能なかぎりの無理を強いながら書き連ねているので、まさしく翻訳が問題になるが、辛抱強く読んでいただければ、論旨はさほど不明瞭ではないはずである。リオタールによって用意された「定義ゲーム」に対して、その枠内で抵抗の身振りを見せるデリダと、それに事後的に応答しようとするリオタールが、言語に無理強いをしながら思うところを述べている。

なお、リオタールの言及しているデリダのテクストに関しては、マラブーの注記のとおり、「エクリチュールの試み」の全記録が一冊の本として刊行されており、他の参加者たちの発言とともに読むことができる。本文中に言及のあるリオタールとシャピュによる「提示*」についても、刊行された文献を参照することができる。これらについては、訳注で文献を指示しておいた。また、「エクリチュールの試み」とデリダ、リオタールについては、イタリア語訳だが、以下のテクストも参照できる。J.-F. Lyotard et al., «Gli Immateriali» (Antonello Sciacchitano, trad.), in *Aut aut*, n°s 289-290, Milano, gennaio-aprile 1999, pp. 207-220.

ルネ・マジョール（René Major, 1932-）は、精神科医、精神分析家。「精神医学史精神分析史国際協会」会長。精神分析に関しては臨床と理論の双方に関与し、また、歴史、法、哲学、文学、芸術と精神分析との連関にも強い関心を寄せている。現在までに著書は数冊あり、最近の以下の二冊は、彼の思考とデリダの思考との近しさをあからさまに証している。*Lacan avec Derrida*, Paris, Mentha, 1991; *Au commencement*, Paris, Galilée, 1999. その他、彼の主宰した『コンフロンタシオンConfrontation』誌（一九七九―一九八九年）、『コントルタンContretemps』誌（一九九五―一九九七年）も、デリダの思考の強い影響下にあった。またマジョールは、デリダ『郵便葉書』（一九八〇年）をめぐる以下の論集も編集している。*Affranchissement du transfert et de la lettre*, Paris, Confrontation, 1982. なお、日本語で読めるものに以下がある。「国民・固有名・選ばれること」石田靖夫訳、『現代思想』十月号、青土社、一九九六年、一七八―一八九頁。

ここに発表されたテクスト「『脱《デ》』の賽《デ》を投げて」（A coups de dé(s)）は、いくつかの言葉遊びと精神分析の隠語の使用ゆえに読みにくくなってはいるが、精神分析の言説の布置、とりわけ「脱拘束」や「死の欲動」などの否定的契機の評価においてデリダの思考がどのような貢献をもたらしたことになるのかを手早くまとめている。なお、テクストの原題は「(いくつかの)「dé」を使ってみて」というほどの意味だが、「dé」というのは、普通に聴き取れば「さいころ」のことであり、ここではそれと、「脱構築déconstruction」「脱拘束déliaison」などの接頭辞として用いられる「脱dé」、またデリダDerridaの名の冒頭の二文字とが語呂合わせになっているため、少しばかり説明的に訳した（なお、「脱拘束déliaison」はEntbindungの訳語で、刺激の疎通が固着した状態（拘束）から新しい疎通が設けられることを指し、「解放」とも訳される）。

このテクストは以下に再録されている。«A coups de dé(s)», in R. Major, *Lacan avec Derrida* (*op. cit.*), pp. 153-165. 注に言及のある「盗まれた手紙の譬喩」も同書に再録されている (pp. 25-100)。また、注に言及のある「権力原則」に関する考察は、以下に展開されている。«La cruauté originaire et le principe de pouvoir», in Jean Nadal et al., *Emprise et liberté,* Paris, L'Harmattan, 1990, pp. 109-124; «Des idéaux en partage», in J.-M. Rabaté & M. Wetzel (éd.), *L'éthique du don,* Paris, Métailié-Transition, 1992, pp. 117-132; «Le goût du pouvoir», in *Trans,* n° 3, Paris, automne 1993, pp. 107-118; «La soif du pouvoir», in R. Major, *Au commencement* (*op. cit.*), pp. 141-153. また、ラカンと固有名の問題については、注記されている論文の他、以下でもこの問題が扱われている。«Depuis Lacan : ___», in R. Major, *Lacan avec Derrida* (*op. cit.*), pp. 127-150.

カトリーヌ・マラブー（Catherine Malabou, 1959- ）は、パリ第十大学助教授。ハイデガーの継承を目指す今日の哲学を弁証法と結びつけもし分かちもしているものを問いなおすことを仕事の中心に据えている。デリダの指導のもとで書きあげた以下の博士論文が刊行されている。*L'avenir de Hegel,* Paris, Vrin, 1996. また、デリダとの共作として以下がある。*Jacques Derrida : La contre-allée,* Paris, La Quinzaine littéraire/Louis Vuitton, 1999.

ここに発表されたテクスト「暴力の経済、経済の暴力（デリダとマルクス）」（Economie de la violence, violence de l'économie（Derrida et Marx））は、『マルクスの亡霊たち』（一九九三年）の刊行されていなかった当時に、題の示しているとおり、暴力と経済を主題として、マルクスの思考とデリダの思考のあいだに可能な議論を展開させようとした稀な試み（マイケル・ライアン『デリダとマルクス』（一九八二年）などの例外はあるが）だと言える。

注に見られたいくつかの誤記について、原著者の了解を得て修正を加えた。

ジャン－リュック・ナンシー（Jean-Luc Nancy, 1940-）は、ストラスブール大学教授。ニーチェをはじめとする翻訳も多い。現在までに二十冊近い著書を刊行している。『声の分有』（一九八二年）ないし『無為の共同性』（一九八三年）を出発点とする独特な共同性の思考を展開していることで知られる。デリダをめぐっては、フィリップ・ラクー－ラバルトとともにコロック（一九八〇年）を主宰し、以下の記録を刊行している。*Les fins de l'homme*, Paris, Galilée, 1981. また、デリダからのナンシーへの応答として、以下の大著が刊行されている。*Le toucher*, Paris, Galilée, 2000. ナンシーの著作の日本語訳も充実してきた。ここでは以下を挙げておく。『エゴ・スム』庄田常勝・三浦要訳、朝日出版社、一九八六年。『自由の経験』澤田直訳、未來社、二〇〇〇年。『無為の共同体』西谷修・安原伸一朗訳、以文社、二〇〇一年。ナンシーのかかわったものとしては、彼が編集した以下の『トポイ Topoi』特集号（一九八八年）もすでに日本語になっており、参考になる。『主体の後に誰が来るのか？』港道隆他訳、現代企画室、一九九六年。

ここに発表されたテクスト「省略《エリプス》的な意味《サンス》」（Sens elliptique）は、本人の記しているとおり、ナンシーによるはじめての本格的なデリダ論（を装ったもの）である。「起源」「パトス」「意味」といった語を「省略」「変わり《か》渇《かわ》くaltérer」といった語彙を鍵として脱構築し、デリダのありうべき「身体」に触れようと試みるこの濃厚なテクストは、言うまでもなくナンシーによるデリダの把握のありかたを知る絶好の論文であるが、同時期の『コルプス』（一九九二年）、あるいは最近の『侵入者』（二〇〇〇年）と併せて読めば、彼の身体論の展開の端緒とも理解することができる。

このテクストは、冒頭部分を省いたものが以下に再録されている。«Sens elliptique», in J.-L. Nancy, *Une pensée finie*, Paris, Galilée, 1990, pp. 269-296. なお、このテクストの元になったペルージャでの発表の英語訳は、ナンシーの注記している文献に収録されたが、その後、以下に再録された。«Elliptical Sense»(Peter Connor, trans.), in D. Wood (ed.), *Derrida : A Critical Reader*(*op. cit.*), pp. 36-51. なお、原題に用いられている連辞「sens elliptique」は、本文にあるとおり、「sens」（意味、感覚、方向……）にも「elliptique」（省略的、楕円的）にも複数の含意があるため、ぎこちなくはあるが原語の読みをルビでふった。

ジョン・サリス（John Sallis, 1938-）は、ペンシルヴェニア州立大学教授。ドイツ哲学を専門とし、現象学に造詣が深い。すでに十冊以上の著書がある。

ここに発表されたテクスト「二重化」（Doublures）は、「音声中心主義」を批判的に検討していた初期のデリダによる、主としてソシュールとフッサールにおける「起源」の構想の脱構築の身振りを、起源の「二重化」を鍵として読み解いた、模範的なテクストである。ベルネットやタミニオーのテクストと併せて読むことによって、現象学に対してデリダの思考がもたらした破局的貢献を仔細に辿ることができるだろう。

ここで底本としたテクストは、クレールのテクストと同じくフランソワズ・バレによってアメリカ語からフランス語に翻訳されたものであるが、問題は見受けられなかった。なお、このテクストに加筆したテクストが存在する。«Doublings», in D. Wood (ed.), *Derrida : A Critical Reader* (*op. cit.*), pp. 120-136 (repris in J. Sallis, *Double Truth*, Albany, SUNY Press, 1995, pp. 1-18).

ベルナール・スティグレール（Bernard Stiegler, 1952-）は、コンピエーニュ工科大学勤務を経て、現在はＩＮＡ（国立視聴覚研究所）の副所長。哲学と技術の根源的関係の分析、とりわけ、技術の問いの抑圧によって特徴づけられる形而上学の批判をおこない、さらに、「技術の進化の理論」を支えるべき諸公準を確立することを目指している。それは具体的には、初期ハイデガーの批判的な読みなおしを通じて、時間性を構成するものとしての技術のあり方を問いなおす作業である。以下がその総括である。*La technique et le temps*, 2 vol., Paris, Galilée, 1994-1996. なお、この『技術と時間』は全四巻で完結の予定らしい。また、デリダとの以下の共著も刊行されている。*Echographies*, Paris, Galilée-INA, 1996. 彼の仕事は、日本語では以下が読める。「レジス・ドゥブレの信」広瀬浩司訳、『現代思想』四月号、青土社、一九九六年、八六―九七頁。「ルロワ・グーラン」暮沢剛巳訳、『現代思想』七月号、青土社、二〇〇〇年、六八―七四頁。「リーディング・マシン」原宏之訳、『シリーズ言語態3』東京大学出版会、二〇〇一年、二七五―三〇二頁。

ここに発表されたテクスト「歪んだ記憶」(Mémoires gauches)は、前半と後半に大きく分かれている。前半は、フェデリコ・フェリーニ『インテルビスタ』(一九八八年)の時間性にまなざしを向けることで、「写真の現象学」(ロラン・バルト『明るい部屋』)(一九七九年)を支える「それはかつてあった」の可能性を、バルトの思惑とは反対に、映画のなかにも確認する試みである。後半は、正確さという技術的問題と真理とのかかわりを、デリダの「エクリチュール」の構想を手がかりにして、主としてハイデガーを読解することによって明らかにしようとしている。

このテクストは若干の変更を加えて以下に統合された。B. Stiegler, *La technique et le temps*, t. II, Paris, Galilée, 1996, pp. 24-56. また、前半部分にはドイツ語訳が存在する。«Verkehrte Aufzeichnungen und photographische Wiedergabe»(M. Wetzel, übers.), in M. Wetzel & J.-M. Rabaté (hrsg.), *Ethik der Gabe* (*a. a. O.*), S. 193-210.

ジャック・タミニオー(Jacques Taminiaux, 1928-)は、新ルーヴァン大学教授、ルーヴァン・カトリック大学名誉教授。同大学に置かれている現象学研究所の所長。ベルギー王立アカデミー会員。ドイツ観念論からニーチェを通過して現象学（フッサール、ハイデガー、メルロ＝ポンティ、アーレント）に至る関心領域をもつ。とりわけ、美学と政治哲学に傾斜している。十冊ほどの著書がある。日本語では以下が読める。「行動の現象学者たちと複数性」松丸和弘訳、『現代思想』五月臨時増刊号、青土社、一九九九年、一六六―一八八頁。

ここに発表された論文「ハイデガーの〈基礎的存在論〉における『声』と『現象』」（“Voix” et “Phénomène” dans l'Ontologie fondamentale de Heidegger）は、デリダがとりわけ『声と現象』（一九六七年）で展開した、フッサール現象学における「意義 Bedeutung」（デリダが「言わんとすること le vouloir-dire」と読むもの）に対する批判的分析を視野に収めながら、ハイデガーの〈基礎的存在論〉にその師フッサールの遺産がどのようにもち越されているのかを仔細に検討している。

最後に、翻訳作業について若干を記しておく。各テクストは、それぞれの担当者が翻訳したうえで、少なくとも二人の他の翻訳者が目を通し、誤訳を少なくするようにつとめた。それを高桑がまとめ、さらに監訳者の高橋哲哉さんと増田一夫さんがチェックし、場合に応じて必要な修正を加えた。それぞれのテクストに付されている注については、高桑が統一的に改善につとめた。人名索引の整備や表記の統一といった細かい処理については、高桑が編集者の西谷能英さんと協力しておこなった。

なお、この解題を準備するため、またなるべく正確な翻訳を提供するために、原著者の方たちにも可能なかぎり連絡を取った。どなたも懇切丁寧に情報を提供してくださったことを付記しておきたい。Je me permets de remercier ici, représentant toute l'équipe de traduction, tous ceux qui ont contribué à ce numéro spécial de la *Revue philosophique* et qui ont bien voulu répondre à nos questions.

高桑和巳　Kazumi Takakuwa

監訳者あとがき

『デリダと肯定の思考』と題された本書は、*Revue philosophique de la France et de l'étranger. Derrida*, no. 2, avril-juin 1990, pp. 129-408 に掲載された「デリダ特集」の全訳である。気鋭の哲学者カトリーヌ・マラブーによって編集されたこの特集には、デリダ本人を含む、哲学者、作家、研究者十七名による意欲的な論文およびエッセーが収録されている。また巻末には、新たに「解題」と「人名索引」を添えて読者の便宜をはかった。

「かくも長い沈黙ののち（おそらく幾世紀も幾世紀も経たのち）、私はふたたび書きはじめるであろう。デリダについて（なんというぬぼれか！）ではなく、彼の助けを借りて、しかも、すぐに彼を裏切ることになるだろうと確信して。ここにひとつの問いがある……」。

ブランショの文章は、この文言ではじまっている。あたかもその長さが周知のものでもあるかのように「かくも長い沈黙ののち」と言っておきながら、「私はふたたび書きはじめた」ではなく「書きはじめるであろう」と続く時制のねじれ。そして、〈いま、ここ〉でまさに呈示されようとしている「ひとつの問い」。なんど読みなおしてもこの書き出しの不思議さは減じることがない。この〈いま、ここ〉とは、いつの〈いま、ここ〉なのか。書くことを断念したとき？　それとも再開したとき？　いずれの解釈も、「幾世紀も幾世紀も経たのち」という途方もない時間によって阻まれてしまう。この時間の端緒あるいはその果てに、ブランショの〈いま、ここ〉があろうはずもない。時間の通念にもとづいた整合的解釈の試みは、すべて不可能性の隘路へと導かれるように思われる。

ブランショのタイトルもまた、決定不可能な多義性をもっている。冒頭の言葉は、このタイトルとの深い絡み合いにおいて読解されねばならないだろう。そして、文中に登場するモーセ、〈唯一でありながら二つである〉という律法《トーラー》、または、現在形と未来形に分裂してしまう神の言葉、これらとの絡み合いにおいても。もちろん、「あとがき」がその複雑きわまりない読解に踏み込めるはずもないので、ただ次の点を示唆するにとどめておこう。この言葉においては、〈いま〉そして〈私〉――すなわち、明証性の根源であるべき、一人称単数現在形――が、複数の時間性がせめぎあうなか、謎めいた淵に沈み込んでゆくという点である。時間の蝶番が外れてしまったかのように。デリダへのオマージュを始めるにあたっては、このうえない言葉である。それは、かつて『声と現象』の冒頭に銘として掲げられた、もうひとつの不可能な現在形を否応なしに喚起する。のちに脱構築と呼ばれる独自の思考へと踏み出すにあたって、現前の形而上学を標的としたデリダが選んだ言葉。「ああ。――いや。――私は眠った。――そしていま。――いま私は死んでいる」。

現在をどのように考えるべきなのか。そして、たとえば一九九〇年という、過去における現在を？　年代記的に見るならば、一九九〇年は、ベルリンの壁崩壊とソヴィエト連邦解体とのあいだ、もしくは湾岸戦争とのあいだに位置することになる。当時、日本経済の金融バブルはその絶頂期にあり、先進国と言われる国ぐにの日常において数年後には欠かせない道具となるインターネットは、まだ一般に知られるにはほど遠かった、等々……。このように、一見明快なかたちで、一九九〇年を位置づけることもできるだろう。そしてそのとき、浮かびくるひとつの問い。ところで、当時の、すなわち一九九〇年現在のデリダとは、いつのデリダなのだろうか。つまり、その哲学的行程のどこにいたのだろうか。初期ではないに違いない。では中期？　中期の終わり？　それとも後期？　といった問いである。

一九九〇年現在のデリダ。この時期は、デリダ像が、「戯れの思想家」から「肯定、責任、正義、記憶の哲学者」へと、すなわち新奇なテクスト理論の提唱者から政治を語る哲学者へと転回しつつあった時期にあたっている。この変化をうながしたひとつの要因は、政治的関与を明らかに掲げた講演や著作であろう。一九八九年、ニューヨーク。デリダは、「脱構築と正義の可能性」なるシンポジウムに参加。のちの『法の力』(*Force de loi*)の元となる講演をおこない、アメリカの哲学と法哲学における「脱構築的」研究展開のきっかけを作ったとされる。九〇年には、カリフォルニア大学ロサンゼルス校にて、「最終解決と表象の限界」なるコロキウムに出席している。著作としては、一九八七年に『精神について』(*De l'esprit. Heidegger et la question*)、その翌年に『記憶《メモワール》＝回想——ポール・ド・マンのために』(*Mémoires, pour Paul de Man*)を発表している。しかもこの時期、二つの論争に巻き込まれたことも忘れてはならない。フランスでは、V・ファリアス著『ハイデガーとナチズム』に端を発するいわゆるハイデガー論争に、アメリカではポール・ド・マン論争に、である。そして、その渦中から、従来の読者以外にむけても——必然的に政治性を帯びた——発言をする機会をもつという、かつてない状況に立ったことも特筆にあたいする。だが、はたしてデリダは、その頃はじめて政治について考察するようになったのだろうか。喚起すべきは、講義において、少なくともその十年前から、明白に政治を含意するテーマが取りあげられていたという点である。それどころか、早くも一九六八年にニューヨークでおこなった講演「人間の目的＝終焉」において、開口一番「いかなる哲学コロキウムも必然的に政治的意味をもつ」と断言しているのである。だとするならば、「デリダの転回」を診断する言説に対しては、いくつもの留保をつけなければならないことになるだろう。

Scribo ergo sum.〔われ書く、故にわれ在り〕この信念に取り憑かれているかのように執筆を続けるデリダは、一九九〇年以降も、重要な著作を何冊も発表している。すなわち、一九九一年の『他の岬』(*L'Autre cap*)、一九九三年の『マルクスの亡霊たち』(*Spectres de Marx*)、一九九四年の『友愛のポリティックス』(*Politiques de l'amitié*) およびフランス語版『法の力』などである。倫理的ないし政治的転回を指摘する言説は、これを受けてますます勢いを得たように思われる。しかし、この指摘がテクストを分析した結果にもとづいて導き出されたのかどうかについては、ふたたび、疑問の余地があると言わねばならない。「倫理的転回」？　だが、デリダは今日にいたるまで、倫理なる用語をみずから肯定的に用いたことはない。「政治的転回」？　だが、すでに述べたように、「転回」以前のテクストにおいて政治的な問いが立てら

れていなかったという読解は成立しがたい。本書にて、編者のC・マラブーは、デリダの政治的思考が不当にも看過されてきたと述べ、その看過の理由を次の点に求めている。すなわち、〈自由〉、〈解放〉、〈人権〉、そしてほかならぬ〈政治的なもの〉など、デリダはこれら諸価値の自明性からして疑問に付してしまい、それゆえ彼のテクストがもつ深い政治性は、狭隘な政治思考にとどまるかぎり把捉できないという点である。この指摘を含む「暴力の経済、経済の暴力」は、デリダとマルクスが親近性と対比との両面から考察されているという意味でも、一読にあたいするであろう。

一九九〇年現在のデリダを位置づけること。以上からもわかるように、筆者はこの要請に対する答えをもってはいない。全体的な地平として考えられ、調和的な連接をもった共時性もしくは同時代性としての〈いま〉、それはデリダのテクストには異質な発想である。そしてもちろん、順次成立する同時代性が、断絶を介して、継起する次の同時代性に転換するという運動も、そこに読まれることはない。かつて「コギトと狂気の歴史」において、フーコーのデカルト読解を「構造論的全体主義」と断じた背景には、断絶と共時性からなるフーコー流の歴史観に対する深い違和感があったのである。かくして、デリダ自身が読むフッサールは前期と後期とに分けられることはなく、ハイデガーの「転回《ケーレ》」も疑問視されることになる。さらに、時代区分なるものがつねに――多かれ少なかれ意識化された――利害関心や目的論に動機づけられ、その限りにおいて暴力的であることを考えたとき、筆者としても時代区分という位置づけでもって本書を紹介するという行為に踏み切ることはむずかしいのである。

紙幅も残り少なくなったが、時代区分を設定するのではなく、むしろ共時性を解体する方向で、ほんの一言、本書の位置づけについて述べておきたい。

ナンシーは、論文の冒頭で次のように書いている。「デリダについて書くこと、それは私には暴力的なことに思える」。〈誰か〉について書くこと。それは、あまりにも凡庸で、おそらくはほとんど避けることができない行為である。しかし、悪が凡庸さのなかに潜み、その隠れ蓑の下で途方もない犯罪を働くことがあるように、〈誰かについて書く〉という行為は、暴力と無縁ではない。無縁でないどころか、むしろつねに暴力的たることを運命づけられていると言った方が正しいだろう。だから、しばらくして同じナンシーが発する言葉に接したとき、深い共感を覚えるかもしれない。「私はいままでジャック・デリダについて書いたことがない」。これこそ、まさしく良識というものではないのか、と。

だが、書くことの暴力はけっしてひとつではない。ブランショは、デリダについて書くという企図そのものを、「なんというぬぼれか!」という一言で一蹴する。のみならず、デリダ「について」ではなく彼の「助けを借りて」書くとしても、デリダを裏切らずに書くことはできないと語る。(ただしこれは、ブランショが使う動詞 trahir において、「露見させる」ではなく「裏切る」の意味を特権化した読みであるが)。彼の懸念する暴力は、いわば、〈デリダについて語ると主張しながら、彼に触れずに語ってしまう〉暴力であろう。ところが、ナンシーの念頭にある暴力は、この暴力とは対極にあるように思われる。彼が恐れているのは、触れすぎることなのだ。しかも、デリダの資料体《コルピュス》にではなく、身体《コール》そのものに。彼は、デリダについて語った場合、デリダの身体をカフカの『流刑地にて』のごとき拷問機械に通し、刺青を彫り込み、苦痛を与えることになると言う。しかしその一方で、暴力なしに書くことは虚しいと教えたのはデリダその人であるとして、彼はデリダについて書きはじめ、とりわけ、toucher〔触れる、触覚〕をめぐる語彙の異常増殖が見られる第Ⅳパラグラフにおいて、大胆にもデリダを次のように規定する。「中心（へ）のパッション、中心に触れたいというパッション、中心の触覚（へ）のパッション、これはつねにJ・Dのパッションであった」。

なぜこれが共時性の解体だと言えるのか。それは、この暴力行為が、あえて言うならば二〇〇〇年現在のデリダが犯すことになる、友愛に満ちた別の暴力行為へと通じているからである。十年前に「中心に触れる」toucher le centre パッションを指摘された哲学者は、『（彼に）触れること。ジャン＝リュック・ナンシー（に）』（*Le toucher, Jean-Luc Nancy*）において、のっけから友の「核心（＝心臓）に触れる」toucher au cœur、「心（臓）に触れる」toucher le cœur 意図を表明している。友の心臓移植へも送り返すこの文言を含め、この精緻な大著はそっくり、ナンシー論文への応答として、おそらくは肯定形の応答として読まれるのである。

この例ほど顕著ではないが、筆者は『マルクスの亡霊たち』もナンシー、マラブー、グラネルへの答えとして読む誘惑に抗することができない。時間を超え、書き手を超えて呼応し、共振するテクスト。それをたどりながら読むのも、「リーダー」や「解説書」とは性質を異にする本書の、スリリングな味わい方であろう。

刊行されて間もなく、本書に注目して翻訳を提案したのは、高橋哲哉氏と私であった。しかし、日本語版刊行にこぎつけるまでの経緯において、両名の働きが決定的だったとは言いがたい。まして筆者は、深い根拠があって「あとがき」を執筆する栄誉にあずかっているわけではない。当時、高橋、増田の両名は、それぞれ、東京大学・大学院総合文化研究科においてデリダをめぐる授業をおこなっていた。それに参加していた大学院生より翻訳チームを組織する提案が出され、作業はいったん彼らの手に渡ると、みごとな連携のもとに進められたのである。メンバーのうちの何人かは、すでに大学院を修了し、本格的な研究者として地歩を固めつつある。本書が日の目を見ることができたのは、ひとえにこれら若手研究者の功績であることを明記しておきたい。なかでも、種々の連絡や校正の手順、「解題」や「人名索引」の執筆など、煩雑な編集作業を一手に引き受けた高桑和巳氏の貢献は特筆にあたいする。

そして最後になるが、この大部の論集がもつ意義を即座に理解され、躊躇することなく刊行を承諾したばかりでなく、忍耐強く作業を見守ってくださった、未來社の西谷能英氏。氏の真摯な姿勢に触れずに済ますことはできない。この場をお借りして、深い感謝の気持ちを申し上げる次第である。

二〇〇一年九月

増田一夫

リクール、ポール　Paul Ricœur　448
リデル、ヘンリー・ジョージ　Henry George Liddell　201
リュクルゴス　Lykurgos　76
ルーイラン、フィリップ・ド　Philippe de Rouilhan　25
ルソー、ジャン－ジャック　Jean-Jacques Rousseau　124, 143, 422
レヴィ－ストロース、クロード　Claude Lévi-Strauss　300, 317-319
レヴィナス、エマニュエル　Emmanuel Levinas　74, 75, 77, 78, 100-102, 104, 133, 164, 317
レー、フランソワ　François Ray　201
レーヴィット、カール　Karl Löwith　15
レーニン、ヴラディミール・イリッチ　Vladimir Iliitch Lenin　123
レスティエ、アラン　Alain Lestié　113
ロロー、パトリス　Patrice Loraux　35, 438, 450

ホイジンガ、ヨハン　Johan Huizinga　160
ポウ、エドガー・アラン　Edgar Allan Poe　66, 281, 283
ボードリー、フランソワ　François Baudry　292
ボードレール、シャルル　Charles Baudelaire　345
ボゾネ、マルセル　Marcel Bozonnet　189
ボッテロ、ジャン　Jean Bottéro　438, 451
ホメロス　Homēros　220, 226, 227, 229, 230, 280
ポンジュ、フランシス　Francis Ponge　391, 392, 418
ポンテヴィア、ジャン－マリー　Jean-Marie Pontevia　113
ボンピアーニ、ジネヴラ　Ginevra Bompiani　352

マストロヤンニ、マルチェロ　Marcello Mastroianni　407, 408, 414, 416, 419
マゾン、ポール　Paul Mazon　201, 202, 207, 208, 210, 213, 228
マラブー、カトリーヌ　Catherine Malabou　9
マラムー、シャルル　Charles Malamou　211
マラルメ、ステファヌ　Stéphane Mallarmé　279-281, 284
マルクス、カール　Karl Marx　123, 130, 295, 297-319, 321-328
マルクス・アウレリウス・アントニウス　Marcus Aurelius Antonius 89
マルグリット、ポール　Paul Margueritte　283
マン、トーマス　Thomas Mann　417
ミリアム　Myriam　70
ミルネール、ジャン－クロード　Jean-Claude Milner　26
メショニック、アンリ　Henri Meschonnic　73
メルロ－ポンティ、モーリス　Maurice Merleau-Ponty　65
モーセ　Moshe　67-78, 205
モーゼス・デ・レオン　Moses de Leon　13
モスコヴィチ、マリー　Marie Moscovici　205

ヤーコブソン、ロマーン　Roman Jakobson　116
ヤンブリコス　Iamblichus　82
ユークリッド　Eukleidēs　437, 445
ヨシュア　Yhoshua　78
ヨセフ　Yosef　118

ライプニッツ、ゴットフリート・ヴィルヘルム・フォン　Gottfried Wilhelm von Leibniz　17, 249, 435, 444, 475
ラカン、ジャック　Jacques Lacan　281, 284, 288, 291, 323, 417-420
ラクー－ラバルト、フィリップ　Philippe Lacoue-Labarthe　232, 286
ラシ　Rachi (Rabbi Schelomo ben Izschaki)　74
ラッセル、バートランド　Bertrand Russell　27
ラロ、ジャン　Jean Lallot　204
ランツァ、ディエゴ　Diego Lanza　205, 227
リーチ、K　K. Reach　26
リオタール、ジャン－フランソワ　Jean-François Lyotard　234, 243, 254, 259

フーク、アントワネット　Antoinette Fouque　195
ブーケ、キャロル　Carole Bouquet　194, 195
フーコー、ミシェル　Michel Foucault　80-82, 91
プーダー、マルティン　Martin Puder　15
フェリーニ、フェデリコ　Federico Fellini　407, 409, 414, 419
フッサール、エドムント　Edmund Husserl　36-39, 41-59, 63-66, 94, 95, 99-101, 110, 157, 298, 299, 326, 366, 380-390, 434, 436, 438, 440, 443, 445, 446, 449, 450, 452-457, 459-464, 467-471, 473, 474
プラトン　Platōn　33, 34, 76, 81, 87, 89-91, 99, 112, 117, 131, 139, 143, 147, 150, 173, 180, 182, 188, 191, 192, 206, 232, 233, 279, 280, 289, 327, 366, 375-377, 379-381, 422, 430, 431, 434, 437
ブランショ、モーリス　Maurice Blanchot　112, 164, 165, 188, 197, 324, 366, 426, 427, 429
プリチャード、ジェイムズ・ボネット　James Bonnett Pritchard　92
プルースト、マルセル　Marcel Proust　268, 417
ブルクハルト－フィッシャー、クリスティアナ　Christiana Burckhardt-Fischer　175
プルタルコス　Ploutarchos　91
ブルトン、アンドレ　André Breton　325
ブレイエ、エミール　Emile Bréhier　88
フレーゲ、ゴットロープ　Gottlob Frege　25, 26, 291
フレッグ、エドモン　Edmond Fleg　74
フロイト、ジーグムント　Sigmund Freud　37, 133, 170, 205, 281, 282, 284-286
プロティノス　Plotinus　32
フロンマン、フリードリヒ　Friedrich Frommann　175
フロンマン、ヨハナ　Johanna Frommann　176
ペイジ、デニス・ライオネル　Denys Lionel Page　222
ペイン、ルイス　Lewis Payne　400, 408, 409
ヘーゲル、イマヌエル　Immanuel Hegel　175
ヘーゲル、カール　Karl Hegel　175
ヘーゲル、ゲオルグ・ヴィルヘルム・フリードリヒ　Georg Wilhelm Friedrich Hegel　37, 100, 134, 153, 157, 175-178, 205, 298, 327, 332, 335, 339, 346, 371, 422, 475
ヘーゲル、ルイ（ルートヴィヒ）　Louis (Ludwig) Hegel　175-178
ベーダ　Beda Venerabilis　27
ベートーヴェン、ルートヴィヒ・ファン　Ludwig van Beethoven　184
ヘシオドス　Hēsiodos　91, 220, 221
ベネゼ、マティウ　Mathieu Bénézet　186
ヘラクレイトス　Hērakleitos　155, 156
ベルイマン、イングマル　Ingmar Bergman　412
ペルシアーニ、ファニー　Fanny Persiani　309
ヘルダーリン、フリードリヒ　Friedrich Hölderlin　170
ヘロドトス　Hērodotos　216, 217, 422, 427, 429, 434
ベン・アザイ　Ben Azzai　11-14
ベン・ゾーマ　Ben Zoma　11-14
ベンヤミン、ヴァルター　Walter Benjamin　14, 366, 392, 394, 413, 415

デティエンヌ、マルセル　Marcel Detienne　442, 443, 445, 446
テニールス、ダーフィト　David Teniers　66
デニストン、ジョン・デュアー　John Dewar Denniston　222
デモクリトス　Dēmokritos　113, 327
デューリング、カール・オイゲン　Karl Eugen Dühring　316, 317, 322
デュポン－ロック、ロズリーヌ　Roselyne Dupont-Roc　204
デュモルティエ、ジャン　Jean Dumortier　204, 209, 210, 212, 213
テュルタイオス　Tyrtæus　91
テレジア、アウグステ　Auguste Theresia　176-178
トゥキュディデス　Thoukydidēs　86, 87
トゥチェフ、ニコル　Nicole Toutcheff　234
トゥハー、マリー・フォン　Marie von Tucher　175
ドゥルーズ、ジル　Gilles Deleuze　330
ド・マン、ポール　Paul de Man　428
トラークル、ゲオルグ　Georg Trakl　152
トロック、マリア　Maria Torok　287

ナジ、グレゴリー　Gregory Nagy　214, 225, 227, 229, 230
ナポレオン・ボナパルト　Napoléon Bonaparte　77
ニーチェ、フリードリヒ　Friedrich Nietzsche　131-147, 149, 150, 154-158, 164-167, 170, 171, 173, 181, 184, 253, 272, 301, 302, 376
ニュートン、アイザック　Isaac Newton　105, 240
ノエル、シャンタル　Chantal Noël　234

ハイデガー、マルティン　Martin Heidegger　15, 27, 94, 103, 118, 119, 131-136, 144, 147, 148, 155, 156, 158, 159, 162, 164, 165, 173, 181, 288, 289, 299, 326, 349, 350, 352, 355, 401, 402, 422, 423, 428, 430, 432-434, 437, 441, 445, 447, 448, 452-455, 457-464, 466-468, 471-475
バタイユ、ジョルジュ　Georges Bataille　366
バディア、ジルベール　Gilbert Badia　313
バノン、ダヴィッド　David Banon　74
バルト、ロラン　Roland Barthes　391-393, 395, 399-403, 405, 409-411, 417, 437-439
パルメニデス　Parmenidēs　90, 94, 280
バンヴェニスト、エミール　Emile Benveniste　113, 116, 220
ピカール、ミシェル　Michel Picard　35
ヒッポクラテス　Hippokratēs　87, 89, 445
ヒューム、デイヴィッド　David Hume　129
ピランデッロ、ルイジ　Luigi Pirandello　413
ピンダロス　Pindaros　225, 227, 229, 230
フィチーノ、マルシリオ　Marsilio Ficino　17
フィッシャー、ルートヴィヒ　Ludwig Fischer　→ヘーゲル、ルイ
フィナス、リュセット　Lucette Finas　152
フィヒテ、ヨハン・ゴットリープ　Johann Gottlieb Fichte　90
フィリップソン、ロベルト　Robert Philippson　84
フィロン（アレクサンドリアの）　Philōn　90
フィンク、オイゲン　Eugen Fink　155

ザレウコス　Zaleukos　443
シーガル、チャールズ　Charles Segal　445
シェーファー、マクシミリアン　Maximilian Shäfer　84
シェリング、フリードリヒ・ヴィルヘルム・ヨーゼフ・フォン　Friedrich Wilhelm Joseph von Schelling　178
ジェルネ、ルイ　Louis Gernet　217
ジャコメッティ、アルベルト　Alberto Giacometti　188
シャピュ、ティエリー　Thierry Chaput　234, 237
ジャベス、エドモン　Edmond Jabès　186, 331, 339, 342, 343
シャントレーヌ、ピエール　Pierre Chantraine　220
シューアード、ウィリアム・ヘンリー　William Henry Seward　400
シューマン、ロベルト　Robert Schumann　193
シュティルナー、マックス　Max Stirner　302, 309
シュラキ、アンドレ　André Chouraqui　72-75, 77, 78
シュレーゲル、アウグスト・ヴィルヘルム・フォン　August Wilhelm von Schlegel　242
シュレーゲル、ドロテア　Dorothea Schlegel　242
ジョイス、ジェイムズ　James Joyce　100, 131, 171, 172, 417, 418
ショーペンハウアー、アルトゥル　Arthur Schopenhauer　139
ジョーンズ、ヘンリー・スチュアート　Henry Stuart Jones　201
シラー、フリードリヒ・フォン　Friedrich von Schiller　156
スカルペッタ、ギー　Guy Scarpetta　284
スコット、ロバート　Robert Scott　201
スターリン、ヨシフ・ヴィサリオーノヴィチ　Iosif Vissarionovitch Stalin　128
ストバイオス、ヨアンネス　Ioannis Stobaius　81, 83, 85-87, 93
スピノザ、バルーフ・デ　Baruch de Spinoza　17, 357
セネカ、ルキウス・アンナエウス　Lucius Annæus Seneca　88-90, 92
ゼノン　Zēnōn　87
ソクラテス　Sōkratēs　90, 98, 117, 173, 180, 184, 187, 188, 191, 192, 374, 389, 390, 432
ソシュール、フェルディナン・ド　Ferdinand de Saussure　37, 116, 308, 377-379, 381
ソベル、ベルナール　Bernard Sobel　201
ソポクレス　Sophokleēs　88, 204
ソレルス、フィリップ　Philippe Sollers　155
ソロン　Solon　76

タルスキー、アルフレッド　Alfred Tarski　27
ダルボ−ペシャンスキー、カトリーヌ　Catherine Darbo-Peschanski　216, 217
ツェラン、パウル　Paul Celan　249
ディールス、ヘルマン　Hermann Diels　83, 93
ディオゲネス（オイノアンダの）　Diogenēs　328
ディオゲネス・ラエルティオス　Diogenēs Lærtios　83, 93
デカルト、ルネ　René Descartes　50, 180, 256
デザルト、ジェラール　Gérard Desarthe　189

ヴィトゲンシュタイン、ルートヴィヒ　Ludwig Wittgenstein　26, 94, 118, 269
ウィニコット、ドナルド・ウッズ　Donald Woods Winnicott　401
ウィリアム（オッカムの）　→オッカムのウィリアム
ヴェスベルク、ジャン－ルイ　Jean-Louis Weissberg　415
ウォーフ、ベンジャミン・リー　Benjamin Lee Whorf　114
エウクレイデス　→ユークリッド
エウセビオス（ニコメディアの）　Eusebius　33
エウリピデス　Euripidēs　204, 228
エクバーグ、アニタ　Anita Ekberg　407-410, 412-414, 416, 419
エックハルト、ヨハネス　Johannes Eckhart　73
エピクテトス　Epiktētos　88-90, 92, 93
エピクロス　Epikouros　327, 328
エンゲルス、フリードリヒ　Friedrich Engels　295, 316, 317, 322
エンペドクレス　Empedoklēs　181
オースティン、ジョン・ラングショー　John Langshaw Austin　257
オッカムのウィリアム　William of Occam　154

ガードナー、アレクサンダー　Alexander Gardner　400
ガシェ、ロドルフ　Rodolf Gasché　382
カシオドルス　Cassiodorus　27
カテソン、ジャン　Jean Catesson　354
カフカ、フランツ　Franz Kafka　191, 197
カルナップ、ルドルフ　Rudolf Carnap　26
ガレノス　Galēnos　82, 87, 89
カント、イマヌエル　Immanuel Kant　15, 26, 27, 53, 92, 118, 120, 242, 243, 261, 332, 333, 335, 336, 349, 376, 440, 452, 462, 463
カンビアーノ、ジュゼッペ　Giuseppe Cambiano　436
キケロ、マルクス・トゥリウス　Marcus Tullius Cicero　81, 85, 88-90, 92
ギゴン、オロフ　Olof Gigon　88
ギテル、ジュヌヴィエーヴ　Geneviève Guitel　436
グーテンベルク、ヨハネス　Johannes Gutenberg　191
グライシュ、ジャン　Jean Greisch　448
クライスト、ハインリヒ・フォン　Heinrich von Kleist　181
クラチュロス　Kratylos　189
クレアンテス　Kleanthēs　84
クローデル、ポール　Paul Claudel　213
クロソウスキー、ピエール　Pierre Klossowski　170, 171
ゲーテ、ヨハン・ヴォルフガング　Johann Wolfgang Goethe　177
ゲーデル、クルト　Kurt Gödel　26
ゴーティエ、テオフィル　Théophile Gautier　283
ゴールドヒル、サイモン　Simon Goldhill　217, 218
コジェーヴ、アレクサンドル　Alexandre Kojève　288

ザラデール、マルレーヌ　Marlène Zarader　432-434
サルトル、ジャン－ポール　Jean-Paul Sartre　288

人名索引

一　この人名索引では、本文および注に現れる人名（文献の訳者、編者、言及の対象でない共著者を除く）を五十音順に並べている。ただしジャック・デリダはのぞき、各論文著者も他での言及のないかぎり外してある。
二　基本的に姓、名の読みをあげ、その後に原語表記を付している。
・読みは原語での発音に近づけたが、ギリシア語の長音を看過するなど、慣例に従ったものもある。
・現代フランス語が元々と異なる表記を採用することのある固有名は、原則的に元の表記を採用してある。
・ギリシア語、ロシア語など字母の異なるものはローマ字化した。ギリシア語のローマ字表記では、母音の強勢符号は看過し、長短のみを示した。
・一部、名―姓の順序に従わない固有名、名が姓より知られている固有名などで、名を後続させていないものもある。

アーレント、ハナ　Hannah Arendt　297
アイスキュロス　Aischylos　201, 203, 204, 209, 212, 219, 222, 233
アガンベン、ジョルジョ　Giorgio Agamben　173, 250
アキバ　Akiba　11, 13, 14, 35
アテナイオス（ナウクラティスの）　Athēnaios　89
アブラハム　Abraham　94, 95, 105, 107, 109, 110, 121
アブラハム、ニコラ　Nicolas Abraham　287
アヘル　Aher (Elisha ben Abuyah)　10-14, 17, 21, 35
アポリネール、ギヨーム　Guillaume Apollinaire　95
アポロニオス（ペルガの）　Apollonius　361
アマルリクス（ベーヌの）　Amalricus　11
アマレク　Amalek　76, 77
アリストテレス　Aristotelēs　27-31, 34, 35, 60, 80-83, 90-93, 117, 140, 203, 204, 208, 222, 224, 242, 327, 349, 381, 452, 457-459, 461, 464-467, 469
アルキダマス　Alkidamas　445
アルキビアデス　Alkibiadēs　184
アルベルトゥス・マグヌス　Albertus Magnus　31
アレイオス・ディデュモス　Areios Didymos　81, 85
アレクサンドロス（アプロディシアスの）　Alexandros　28
アレン、ウッディ　Woody Allen　414, 415
アロン　Aaron　68, 70, 72, 77
アロン、レーモン　Raymond Aron　123
アンティオコス（アスカロンの）　Antiochos　81
イエス　Yeshua　78
イシドルス（セビリヤの）　Isidorus　27
イリアルテ、アナ　Ana Iriarte　214
ヴァレリー、ポール　Paul Valéry　337
ヴィダル－ナケ、ピエール　Pierre Vidal-Naquet　223, 224

■訳者紹介

［監訳者］

高橋哲哉（たかはし・てつや）
1956年、福島県生まれ。東京大学大学院人文科学研究科博士課程単位取得、哲学専攻。
現在、東京大学大学院総合文化研究科助教授。
主要著訳書に、『逆光のロゴス』（1992年、未來社）、『記憶のエチカ』（1995年、岩波書店）、『デリダ』（1998年、講談社）、『戦後責任論』（1998年、講談社）ほか、共編に『「ショアー」の衝撃』（1995年、未來社）ほか、訳書多数。

増田一夫（ますだ・かずお）
1954年、東京生まれ。東京大学大学院人文科学研究科仏語仏文学専攻課程博士課程満期退学。
現在、東京大学・大学院総合文化研究科教授。
主要著訳書に Le Passage des frontières, Paris, Galilée, 1994（共著）、『いま、なぜ民族か』（1994年、東京大学出版会、共著）、『帝国とはなにか』（1997年、岩波書店、共編著）、『歴史の文法』（1997年、東京大学出版会、共著）ほか、『ミシェル・フーコー思考集成Ⅷ』（2001年、筑摩書房）ほか多数。

高桑和巳（たかくわ・かずみ）
1972年、横浜生まれ。東京大学大学院総合文化研究科博士課程在籍。
主要訳書にジョルジョ・アガンベン『人権の彼方に』（2000年、以文社）ほか。

＊

東浩紀（あずま・ひろき）
1971年、東京生まれ。東京大学大学院超域文化科学博士課程修了（学術博士）。
現在、批評家。
主要著書に『存在論的、郵便的』（1998年、新潮社）ほか。

荒原邦博（あらはら・くにひろ）
1970年、東京生まれ。東京大学大学院総合文化研究科修士課程卒、地域文化研究専攻。
現在、東京大学大学院総合文化研究科地域文化研究専攻博士課程在籍。

荒原由紀子（あらはら・ゆきこ）
1971年、神奈川県生まれ。東京大学大学院総合文化研究科修士課程卒、地域文化研究専攻。
現在、東京大学大学院総合文化研究科地域文化研究専攻博士課程在籍。

上田和彦（うえだ・かずひこ）
1964年、熊本生まれ。東京大学大学院人文科学研究科仏語仏文科博士課程単位取得退学。
現在、東京大学大学院総合文化研究科言語情報科学専攻助手。
主要論文に「神、文学、顔を隠す他者　レヴィナスを読むブランショ」「痕跡の両義性　エマニュエル・レヴィナスの『痕跡』について」ほか。

王寺賢太（おうじ・けんた）
1970年、西独デュッセルドルフ生まれ。東京大学大学院仏語仏文科博士課程単位取得満期修了。
現在、日本学術振興会特別研究員。
主要論文に Mikhail Xifaras との共著 “Eprouver l'Universel”, 1999、『NAM 生成』（2001年、太田出版、共著）ほか。

愼改康之（しんかい・やすゆき）
1966年、長崎県生まれ。東京大学大学院総合文化研究科地域文化研究専攻博士課程中退。
現職：筑波大学講師。
主要論文に「不可視なる可視『レーモン・ルーセル』と考古学」、「フーコーとマルクス主義」ほか。

藤本一勇（ふじもと・かずいさ）
1966年、東京生まれ。早稲田大学大学院仏語仏文学専攻博士課程満期退学、パリ社会科学高等研究院 DEA 取得。
現在、早稲田大学文学部専任講師。
主要論文に「デリダにおける時間のアポリア」、「デリダの奇妙な自伝」ほか。

【ポイエーシス叢書47】
デリダと肯定の思考

二〇〇一年 十 月十五日　初版第一刷発行

定価……本体四八〇〇円＋税
編者……カトリーヌ・マラブー
監訳者……高橋哲哉・増田一夫・高桑和巳
発行所……株式会社　未來社
東京都文京区小石川三—七—二
振替〇〇一七〇—三—八七三八五
電話（03）3814-5521～4（営業部）048-450-0681～2
http://www.miraisha.co.jp/
Email: info@miraisha.co.jp

発行者……西谷能英
印刷・装本……萩原印刷

ISBN4-624-93247-1 C0310